Wohnmobil-Tourguide

001nrm Abb.: gg

W0322837

Gaby Gölz

DIE SCHÖNSTEN ROUTEN DURCH DIE NORMANDIE

„Das Leben ist wie ein Buch,
und wer nicht reist, liest nur ein wenig davon!“

Jean Paul (1763–1825)

Reise Know-How im INTERNET

www.reise-know-how.de

- Ergänzungen nach Redaktionsschluss
- kostenlose Zusatzinfos und Downloads
- das komplette Verlagsprogramm
- aktuelle Erscheinungstermine
- Newsletter abonnieren

Verlagsshop mit Sonderangeboten

Reise Know-How

002nrm Abb.: gg

DIE SCHÖNSTEN ROUTEN DURCH

DIE NORMANDIE

Gaby Gölz

Die schönsten Routen durch die Normandie

erschienen im Reise Know-How Verlag Peter Rump GmbH, Bielefeld
Osnabrücker Straße 79, 33649 Bielefeld

Herausgeber: Klaus Werner
© Reise Know-How Verlag Peter Rump GmbH 2010
2., neu bearbeitete und komplett aktualisierte Auflage 2013
Alle Rechte vorbehalten.

Gestaltung: K. Werner
Fotos: die Autorin (gg)
Landkarten im Innenteil: der Verlag
Routenatlas: Catherine Raisin
Druck und Bindung: Wilhelm & Adam, Heusenstamm

ISBN 978-3-8317-2331-7
Printed in Germany

Dieses Buch ist erhältlich in jeder Buchhandlung Deutschlands, Österreichs, der Schweiz, Belgiens und der Niederlande. Bitte informieren Sie Ihren Buchhändler über folgende Bezugsadressen:
Deutschland: Prolit GmbH, Postfach 9, D-35461 Fernwald (Annerod) sowie alle Barsortimente
Schweiz: AVA-buch 2000, Postfach 27, CH-8910 Affoltern
Österreich: Mohr Morawa Buchvertrieb GmbH, Sulzengasse 2, A-1230 Wien
Niederlande, Belgien: Willems Adventure, www.willemsadventure.nl

Wer im Buchhandel trotzdem kein Glück hat, bekommt unsere Bücher auch über unseren Büchershop im Internet: www.reise-know-how.de

Wir freuen uns über Kritik, Kommentare und Verbesserungsvorschläge. Alle Informationen in diesem Buch sind von der Autorin mit größter Sorgfalt gesammelt und vom Lektorat des Verlages gewissenhaft bearbeitet und überprüft worden. Da inhaltliche und sachliche Fehler nicht ausgeschlossen werden können, erklärt der Verlag, dass alle Angaben im Sinne der Produkthaftung ohne Garantie erfolgen und dass Verlag wie Autorin keinerlei Verantwortung und Haftung für inhaltliche und sachliche Fehler übernehmen.
Die Nennung von Firmen und ihren Produkten und ihre Reihenfolge sind als Beispiel ohne Wertung gegenüber anderen anzusehen. Qualitäts- und Quantitätsangaben sind rein subjektive Einschätzungen der Autorin und dienen keinesfalls der Bewertung von Firmen oder Produkten.

INHALTSVERZEICHNIS

EXKURSE

VORWORT

Ein bisschen Irland, ein bisschen England, gepaart mit französischem Charme, das ist die Normandie. Die Provinz im Norden Frankreichs teilt sich in die Haute-Normandie mit den Départements Seine-Maritime und Eure und die Basse-Normandie mit den Départements Orne, Manche und Calvados. Die Gesamtfläche, auf der ca. 3,2 Mio. Einwohner leben, beträgt 30.000 km². Begrenzt wird die Normandie im Norden und Westen vom Ärmelkanal, im Süden von der Île de France, dem Centre und den Pays de la Loire und im Osten von der Picardie. Die größten Städte sind **Rouen, Le Havre** und **Caen.** Die **Haute-Normandie** ist durch ihre Raffinerien und Seehäfen weit wohlhabender als die landwirtschaftlich geprägte **Basse-Normandie.** Die Küste der gesamten Normandie ist von Hotelburgen verschont geblieben und die Seebäder fügen sich harmonisch in die Landschaft ein. Am bekanntesten sind sicher die Küstenabschnitte der Côte d'Albâtre (Alabasterküste) mit ihre hellen Kreidefelsen, der Côte Fleurie und der Côte de Nacre mit ihren Belle-Époque-Villen sowie das Département Calvados mit seinen blühenden Apfelbäumen. Schöne Fachwerkdörfer und strohgedeckte Landhäuser erfreuen den Besucher ebenso wie malerische und kulturträchtige Städte. Idyllische Abteien und prachtvolle Schlösser liegen eingebettet in einer bezaubernden Landschaft. Das Cotentin ragt wie eine Halbinsel in den Ärmelkanal. Sandbuchten und Felsenkaps prägen hier die Küstenlinie. Die Suisse Normande ist ein Wanderparadies mit gepflegten Wanderwegen und einer Landschaft mit beinahe alpinem Charakter. Die bekanntesten Erzeugnisse des Pays d'Auge sind neben den Rohmilchkäsesorten Camembert, Livarot und Pont-l'Évêque die alkoholischen Getränke Cidre, Poiré und Calvados.

Ein herausragendes Kapitel in der Geschichte der Normandie ist der Zweite Weltkrieg, denn hier an den Stränden des Cotentins fand die Landung der Alliierten zur Befreiung von der Nazidiktatur statt. Traurige Erinnerungen daran sind die Friedhöfe mit endlosen Gräberreihen und die Überreste der Befestigungsanlagen.

Das Wetter ist häufig wechselhaft, was zur Folge hat, dass jeden Tag die Sonne scheint, und sei es nur für einige Stunden. Im Winter und im Frühjahr regnet es häufig, jedoch so gut wie nie den ganzen Tag. An der Küste weht oft ein kräftiger Wind, der auch die dicksten Regenwolken rasch weiter bläst und einem strahlend blauen Himmel Platz macht.

Die Menschen sind freundlich und freuen sich, wenn es den Besuchern in ihrer Heimat gefällt. Wer einige Brocken Französisch spricht, hat sofort ihr Herz gewonnen. Die Bewohner der Normandie sind wohl wie alle Franzosen ausgesprochene Genießer. Das Essen in der Familie und im Freundeskreis nimmt eine wichtige Stellung im Tagesablauf ein. Für das gehaltvolle normannische Essen nimmt man sich Zeit.

Berühmte Söhne der Normandie sind Wilhelm der Eroberer, der Maler Eugène Boudin, Gustave Flaubert, der mit seinem Roman „Madame Bovary" ein Meisterwerk der Weltliteratur geschaffen hat, und Guy de Maupassant, ein begnadeter Schriftsteller, der in Dieppe ge-

GPS-Koordinaten in diesem Buch

*Alle GPS-Koordinaten in diesem Buch sind als **geografische Koordinaten** (Länge/Breite) in Dezimalgrad (hddd.ddddd°) also z. B. N49.43097° E0.81486° angegeben. Alle modernen GPS-Geräte akzeptieren dieses Format, gegebenenfalls müssen Sie das Eingabeformat aber erst in der Grundkonfiguration Ihres Gerätes voreinstellen, sonst weicht der angesteuerte Punkt deutlich vom erwarteten Punkt ab. Kartendatum ist grundsätzlich WGS84.*

***Nutzung der GPS-Koordinaten:** Einige Internet-Kartendienste oder Routenplaner wie beispielsweise GoogleMaps® (http://maps.google.de) zeigen nach Eingabe der geografischen Daten den gesuchten Punkt an, auf Wunsch mit Luftbildansicht. Auf der Produktseite dieses Buches unter www.reise-know-how.de können Sie eine speziell vorbereitete Karte von GoogleMaps® aufrufen, in der bereits alle Stellplätze eingetragen sind. Auf derselben Internetseite finden Sie die Koordinaten der Stellplätze zum Download auf den PC. Von dort können Sie die gesamte Liste per Datenkabel binnen Sekunden auf Ihr GPS-Gerät oder Ihr Navi übertragen und ersparen sich die mühsame Eingabe per Tastatur.*

*Durch Einscannen des QR-Codes auf dem Umschlag bzw. durch Eingabe der Internetadresse http://womo-normandie.reise-know-how.de wird ein **für den mobilen Einsatz optimierter Internetdienst** aufgerufen. Damit kann die Lage der Camping- und Stellplätze auf einer Karte und die Route dorthin angezeigt werden. Voraussetzung ist eine Datenverbindung über das Mobilfunknetz oder WLAN.*

Schreibweise

Im Text werden Ortsbezeichnungen in deutscher Schreibweise geschrieben, z. B. Abtei. Bei Wegbeschreibungen wird allerdings die französische Schreibweise verwendet, damit Sie sich unterwegs besser und schneller orientieren können, z. B. Abbaye.

Video zum Buch

Exakt auf das Buch abgestimmt, wurde eine Video-DVD produziert, die die 10 Routen des Buches in einem stimmungsvollen Film darstellt. In anspruchsvollen Aufnahmen, unterlegt mit Musik und erklärendem Text, sehen Sie bereits zu Hause bei der Reiseplanung alle beschriebenen Orte und Landschaften sowie die meisten der im Buch erwähnten Stellplätze. Das Video erleichtert somit ungemein die Reiseplanung. Die DVD mit einer Spielzeit von 100 Min. kann direkt bei der Autorin bezogen werden (s. S. 309).

boren wurde. Alphonsine Plessis, bekannt als Kameliendame, stammt aus der Normandie, wurde aber in Paris als Kurtisane berühmt.

Der Womo-Reisende wird in der Normandie mit guten Stellplätzen verwöhnt. Man schätzt die mobile Art zu reisen und bietet gute Plätze mit Ver- und Entsorgung an. Die Übernachtung ist überwiegend kostenlos, für Wasser und Strom hingegen werden z. T. einige Euros fällig.

Ich wünsche Ihnen eine gute Reise und dass Sie mit einer Fülle von schönen Eindrücken und angenehmen Begegnungen wieder wohlbehalten nach Hause kommen.

Ihre Gaby Gölz

004nrm Abb.: gg

005nrm Abb.: gg

131nrm Abb.: gg

003nrm Abb.: gg

PRAKTISCHE REISETIPPS VON A BIS Z

ANREISE

Die Hauptanreisewege nach Rouen, der Hauptstadt der Normandie und dem Start- und Zielpunkt unserer Rundreise, werden im Folgenden von Nord nach Süd aufgelistet.

ANREISEWEG 1

Von Aachen Richtung Liège (A44, ab Belgien A3/E40) – Autobahnkreuz Loncin (A15/E42) – Mons (A7/E19) – in Valenciennes/Frankreich Richtung Cambrai (A2/E19) – Autobahndreieck Autoroute du Nord (A1/E19) Richtung Paris – Autobahnkreuz Viaduc de l'Avre Richtung Amiens, Rouen (A29/E44) – Autobahndreieck Rue Bernard Léger Richtung Rouen (A28/E402).

Die Gesamtlänge der Fahrtstrecke von Aachen bis Rouen beträgt ca. 458 km. Die Kraftstoffpreise in Belgien liegen ungefähr auf deutschem Niveau und auf den belgischen Autobahnen wird keine Maut erhoben. Die folgenden Übernachtungsplätze bieten sich für den Wohnmobilfahrer unterwegs an:

Platz für Camping, Aachen

N50.76150° E6.10300°

Schön angelegter, offizieller Stellplatz der Stadt Aachen für Wohnmobile und Caravans. Verkehrsgünstig zur A44 gelegen, 2 km bis zum Zentrum und 800 m ins Kurgebiet Burtscheid. Sehr gepflegter Platz mit Sanitärgebäude (Duschen) und Brötchenservice. **Lage/Anfahrt:** Von der A44 (Aachen – Liège) bei der Ausfahrt Aachen-Brand auf die B258 (Trierer Str.) Richtung Aachen-Zentrum abfahren, nach 2 km links in die Adenauerallee (L260) abbiegen, auf ihr 1,8 km fahren und dann rechts in den Branderhofer Weg abbiegen und 600 m zum Platz fahren; **Platzanzahl:** 46; **Untergrund:** Pflaster; **Ver-/Entsorgung:** Strom, Trinkwasser, Abwasser, Chemie-WC; **Sicherheit:** umzäunt, beleuchtet; **Preise:** 15 €/Fahrz. inkl. aller Personen; **Max. Stand:** 3 Nächte; **Geöffnet:** ganzjährig; **Kontakt:** Haus des Gastes, 52066 Aachen, Burtscheider Markt, Tel. +49 (0)2416088057, Fax 6088058, mail@aachen-camping.de, www.aachen-camping.de

Camping Waux Hall, Mons

N50.45125° E3.96400°

Ansprechender Campingplatz mit guter Sanitärausstattung in ruhiger Lage, 10 Min. vom wunderschönen Grand Place mit seinen vielen Restaurants und Bars. **Lage/Anfahrt:** Von A7 bei der Ausfahrt Mons E auf die R5 abfahren, dieser 2,6 km folgen, dann rechts auf die Chaussée du Roeulx. Nach 4,6 km rechts in die Avenue Reine Astrid abbiegen, auf dieser geradeaus über den Place Flandre hinweg und an der nächsten Möglichkeit (hinter einem Denkmal) wenden, um auf der anderen Straßenseite wieder auf der Avenue Reine Astrid ein Stück zurückzufahren. Die erste Straße rechts (Avenue de St-Pierre) und bis zum Platz fahren, ausgeschildert; **Platzanzahl:** 75; **Untergrund:** Wiese; **Ver-/Entsorgung:** Strom, Trinkwasser, Abwasser, Chemie-

WC, Waschmaschine und Wäschetrockner; **Sicherheit:** umzäunt, beleuchtet, bewacht; **Preise:** 7,50 €/Fahrz. inkl. 1 Person, jede weitere Person 5 €, inkl. Strom und Hund; **Geöffnet:** ganzjährig; **Kontakt:** B-7000 Mons, Avenue de St-Pierre 17, Tel. +32 065337923

ANREISEWEG 2

Dieser Anreiseweg empfiehlt sich für diejenigen Wohnmobilfahrer, für die der Weg das Ziel ist. Metz, Verdun, Reims, die Champagne, Compiègne und Beauvais lohnen einen Stopp.

Metz (Hauptstadt von Lothringen) wurde aus ockerfarbenem Stein auf mehreren Inseln erbaut. Beeindruckender Rest der Stadtbefestigung ist die Porte des Allemands. Um **Verdun** tobte 1916 der mörderische Erste Weltkrieg. In der riesigen Totenhalle von Douaumont werden die sterblichen Überreste von 130.000 Soldaten aufbewahrt. In **Reims** wurden in der prächtigen Kathedrale die französischen Könige gekrönt. Wer in unzähligen Kellereien den köstlichen Champagner verkosten möchte, übernachtet sehr gut in Villers-sous-Châtillon.

Im Wald von **Compiègne** steht der Salonwagen, in dem am 11.11.1918 der Waffenstillstand des Ersten Weltkrieges unterzeichnet wurde. Die gotische Kathedrale St-Pierre von **Beauvais** sollte die größte der Christenheit werden, wurde jedoch nie fertiggestellt. Imposant ist sie trotzdem und vom Stellplatz aus ist sie gut im Hausermeer zu sehen.

Bei diesem Anreiseweg gibt es für das erste Streckenviertel zwei mögliche Alternativen: von Saarbrücken nach Metz oder von Karlsruhe nach Metz. In Metz treffen die beiden Strecken aufeinander.

Alternative 1: Saarbrücken (A6/E50 – heißt ab Frankreich A320/E50 – bis Einmündung in A4) – Metz

Alternative 2: Karlsruhe Richtung Landau (A65) – bei Kandel-Süd über die B9 auf die französische A35 Richtung Straßburg – ab Straßburg auf der A4 nach Metz

Weiterfahrt: Metz (A4/E25) – Reims (A4) – Compiègne (N31) – Beauvais (N31) – Rouen

Folgende Übernachtungsplätze an der Strecke bieten sich an:

Rheinufer, Karlsruhe

N49.03736° E8.30580°

Offizieller Stellplatz direkt am Rheinufer mit angrenzendem Restaurant. Gute und relativ ruhige Lage; **Lage/Anfahrt:** Von der B10 Karlsruhe Richtung Wörth bei der Ausfahrt 26 abfahren, noch 800 m zum Platz, ausgeschildert; **Platzanzahl:** 15; **Untergrund:** Asphalt; **Sicherheit:** beleuchtet; **Preise:** kostenlos; **Max. Stand:** 1 Nacht; **Geöffnet:** frei zugänglich

Der Stellplatz Rheinufer ist ideal für eine Zwischenstation auf der Fahrt in die Normandie

007nrm Abb.: gg

Moselufer, Metz

N49.12367° E6.16896°

Offizielle Stellplätze vor dem Campingplatz direkt an der Mosel. **Lage/Anfahrt:** Von der A4 Richtung Metz-Centre, nach 2,8 km links wieder Richtung „Centre" und ab hier der Beschilderung zum Campingplatz folgen; **Platzanzahl:** 7; **Untergrund:** Asphalt; **Ver-/Entsorgung:** Chemie-WC; **Sicherheit:** beleuchtet; **Preise:** kostenlos; **Geöffnet:** frei zugänglich

Les Étangs de Mandre, Châtillon-sous-les-Côtes

N49.14994° E5.53381°

Campingplatz mit einfacher Sanitärausstattung an einem Bauernhof mit zwei kleinen Angelseen. **Lage/Anfahrt:** Die A4 bei der Ausfahrt 32 verlassen, auf der D908 und D90 37,5 km fahren; bei Haudiomont auf D114 wechseln, auf ihr noch 5 km bis Mandre; **Platzanzahl:** 50; **Untergrund:** Wiese; **Ver-/Entsorgung:** Strom, Trinkwasser, Chemie-WC; **Sicherheit:** umzäunt; **Preise:** 7–10 €/Fahrz. inkl. 2 Personen und Strom, Hund 1,50 €; **Geöffnet:** ganzjährig; **Kontakt:** 55400 Châtillon-sous-les-Côtes, Rue du Moulin 2, Tel. +33 (0)3 29883423, http://campingdemandre.free.fr

Halte camping-car, Villers-sous-Châtillon

N49.09633° E3.80081°

Offizieller Stellplatz in schöner und ruhiger Lage. **Lage/Anfahrt:** Die A4 bei der Ausfahrt 21 verlassen und über Châtillon-sur-Marne (D23) 13 km nach Villers fahren; **Platzanzahl:** 10; **Untergrund:** Asphalt; **Ver-/Entsorgung:** Strom, Trinkwasser, Abwasser, Chemie-WC; **Preise:** 3 € Wasser oder Strom (Jetons); **Geöffnet:** frei zugänglich; **Kontakt:** 51700 Villers-sous-Châtillon, Rue du Parc

▼ *Der Campingplatz Les Étangs de Mandre liegt in ruhiger Abgeschiedenheit*

008rm Abb.: gg

Camping Municipal de Batigny, Pierrefonds

N49.35427° E2.97564°

Campingplatz mit einfacher Sanitärausstattung und parzellierten Plätzen in einer schönen, relativ ruhigen Lage. **Lage/Anfahrt:** An der D973 zwischen Compiègne und Pierrefonds; **Platzanzahl:** 50; **Untergrund:** Wiese; **Ver-/Entsorgung:** Trinkwasser, Abwasser, Chemie-WC, Strom; **Sicherheit:** beleuchtet, umzäunt; **Preise:** 18 € inkl. 2 Pers. und Strom; **Geöffnet:** Apr.–15. Okt.; **Kontakt:** Tel. +33 (0)3 44428083

Aire de Camping-Car, Beauvais

N49.42419° E2.08028°

Offizielle Stellplätze mit schöner Sicht auf die Stadt. 1,3 km bis ins Zentrum. **Lage/Anfahrt:** In Beauvais Richtung Saint Jean und Saint Just fahren, dann ausgeschildert; **Platzanzahl:** 15; **Untergrund:** Wiese; **Ver-/Entsorgung:** Trinkwasser, Abwasser, Chemie-WC, Strom; **Sicherheit:** beleuchtet, umzäunt; **Preise:** kostenlos (auch Strom); **Geöffnet:** frei zugänglich

ANREISEWEG 3

Für alle, die aus dem Süden Deutschlands, aus Österreich oder der Schweiz in den Urlaub starten.

Mulhouse/Frankreich (A36/E60) – Autobahndreieck La Comptoise/Route de Corcelle les Serrigny (A31) Richtung Beaune – Autobahndreieck Autoroute du Soleil (A6/E60) Richtung Paris – in Paris Richtung Rouen (A13/E5).

Die Länge der Strecke beträgt ca. 670 km. Folgende Übernachtungsmöglichkeiten bieten sich entlang des Anreiseweges an:

An der Doubs, Baume-les-Dames

N47.34019° E6.35842°

Offizieller Stellplatz oberhalb des Flusses Doubs. Eine sehr nette Anlage mit Toiletten, Duschen und Spülräumen in guter und ruhiger Lage. Es sind von hier etwa 1,5 km bis ins Zentrum. **Lage/Anfahrt:** A36 bei Ausfahrt 5 verlassen und nach Baume-les-Dames fahren. Hier immer den Schildern Richtung Campingplatz folgen, nach der Doubs rechts, ausgeschildert; **Platzanzahl:** 50; **Untergrund:** Schotterrasen, Wiese; **Ver-/Entsorgung:** Strom, Trinkwasser, Abwasser, Chemie-WC; **Sicherheit:** beleuchtet; **Preise:** 8,50 €/Fahrz. inkl. Pers. und Strom; **Geöffnet:** ganzjährig

Port de Plaisance, Seurre

N47.00406° E5.14327°

Offizieller Platz an der Saône, gute und ruhige Lage. **Lage/Anfahrt:** A36 bei Ausfahrt 1 verlassen, auf der D976 um Seurre herumfahren und über die D34 bis zum Bootshafen; **Platzanzahl:** 7; **Untergrund:** Asphalt; **Ver-/Entsorgung:** Trinkwasser, Abwasser, Chemie-WC; **Preise:** kostenlos, Ver- und Entsorgung 4 € (Visa- oder Mastercard, kein Bargeld); **Geöffnet:** ganzjährig

Großparkplatz, Beaune

N47.01765° E4.83703°

Offizieller Stellplatz auf einem Großparkplatz, 5 Min. bis zum Zentrum.
Beaune ist ein hübsches, altertümliches Städtchen mit dem sehenswerten Hôtel Dieu (einem ehemaligen Hospiz), Supermarkt und Bäcker in der Nähe. **Lage/Anfahrt:** Von der A6/E60 an der Ausfahrt 24.1 Beaune Centre auf die Avenue Charles de Gaulle abfahren, 3 km geradeaus bis zum Stellplatz (Hotel Mercure) folgen, ausgeschildert; **Platzanzahl:** Plätze 6; **Untergrund:** Asphalt; **Ver-/Entsorgung:** Strom, Trinkwasser, Abwasser, Chemie-WC; **Sicherheit:** beleuchtet; **Preise:** 3,50 €/10 Min. Wasser oder 1 Std. Strom oder Chemie-WC (Jetons), Jetonkauf nur mit Visa- oder Mastercard; **Geöffnet:** frei zugänglich

Camping Municipal, Auxerre

N47.78585° E3.58794°

Campingplatz mit befriedigender Sanitärausstattung. Gute und relativ ruhige Lage, ca. 1 km bis ins Zentrum. Auxerre hat ein sehenswertes Stadtbild; **Lage/Anfahrt:** Von der A6/E60 bei der Ausfahrt 20 Auxerre auf die N65 in Richtung Auxerre fahren. Am folgenden Kreisverkehr die erste Ausfahrt (D965) Richtung Auxerre nehmen, immer weiter auf der D965 über den Fluss Yonne fahren und hinter der Brücke links abbiegen, der Platz ist ab hier ausgeschildert; **Platzanzahl:** 160; **Preise:** 3,30 €/Fahrz., 3,80 €/Pers., Strom 3,10 €, Kurtaxe 0,40 €; **Geöffnet:** 15. April–30. September; **Kontakt:** 89000 Auxerre, Route des Vaux, Tel. +33 (0)3 86521115

Camping Indigo, Paris

N48.8683° E2.23483°

Platz am südwestlichen Stadtrand von Paris am Seine-Ufer. Restaurant, Supermarkt und Shuttlebus zur Metrostation Porte Maillot. **Lage/Anfahrt:** Die A6 bei der Ausfahrt Arcueil/Paris/Villejuif verlassen und auf den Boulevard Périphérique, die Pariser Ringautobahn, abfahren. Auf ihr fährt man bis zur Ausfahrt Boulogne-Billancourt. Über die Av. de la Porte de Saint-Cloud, die Route de la Reine/D907, die Av. du Maréchal de Lattre de Tassigny und den Quai du 4 Septembre zum Platz fahren; **Platzanzahl:** 435; **Untergrund:** Rasengitter, Pflaster, Wiese; **Ver-/Entsorgung:** Strom, Trinkwasser, Chemie-WC; **Sicherheit:** umzäunt, beleuchtet, bewacht; **Preise:** 23,70–35,70 €/Fahrz. inkl. 2 Personen, Strom 5,50 €, Hund 4 €; **Geöffnet:** ganzjährig; **Kontakt:** 75016 Paris, 2 Alleé du Bord de l'Eau, Tel. +33 (0)1 45243000, www.camping-indigo.com

MAUT

Die Autobahnen in Frankreich sind bis auf einige Teilstücke und Stadtumfahrungen meist kostenpflichtig. Wohnmobile **bis 3,5 t** zulässigem Gesamtgewicht fallen in die **Gebührenklasse 2** des fünfklassigen Systems, Wohnmobile **über 3,5 t** in die **Klasse 3.**

Es gibt **zwei verschiedene Abrechnungssysteme.** An den meisten Autobahnen ist es üblich, bei der Einfahrt an der Mautstelle *(péage)* ein Ticket zu ziehen und beim Verlassen oder Wechseln der Autobahn zu zahlen. Bezahlt werden kann in **bar** oder mit **Kreditkarte,** allerdings nicht mit EC-/Maestrokarten oder American Express. An den Ausfahrten darf man nicht die mit „télépéage“ gekennzeichneten Zahlstellen benutzen, da diese für Fahrzeuge der Klasse 1 mit einer Chipkarte an der Windschutzscheibe reserviert sind. Auf einigen Autobahnabschnitten entrichtet man die Maut auch schon bei der Einfahrt. Bei manchen Einfahrten muss man den angezeigten Betrag hierzu in einen Trichter werfen.

Die Maut für die Strecke Mulhouse – Rouen kostet für Wohnmobile bis 3,5 t zul. Gesamtgewicht 60,40 €, für schwerere Fahrzeuge beträgt der Aufschlag je nach Strecke 30 bis 50 %. Die aktuellen Preise findet man unter www.autoroutes.fr, allerdings nur in englischer und französischer Sprache.

DIPLOMATISCHE VERTRETUNGEN

FRANZÖSISCHE BOTSCHAFTEN

- **Deutschland:** Pariser Platz 5, 10117 Berlin, Tel. +49 (0)30 590039100, www.botschaft-frankreich.de
- **Österreich:** Technikerstraße 2, 1040 Wien, Tel. +43 (0)1 502750, www.ambafrance-at.org
- **Schweiz:** Schosshaldenstraße 46, 3006 Bern, Tel. +41 (0)31 3592111, www.ambafrance-ch.org

VERTRETUNGEN IN FRANKREICH

- **Botschaft der Bundesrepublik Deutschland,** 13/15 Avenue Franklin D. Roosevelt, 75008 Paris, Tel. +33 (0)1 53834500, www.paris.diplo.de
- **Honorarkonsulat der Bundesrepublik Deutschland,** Rue Blaise Pascal 8, 76100 Rouen, Tel. +33 (0)2 35881652
- **Botschaft der Republik Österreich,** 75007 Paris, Rue Fabert 6, Tel. +33 (0)1 40633063, www.amb-autriche.fr
- **Botschaft der Schweiz,** 75007 Paris, Rue de Grenelle 142, Tel. +33 (0)1 49556700, www.eda.admin.ch/paris

EINKAUFEN

In Frankreich herrschen liberale Geschäftsöffnungszeiten. Eine **Bäckerei** *(boulangerie)* hat häufig sieben Tage in der Woche geöffnet. Wenn es einen Ruhetag gibt, ist es meist der Montag. **Mittagsruhe** ist bei allen Geschäften in der Regel von 12.30 bis 14 Uhr, in großen Städten ist oft auch durchgehend geöffnet. Es gibt in Frankreich immer weniger kleine Lebensmittelläden im Stadtzentrum, sondern inzwischen teilweise riesige **hyper- oder supermarchés** (Supermärk-

Der Besuch des Wochenmarktes ist ein fester Termin im Leben der normannischen Bevölkerung

009nrm Abb.: gg

te) an der Peripherie. Hier kann man sich außer mit Lebensmitteln auch mit Kleidung, Schuhen, Küchenutensilien, Autobedarf usw. eindecken. Supermärkte sind in der Regel durchgängig von 9 bis 20 Uhr, zum Teil auch bis 22 Uhr und häufig auch sonntagvormittags und an Feiertagen geöffnet. Beinahe jeder Ort hat eine Bäckerei, eine **Metzgerei** *(boucherie)* und seinen **Wochenmarkt** *(marché)*. Frisches Obst und Gemüse, Käse, Wurst und Brot kann man auch sehr gut auf den regional stattfindenden wöchentlichen Märkten kaufen.

LEBENSMITTEL

Nach Frankreich, in das Land der Gourmets, muss man keine Lebensmittel mitnehmen, denn in den riesigen Supermärkten findet man alles, was das Herz begehrt. Für viele Touristen war es früher ein Problem, über Wochen immer nur das französische Weißbrot zu essen. Inzwischen gibt es außer dem **Baguette** aber auch schon ein breites Angebot an **verschiedensten Brotsorten.** Ein richtiges **Vollkornbrot** findet man dagegen selten, am ehesten wird es auf den Märkten von kleinen Biobäckern angeboten.

SOUVENIRS

Mitbringsel aus der Normandie sind in erster Linie die drei Cs: **Cidre** (Apfelmost), **Calvados** (Apfelschnaps) und **Camembert** (Weichkäse aus Kuhmilch). In den Départements Calvados und Manche kann man die flüssigen Souvenirs direkt beim Erzeuger kosten und kaufen und auch Käse gibt es direkt vom Produzenten. Vom großen, fabrikähnlich organisierten Gut bis zum kleinen Bauernhof reicht die

Palette der Direktvermarkter. Gut transportieren lassen sich auch die im Glas eingekochten **rillettes** (Brotaufstrich aus Wild-, Geflügel- oder Schweinefleisch). In den Bordkühlschrank müssen die **andouille** (Wurstspezialität aus Schweineinnereien) und **Austern,** die gut verpackt eine Woche haltbar sind. Das Buttersandgebäck **sablé, Karamellen** aus Isigny und hausgemachte **Konfitüre** sind typisch normannische Souvenirs für Schleckermäuler.

Antiquitätenläden gibt es viele in der Normandie. Die Preise sind im Durchschnitt niedriger als in Deutschland. Ein weiteres Souvenir sind die wertvollen **Spitzen** aus Alençon und Argentan, die allerdings ihren Preis haben. **Keramik** in allerlei Formen kann man in großer Auswahl in Ger und Noron-la-Poterie erstehen. Und ob Töpfe, Kannen oder Krüge aus **Kupfer** oder von der kleinen Tisch- bis zur großen Schiffsglocke: in Villedieu-les-Poêles gibt es für jeden das Richtige.

PREISE

Die Preise in der Normandie entsprechen denen in Deutschland, die **Eintrittspreise** in Museen und Sehenswürdigkeiten sind allerdings relativ hoch. Der **Normandie-Pass** für 1 € bietet unterschiedlich hohe Preisnachlässe, allerdings überwiegend in Museen, die den Zweiten Weltkrieg thematisieren. Einige wenige Schlösser und Käsereien haben sich angeschlossen. Man erhält den Pass an der Kasse der jeweiligen Museen.

EINREISEBESTIMMUNGEN

Durch das Schengener Abkommen sind die Grenzen in Europa gefallen. Bei einem bis zu dreimonatigen Aufenthalt sind **Personalausweise** für Deutsche, Österreicher und Schweizer daher als Ausweispapier ausreichend. **Kinder** müssen seit Juni 2012 einen eigenen Kinderausweis mitführen. Selbst Babys benötigen einen Ausweis mit biometrischem Passbild. Für das Wohnmobil benötigt man den **Führerschein** und den **Fahrzeugschein.** Die Mitnahme einer **grünen Versicherungskarte** wird empfohlen. Ein **Euroschutzbrief** sollte auf allen Reisen in Europa nicht fehlen. Wer an seinem Wohnmobil kein Euro-Nummernschild hat, braucht ein **Nationalitätenkennzeichen.**

GASVERSORGUNG

Die Versorgung mit Flaschengas ist in der Normandie kein Problem. In jedem Dorf findet sich ein **Händler** für Gasflaschen, häufig angegliedert an eine Bar oder ein Lebensmittelgeschäft. Auch an sehr vielen **Tankstellen** werden Gasflaschen verkauft, am günstigsten bei den großen Supermärkten. Es gibt Propangasflaschen mit 10, 11 und 13 kg Füllung. Die 13-kg-Flasche hat einen geringfügig größeren **Durchmesser** als die deutsche 11-kg-Flasche. Die 10-kg- und 11-kg-Flaschen sind vom Durchmesser her gleich. Der Anschluss stimmt mit dem deutschen überein. Die Kosten betragen für 10 kg Gas ca. 20 bis 22 €, 13 kg kosten 30 bis 35 €. Das **Flaschenpfand** beträgt 5 bis 7 €. Achtung: Es werden nur Flaschen desselben Anbieters getauscht, deshalb auf die Flaschenfarbe achten und die Quittung für die Rückgabe aufbewahren.

GELD

Geldautomaten *(guichet automatique)* findet man fast überall. Sie sind meist mit einer deutschsprachigen Benutzerführung versehen. Geldabhebungen sind mit **Maestro-(EC-)** und **Kreditkarten** möglich. Auf jeden Fall sollte man die üblichen Sicherheitsvorkehrungen wie das Abdecken des Tastenfeldes mit der Hand bei Eingabe des PIN-Codes nicht außer Acht lassen. In Banken werden auch **Reiseschecks** angenommen. Die Öffnungszeiten von Banken sind Mo bis Fr von 9 bis 12 und von 14 bis 16 Uhr, in größeren Städten auch durchgehend von 9 bis 16.30 Uhr. **Kreditkarten** haben in Frankreich (im Gegensatz zu Maestro-(EC-)Karten) eine hohe Akzeptanz. Auch Autobahngebühren können damit entrichtet werden (Ausnahme: American Express). Für den Fall, dass Ihnen eine Maestro-(EC-) oder Kreditkarte abhanden kommt, notieren Sie sich auf jeden Fall Kartennummer und die Rufnummern der Sperrhotline Ihres Geldinstitutes oder Kreditkartenunternehmens! In Deutschland gibt es zudem eine Zentralnummer für **Kartensperrungen,** aber auch hier muss man natürlich die Kartennummern angeben können.

› **Deutscher Sperrnotruf:** Tel. +49 116116 oder Tel. +49 3040504050

GESUNDHEIT

Für die Reise nach Frankreich sind keine besonderen Vorsorgemaßnahmen nötig und eine übliche Reiseapotheke ist völlig ausreichend. Wer regelmäßig spezielle Medikamente einnehmen muss, sollte diese aber selbstverständlich mitnehmen.

Apotheken *(pharmacie)* erkennt man in Frankreich an einem blinkenden grünen Kreuz. In den Nachtstunden und am Wochenende hängt in jeder Apotheke am Eingang oder im Fenster die Adresse der Dienst habenden Apotheke aus. Wenn Sie einen **Arzt** brauchen, fragen Sie nach einem *médecin* oder *docteur,* ein **Zahnarzt** ist ein *dentiste.*

Für gesetzlich Versicherte gibt es die **Europäische Krankenversicherungskarte** (European Health Insurance Card, EHIC). Beachten Sie bitte, dass alle mitreisenden Familienmitglieder eine EHIC brauchen. Sie gilt für akut notwendige medizinische Leistungen beim Arzt, Zahnarzt oder im Krankenhaus sowie für die notwendige Behandlung bereits vorhandener oder chronischer Krankheiten bei vorübergehendem Auslandsaufenthalt. Bei den meisten Ärzten und Apotheken müssen Sie trotz der EHIC Ihre Rechnung zunächst selbst bezahlen. Zu Hause reichen Sie den Beleg (aufbewahren!) dann bei Ihrer Krankenkasse ein.

Ein **Krankenrücktransport** wird von den deutschen Krankenkassen nicht übernommen. Deshalb ist es ratsam, eine **Auslandskrankenversicherung** abzuschließen. Oft schließen auch Kfz-Schutzbriefe einen Krankenrücktransport ein.

HAUSTIERE

Es stellt kein Problem dar, den treuen Begleiter auf eine Reise nach Frankreich mitzunehmen. Die Tiere müssen gegen **Tollwut** geimpft sein. Außerdem braucht man einen **EU-Heimtierausweis** (gemäß der EG-Entscheidung Nr. 2003/803). Er muss die Identität und die gültigen Impfungen bestätigen. Des Weiteren muss das Tier durch **Tätowierung** oder einen **Mikrochip** genau identifizierbar sein. **Hunde der ersten Kategorie** wie Staffordshire Terrier, American Staffordshire Terrier, Mastiff oder Tosa, die in keinen vom Internationalen Hundeverband (www.fci.be) zugelassenen Stammbuch eingetragen sind, dürfen nicht nach Frankreich eingeführt werden. Sind diese Rassen in einem zugelassenen Stammbuch eingetragen, dürfen sie einreisen, müssen aber Leine und Maulkorb tragen. Für Rottweiler, Dobermann und deutsche Dogge besteht ebenfalls Leinen- und Maulkorbzwang. Alle Katzen und Hunde, die mehr als drei Monate in Frankreich bleiben, müssen identifiziert und in ein innerstaatliches Register eingetragen werden.

Hunde- und Katzenfutter gibt es in Frankreich reichlich zu kaufen, allerdings nicht unbedingt die Marke, die Ihr Vierbeiner von zu Hause gewohnt ist. Die meisten **Campingplätze** lassen Hunde uneingeschränkt zu, allerdings wird inzwischen beinahe überall eine Gebühr verlangt. Wenn Ihr Tier krank wird, finden Sie sicher bei einem der vielen Tierärzte *(vétérinaire)* Hilfe. Moderne Tierkliniken, die auch bei größeren Problemen helfen, findet man meist an der Peripherie der Städte und Dörfer.

INFORMATIONEN

In der heutigen Zeit ist das Internet sicherlich eine der bevorzugten Informationsquellen, doch auch die „gute alte" Broschüre hat noch nicht ausgedient. Die **französischen Fremdenverkehrsämter (Maison de la France)** versenden gutes Material, das zum Teil auch im

PDF-Format über das Internet heruntergeladen werden kann (www.franceguide.com).

- **Deutschland:** Atout France, Zeppelinallee 37, 60325 Frankfurt/Main, http://reserver.rendezvousenfrance.com, info.de@atout-france.fr
- **Österreich:** Atout France, Lugeck 1–2, Stg. 1, Top 7, 1010 Wien, Tel. +43 (0)1 5032892, info.at@franceguide.com
- **Schweiz:** Atout France, 8023 Zürich, Rennweg 42, Tel. +41 (0)44 2174600, info.ch@franceguide.com

INTERNET

Aus den im Internet zu findenden Adressen zum Thema Normandie bzw. zum Thema Frankreich allgemein folgt hier eine interessante Auswahl:

- **www.franceguide.com:** offizielle Seite des französischen Fremdenverkehrsamtes in deutscher Sprache. Weitere Sprachen sind unter dem Menüpunkt „Convention bureau" wählbar (am Seitenende).
- **www.frankreich-info.de:** zahlreiche nützliche Informationen über Reisen nach Frankreich
- **www.normandie-netz.de:** gut gegliederte Internetseite, auf der man allgemeine Informationen zu den Regionen, aber auch speziellere, z. B. zu Angelrevieren, sowie aktuelle Termine zu örtlichen Festen erhält
- **www.normandie-tourisme.fr:** sehr informative Website des regionalen Fremdenverkehrsamtes der Normandie, auch in deutscher Sprache und mit Broschüren zum Download
- **www.campingfrance.com:** Hier erhält man geordnet nach den Regionen Kurzinfos zu den Campingplätzen.

IN DER NORMANDIE

Vom Personal der örtlichen Tourismusbüros wird man überaus freundlich und kompetent beraten sowie mit lokalem Informationsmaterial – ab und zu in deutscher Sprache – versorgt.

- **Fremdenverkehrsverband der Normandie** (C.R.T. de Normandie), Rue Charles Corbeau 14, 27000 Évreux, Tel. +33 (0)2 32337900 oder (0)2 32311904, www.normandie-tourisme.fr

KARTEN

STRASSENKARTEN

Im Reise Know-How Verlag ist im Maßstab 1:1.000.000 die **Straßenkarte Frankreich** erschienen. Sie wurde auf Polyart (ein umweltfreundliches Material) gedruckt und ist wasser- und reißfest sowie auch GPS-tauglich. Sie hat eingezeichnete Höhenlinien und ein Ortsregister.

Ebenfalls empfehlenswert sind die **Normandie-Karten** von Michelin („Normandie“, Maßstab 1:200.000; „Normandie-Ost“, Maßstab 1:150.000 und „Normandie-West“, Maßstab 1:150.000) und die Karte „Normandie-Calvados“ von Kümmerly+Frey (Maßstab 1:180.000).

WANDERKARTEN

Das französische **Institut Géografique National (IGN)** gibt sehr gute, detailreiche topografische Landkarten heraus. Die gesamte Normandie ist mit Karten der TOP-25-Reihe im Maßstab 1 : 25.000 abgedeckt. Die Kartenlegende ist in französischer und englischer Sprache abgefasst.

PANNE/UNFALL

Wenn Sie trotz aller Vorsicht in einen Unfall verwickelt werden, sollten Sie auf keinen Fall irgendwelche Schadenszusagen unterschreiben. Wenn Personenschaden entstanden ist, bitte unbedingt den **Notarzt** benachrichtigen.

Die französische **Polizei** protokolliert nur Unfälle mit Personenschäden. Sie kann aber auch gerufen werden, wenn durch einen Unfall der Verkehrsfluss stark behindert ist.

Notieren Sie die Kfz-Nummer, die Versicherungsnummer und die Versicherungsgesellschaft des Unfallgegners. Die **Versicherungsdaten** können Sie einer an der Windschutzscheibe des Fahrzeugs angebrachten Plakette entnehmen. Formblätter für die Unfallaufnahme gibt es z. B. bei den **Autoklubs** ADAC, ÖAMTC und ACS. Unterstützung erhalten Sie auch vom **Zentralverband der Autoversicherer** unter der Rufnummer +49 (0)180 25026.

Bei einer **Panne** gelten natürlich die üblichen Vorsichtsmaßnahmen: Warnweste anziehen, Warndreieck aufstellen, Insassen aussteigen lassen und – sofern vorhanden – hinter der Leitplanke auf Hilfe warten.

Wenn eine **Reparatur** Ihres Wohnmobils notwendig werden sollte, finden Sie im internationalen Kundendienstverzeichnis Ihres Fahrzeugherstellers die örtlichen Vertragswerkstätten. **Pannen- und Abschleppdienste** erreichen Sie über AIT-Assistance oder ADAC-Notruf Frankreich.Bei der Beschaffung von Ersatzteilen, besonders wenn sie angeliefert werden müssen, hilft ein **Schutzbrief.** Dieser wird inzwischen nicht nur von den Automobilklubs angeboten, auch größere Wohnmobilhersteller und Kraftfahrzeugversicherungen haben diesen Service in ihrem Programm.

Notrufnummern

- **Polizeinotruf PS** (Police Secours): Tel. 17
- **Rettungsdienst** (Service d'aide médicale d'urgence, Abkürzung: SAMU): Tel. 15
- **Feuerwehr** (pompiers): Tel. 18
- **allgemeine Notrufzentrale:** Tel. 112
- **Pannenhilfe:** Tel. 0800089222 (kostenlose 24-Stunden-Hotline von AIT-Assistance)
- **ADAC-Notruf Deutschland:** Tel. +49 (0)89 222222 bei Fahrzeugschäden, Tel. +49 (0)89 767676 bei Personenschäden
- **ADAC-Notruf in Frankreich:** Tel. +33 825 800822 (vom Handy) oder Tel. 0825 800822 (vom französischen Festnetz)
- **ÖAMTC-Schutzbrief-Nothilfe:** Tel. +43 (0)1 251200
- **ACS-Notruf Schweiz:** Tel. +41 (0)44 6288899

REISEZEIT

Das normannische Klima wird stark vom Atlantik beeinflusst. Dank des nahen Golfstroms sind die Temperaturen **auch im Winter mild.** Auf plötzlich einsetzenden **Wind** oder einen **Regenguss** muss man sich aber das ganze Jahr über einstellen. Auf jeden Fall gehören ein warmer Pulli und eine Regenjacke ins Reisegepäck und wer gerne Wattwanderungen unternimmt, sollte Gummistiefel mitführen.

FRÜHJAHR

In der Zeit von Mitte April bis Ende Mai blühen in der Normandie die geschätzten 9 Millionen Apfel- und Birnenbäume. Die Salzwiesen an der Küste des Cotentin stehen im saftigen Grün und an den Steilküs-

010nrm Abb.: gg

▶ *Blütenrausch im Calvados*

ten breitet der Ginster seinen gelben Teppich aus. Die Tagestemperaturen erreichen schon die 20°-Marke. Die Jahreszeit ist ideal für ausgiebige Spaziergänge an der Küste oder Wanderungen im Hinterland.

SOMMER

Die Sommersaison ist in der Normandie relativ kurz und beschränkt sich überwiegend auf die französischen Schulferien zwischen Anfang Juli und Ende August. Dann sind vor allem die Küstenbadeorte stark frequentiert. Im Hinterland gibt es auch im Sommer bis auf einige Ausnahmen wenig Tourismus. Die Temperaturen sind angenehm warm, extreme Hitze ist selten. Jetzt ist die richtige Zeit, die riesigen Sandstrände ausgiebig zu genießen.

HERBST

September und Oktober sind angenehme Monate für Besichtigungen, die Apfelernte ist in vielen Orten mit fröhlichen Festen verbunden. Die Pariser, die im August noch die Küste belagert haben, sind wieder zu Hause, die Campingplätze und die Wohnmobilstellplätze leeren sich zusehends. Wanderer und Radfahrer finden gute Bedingungen, um durch die Lande zu streifen.

WINTER

Von November bis Februar/März nehmen die Niederschläge zu, die Temperaturen bleiben bis auf wenige Ausnahmen im positiven Bereich. Die Küstenbadeorte wirken verlassen, die meisten Campingplätze machen Winterpause. Im Januar sind außerdem die Tore zahlreicher Sehenswürdigkeiten und Museen verschlossen. Wer den Winter am Meer mag, findet jetzt Ruhe und Einsamkeit. Besonders an der Küste kann man in der herrlichen Meeresluft mit entsprechender Kleidung sehr gut wandern.

SICHERHEIT

In der Normandie ist man vor Einbrüchen oder Diebstählen weitestgehend sicher. Wie überall in der Welt gibt es aber leider auch in den Großstädten **Kleinkriminelle,** die es auf Ihr Hab und Gut abgesehen haben. Man kann den Gefahren jedoch mit einigen Vorsichtsmaßnahmen vorbeugen: **Geld** sollte nicht in der Hosentasche oder im Brustbeutel verwahrt werden, sondern in Gürteln, Waden- oder Bauchtaschen, die man unter der Kleidung verstecken kann, und dass man **Schmuck** am besten gar nicht mitnimmt, ist sicher hinreichend bekannt.

Das **Wohnmobil** kann man mit einer Alarmanlage schützen. Hilfreich sind auch Maßnahmen wie ein Bügel über der Wohnteiltür, die schon von außen darauf hinweisen, dass das Wohnmobil nicht so einfach zu knacken ist. Ein im Fahrerhaus wachender Hund trägt sicher ebenfalls sehr dazu bei, dass sich niemand dem Wohnmobil in unehrlicher Absicht nähert.

Sollten Sie tatsächlich bestohlen werden oder einen Einbruch in Ihr Wohnmobil erleiden, verständigen Sie grundsätzlich die **Polizei** (Notruf 112 oder 17). Bestehen Sie auf ein Polizeiprotokoll, das die gestohlenen Gegenstände auflistet (meist hat die Polizei mehrsprachige Formulare), sonst erhalten Sie von Ihrer Versicherung keinen Ersatz. Übrigens: Die meisten Polizisten sind Touristen gegenüber äußerst freundlich gesonnen und hilfsbereit. Von Ihren **Ausweisen** und **Fahrzeugpapieren** sollten **Fotokopien** vorhanden sein, so ist eine Ersatzbeschaffung beim Konsulat einfacher zu bewerkstelligen.

STRASSEN

Das Straßennetz in der Normandie ist dicht und sehr gut ausgebaut. Der Straßenzustand ist überwiegend gut. Einige untergeordnete Straßen im ländlichen Bereich sind schmal, aber sehr verkehrsarm. Die **Autobahnen** *(autoroutes)* sind bis auf einige Streckenabschnitte gebührenpflichtig (s. S. 16). **Routes nationales** sind große Verbindungsstraßen, vergleichbar den deutschen Bundesstraßen. Sie sind mit der Abkürzung RN und ihrer Ordnungsnummer bezeichnet (rote Schilder mit weißer Aufschrift). Häufig sind sie drei- oder vierspurig ausgebaut. Bei den **Départementstraßen** reicht die Bandbreite von

▼ *Prachtboulevard im Betondesign*

011nrm Abb.: gg

autobahnähnlichen Schnellstraßen bis zu schmalen Landsträßchen. Sie sind mit D und ihrer Straßennummer gekennzeichnet (gelbe Tafeln mit weißer Schrift). Achten Sie darauf, dass die Straßennummern der Départementstraßen sich an den Grenzen der Départements ändern! Verbindungen zwischen Orts- und Stadtteilen werden als **Kommunalstraßen** *(routes communales)* bezeichnet. Sie haben weiße Tafeln mit schwarzer Aufschrift (C und die Straßennummer). Die Straßenbeschilderung ist überall hervorragend.

Auf Straßenschildern werden **Fernziele** mit weißer Schrift auf grünem Untergrund angezeigt, **Nahziele** mit schwarzer Schrift auf weißem Grund, **Autobahnen** haben blaue Straßenschilder mit weißer Schrift.

STROM

Die **Netzspannung** beträgt 230 Volt Wechselstrom. Mit den flachen Eurosteckern hat man keine Probleme. Für die runden **Stecker** wird ein Adapter benötigt (im Campingzubehörhandel erhältlich). Auf Camping- und an Wohnmobilstellplätzen setzten sich die dreipoligen CEE-Steckdosen immer mehr durch, dennoch findet man auf einfach ausgestatteten Campingplätzen noch die herkömmlichen französischen Steckdosen. Es empfiehlt sich, ein **Verlängerungskabel** mitzuführen, um die manchmal langen Strecken zum Verteilerkasten zu überbrücken. So preisgünstig manche Campingplätze auch sind, der **Strom ist teuer.** Auf Campingplätzen werden dafür bis zu 6 € pro Nacht verlangt. An einigen wenigen Wohnmobilstellplätzen kann man sich kostenlos an den Strom anschließen, sonst werden bis zu 5 € für eine Stunde verlangt.

TANKEN

Das **Tankstellennetz** ist in den Städten dicht, auf dem flachen Land kann es jedoch vorkommen, dass man längere Zeit keine Tankstelle findet. Beachten Sie, dass an **Sonn- und Feiertagen** viele Tankstellen geschlossen sind. An Tankstellen mit dem 24/24-Zeichen findet man Tankautomaten. Es gibt keine Geldscheinautomaten mehr, aber es werden meist **Kreditkarten** akzeptiert (teilweise mit deutscher Sprachführung).

Das **Preisniveau** liegt bei Super *(essence 95)*, Super plus *(essence 98)* und Diesel ungefähr auf deutschem Niveau. Zwischen einzelnen Tankstellen kann es aber zum Teil erhebliche Preisunterschiede geben. Am günstigsten tankt man an den Tankstellen der großen Supermärkte. Der Literpreis liegt hier oft zwischen 10 und 15 Cent niedriger als an den Markentankstellen. Unter der Internetadresse **www.prix-carburants.gouv.fr** kann man in französischer Sprache die Kraftstoffpreise aller französischen Tankstellen abrufen.

TELEFONIEREN

VORWAHLNUMMERN

Die **Landesvorwahl** für Frankreich lautet **Tel. +33.** Ortsvorwahlen wie in Deutschland gibt es nicht. Insgesamt kommt das französische Telefonnetz mit 6 zweistelligen **Zonenvorwahlen** aus. 02 gilt für Nordwestfrankreich und 06 für das Mobilfunknetz. Bei Anrufen aus dem Ausland nach Frankreich wird die führende Null der zweistelligen Vorwahl weggelassen. Innerhalb Frankreichs muss immer die **vollständige zehnstellige Nummer** gewählt werden.

Vorwahlen aus Frankreich

- nach Deutschland: Tel. +49
- nach Österreich: Tel. +43
- in die Schweiz: Tel. +41

HANDY

Zum schnurlosen Telefonieren reicht in Frankreich ein herkömmliches **GSM-** oder ein **UMTS-Handy** vollkommen aus. Das Angebot der Netzanbieter ist ständigen Veränderungen unterworfen, deshalb ist es ratsam, sich vor Reiseantritt über die günstigsten (Roaming-)Tarife zu informieren (z. B. unter www.tariftipp.de).

Das Telefonieren mit dem Handy innerhalb der EU wird immer günstiger. Das EU-Parlament hat folgende Staffelung eingeführt: Ab 1. Juli 2013/2014 kostet ein Anruf im EU-Ausland maximal 24/19 Cent pro Minute, ein eingehender Anruf darf maximal 7/5 Cent pro Minute und eine SMS maximal 8/6 Cent kosten.

Am Steuer eines Autos darf man in Frankreich übrigens nur mit **Freisprecheinrichtung** telefonieren.

ÖFFENTLICHE FERNSPRECHER

Öffentliche Fernsprecher bzw. Telefonzellen *(cabine)* werden im Zeitalter der Handys auch in Frankreich **immer seltener.** Aber es gibt sie noch, allerdings keine Münzfernsprecher. Zum Telefonieren benötigt man eine Karte, die sogenannte **télécarte,** die man bei Postämtern, Tabakgeschäften, Bars oder Zeitungskiosken erwerben kann. Die Karten gibt es mit 50 Einheiten zum Preis von 7,50 € oder mit 120 Einheiten zum Preis von 16 €. Einige öffentliche Fernsprecher akzeptieren auch **Kreditkarten** wie Visa oder Mastercard. Da die europäischen Roamingtarife immer weiter gesenkt werden, ist es allerdings bald nicht mehr der Mühe wert, eine Telefonzelle aufzusuchen (siehe „Handy“).

INTERNET

Einige Campingplätze und Tourismusbüros bieten **Internetpoints** an. Hier findet man Internetterminals oder WLAN-Anschlüsse. Wer ständig „online“ sein will oder muss, kann bei einem der zahlreichen französischen Anbieter (z.B. Orange, Bouygues, SFR) eine **Prepaid-SIM-Karte** erstehen (Voraussetzung: ein SIM-look-freier Internet-Stick). Man braucht hierzu einen Ausweis und eine französische Anschrift, wobei die Adresse eines Campingplatzes genügt. Aufladbare Datenvolumen kann man sich in den Telefonläden, in jedem Supermarkt, in einer Bar oder einem Tabakgeschäft kaufen. Ein Datenvolumen von 2 GB kostet ca. 20 €.

ÜBERNACHTEN

Alle im Buch aufgeführten Stell- und Campingplätze wurden besucht und getestet. Die angegebenen Öffnungszeiten entsprechen einer möglichst genauen Recherche.

CAMPINGPLÄTZE

Unter www.campingfrance.com werden registrierte Campingplätze und private Stellplätze bei einem Bauernhof aufgeführt. Der Komfort der Stellplätze reicht von einfach bis gut, Luxusplätze findet man hingegen selten.

Die meisten Städte und auch viele Dörfer haben einen *camping municipal,* einen **städtischen Campingplatz.** Dieser liegt überwiegend zentral, aber dennoch ruhig, hat meist eine einfache Sanitärausstattung und ist sehr preisgünstig. **Private Campingplätze** haben dagegen mehr Komfort, was sich natürlich auch im Preis widerspiegelt. Einen Laden oder ein Restaurant findet man nur bei wenigen Campingplätzen, Brot liefert häufig ein Bäckerauto.

Mit Ausnahme der großen Städte haben in der Normandie nur sehr wenige Campingplätze das ganze Jahr über geöffnet. In den meisten Fällen ist von Oktober bis März **Winterpause** und auch für die in diesem Buch aufgeführten Öffnungszeiten kann keine Garantie übernommen werden, denn immer wieder werden Plätze in der Nebensaison mangels Besuchern schon vorzeitig geschlossen.

Viele Campingplätze sind mit **behindertengerechten Einrichtungen** versehen. Eine **Wohnmobilver- und -entsorgung** findet man allerdings nicht auf allen Plätzen. Häufig gibt es keine oder zumindest keine praktische Lösung, das Abwasser zu entsorgen.

Es ist sinnvoll, in der Normandie eine **Camping Card International** mitzuführen, da sie als Campingausweis anerkannt wird. Außerdem schließt sie eine Camping-Haftpflichtversicherung mit ein.

Auf Vorlage der **ADAC-CampCard** oder **ACSI-Card** erhält man bei etlichen Campingplätzen außerhalb der Hauptsaison Rabatte.

Jeden Campingplatz in diesem Buch aufzuführen, würde den Rahmen des Tourguides sprengen und da sämtliche Campingplätze unter www.campingfrance.com abgerufen werden können, wurden überwiegend Wohnmobilstellplätze berücksichtigt. Auf Campingplätze wird nur verwiesen, wenn kein geeigneter Stellplatz vorhanden ist oder der Campingplatz sich durch besondere Schönheit, eine besonders gute Lage oder lange Öffnungszeiten auszeichnet.

STELLPLÄTZE

In der Normandie sind Wohnmobilfahrer herzlich willkommen und dementsprechend ist auch die Infrastruktur ausgerichtet. Sehr viele Städte und Gemeinden weisen Wohnmobilstellplätze aus. Die Platzqualität reicht von einem separaten Platzteil auf einem Großparkplatz bis zu eigens für Wohnmobile eingerichteten Plätzen mit Picknicktischen, Strom- und Wasserversorgung. Die kommunalen Stellplätze sind, bis auf wenige Ausnahmen **kostenlos,** für die **Ver- und Entsorgung** muss man dagegen häufig bezahlen. Es gibt aber auch in den Ortschaften abseits der Touristenrouten sehr bemühte Verwaltungen, die sogar den Strom kostenlos anbieten.

Das Auffinden der Plätze ist nicht immer leicht, denn die Beschilderung ist meist erst direkt am Platz angebracht. Es gibt jedoch auch Orte, in denen man hervorragend zum Stellplatz geleitet wird. In aller Regel werden Schilder mit einem **Wohnmobilpiktogramm** verwendet. Alle Anfahrtsbeschreibungen in diesem Buch sind mit GPS-Daten und Fahrhinweisen versehen.

Freies Stehen

In Frankreich ist das **einmalige Übernachten** auf öffentlichen Parkplätzen generell erlaubt. Unter freien Stellplätzen verstehen sich frei zugängliche Plätze in der Natur, am Strand oder auch in Städten, die ein Übernachten für eine Nacht erlauben. Diese Plätze sind allesamt kostenlos, bieten aber **keine Stromanschlüsse, Wasser oder Entsorgungsstationen** an. Selbstverständlich ist beim freien Stehen, dass man keinen campingplatzähnlichen Betrieb mit Markise, Liegestuhl usw. veranstaltet und natürlich keinerlei Müll oder Abwässer einfach entsorgt. Ansonsten kann es leicht passieren, dass am Platz beim nächsten Besuch ein Verbotsschild prangt. Wichtig ist auch, dass nicht zu viele Wohnmobile gleichzeitig einen freien Stellplatz belagern.

Offizielle Stellplätze

Offizielle Stellplätze sind von Kommunen angelegt und als Wohnmobilstellplätze ausgewiesen. Die Plätze sind in den meisten Fällen kostenlos und besitzen fast ausnahmslos eine **Ver- und Ent-**

O12nrm Abb.: gg

▲ *Ein einsamer Stellplatz an der Steilküste*

sorgungsmöglichkeit, die jedoch meist kostenpflichtig (1–5 €) ist. Häufig gibt es nur **einen** Stromanschluss direkt an der Entsorgungsstation und hinzu kommt, dass man jede Stunde einen Jeton oder eine (Euro-)Münze einwerfen muss – keine sehr praktische Lösung. Wenn der Strom kostenlos angeboten wird, muss man manchmal auch stündlich einen Knopf drücken, um die Elektrizität in Gang zu halten.

Direkt mit Euromünzen kann man den Strom übrigens nur selten bezahlen. Meist muss man sich im örtlichen Handel **Jetons** kaufen.

Private Stellplätze

Darunter verstehen sich Wohnmobilstellplätze von privaten Betreibern, die **häufig bei Bauernhöfen** angelegt und unterhalten werden. Die Plätze sind durchweg gebührenpflichtig. Die Kosten für eine Übernachtung schwanken zwischen 3 € und 15 €, wobei die Preise oft kein Spiegel für Lage und Ausstattung sind. Die Plätze sind mit **Ver- und Entsorgungsstationen** ausgestattet, wobei man manchmal auf recht einfache, aber praktikable Lösungen trifft. Man findet auf diesen Plätzen **Stromanschlüsse. Duschen** und **Toiletten** sind eher selten.

In der Nebensaison kann es vorkommen, dass man auch während der im Text genannten Öffnungszeiten vor verschlossenen Türen steht, denn wenn keine Gäste kommen, schließen die Besitzer auch mal den Platz. Auf Bauernhöfen findet man dagegen zuverlässig offene Türen.

VERHALTENSHINWEISE

FOTOGRAFIEREN UND FILMEN

Fotografieren und Filmen ist in den meisten Sehenswürdigkeiten erlaubt, in Museen dagegen fast überall verboten. Dass man Menschen für eine Aufnahme um Erlaubnis fragt, ist sicher selbstverständlich.

RAUCHEN

Rauchen ist **in allen öffentlichen Räumen,** inklusive Restaurants und Bars **verboten.** Beachten Sie deshalb unbedingt die Verbotstafeln mit der Aufschrift „Interdit de fumer!" (Rauchen verboten!) Die Geldstrafe für Übertretungen beträgt 68 € für den Raucher und 135 € für den Betreiber des Lokals.

TRINKGELD

In Frankreich ist das Bedienungsgeld in den Preisen inbegriffen. Wenn man aber mit dem Service besonders zufrieden ist, rundet man den Betrag auf oder gibt 1–2 € als Trinkgeld.

VERKEHRSREGELN

Die **Höchstgeschwindigkeit** für Wohnmobile unter 3,5 t Gesamtgewicht beträgt innerorts 50 km/h, außerorts 90 km/h, auf Schnellstraßen 110 km/h und auf Autobahnen 130 km/h. Für Wohnmobile über 3,5 t und Gespanne gilt innerhalb geschlossener Ortschaften ebenfalls 50 km/h, außerorts und auf Schnellstraßen 80 km/h und auf Autobahnen 110 km/h. **Radarkontrollen** sind in Frankreich an der Tagesordnung und es kann passieren, dass die Polizei das Fahrzeug aus dem Verkehr zieht, bis das Bußgeld bezahlt ist. Die **Strafen für Verkehrsverstöße** sind außerdem wesentlich höher als in Deutschland.

- **Bei Nässe** besteht auf allen Autobahnen ein Tempolimit von 110 km/h und auf Schnellstraßen eine Höchstgeschwindigkeit von 100 km/h.
- Die **Promillegrenze** liegt bei 0,5 Promille.
- Bei Regen, Schnee oder in Tunneln muss man das **Abblendlicht** einschalten.
- **Telefonieren** mit einem Handy ohne Freisprecheinrichtung ist beim Fahren verboten.
- **Vorfahrtsstraßen** enden an den Ortsschildern, d. h., wenn man auf einer Vorfahrtsstraße in einen Ort hineinfährt, hat man ab dem Ortsschild nicht automatisch weiter Vorfahrt.

- **Straßenbahnen** haben immer Vorfahrtsrecht.
- Der **EU-Führerschein** ist keine Pflicht, auch ältere (graue oder rosa) Papierdokumente werden akzeptiert.
- Alle nach hinten **über das Fahrzeug hinausragenden Dachlasten** und **Ladungen** (Fahrradträger oder Träger für Motorroller) müssen mit einer reflektierenden Vorrichtung (bei Nacht mit einem roten Licht!) gekennzeichnet sein.
- Das Mitführen von **Warnweste** und **Warndreieck** im Fahrzeug ist vorgeschrieben.
- Bei gelben Markierungen am Fahrbahnrand herrscht **Parkverbot,** weiß markierte Parkflächen sind kostenlos und blaue sind gebührenpflichtig.

Einige wichtige Straßenschilder

Toutes directions	*alle Richtungen*
Autres directions	*andere Richtungen*
Rappel	*Erinnerung (meist in Verbindung mit Tempolimits)*
Ralentir	*langsam fahren*
Centre Ville	*zur Stadtmitte*
Passage interdit	*Durchfahrt verboten*
Aire	*Rastplatz*
Chaussée déformée	*schlechter Fahrbahnzustand*
Déviation	*Umleitung*
Interdiction de stationner	*Halten/Parken verboten*
Sortie	*Ausfahrt*
Travaux	*Baustelle*

VER- UND ENTSORGUNG

Fast ausnahmslos befinden sich die Anlagen zur Ver- und Entsorgung an ausgewiesenen **Wohnmobilstellplätzen,** bei **Supermärkten** oder an **ausgeschilderten Plätzen.** Die Stationen sind beinahe überall gleich und funktionieren häufig nicht mit Münz- sondern mit **Jetoneinwurf.** Um für 10 Minuten Wasser zu zapfen oder 50 bis 60 Minuten lang Strom zu entnehmen, kauft man Jetons im Wert von 1 bis 5 €. Diese Jetons gibt es meist im örtlichen Handel, bei den Campingplätzen oder bei Touristeninformationen. Leider wird an manchen Zapfsäulen nicht explizit darauf hingewiesen, wo man die Jetons bekommt. Um Strom aus den Säulen zu entnehmen, müssen oft weite Wege überbrückt werden.

Die meisten **Wasserhähne** sind mit Halbzoll-Schlauchanschlüssen ausgestattet, sodass man problemlos Wasser tanken kann. Die Wasserqualität ist überall gut. Die **Entsorgung des Grauwassers** ist dagegen manchmal problematisch, da anstatt einer breiten Rinne nur ein kleines Loch dafür vorgesehen ist. Das Mitführen eines Schlauches zur Abwasserentsorgung ist deshalb hilfreich.

WANDERN

Die Normandie ist geradezu prädestiniert dafür, dass man auf Schusters Rappen die Schönheit der Landschaft erkundet. Besonders in den **Küstenregionen** findet man zahlreiche bezeichnete Wanderwege. Im **Landesinneren** gibt es aufgrund der starken landwirtschaftlichen Nutzung viele Feld- und Wirtschaftswege, allerdings vermisst

013nrm Abb.: gg

▲ *Bis zum Horizont oder so weit die Füße tragen*

man hier häufig eine leitende Wandermarkierung. **Kletterkünste** sind in der Normandie nicht erforderlich. Die höchste Erhebung, der Signal d'Écouves, misst gerade mal 413 m. Vorsicht ist allerdings beim Auf- und Abstieg an den Klippen geboten, denn hier sind die Pfade ab und zu ausgesetzt und nach Regengüssen rutschig.

Wandern kann man in der Normandie **das ganze Jahr hindurch.** Im Winter wird es selten frostig und im Sommer werden zumindest an der Küste die hohen Temperaturen durch eine Meeresbrise abgemildert. Am schönsten ist es im Frühjahr, wenn die normannischen Apfelbäume und der Ginster blühen.

Ein großartiges Wandergebiet ist die **Normannische Schweiz,** ein von schroffen Felsformationen durchzogenes Hügelland an den Ufern der Orne, aber auch alle anderen **Touren** wurden so gewählt, dass sie ohne besondere Anstrengungen auch von Familien mit Kindern bewältigt werden können. Die angegebenen Zeiten sind jeweils Gehzeiten ohne Pausen.

ZOLL

EU-Bürgern dürfen folgende Mengen zollfrei nach Frankreich ein- oder ausgeführen: 800 Zigaretten oder 400 Zigarillos oder 200 Zigarren (mit einem Stückgewicht von max. 3 g) bzw. 1000 g Tabak, 90 l Wein (höchstens 60 l Schaumwein) oder 20 l Spirituosen unter 22 Vol.-%, 10 l Spirituosen über 22 Vol.-% und 110 l Bier sowie 10 kg Kaffee.

Nicht-EU-Bürger dürfen 200 Zigaretten oder 100 Zigarillos oder 50 Zigarren bzw. 250 g Tabak, 1 l Spirituosen über 22 Vol.-% Alkohol oder 2 l unter 22 Vol.-%, 4 l nicht schäumende Weine, 16 l Bier, 500 g Kaffee und 100 g Tee einführen. Darüber hinaus dürfen Reisegepäck und Waren zum eigenen Verbrauch uneingeschränkt mitgeführt werden.

Die Mitnahme von **feststehenden Messern** (über 12 cm Klingenlänge) nach Frankreich ist grundsätzlich verboten.

LINKS UND RECHTS DER SEINE SÜDLICH VON ROUEN

Die erste Route beginnt im kulturell und historisch sehr interessanten Rouen. Die Cathédrale Notre-Dame inspirierte schon den Impressionisten Claude Monet zu strahlend schönen Bildern und auch heute noch steht sie im Fokus der Touristen. Die von vielen hübsch renovierten Fachwerkhäusern flankierten Fußgängerzonen mit unzähligen Restaurants und Geschäften machen die Hauptstadt der Haute-Normandie zu einem touristischen Gesamterlebnis. Der nächste Höhepunkt der Rundfahrt ist Giverny mit dem Haus von Claude Monet. In den idyllischen Gärten taucht man in die bezaubernden Bilder des Künstlers ein. Weiter geht es zunächst an der Seine entlang zur imposanten Burgruine von Les Andelys und dann in den schattigen Buchenwald um das malerische Lyons-la-Forêt. Die Schleusen von Amfreville (Écluses d'Amfreville) kurz vor Rouen beeindrucken nicht nur technisch Interessierte.

014nrm Abb.: gg

ROUTE 1

› Routenübersicht Seite XXIV

STRECKENVERLAUF

Strecke: Rouen – Louviers (39 km) – Évreux (33 km) – Vernon (31 km) – Abstecher nach Giverny (hin und zurück 10 km) – Les Andelys (22 km) – Abstecher zur Abbaye Notre-Dame de Mortimer (hin und zurück 3 km) – Lyons-la-Forêt (21 km) – Abstecher zum Château de Fleury la Forêt (12 km) – Rouen (61 km)
Streckenlänge: ohne Abstecher ca. 207 km, mit Abstecher ca. 232 km

ROUEN

Information

Office de Tourisme, 76008 Rouen, Place de la Cathédrale 25, Tel. +33 (0)2 32083240, www.rouentourisme.com, Öffnungszeiten: Mai–Sept. Mo–Sa 9–19 Uhr, So 9.30–12.30 und 14–18 Uhr, Okt.–Apr. Mo–Sa 9.30–12.30 und 13.30–18 Uhr

Parken

Am besten parkt man auf dem Stellplatz am Quai Saint-Sever direkt an der Seine (s. S. 56).

◀ *Vorseite: Ganz Rouen auf einen Blick*

▶ *Dicht an dicht stehen die prächtigen Fachwerkhäuser in der Altstadt von Rouen*

Bei der Anfahrt durch die modernen Vororte erahnt man nicht, welch **prächtige Altstadt** Rouen besitzt. Gegründet von den Römern um 50 v. Chr. wurde die Stadt um das Jahr 841 mehrmals von den Wikingern überfallen und geplündert. Erst als sich der Wikinger Rollo im Jahr 911 zum Grafen der Normandie erhob und Rouen zu deren **Hauptstadt** erklärte, blühte es auf. Unter dem Königsgeschlecht der Plantagenêts erhielt Rouen die Stadtrechte, Wollhandel und der Hafen brachten Geld in die Stadtkasse und in die Säckel der Bürger. Im 12. Jh. wurde der Bau einer prächtigen Kathedrale begonnen, um den Reichtum der Stadt auch nach außen hin zu zeigen.

1348 nahm der Aufschwung durch eine **Pestepedemie** ein jähes Ende und der **Hundertjährige Krieg** tat ein Übriges, die Einwohnerzahl zu dezimieren. Die Unzufriedenheit der Bürger über steigende Steuern und sinkende Geschäftszahlen führte 1382 zur La-Harelle-Revolte: Adel und Bürger hörten auf, Steuern an den französischen König zu zahlen. Der Ungehorsam ging sogar so weit, dass sie einen Tuchhändler zu ihrem eigenen König krönten. Der Aufstand wurde jedoch bald vom französischen Königshaus blutig beendet.

Nach sechs Monaten Belagerung besetzte 1419 Heinrich V. von England mit seinen Truppen die Stadt. Aufstände gegen die Besetzung konnten von den Engländern niedergeschlagen werden. Die Hoffnung auf Karl VII., seit 1429 König von Frankreich, und auf **Jeanne d'Arc** wurde durch die Gefangennahme der „Jungfrau von Orléans" zunichte gemacht. Im Februar 1431 wurde sie in Rouen vor Gericht gestellt und am 30. Mai auf dem Place Vieux-Marché auf dem Scheiterhaufen verbrannt. 1449 zog Karl VII. in Rouen ein und befreite es von der Herrschaft der Engländer. In der Folgezeit kam es zu einem neuen Aufschwung für Rouen, prächtige Bürgerhäuser zeugen noch heute davon.

Der Stadtrundgang beginnt am Place de la Cathédrale bei der Touristeninformation. Letztere ist im ehemaligen **Bureau des Finances** (Finanzamt), einem eleganten Renaissancebau von 1510, untergebracht. Eher unpassend ist das moderne, aus den 1970er-Jahren stammende **Palais des Congrès,** das sich ebenfalls am Place de la Cathédrale befindet.

Die **Cathédrale Notre-Dame** ist eines der schönsten Beispiele der französischen Gotik. 137 m lang, 24 m breit und am Vierungsturm 151 m hoch, das sind die technischen Daten dieses Meisterwerkes. Begonnen wurde der Bau im 12. Jh. und erst im 19. Jh. mit dem Aufsetzen des eisernen Turmhelms erhielt die Kirche ihre heutige Gestalt. Der frühgotische Tour Saint-Romain ist der älteste Teil des Westwerks. Der rechte Turm, auch Tour de Beurre (Butterturm) genannt, ist 75 m hoch und wurde im späten 15. Jh. von den Bürgern finanziert, die sich mit diesen Spenden die Erlaubnis erkauften, auch in der Fastenzeit Butter und Milch zu verzehren. Vielleicht war das Verlangen aber doch nicht so groß, denn für einen Turmhelm hat das Geld damals nicht gereicht.

Die Westfassade ist mit Skulpturen der Propheten und Apostel, einer spätgotischen Fensterrosette und einem Tympanon (geschmückte dreieckige Fläche) reich verziert und gipfelt in einem Ziergiebel mit einer eleganten Galerie. Beeindruckend sind die Höhe und die harmonische Schlichtheit des Innenraums mit den schlanken Bündelpfeilern. Im Chor mit seinen zierlichen Arkaden und seinen interessanten kobaltblauen Glasfenstern aus dem 13. Jh. findet man Gräber von normannischen Herzögen. Rollo, der erste normannische Graf, Heinrich der Jüngere und das Herz von Richard Löwenherz sind hier bestattet. Man sollte nicht versäumen, in der **Marienkapelle** die prachtvollen Frührenaissancegrabmäler der Kardinäle d'Amboise und das Grabmal von Louis de Brézé (1540) zu besuchen.

Der Impressionist Claude Monet liebte die Kathedrale und hat sie auf 33 Bildern verewigt – mal taucht sie aus dem Nebel auf, mal leuchtet sie im Sonnenlicht, mal glänzt sie regennass. 28 Bilder zeigen die Westfassade zu verschiedenen Tageszeiten, beinahe immer vom selben Standpunkt aus gemalt. Diese unvergleichlichen Kunstwerke entstanden zwischen 1892 und 1894 in Rouen und Giverny.

015nrm Abb.: gg

Rouen

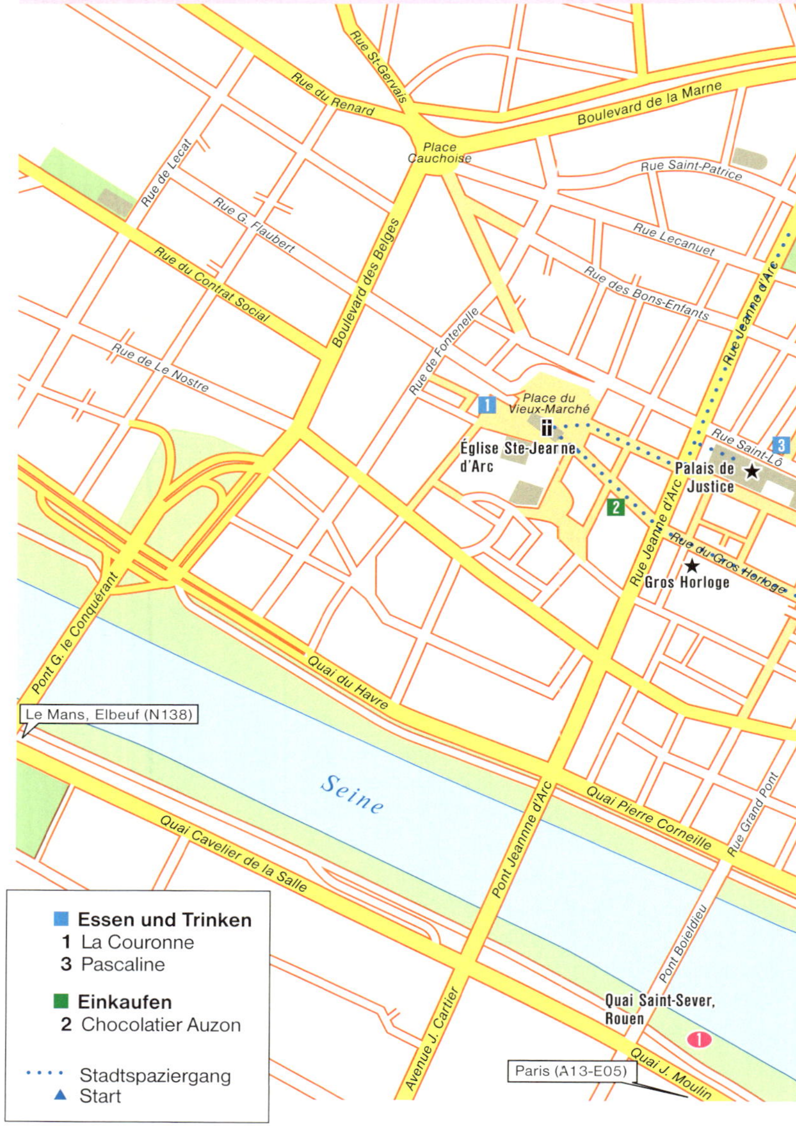

Direkt neben der Kathedrale steht in der Rue Saint-Romain das festungsartige **Erzbischöfliche Palais** aus dem 15. Jh. (keine Besichtigung). Eingelassen in seine hohen Mauern sind zwei Gedenktafeln, die daran erinnern, dass hier der Prozess gegen Jeanne d'Arc stattgefunden hat. Die **Rue Saint-Romain** wird gesäumt von teilweise mehrfach auskragenden Fachwerkhäusern aus dem 15. bis 18. Jh. Die abzweigende **Rue des Chanoines** ist so schmal, dass gerade ein Mensch

hindurchpasst. Auf der Rue Saint-Romain immer geradeaus kommt man zur **Église Saint-Maclou.** Erbaut im Übergang von der Hochgotik zur Renaissance fällt hier besonders der Vorbau mit fünf halbkreisförmig angeordneten Bögen auf. Prächtig sind die Renaissancetore mit ihren reichen Schnitzwerken und kunstvollen Bronzelöwen als Türöffner. Im Innern ist der Orgelprospekt mit den wertvollen Renaissanceschnitzereien und die herrliche Wendeltreppe des einstigen Lettners beachtenswert. Ein Lettner ist die halbhohe Abschrankung, die den Teil der Kirche für die Mönche von dem der Laien trennt.

Links auf der ebenfalls mit bemerkenswerten Fachwerkhäusern aus dem 15. bis 18. Jh. gesäumten **Rue Martainville** an der Kirche vorbei sollte man bei Hausnummer 186 durch den ersten Hof nach rechts in den **Aître Saint-Maclou,** einen mittelalterlichen Friedhof, gehen. Während der Pestepidemie wurden hier in den Leichengruben die Opfer verscharrt. Zeugnisse aus dieser düsteren Zeit sind die geschnitzten Totenköpfe, die gekreuzten Knochen und die leider stark beschädigten Figuren, die einen Totentanz veranstalten. Über den damals offenen Galerien im Erdgeschoss war das Beinhaus, in dem die Knochen der Pestopfer aufbewahrt wurden. Heute ist hier die Kunstakademie der Stadt untergebracht.

016nrm Abb.: gg

▲ *Die Aussicht auf Rouen vom Stellplatz aus ist grandios*

Man geht zurück bis zur Église Saint-Maclou und dann nach rechts in die **Rue Damiette,** einer Fußgängerzone mit vielen Fachwerkhäusern, an deren Ende schon der Turm der **Abbatiale Saint-Ouen** durch das Häusermeer sichtbar wird. Von der ehemaligen Benediktinerabtei aus dem 14. Jh. stehen heute noch die Abteikirche und das ehemalige Dormitorium (Schlafsaal), in dem heute die Stadtverwaltung residiert. Bei der spätgotischen Kirche ist der mit vier Ecktürmen und einer Herzogskrone besetzte Vierungsturm erwähnenswert. 3914 Pfeifen und 64 Register hat die von Cavaillé-Coll erbaute prachtvolle Orgel im Innern. Sehenswert sind außerdem die bunten Glasfenster, das älteste ist aus dem Jahre 1339.

Eine schöne Fussgängerzone mit vielen Geschäften ist die **Rue de l'Hôpital,** auf der man bis zur **Rue des Carmes** schlendert. Hier geht man rechts und dann geradeaus, bis man auf die breite **Rue Jean Lecanuet** trifft. Auf dieser geht man nach links und nach wenigen Schritten ist man beim **Musée des Beaux-Arts,** dem Museum der schönen Künste. In Rouen ist man sehr stolz, dass es als eines der bedeutendsten Museen für Malerei außerhalb von Paris gilt. Werke aus der Zeit vom 15. bis 20. Jh., von Gerard David über die Impressionisten Renoir, Monet und Sisley bis zu den zeitgenössischen Werken von Aurélie Nemours kann man hier bestaunen.

Wie wäre es jetzt mit etwas Ruhe im angrenzenden **Square Verdrel,** einem kleinen Park mit Springbrunnen und Teich, bevor man sich nach links über die Rue Jeanne d'Arc weiter auf den Stadtrundgang macht? Immer geradeaus sieht man dann schon bald die helle, mit viel Zierrat versehene gotische Fassade des **Palais de Justice** (Justizpalast). Besonders der nördliche Teil, der im 16. Jh. als königliches Palais errichtet wurde, besticht durch filigrane Verzierungen und elegante spitze Türmchen. Das ganze Gebäude wurde auf dem ehemaligen jüdischen Viertel errichtet und so entdeckte man bei Renovierungsarbeiten Teile einer vermutlich hebräischen Universität aus dem 12. Jh.

Von der Rue Jeanne d'Arc biegt man jetzt rechts in die Rue Rollon ab und geht auf ihr bis zum **Place du Vieux Marché,** dem alten Marktplatz, auf dem Jeanne d'Arc ihr schreckliches Ende auf dem Scheiterhaufen fand. Ein 20 m hohes Kreuz **(Croix de la Réhabilitation)** erinnert daran. Die 1979 errichtete **Église Ste-Jeanne d'Arc** ist ein futuristisches Gebäude, dessen Baukörper und Dach die Flammen des Scheiterhaufens darstellen sollen. Die Fenster des Sakralbaus stammen aus der im Krieg zerstörten Renaissancekirche Saint-Vincent. Baulich ineinander übergehend, befindet sich neben der Kirche die **Markthalle,** die mit allerlei Spezialitäten die Feinschmecker anlockt. Gegenüber der Kirche säumen prächtige Fachwerkhäuser aus dem 16. bis 18. Jh. den alten Marktplatz. Dass dieser Platz im Mittelalter auch als Pranger und Hinrichtungsstätte gedient hat, erkennt man heute noch an den freigelegten Resten der Richtertribüne und an den Mauersteinen des Prangers.

Über die **Rue du Gros Horloge,** eine lebhafte Geschäftsstraße, kommt man zum **Le Gros Horloge,** dem großen Uhrenturm. Das goldene, reich verzierte Zifferblatt hat einen Stundenzeiger und zeigt die Wochentage und die Mondphasen an. Das alte Uhrwerk – eines der ältesten Europas – kann man besichtigen. Es funktionierte vom 14. Jh. bis ins Jahr 1928, also 5 Millionen Stunden, ohne Störung und hatte erst dann die erste Reparatur nötig.

Gestärkt von den süßen Versuchungen des **Chocolatiers Auzon,** macht man sich auf den Weg zurück zur Katherdrale.

Sehenswertes

Cathédrale Notre-Dame, 76008 Rouen, Place de la Cathédrale, Öffnungszeiten: Apr.–Okt. Di–Sa 9–19 Uhr, Mo, So 14–19 Uhr, Nov.–März Di–Sa 9–12 und 14–18 Uhr, So und Mo 14–18 Uhr

Église Saint-Maclou, 76008 Rouen, Place Berthélémy, Öffnungszeiten: Apr.–Okt. Mi, Fr, Sa, So 10–12 und 14–18 Uhr, Nov.–März 10–12 und 14–17.30 Uhr

Aître Saint-Maclou, 76008 Rouen, Rue Martainville, Öffnungszeiten: Apr.–Okt. 8–20 Uhr, Nov.–März 8–19 Uhr

Abbatiale Saint-Ouen, 76008 Rouen, Place du Général de Gaulle, Öffnungszeiten: Apr.–Okt. Di, Mi, Do, Sa, So 10–12 und 14–18 Uhr, Nov.–März 10–12 und 14–17 Uhr

Musée des Beaux-Arts, 76008 Rouen, Esplanade Marcel-Duchamp, Tel. +33 (0)2 35712840, Öffnungszeiten: Mi–Mo 10–18 Uhr, Eintritt: 5 €

Église Ste-Jeanne d'Arc, 76008 Rouen, Place du Vieux Marché, Öffnungszeiten: Mo–So 10–12 und 14–18 Uhr, außer Freitag- und Sonntagmorgen

Einkaufen

Chocolatier Auzon, 76008 Rouen, Rue du Gros Horloge 163, Tel. +33 (0)2 35368002. Makronen in allen Farben, köstliche Pralinen und Schokolade

Erlebenswertes

Les Vibrations de la Couleur: Von Mitte Juni bis Mitte September werden abends nach Sonnenuntergang mit farbigen Lichteffekten die Bilder Monets auf die Kathedrale projiziert. Eintritt frei

Le Gros Horloge, 76008 Rouen, Rue du Gros Horloge, Öffnungszeiten: Apr.-Okt. Di-So 10-13 und 14-19 Uhr, Nov.-März Di-So 14-18 Uhr, Eintritt: 6 € inkl. Audioguide

1 Quai Saint-Sever, Rouen (s. S. 56)

Essen

La Couronne, 76008 Rouen, Place du Vieux Marché 31, Tel. +33 (0)2 35714090. Im ältesten Gasthaus Frankreichs kann man gemütlich in den kunstvoll gearbeiteten Innenräumen oder auf der Terrasse am Marktplatz tafeln. Nicht billig, aber sehr gute traditionelle Küche

Pascaline, 76008 Rouen, Rue de la Poterne 5, Tel. +33 (0)2 35896744. Gut besuchte Brasserie beim Justizpalast

Man verlässt Rouen auf der D18E und kommt über die D938 nach **Elbeuf,** das seine Bewohner vom 15. bis Mitte des 20. Jh. durch die Tuchweberei ernährte und heute hauptsächlich von der Chemie- und Elektroindustrie lebt. Im ehemaligen Tuchweberviertel südlich der Kirche St-Jean hat der Zahn der Zeit kräftig genagt. Die ehemals wohlhabenden Manufakturen stehen leer und waren lange dem Zerfall preisgegeben. So langsam wird hier renoviert, einige wenige Beispiele einer gelungenen Sanierung kann man schon sehen.

Zunächst auf der D913 dann auf der D313 erreicht man mit Louviers den nächsten Routenpunkt.

LOUVIERS (39 km - km 39)

Parken

N49.21386° E1.16705°
Place de la République

Information

Office de Tourisme, 27400 Louviers, Rue du Marechal Foch 10, Tel. +33 (0)2 32400441, Öffnungszeiten: Okt.-März 9.30-12.30 und 14-17.30 Uhr, Apr.-Sept. 9.30-12.30 und 14-18 Uhr

Zum Stadtrundgang geht man vom Parkplatz auf dem Place de la République südlich in die Rue Dupont und gleich rechts in die Rue des Grands Carreaux. Ihren Namen hat die Straße vom quadratischen Straßenbelag, den sie in früheren Zeiten hatte. Erhalten sind hier

017nrm Abb.: gg

▶ *Träge fließt die Eure zwischen Louviers und St-Vigor*

noch einige Häuser aus dem 16. bis 18. Jh. Über die Rue Tatin kommt man zur **Église Notre-Dame** aus dem 13. bis 16. Jh. Das anfänglich sehr schlichte Gotteshaus erhielt im 15. Jh. an seiner Südseite kunstvolle spätgotische Schmuckelemente. Ziergiebel, Wasserspeier und besonders das Portal mit der filigranen Vorhalle sind außerordentlich sehenswert. Leider bröselt und bröckelt es allenthalben, sodass eine grundlegende Renovierung der Fassade 2012 in Angriff genommen wurde.

Über die Rue de la Poste geht man zur Eure, in deren Wasser sich malerisch die Reste der Büßer-Abtei **(Cloître des Pénitents)** aus dem 17. Jh. mit dem modernen Glaskubus von 2011 spiegeln.

Nach links (Rue Ternaux) spaziert man durch das ehemalige **Weber- und Gerberviertel** mit einigen adretten Fachwerkhäusern. Der **Jardin Bigard,** ein mit einem alten Herrenhaus und modernen Brücken und Stegen spannungsreich gestalteter Garten, lädt zu einer Verschnaufpause ein. Über die Rue du Quai erreicht man dann wieder die Stadtkirche Notre-Dame.

Für die Weiterfahrt nimmt man die D71 bis **Acquigny.** Romantisch liegt das Renaissanceschloss **Château d'Acquigny** am Ufer der Eure. Der 15 ha große Garten mit vielen alten Bäumen, einer Orangerie, Wasserfällen und einem Küchengarten lebt von seiner immer wieder interessanten perspektivischen Gestaltung.

Auf der D71 geht es 2 km nach Les Planches. Ab hier gibt es für die Weiterfahrt zwei Varianten: Entweder fährt man auf der D155 (24 km) oder auf schmalen Straßen, dafür aber landschaftlich reizvoll, an der Eure entlang nach Évreux. Für letztere Variante bleibt man auf der D71 und fährt nach links in Richtung Heudreville (für Fahrzeuge über 3,5 t gesperrt). Sehr schön schlängelt sich die teilweise schmale D71 immer dem Flusslauf der Eure folgend bis nach St-Vigor. Hier zunächst auf die D316 und bei Caer auf die D155 wechseln (33 km).

Sehenswertes

Église Notre-Dame, 27400 Louviers, Place du Parvis, Öffnungszeiten: 10–18 Uhr

❷ Camping Le Bel Air, Louviers ***(s. S. 57)***

Sehenswertes

Château d'Acquigny, Öffnungszeiten des Gartens: Apr.–Okt. Sa, So 14–18 Uhr, Juli–Aug. täglich 14–19 Uhr, Eintritt: 7,50 €

ÉVREUX (33 km – km 72)

Information

Office de Tourisme, 27000 Évreux, Place du Général de Gaulle 1, Tel. +33 (0)2 32240443, Öffnungszeiten: Mai–Mitte Sept. Mo–Sa 9.30–18.30 Uhr, So 10–17.30 Uhr, Okt.–Apr. Mo–Sa 9.30–18 Uhr

Évreux ist die Hauptstadt des Départements Eure und seit dem 4. Jh. Bischofssitz. Obwohl die Stadt im Laufe der Geschichte mehrmals zerstört wurde (das letzte Mal im Zweiten Weltkrieg), hat sie sich einige malerische Ecken bewahrt.

Vom Parkplatz kommt man zunächst an die **Église St-Taurin,** benannt nach dem ersten Bischof der Stadt Taurinus (350–411). Zu seiner Heiligsprechung führten verschiedene ihm nachgesagte Wunder und sogar eine Totenerweckung. Im 11. Jh. wurde die Kloster-

Parken

Die Stadt hat keinen Stellplatz und keine geeigneten Parkplätze. Laut der Touristeninformation kann man auf dem **Parkplatz Centre Commerce** beim Einkaufszentrum Cora (N49.02237° E1.13641°) und beim **Kino** (N49.02887° E1.14641°) parken. Vorsicht: Beim Einkaufszentrum gibt es zwei Einfahrten. Eine ist nur für Fahrzeuge bis 2,40 m Höhe.

kirche von Richard I., Herzog der Normandie, gegründet. Im Innern beherbergt sie in der linken Seitenkapelle ein Meisterwerk der mittelalterlichen Goldschmiedekunst, den **Taurus-Schrein** (13. Jh.). Fein gearbeitete Ornamente und Figuren schmücken das Kunstwerk, in dem die Reliquien des Heiligen aufbewahrt werden.

Über die Rue de Verdun gelangt man zur imposanten **Kathedrale.** Es dauerte vom 10. bis zum 17. Jh., bis sie ihr heutiges Gesicht erhielt, da sie immer wieder durch Brände oder Kriegseinflüsse zerstört wurde. Besonders prächtig sind das Nordportal, ein Meisterwerk der Steinmetzkunst im Flamboyantstil, und der spätgotische

Vierungsturm mit Laterne. Im Innern fällt zuerst die moderne Orgel über dem Eingangsportal ins Auge. In der ersten Chorkapelle rechts ist der Kirchenschatz hinter stabilen Gittern verwahrt und in der fünften Kapelle rechts sollte man sich das wunderbar geschnitzte Gitter mit Hochreliefs ansehen. Die Scheitelkapelle, gestiftet von Ludwig XI., wird von herrlichen Buntglasfenstern aus dem 15. Jh. erhellt.

An die Kathedrale schließt sich der ehemalige **Bischofssitz** aus dem 15. Jh. an. Hier ist heute das städtische Museum **(Musée Municipal)** untergebracht. Es zeigt neben archäologischen Funden auch Gemälde und infomiert über die Geschichte der Stadt. Sehenswert ist auch der ehemalige Kapitelsaal mit seinem wuchtigen Kamin.

Entlang dem Fluss Iton, an alten Waschplätzen und dem Rest der gallisch-römischen Stadtmauer vorbei, schlendert man abseits des Verkehrs zum **Tour de l'Horloge,** dem schönen Uhrenturm aus dem 15. Jh. Dahinter kann man im Café des Arts die Stadtbesichtigung gemütlich ausklingen lassen.

Sehenswertes

Cathédrale Notre-Dame 2700 Évreux, Rue Charles Corbeau, Öffnungszeiten: 9–19 Uhr
Église St-Taurin, 2700 Évreux, Place St-Taurin, Öffnungszeiten: 9–18 Uhr
Musée Municipal, 2700 Évreux, Rue Charles Corbeau 6, Tel. +33 (0)2 32318190, Öffnungszeiten: Di–So 10–12 und 14–18 Uhr, Eintritt: frei

Auf der gut ausgebauten N13 ist man nach 18 km in **Pacy-sur-Eure,** einem sympathischen, lebhaften kleinen Städtchen an der Eure. Besonders idyllisch ist die Mühleninsel. Hier standen einmal zwei Getreidemühlen, heute kann man in einem reizvoll mit Blumenrabatten angelegten Park flanieren und die Aussicht auf die träge dahinfließende Eure genießen. Gar nicht träge geht es in der Hauptgeschäftsstraße zu, wo sich Laden an Laden reiht und man sich mit allem Notwendigen eindecken kann.

Die D181 bringt einen nach 13 km nach Vernon, dem nächsten Ziel der Route 1. Auf dem Weg kann man noch einen Campingplatz anfahren und ein Schloss besichtigen.

Essen

Café des Arts, 2700 Évreux, Rue de l'Horloge 5, Tel. +33 (0)2 32311252. Nette Terrasse beim Uhrenturm für die kleine Pause

❸ Camping Les Sapins, Bonneville-sur-Iton (s. S. 57)

Information/Parken

Office de Tourisme, 27120 Pacy-sur-Eure, Place Dufay, N49.01391° E1.38229°, Tel. +33 (0)2 32261821, Öffnungszeiten: Okt.–April Di–Sa 9–12.30 und 14–17.30 Uhr, Mai–Sept. Di–Sa 9–12.30 und 14–18 Uhr, So 10–12 Uhr

❹ Camping Les Fosses Rouges, Saint-Marcel (s. S. 57)

Sehenswertes

Château de Bizy, N49.08396° E1.46398°, Öffnungszeiten: Apr.-1. Nov. Di-So 10-12 und 14-18 Uhr, Eintritt: 7,80 €

Das **Château de Bizy** liegt in einem Park aus dem 18. Jh. mit herrlicher Lindenallee, kunstvollen Wasserbecken und barocken Springbrunnen. In den Innenräumen besichtigt man im Rahmen einer Führung Salons und das Esszimmer mit kunstvollen Wandteppichen und einigen Erinnerungen an Napoleon I. In den Stallungen findet sich eine kleine Kutschensammlung.

VERNON (31 km - km 103)

Parken

Vom Château de Bizy immer geradeaus Richtung Giverny und Gisors bis zur Seine, hier rechts (D6015) und nach 800 m noch vor der Pont Clémenceau nach rechts zum Parkplatz unter der Brücke einfahren (N49.09486° E1.48675°)

Information

Office de Tourisme, 27200 Vernon, Rue Carnot 35, Tel. +33 (0)2 32513960, www.cape-tourisme.fr, Öffnungszeiten: Okt.-April Mo-Sa 9.30-12.30 und 14-17 Uhr, Mai-Sept. Mo-Sa 9.30-13 und 14-18 Uhr, So 10-13 Uhr

▼ *Hier muss man einfach den Fotoapparat zücken*

Von der Pont Clémenceau erblickt man das weithin bekannte Postkartenmotiv von Vernon: die Reste der alten Seine-Brücke mit dem schmucken Fachwerkhaus darauf. Dahinter erhebt sich das in einem

018nrm Abb.: gg

hellgrauem Stein erbaute **Château des Tourelles.** Es diente im Mittelalter zur Bewachung der Brücke und somit dem Zugang zur Stadt Vernon.

Auf der anderen Seine-Seite stehen in der Altstadt rund um die **Collégiale** (Stiftskirche) noch einige historische Fachwerkhäuser. Durch die **Rue Carnot** mit einer ganzen Fachwerkhäuserzeile gelangt man zur Stiftskirche, die zwischen dem 11. und 16. Jahrhundert erbaut wurde. An der Fassade fällt besonders die wunderschöne Rosette aus dem 15. Jahrhundert ins Auge. Im Innern reizt der Kontrast der Glasfenster aus dem 16. Jahrhundert und den modernen Glaskunstwerken von 1994. Direkt daneben in dem auskragenden, prächtigen ehemaligen Kaffeehaus ist die **Touristeninformation** untergebracht. Wenn man rechts um die Kirche herumgeht, stößt man in der Rue Chapitre 3/5 auf das ehemalige **Domherrenhaus** aus dem 15. Jahrhundert. In der Vieille Gabelle Nr. 5 steht ein **Salzspeicher** aus dem 17. Jahrhundert. Weiter geradeaus kommt man an der Seine zum **Pavillon Bourbon Penthièvre** (das Haus des letzten Lehnsherrn von Vernon) aus dem 18. Jahrhundert.

ABSTECHER NACH GIVERNY (hin und zurück 10 km)

Nach Giverny fährt man über die Pont Clémenceau und dann rechts immer an der Seine entlang. Der Abstecher in das 550 Einwohner zählende Dorf ist ein unbedingtes Muss für jeden Kunstliebhaber, denn Giverny ist gleichbedeutend mit Monet. Das ganze Dorf lebt von den Besucherströmen, die unablässig zum Haus und zu den Gärten des berühmten Impressionisten pilgern. Das **Anwesen Claude Monets** wurde von dessen Sohn an die Académie des Beaux-Arts vermacht, die es nach aufwendiger Restaurierung 1980 der Öffentlichkeit zugänglich machte. Alle Räume des Hauses, in dem der Künstler von 1883 bis 1926 lebte und arbeitete, sind original restauriert und können besichtigt werden. Hinter dem Haus befindet sich der im normannischen Stil errichtete Garten mit einer kaum zu überbietenden Üppigkeit an Blumen. In einem Fußgängertunnel unterquert man die Straße und gelangt in den japanisch inspirierten Wassergarten, der nach Vorgaben Monets angelegt wurde. Hier blühen die zahllosen Seerosen, am Ufer eingerahmt von mächtigen Trauerweiden, die der Künstler in seinen Bildern weltberühmt machte.

Kunstinteressierte sollten sich das nur wenige Schritte von Monets Haus entfernte **Musée des Impressionnismes,** ehemals Musée d'Art Américain Giverny, nicht entgehen lassen. Hier wird die ganze Bandbreite des Impressionismus in aller Welt und sein Einfluss auf die Kunst im 20. Jh. veranschaulicht.

Durch das pittoreske Dorf Giverny mit einigen Galerien und Restaurants kommt man zu der Kirche, neben der Claude Monet und einige seiner Familienmitglieder ihre letzte Ruhe gefunden haben.

Claude Oscar Monet

Claude Oscar Monet wurde am 14. November 1840 in Paris geboren und siedelte noch im Kindesalter mit seinen Eltern in die Normandie nach Le Havre um. Seine zeichnerische Karriere begann bereits in der Schule als Karikaturist. Eugène Boudin, einer der ersten Maler, der sein Atelier verließ und in freier Natur malte, wurde auf den jungen Monet aufmerksam. Durch ihn kam er zur Landschaftsmalerei. Bald wurde Monet ein entschiedener Gegner der statischen akademischen Malerei und plädierte für natürliche Motive mit imponierendem Licht- und Schattenspiel. Sein Gemälde mit dem Namen „Impression, soleil levant", die Darstellung des Hafens von Le Havre mit aufgehender Sonne, gab der neuen Malerei-Stilrichtung ihren Namen: „Impressionismus".

Beim Impressionismus sind die Farben und die Wirkung des Lichtes wichtige Gestaltungselemente. Die Pinselführung besteht aus unvermischten, nebeneinander gesetzten Farbflecken. So entsteht erst beim Betrachter eine optische Farbmischung. Die Bilder entstehen meist direkt in der Natur. Die berühmtesten Vertreter des Impressionismus sind Paul Cézanne (1839–1906), Paul Gauguin (1848–1903), Camille Pissarro (1830–1903), Édouard Manet (1832–1883), Edgar Degas (1834–1917) und Pierre-Auguste Renoir (1841–1919).

Das Familienleben Monets war nicht unkompliziert. Seine erste Frau Camille konnte er erst nach einigen Schwierigkeiten mit seiner Familie und nach der Geburt seines ersten Sohnes heiraten. Kurz nach der Geburt eines weiteren Sohnes verstarb Camille im Alter von 32 Jahren. Alice Hoschedé, die Frau des in Konkurs gegangenen Kaufmanns Ernest Hoschedé, wurde seine neue Lebensgefährtin. 1883 zog Monet mit seinen zwei Söhnen, Alice und ihren sechs Kindern nach Giverny im Seine-Tal. Als Ernest Hoschedé 1891 starb, legitimierte Monet ihr Verhältnis und heiratete Alice.

In Giverny investierte Monet viel Geld in die Anlage seines Gartens. Er legte einen großen Seerosenteich an und ließ den Garten mit exotischen Ge4wächsen bepflanzen. Hier entstanden seine berühmten Seerosenbilder, Höhepunkte des späten Impressionismus.

1911 verstarb seine zweite Frau. Die folgenden Jahre machte sich bei Monet eine zunehmende Augenerkrankung (Grauer Star) und eine Depression bemerkbar. Claude Monet starb am 5. Dezember 1926 in Giverny.

019nrm Abb.: gg

Der Garten in Giverny wurde nach den Vorstellungen Monets angelegt

Sehenswertes

Fondation Claude Monet, 27620 Giverny, Tel. +33 (0)2 32512821, Öffnungszeiten: Apr.-1. Nov. 9.30-18 Uhr, Eintritt: 9 € (Hundeverbot!)
Musée des Impressionnismes, 27620 Giverny, Rue Claude Monet 99, Tel. +33 (0)2 32519465, www.mdig.fr, Öffnungszeiten: Apr.-Okt. 10-18 Uhr, Eintritt: 6,50 €

❺ ***Parkplatz La Prairie, Giverny*** ***(s. S. 58)***

Essen

Ancien Hôtel Baudy, 27620 Giverny, Rue Claude Monet 81, Tel. +33 (0)2 32211003, Öffnungszeiten: Ende März-1. Nov. Di-So 10-21.30 Uhr. Hier verkehrten die berühmten Impressionisten, heute kann man entweder im stilvollen Schankraum oder unter schattigen Bäumen etwas trinken oder eine Kleinigkeit essen. Werfen Sie einen Blick in den wieder originalgetreu bepflanzten Garten!

Von Giverny geht es wieder zurück zur Pont Clémenceau bei Vernon. Diese wird nicht überquert, sondern man fährt auf der rechten Seine-Seite nördlich auf der D313 Richtung Les Andelys. Immer wieder in Sichtweite der Seine geht es durch landwirtschaftlich genutztes Gebiet 22 km bis nach Les Andelys.

LES ANDELYS (22 km - km 125)

Parken in Petit Andely

Im engen Petit Andely einen Parkplatz - besonders für große Wohnmobile - zu finden, ist nicht leicht. Am besten versucht man es am Ufer der Seine (N49.24074° E1.39980°). Dazu fährt man von der D313 gleich nach der Touristeninformation nach links in die Rue Grande, dann sofort links in die Rue Bellevue und auf ihr wenige Meter zum Ufer. An der Uferstraße gibt es links und rechts Parkbuchten mit schöner Sicht auf den Fluss.

Information

Office Municipal de Tourisme, 27702 Les Andelys, Rue Philippe Auguste, N49.24040° E1.40109°, Tel. +33 (0)2 32544193, www.lesandelys-tourisme.fr, Öffnungszeiten: Okt.-März Mo-Fr 14-18 Uhr, Sa 10-13 Uhr, Apr.-Sept. Mo-Sa 10-12 und 14-18 Uhr

Der Plural im Namen der Stadt zeigt, dass sie aus dem kleinen Petit Andely und dem großen Grand Andely entstanden ist, und zwar in der Zeit der französischen Revolution. Im Stadtwappen liest man „Fecit utraque unum" („aus zwei wird eins"). Vor allem das malerische Petit Andely mit seinen Fachwerkhäusern am Seine-Ufer lohnt einen Rundgang.

Die Hauptsehenswürdigkeit ist jedoch das **Château Gaillard.** Die Ruinen der einst mächtigen Burg stehen hoch über der Seine. Zum Parkplatz folgt man der Beschilderung durch Grand Andely (N49.23919° E1.40643°). Richard Löwenherz ließ die Burg im Jahre 1196 als Schutz für das nahe Rouen errichten. In der Rekordzeit von nur einem Jahr waren die Bauten vollendet. Nach dem Tod von Richard Löwenherz 1199 sah der französische König Philippe-Auguste eine günstige Gelegenheit, die Normandie zu erobern. 1203 begann er mit der Belagerung von Château Gaillard. Nach fast einjähriger Belagerungszeit wurde die Burg 1204 von den französischen Truppen eingenommen. Im selben Jahr fiel die gesamte Normandie an

Sehenswertes

Château Gaillard, Öffnungszeiten: oberer Hof März–3. Nov. Mi–Mo 10–13 und 14–18 Uhr, Eintritt: 3,20 €, mit Führung 4,50 €. Der untere Hof ist ganzjährig kostenlos zu besichtigen.

6 Camping L'Île des Trois Rois, Les Andelys **(s. S. 58)**

Frankreich. Nach einer wechselvollen Geschichte begann man 1598 mit dem Abbau der Burg. 1852 wurden die Ruinen schließlich unter Denkmalschutz gestellt.

Man verlässt Les Andelys und fürs Erste auch die Seine, um auf der D1 und nach 4,5 km auf der D2 über Écouis in den Forêt de Lyons zu fahren. Durch abwechslungsreiche hügelige Landschaft des Vexins erreicht man **Écouis.** Das beschauliche Dorf hat einen wahren Schatz von bemerkenswerten Stein- und Holzskulpturen in seiner **Collégiale Notre-Dame** verborgen. Besonders hervorzuheben sind die Skulpturen „Hl. Veronika“ (14. Jh.) gleich links neben dem Eingang, „Unsere Liebe Frau von Écouis“ (14. Jh.) gleich links im Hauptschiff und „Hl. Agnes“ (14. Jh.) im linken Querhaus. Außerdem sollte man das Chorgestühl und das fein gearbeitete Tafelwerk im Chor beachten. Die Kirche wurde ab 1310 in nur drei Jahren von Enguerrand de Marigny, dem ersten Minister von König Philipp IV., errichtet. Dieses Meisterwerk brachte ihm jedoch keinen Segen, er endete 1315 wegen Unterschlagung und Ketzerei am Galgen.

Hinter Écouis ist der Forêt de Lyons erreicht. Dieses große Waldgebiet (10.700 ha) mit seinen mächtigen Buchenstämmen gehört zu den schönsten des Landes.

Auf der Weiterfahrt nach Lyons-la-Forêt ist zu beachten, dass die Straße hinter Écouis für Fahrzeuge über 3,60 m Höhe gesperrt ist. Sollte das Womo höher sein, muss man den Umweg über Fleury-sur-Andelle nach Lyons-la-Forêt nehmen. Gleich nach der Engstelle bei einer Eisenbahnlinie kann man noch einen Abstecher durch das malerische Lisors zur Abbaye Notre-Dame de Mortemer unternehmen (ausgeschildert).

ABSTECHER ZUR ABBAYE NOTRE-DAME DE MORTEMER (hin und zurück 3 km)

Die Zisterzienserabtei (12.–17. Jh.) liegt im ausgedehnten Buchenwald Forêt-de-Lyons an drei kleinen Seen. Im **Museum** wird das Klosterleben mit Wachsfiguren, Bild- und Toneffekten lebendig dargestellt. Beachtenswert ist das Taubenhaus aus dem 15. Jh. mit über 900 Nistplätzen. Für Kinder interessant: Ein Bähnchen fährt rund um die Seen vorbei an Hirsch- und Ponygehegen.

Sehenswertes

Abbaye Notre-Dame de Mortemer, Parkplatz N49.36902° E1.47935°, Öffnungszeiten: Mai–Sept. tgl. 13.30–18 Uhr, übrige Zeit So 13.30–18 Uhr, Eintritt: 6 €, 9 € inkl. Museum

▶ *Lyons-la-Forêt, eines der schönsten Dörfer Frankreichs*

Um wieder zur eigentlichen Route zu gelangen, fährt man zurück bis zur D2 und dann 7 km bis zum nächsten Ziel, Lyons-la-Forêt.

LYONS-LA-FORÊT (21 km – km 146)

Parken

Am Marktplatz vorbei Richtung Étrétagny (D6) fahren und dann vor der Post nach rechts zum Parkplatz (N49.39943° E1.47940°). Hier kann man in der Nebensaison auch übernachten.

Information

Office de Tourisme, 27480 Lyons-la-Forêt, Rue de l'Hôtel de Ville, Tel. +33 (0)2 32493165, Öffnungszeiten: Ostern–Mitte Okt. Di–Sa 9.30–12 und 14–18 Uhr, So 10–12.30 und 14–17 Uhr, Juni–Aug. auch Mo, 15. Okt.–Ostern Di–Sa 10–12 und 14–17 Uhr, www.paysdelyons.com

Lyons-la-Forêt gehört zum erlauchten Kreis der **schönsten Dörfer Frankreichs** *(plus beaux villages de France).* Diese Auszeichnung wurde zu Recht vergeben, gruppieren sich doch fein herausgeputzte Fachwerk- und Backsteinhäuser um die Markthalle aus dem 18. Jh. auf dem **Place Benserade.** Das Gebäude mit seinem wuchtigen Gebälk war schon zweimal Kulisse für die Verfilmung des Romans „Madame Bovary" von Gustave Flaubert. In der Rue d'Enver befindet sich ein Fachwerkhaus namens „Le Fresne", das mehrmals den Komponisten Maurice Ravel beherbergt hat. Lassen Sie sich Zeit für Entdeckungen, wie z. B. die drei Wassermühlen, die seit dem 14. Jh. am Ufer der Lieure stehen. Setzen Sie sich in eines der Straßencafés am Place Benserade oder machen Sie eine der vom Tourismusverband ausgeschilderten Wanderungen.

Tipp

Vom Parkplatz aus starten zwei schöne zweistündige Wanderungen. Gelbe Schilder weisen den Weg.

Essen

Les Lions de Beauclerc, 27480 Lyons-la-Forêt, Rue de l'Hôtel de Ville 7, Tel. +33 (0)2 32491890, Menü von 18–33 € und große Auswahl an Galettes und Crêpes. Man speist im geschmackvollen Restaurant oder auf der Terrasse. Sonntagabend geschlossen.

7 Camping Saint-Paul, Lyons-la-Forêt (s. S. 58)

020nrm Abb.: gg

021nrm Abb.: gg

ABSTECHER ZUM CHÂTEAU DE FLEURY LA FORÊT (hin und zurück 12 km)

8 Aire D'Accueil de Camping Cars Les Grandes Molaises, Les Hogues **(s. S. 59)**

Schon in Lyons-la-Forêt ist das 6 km entfernte **Château de Fleury la Forêt** gut ausgeschildert. Das Schloss aus dem 17. Jh. wirbt damit, die schönste Küche Frankreichs zu haben. Tatsächlich ist sie mit ihren Delfter Kacheln und den Utensilien aus Kupfer, Zinn und feinem Porzellan äußerst beeindruckend. Neben einigen sehenswerten Salons und Schlafzimmern lockt auch eine Sammlung alter Spielsachen und Puppen.

Sehenswertes

Château Fleury la Forêt, N49.41377° E1.54383°, Tel. +33 (0)2 32496391, www.chateau-fleury-la-foret.com, Öffnungszeiten: 15. März–15. Okt. So 14–18 Uhr, Juli und August täglich 14–18 Uhr, Eintritt: 7 €

Wieder zurück in Lyons-la-Forêt nimmt man die D321 und kommt nach 12 km Fahrt durch den herrlichen Buchenwald des Forêt de Lyons nach **Fleury-sur-Andelle.** 6 km hinter Fleury-sur-Andelle biegt man von der D321 nach rechts in die D714 zur **Abbaye de Fontaine-Guérard** ab. Die Zisterzienserabtei wurde 1135 in abgeschiedener Lage am

▲ *Malerisch schlängelt sich die Seine durchs Tal*

Ufer der Andelle erbaut. Von der Abteikirche sind noch das Gewölbe der Apsis und der Chor mit seinen hohen Fenstern erhalten. Daneben steht das große Kapitelhaus aus der ersten Hälfte des 13. Jh.

Sehenswertes

Abbaye de Fontaine-Guérard, N49.34991° E1.30719°, Tel. +33 (0)2 32490382, Öffnungszeiten: April–Okt. Di–So 14–18 Uhr, Eintritt: 5 €

Immer weiter auf der D321 erreicht man **Pont-St-Pierre.** Vorsicht: Hier muss man die Rue René Raban (D321/abknickende Vorfahrtsstraße) verlassen und geradeaus in die schmale Straße hinter der Hostellerie La Bonne Marmite hineinfahren. Auf der D19 geht es immer geradeaus weiter über Le Val Pitan bis nach Amfreville-sous-les Monts. Hier windet sich die D20 gleich am Ortsanfang links Richtung **Côte des Deux Amants** den Berg hinauf. Schon auf halbem Weg hat man in einer Linkskurve eine **weite Aussicht auf die Seine** und ihre Seen.

Parkplatz mit Aussicht auf die Seine
N49.30256° E1.26537°

Weiter geht die Fahrt immer den Schildern zur Côte des Deux Amants folgend bis zum Parkplatz (N49.31733° E1.24810°) mitten im Wald. Von hier geht man noch ca. 150 m auf einem Waldweg bis zur Aussichtsstelle. Die Sicht von hier oben auf das Seine-Tal und die **Schleusen von Amfreville** *(Écluses d'Amfreville)* ist grandios.

Der Name „Steilhang der beiden Liebenden" *(Côte des Deux Amants)* geht auf die beiden Liebenden Calista und Raoul zurück. Die Königstochter Calista sollte demjenigen zur Frau gegeben werden, der sie auf seinen Armen von der Seine nach hier oben tragen könne.

Die Seine

Die Seine ist der wohl berühmteste Fluss Frankreichs, erstreckt sich doch an ihren Ufern Paris. Sie entspringt in Burgund, 30 km nordwestlich von Dijon, und mündet nach 777 km bei Le Havre in den Ärmelkanal. Von ihrer Mündung bis nach Rouen (120 km im Landesinneren) können Hochseeschiffe die Seine befahren, insgesamt sind 560 km schiffbar. Oberhalb von Rouen regulieren die Écluses (Schleusen) von Amfreville zusammen mit dem Poses-Damm den Wasserstand des Flusses, der ab hier flussabwärts gezeitenabhängig ist. Ein speziell angelegter Fischpass ermöglicht den Fischen an den Schleusen vorbei flussaufwärts zu schwimmen. In einem Raum mit Glasfenstern können Besucher die Fische dabei beobachten.

022nrm Abb.: gg

▼ *Abendstimmung an der Seine*

Raoul versuchte es, starb aber, als er oben angekommen war, an Erschöpfung, Calista anschließend an Verzweiflung über seinen Tod. So erinnert der Name Côte des Deux Amants an ihr trauriges Schicksal.

Nachdem sicherlich viele Fotos geschossen wurden, macht man sich auf die Rückfahrt nach Le Val Pitan. Hinter dem letzten Haus, einem *manoir* („Gutshaus") mit Umfassungsmauer, biegt man sofort links in Richtung Seine ab. Dann geht es ein kurzes Stück nach rechts und man hat die **Écluses d'Amfreville** (N49.31269° E1.23837°) erreicht. Von der Fußgängerbrücke über der Schleuse bieten sich wieder beeindruckende Fotomotive.

Anschließend fährt man auf demselben Weg nach Pont-St-Pierre zurück. Ab hier geht es auf der D126 und später bei der Einmündung in die D6014 links in Richtung Rouen. Um eine grandiose Aussicht auf Rouen zu haben, wechselt man kurz vor Bonsecours auf die D914 und fährt auf ihr durch Bonsecours bis zum Ortsende. Vorsicht! An einer Ampel zeigt ein kleines Schild mit einem Panoramasymbol und „La Corniche" nach rechts. Immer geradeaus kommt man nach ca. 1,5 km zum **Aussichtspunkt** (N49.43339° E1.10999°). Hier liegt einem ganz Rouen mit seinen prachtvollen Kirchen zu Füßen.

Nun geht es wieder zurück bis zur Abzweigung in Bonsecours und dann nach rechts hinunter nach **Rouen.** Um dort zum Stell- bzw. Parkplatz Quai Saint-Sever (siehe unten) zu gelangen, fährt man zunächst in Richtung „Centre Ville" und dann an der Seine entlang. Auf der zweiten Brücke überquert man die Seine und fährt sofort nach rechts (Richtung Le Mans, Caen). Nach der nächsten Kreuzung geht es nach rechts (Richtung Petit Quevilly, Centre Routier) hinunter zur Seine. Hier befinden sich direkt an der Seine die Stellplätze, aber es gibt an dieser Stelle keine Zufahrt. Man fährt deshalb weiter geradeaus bis zur Ampel, um dort nach rechts (Hangar 105 und 108) abzubiegen, dann geht es der Seine entlang zurück bis zum Stellplatz.

STELL- UND CAMPINGPLÄTZE ENTLANG DER ROUTE

1 Quai Saint-Sever, Rouen

N49.43603° E1.09245°

Freie Stellmöglichkeit direkt an der Seine auf einem riesigen Parkplatzgelände, schöne Sicht auf die Altstadt, allerdings laut durch an- und abfahrende Pkws. **Lage/Anfahrt:** Von der D3 Richtung Zentrum, im Kreisverkehr beim Ortsschild Richtung Dieppe/Le Havre, nach 450 m rechts („Autres directions"), über Kopfsteinpflaster bis zur nächsten Ampel und dort geradeaus. Kurz vor der Seine nach rechts über eine holprige Straße in Richtung Hangar 108 und 105. Nun 1,4 km geradeaus an der Seine entlang. Nach der dritten Brücke liegt der Stellplatz am Quai Saint-Sever direkt an der Seine; **Platzanzahl:** 40; **Untergrund:** Asphalt; **Sicherheit:** beleuchtet; **Preise:** kostenlos; **Geöffnet:** frei zugänglich

Der Stellplatz von Rouen liegt hinter der dritten Brücke am linken Seine-Ufer

2 Camping Le Bel Air, Louviers
N49.21498° E1.13281°

Platz mit befriedigender Sanitärausstattung und Schwimmbad in schöner Lage im Wald, 3,6 km ins Zentrum. **Lage/Anfahrt:** Auf der D81 Richtung La Haye-Malherbe, ausgeschildert; **Platzanzahl:** 92; **Untergrund:** Wiese; **Ver-/Entsorgung:** Strom, Trinkwasser, Chemie-WC; **Sicherheit:** umzäunt, beleuchtet, bewacht; **Preise:** 5,60–6,70 €/Fahrz., 4,80–5,50 €/Pers., Strom 4,50–4,70 €, Hund 2,10–2,30 €; **Geöffnet:** 15.3.–15.10.; **Kontakt:** Tel. +33 (0)2 32401077

3 Camping Les Sapins, Bonneville-sur-Iton
N49.00335° E1.03685°

Platz mit einfacher und nicht besonders gepflegter Sanitärausstattung, Lage gut und relativ ruhig. Nach Évreux 6,1 km. **Lage/Anfahrt:** Auf der D830 in Richtung Conches-en-Ouche fahren, 3,2 km hinter St-Sébastian-de-Morsent nach rechts zum Platz abbiegen; **Platzanzahl:** 40; **Untergrund:** Wiese; **Ver-/Entsorgung:** Strom, Trinkwasser; **Sicherheit:** umzäunt; **Preise:** 8 €/Fahrz., 3,50 €/Pers., Strom 2,25–4,50 €, Hund 1,25 €, Dusche 2 €; **Geöffnet:** März–Mitte November; **Kontakt:** Tel. +33 (0)2 32371103, www.camping-les-sapins.com

4 Camping Les Fosses Rouges, Saint-Marcel
N49.09659° E1.43854°

Platz mit einfacher Sanitärausstattung, schöne Aussicht, Waschmaschine, Brotverkauf, ruhige Lage. **Lage/Anfahrt:** Von der D181 auf die D64E abbiegen und 3,3 km bis zum Platz, ausgeschildert; **Platzanzahl:** 60; **Untergrund:** Wiese; **Ver-/Entsorgung:** Strom, Trinkwasser, Abwasser, Chemie-WC; **Sicherheit:** umzäunt; **Preise:** 3,90 €/Fahrz., 2,80 €/Pers., Strom 3,20–4,20 €, Hund 0,50 €; **Geöffnet:** März–Oktober; **Kontakt:** 27950 St-Marcel, Chemin de Réanville, Tel. +33 (0)2 32515986

▲ *Eine Übernachtung auf dem Parkplatz in Giverny ist erlaubt*

5 Parkplatz La Prairie, Giverny

N49.07375° E1.52944°

Freier Stellplatz auf dem Parkplatz des Museums; wird allerdings auch von Bussen genutzt. Lage sehr gut und nachts ruhig. Achtung: Um 9 Uhr morgens kommt der Parkwächter und schickt ohne Ausnahme alle Wohnmobilisten, die übernachtet haben, weg! Wenn das Museum geschlossen ist, hat auch der Parkplatz zu. **Lage/ Anfahrt:** In Giverny der Beschilderung zum Parkplatz folgen; **Platzanzahl:** 10; **Untergrund:** Asphalt; **Preise:** kostenlos; **Geöffnet:** frei zugänglich

6 Camping L'Île des Trois Rois, Les Andelys

N49.23554° E1.40019°

Platz mit befriedigender Sanitärausstattung direkt an der Seine mit Schwimmbad, Snackbar und Waschmaschine. Gute und ruhige Lage. Wenn der Platz geschlossen ist, kann man auch eine Nacht auf dem Parkplatz davor stehen. **Lage/Anfahrt:** Von der D313 vor dem Ort links, ausgeschildert; **Platzanzahl:** 300; **Untergrund:** Wiese; **Ver-/Entsorgung:** Strom, Trinkwasser, Abwasser, Chemie-WC; **Sicherheit:** umzäunt, beleuchtet, bewacht; **Preise:** 21–15 €/Fahrz. inkl. 2 Pers. und Strom, Hund 2 €; **Geöffnet:** 15. März–15. November; **Kontakt:** 27700 Les Andelys, Rue Gilles Nicolle 1, Tel. +33 (0)2 32542379, www.camping-troisrois.com

7 Camping Saint-Paul, Lyons-la-Forêt

N49.40347° E1.47991°

Platz mit guter Sanitärausstattung, beheiztes Freibad, WLAN, Laden. Lage gut und ruhig, 600 m ins Zentrum. **Lage/Anfahrt:** Im Ort ausgeschildert; **Platzanzahl:** 100; **Untergrund:** Wiese; **Ver-/Entsorgung:** Strom, Trinkwasser, Abwasser, Chemie-WC; **Sicherheit:** umzäunt, beleuchtet, bewacht; **Preise:** 16,50–20,50 €/Fahrz., inkl. 2 Pers. und Strom, Hund 1 €; **Geöffnet:** April–Oktober; **Kontakt:** 27480 Lyons-la-Forêt, Route Saint-Paul 2, Tel. +33 (0)2 32494202, www.camping-saint-paul.fr

201nrm Abb.: gg

8 Aire D'Accueil de Camping Cars Les Grandes Molaises, Les Hogues

N49.41293° E1.42650°

Platz bei einem wunderschönen Bauernhof in idyllischer, ruhiger Lage. WLAN. **Lage/Anfahrt:** Von Lyons-la-Forêt auf der D6 ca. 4 km Richtung Les Hogues fahren. Auf einer Hochfläche rechts zum Gut, ausgeschildert; **Platzanzahl:** 20; **Untergrund:** Wiese; **Ver-/Entsorgung:** Trinkwasser, Abwasser, Chemie-WC; **Sicherheit:** umzäunt, bewacht; **Preise:** 8 €/Fahrz.; **Geöffnet:** ganzjährig; **Kontakt:** 27910 Les Hogues, Hameau des Grandes Molaises, Tel. +33 (0)2 32499211 oder +33 624750292

▲ *Das malerische Lyons-la-Forêt hat einen guten Campingplatz mit beheiztem Schwimmbad zu bieten*

DIE NATUR ENTLANG DER SEINE-SCHLEIFEN UND DAS WELT-KULTURERBE LE HAVRE

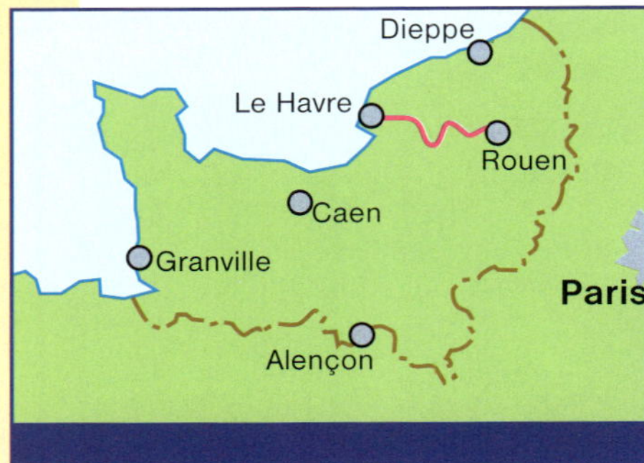

Hinter Rouen folgt die Route den weiten Schleifen der Seine bis zu ihrer Mündung bei Le Havre. Naturschutzgebiete, idyllische Abteien und traumhafte Fachwerkhäuser säumen die abwechslungsreiche Strecke.
Die Abteien von Saint-Georges-de-Boscherville, Jumièges und St-Wandrille waren einst geistige und religiöse Stätten von überregionaler Bedeutung. Eingebettet in die schöne, abgeschiedene Landschaft, sind sie auch heute noch ein Hort der Ruhe und der Meditation. Die Wanderschuhe schnüren sollte man im Parc Naturel Régional des Boucles de la Seine Normande, entlang der Seine und im Marais Vernier. Ein richtiges Kontrastprogramm zur übrigen Route ist Le Havre. Im Krieg völlig zerstört, wurde es vom Architekten Auguste Perret, dem „Meister des Betons“, wieder aufgebaut. Es entstand ein Gesamtkunstwerk mit breiten Avenuen, großzügigen Wohnblöcken und Hochhäusern aus Beton, erstellt nach einem einheitlichen architektonischen Konzept.

025nrm Abb.: gg

ROUTE 2

› Routenübersicht Seite XXIV

STRECKENVERLAUF

Strecke: Rouen – Jumièges (28 km) – Abbaye de St-Wandrille (14 km) – Abstecher nach Caudebec-en-Caux und Villequier (hin und zurück 16 km) – Parc Naturel Régional des Boucles de la Seine Normande (32 km) – Marais Vernier (10 km) – Le Havre (38 km)
Streckenlänge: ohne Abstecher ca. 122 km
mit Abstecher ca. 138 km

Vom Stellplatz in Rouen (s. S. 56) fährt man auf den Quai Jean Moulin hinauf und überquert auf der Pont Boieldieu die Seine. Dann folgt man dem Fluss nach links immer auf der D6015 in Richtung Le Havre bis zur Abzweigung der D982 (Richtung Duclair). In Canteleu biegt man von der D982 auf die D351 Richtung Sahurs ab. Die Straße verläuft durch den Forêt de Roumare, dem Naherholungsgebiet der Bewohner von Rouen. Nach wenigen Kilometern liegt rechts der Straße der große Parkplatz **Animalier Forêt de Roumare** (N49.40936° E0.99152°). Von hier kann man verschiedene markierte Wanderungen von 1 bis 3 Std. unternehmen. Sie führen durch schattigen Buchen- und Eichenwald zum Teil an Wildgehegen entlang und über einen Waldlehrpfad.

Weiter geht die Fahrt durch den Wald von Roumare bis nach Sahurs, einem kleinen Ort an der Seine. Dahinter windet sich der Fluss – und mit ihm die Straße – in Richtung Norden. In St-Pierre-de-Manneville steht das prächtige **Manoir de Villers,** ein Landsitz aus dem 16. Jh. umgeben von einer schönen Parkanlage.

◀ *Vorseite: Die Ruinen von Jumièges zeugen vom einstigen Klosterleben*

026nrm Abb.: gg

▶ *Überraschende Begegnungen: Hochseeschiffe auf der Seine*

Sehenswertes

Manoir de Villers, 76113 Saint-Pierre-de-Manneville, Route de Sahurs 30, Tel. +33 (0)2 35320702, Öffnungszeiten Garten: 1. Mai–30. Sept. Sa–Mi 14.30–17.30 Uhr. Öffnungszeiten Manoir: April–Okt. Sa 14.30–17.30 Uhr, So 15–18.30 Uhr, Mai–Sept. Sa–Mi 14.30–17.30 Uhr, Eintritt: 7 €, nur Garten 5 €

Auf der D67 erreicht man über Quevillon den kleinen Ort St-Martin-de-Boscherville mit seiner schönen Klosteranlage. Die **Abbaye Saint-Georges de Boscherville,** erbaut im 12. Jahrhundert, besticht durch ihren harmonischen Stil und ihre schlichte, typisch normannische Architektur. Das Hauptschiff erhielt im 13. Jahrhundert ein gotisches Gewölbe. Die dreischiffige Kirche dient seit der französischen Revolution als Pfarrkirche. Üppig mit Figuren geschmückt ist der gotische Kapitelsaal *(salle capitulaire)* aus dem 12. Jahrhundert. Der angrenzende Klostergarten wurde 1680 im französischen Stil angelegt. Auch heute noch werden hier Kräuter, Duftpflanzen und Gemüse originalgetreu im *potager* (historischer Gemüsegarten) angebaut. Besonders schön ist auch der Panoramablick auf die Seine von den Terrassen des Gartens.

Immer an der Seine entlang erreicht man nach 9,5 km **Duclair,** einen betriebsamen Marktflecken am rechten Seine-Ufer. Schon in vorrömischer Zeit gab es hier eine Ansiedlung namens Duroclaros, die Römer nannten sie dann Duroclarum. Bereits im Mittelalter verkehrte hier eine Fähre über die Seine und 1198 verlieh kein geringerer als Richard Löwenherz der Stadt die Marktrechte. Im 16. und 17. Jahrhundert besaß Duclair eine bedeutende Brauerei. Sehenswert ist die Kirche Saint-Denis, deren Ursprung auf das 11. Jahrhundert zurückgeht.

Sehenswertes

Abbaye Saint-Georges de Boscherville, Öffnungszeiten: April–Okt. 9–18.30 Uhr, Nov.–März 14–17 Uhr, Eintritt: April–Okt. 6 €, übrige Zeit 5,50 €

Parken

N49.44468° E0.96183°

Bei der Abbaye Saint-Georges de Boscherville. Hier kann man auch gut einmal übernachten.

Parken in Duclair

N49.47987° E0.87271°

Bei der Touristeninformation an der Seine

Information

Office de Tourisme, 76480 Duclair, Avenue du President Coty 227, Tel. +33 (0)2 35373829, www.duclair.fr, Öffnungszeiten: April–Sept. 9.30–12.30 und 14–18 Uhr, Okt.–März Di–Sa 10–12.30 und 14–17.30 Uhr

Essen

Bistro du Siècle, 76480 Duclair, Rue Jules Ferry 75, Tel. +33 (0)2 35376236. Rustikales Bistro, serviert wird alles vom einfachen Snack bis zum geschmackvollen Menü, im Sommer an Holztischen am Straßenrand.

Etwa 2 km hinter Duclair zweigt links die D65 in Richtung **Le Mesnil-sous-Jumièges** ab. Auf landschaftlich schöner Strecke, die von einfachen Fachwerkhäusern und wunderschönen Villen gesäumt ist, führt die Straße am Ufer der Seine entlang. In Le Mesnil-sous-Jumièges geht es zum nächsten Ziel, nach Jumièges, rechts ab.

JUMIÈGES (28 km – km 28)

Parken

Parken kann man auf dem gut ausgeschilderten Bus-/Wohnmobilparkplatz (s. S. 77).

Information

Office de Tourisme, 76480 Jumièges, Rue Guillaume le Conquérant, Tel. +39 (0)2 35372897, tourisme-jumieges@la-crea.fr. Öffnungszeiten: Nov.–März Di–So 9.30–12.30 und 14–17.30 Uhr, Apr.–Okt. täglich 9.30–12.30 und 14–18 Uhr

▶ *Die Ruinen von Jumièges im Frühling*

L'Abbaye de Jumièges (die Abtei von Jumièges) wird von vielen als die schönste Ruine Frankreichs bezeichnet. Nicht zu Unrecht, ziehen die beiden 46 m hohen Türme und das riesige Schiff der **Abteikirche Notre-Dame** doch jeden Besucher in ihren Bann. Gegründet wurde die Abtei bereits Mitte des 7. Jh. vom heiligen Philibert. Nach Jahren enormen Aufschwungs wurde sie im 9. und 10. Jh. mehrmals von den Wikingern überfallen und letztendlich völlig zerstört. Mit großzügiger Unterstützung der normannischen Herzöge konnte sie von den Benediktinern wieder aufgebaut werden. 1067 fand die feierliche Einweihung der Abteikirche im Beisein Wilhelms des Eroberers statt. Durch zahlreiche Ländereien gelangte das Kloster zu großem Ruhm und Reichtum und war über viele Jahrhunderte hinweg geistliches und geistiges Zentrum der Normandie. Im Zuge der Französischen Revolution verließen die letzten Mönche 1789 Jumièges. Die Abtei wurde an einen Privatmann verkauft, der sie als Steinbruch missbrauchte. 1852 erwarb die Familie Lepel-Cointet die Ruine und rettete sie so vor dem völligen Zerfall. Seit 1946 ist sie im Besitz des französischen Staates. Ein vollständiger Wiederaufbau der Anlage war nie beabsichtigt, jedoch wurden umfangreiche Renovierungsmaßnahmen durchgeführt, die erst 2009 ihren vorläufigen Abschluss fanden.

Heute betritt man die Anlage durch das Torhaus aus dem 14. Jh., das im 19. Jh. im neogotischen Stil umgebaut wurde. Dahinter befindet sich die Kirche Notre-Dame aus dem 11. Jh. Der romanische Baukörper weist erstaunlich großzügige Dimensionen auf. Das Hauptschiff hat eine Länge von 27 m und eine Höhe von 23 m. Neben den Außenmauern des Hauptschiffs sind noch Teile des Querschiffs und des Chors erhalten. Während das Hauptschiff mit seinen Arkaden und Drillingsfenstern streng im romanisch-normannischen Stil gehalten wurde,

Wanderung rund um die Klosterruine von Jumièges

Diese Wanderung führt an der Seine entlang, durch die schöne Landschaft der Flussschleife mit Viehweiden, Apfel- und Kirschbäumen und an hübschen Fachwerkhäusern vorbei. Immer wieder hat man einen imposanten Blick auf die Klosteranlage von Juméiges.

Man verlässt den Wohnmobilstellplatz bzw. den Busparkplatz in Richtung Seine. Nach wenigen Schritten auf der Straße biegt man rechts in die Rue Guillaume Quesne ab und folgt ihr bis zum Fluss. Nach einem Linksbogen erreicht das kleine Sträßchen die Fähranlegestelle und man geht weiter geradeaus auf der Rue du Perrey am Ufer der Seine entlang.

Nicht lange danach verlässt die Straße in einem Linksbogen den Fluss und man wandert an einzelnen Häusern vorbei landeinwärts. Wenn auf der linken Seite die Klosterruine ins Blickfeld kommt, biegt man kurze Zeit später rechts auf den Chemin Saint-Jean (Einbahnstraßenschild) ab. An der nächsten Kreuzung spaziert man auf dem rechts mit hohen Pappeln gesäumten Weg weiter geradeaus. Nach ca. 25 Min. mündet er in ein geteertes Sträßchen ein. Auf diesem nach rechts bis zu einer alten Fachwerkscheune (ca. 200 m) gehen, hier die Straße überqueren und in den unbefestigten Weg nach rechts einbiegen. Der ziemlich holprige Feldweg führt immer geradeaus bis zu den ersten Häusern der Siedlung Conihout de Jumièges. An der Wegkreuzung (rechts sieht man einen Bauernhof und links die Stromleitung) wendet man sich nach links auf den unbefestigten Weg und wandert auf ihm in Richtung des Sees, der ist durch Ausbaggerungen mit riesigen Baggerschiffen entstanden ist. Die so gewonnenen Kieselsteine und der Sand werden auf Frachtkähnen abtransportiert. Der Wanderweg führt immer am Zaun des Sees entlang und dann an Fischgewässern mit Picknickplätzen vorbei, bis er auf eine schmale Straße stößt. Hier geht man rechts an Tierweiden und hübschen Häusern vorbei bis zum Ende der Straße, hält sich dann links und sieht schon die Hauptstraße D65. Auf ihr geht man nur wenige Schritte nach links und biegt dann wieder nach links in die Sente du Piege ein. Sie geht beim Haus 203 vom Schotter- in einen Wiesenweg über, dem man immer weiter folgt, bis man wieder auf die D65 kommt. Diese muss man jetzt ca. 200 m nach links entlanggehen. Bei der nächsten Kreuzung (Bushaltestelle) biegt man nach rechts in die Rue André Fessard ab. Auf dieser wandert man bis zur Einmündung an der Klostermauer und hier nach rechts bergan. Bei der nächsten Einmündung geht es nach links und weiter geradeaus, am Haus des Abtes vorbei, bis die Schule und der Friedhof erreicht sind. Jetzt läuft man links den Berg hinunter und auf der Hauptstraße nach links bis zur Klosterruine und von dort wieder zum Stellplatz.

Es handelt sich um eine leichte Wanderung ohne Steigungen (Dauer 2:30 Std.), die überwiegend mit einem grünen Punkt markiert ist.

027nrm Abb.: gg

Sehenswertes

Abbaye de Jumièges, 76480 Jumièges, Tel. +33 (0)2 35372402, Öffnungszeiten: 15. April–15. Sept. 9.30–18.30 Uhr, 16. Sept.–14. April 9.30–13 Uhr und 14.30–17.30 Uhr, Eintritt: 6 €

9 Busparkplatz, Jumièges (s. S. 77)

10 Camping de la Forêt, Jumièges (s. S. 77)

finden sich im Querschiff auch gotische Elemente. Ursprünglich schlossen sich an den Chorraum sieben Kapellen an, nur noch eine ist bis heute in voller Größe erhalten. Zwischen Gästehaus, Hauptschiff und der Kirche St-Petrus (ältester Teil der Abtei) befand sich der Kreuzgang, der leider nicht mehr erhalten ist. Hinter den Ruinen schließt sich ein 15 ha großer, von einer 2,5 km langen Mauer umschlossener Park an. Hier befindet sich die Residenz des Abtes aus dem Jahre 1675. Ein ganz besonderes Spektakel wird den Besuchern in den Monaten Juli bis September geboten. Jeweils am Samstagabend erstrahlt die Klosterruine in einem Spiel aus Licht und Farben, musikalisch untermalt von Michel Risse. **L'Abbaye en lumière** findet im Juli zwischen 22.30 und 0.30 Uhr, im August zwischen 21.30 und 24 Uhr und im September zwischen 21 und 23 Uhr statt. Der Eintritt kostet 9 €.

Von Jumièges fährt man 3,5 km über Yainville bis zur D982. Auf ihr geht es nach links über Le Trait bis zur Abzweigung zur Abbaye de St-Wandrille (Parken N49.52728° E0.76652° oder N49.52789° E0.76558°).

028nrm Abb.: gg

ABBAYE DE ST-WANDRILLE

(14 km – km 42)

Schon die kleine Ortschaft St-Wandrille mit ihren vielen schön herausgeputzten Fachwerkhäusern ist hübsch anzusehen, doch es gibt hier noch mehr zu besichtigen, nämlich ein Kloster mit einer großen Kirchenruine.

Nicht durch das schöne Eingangsportal aus dem 19. Jh., sondern durch eine kleine Pforte in der Klostermauer betritt man die Abtei von Wandrille. Dahinter fällt sofort die prächtige **Porte de Jarente** ins Auge, die dem Besucher den Blick in den inneren Klosterkomplex verschließt. Nur im Rahmen einer Führung kann man hinter die Klostermauern sehen und so einen Einblick in das auch heute noch von der Ordensregel „Ora et labora" (Bete und arbeite) bestimmte Leben der Mönche erhalten.

Frei zugänglich ist die **Ruine der Abteikirche** (14. Jh.) inmitten eines Parks. Hier auf der weiten Rasenfläche kann man noch gut die Umrisse des Gotteshauses mit den Pfeilern der Arkaden erkennen. Hoch ragen zwei Bündelpfeiler des Querhauses in den Himmel und veranschaulichen so die Höhe der ehemaligen Kirche. Fünfzehn Kapellen säumten einstmals den großen Chorraum. Heute kommen Besucher aus aller Herren Länder hierher, um die meditative Atmosphäre auf sich wirken zu lassen.

029nrm Abb.: gg

Sehenswertes

Abbaye de St-Wandrille, 76490 St-Wandrille, Tel. +33 (0)2 35962311, Öffnungszeiten: Ostern–Allerheiligen, geführte Touren So 11.30 und 15.30 Uhr, Mo–Sa 15.30 Uhr, übrige Zeit So 11.30 und 15.30 Uhr, Sa 15.30 Uhr, Eintritt: 4 €

Von St-Wandrille fährt man auf demselben Weg zurück bis zur D982 und folgt dieser nach rechts. Wer den Abstecher nach Caudebec-en-Caux macht, fährt weiter geradeaus bis zum Ort. Wer weiter auf der eigentlichen Route fahren möchte, nimmt die Auffahrt zur Pont de Brotonne (Brücke von Brotonne) und überquert auf dieser die Seine.

▲ *Beim Stadtspaziergang in Caudebec-en-Caux*

ABSTECHER NACH CAUDEBEC-EN-CAUX UND VILLEQUIER (hin und zurück 16 km)

Die lebhafte Kleinstadt **Caudebec-en-Caux** an der Seine war über Jahrhunderte hinweg die Hauptstadt des Pays-de-Caux, bevor sie von Yvetot abgelöst wurde. Die wichtigste Sehenswürdigkeit ist die **Kirche Notre-Dame.** Sie wurde im 15. Jh. im reinsten Flamboyantstil erbaut. Ein durch sein unterbrochenes Mauerwerk beinahe zierlich wirkender 53 m hoher Turm überragt weithin sichtbar das Gotteshaus. Die Westfassade der Kirche besitzt drei reich verzierte spätgotische Portale. Allein das Mittelportal weist 333 figürliche Darstellungen auf. Der harmonische Innenraum beherbergt eine Orgel aus dem frühen 16. Jh., deren Klang heute noch die Zuhörer begeistert. Links hinten im Hauptschiff befindet sich in einer Kapelle ein wertvolles Taufbecken aus dem 17 Jh., dessen Deckel Szenen aus dem Alten und Neuen Testament zieren. Das **Maison des Templiers** (Templerhaus) in der Rue Thomas Basin ist ein schönes Beispiel städtischer Architektur des 13. Jh. Wer sich für die Schifffahrt auf der Seine interessiert, dem sei das **Musée de la Marine de Seine** empfohlen. Das Marinemuseum widmet sich eingehend dem Schiffsverkehr entlang der Seine und dem Schiffsbau. Es liegt am westlichen Stadtrand von Caudebec an der Straße nach Villequier, wird aber bis Sommer 2014 renoviert.

Information

Office de Tourisme Caux Vallée de Seine, 76490 Caudebec-en-Caux, Place du Général de Gaulle, Tel. +33 (0)2 32704632, Öffnungszeiten: Di–Sa 10–12.30 und 13.30–17 Uhr, WLAN 30 Min. kostenlos

Sehenswertes

Église Notre-Dame, 76490 Caudebec-en-Caux, Grande Rue, Öffnungszeiten: 8–12.30 und 14–18 Uhr

Musée de la Marine de Seine, 76490 Caudebec-en-Caux, Avenue Winston Churchill, Tel. +33 (0)2 35959013, Öffnungszeiten: Das Museum wird noch bis 2014 grundlegend renoviert.

11 ***Camping Barre-y-va, Villequier*** ***(s. S. 78)***

◄ *Stumme Zeugen der Vergangenheit*

Parken

N49.51503° E0.67726°

Sehenswertes

Musée Victor Hugo, 76490 Villequier, Rue Ernest Binet, Tel. +33 (0)2 35567831, Öffnungszeiten: täglich außer Di und sonntagvormittags 10–12.30 und 14–18 Uhr, Eintritt: 3,50 €

Essen

Le Grand Sapin, 76490 Villequier, Quai Seine, Tel. +33 (0)2 35567873. Sehr hübsch herausgeputztes Restaurant mit schönem Garten an der Seine, gute Menüs zwischen 15 und 24 €, dienstagabends und mittwochs geschlossen

Auf der D81 sind es nur wenige Kilometer an der Seine entlang zum hübschen Dorf **Villequier** mit seinen alten, typisch normannischen Fachwerkhäusern. Parken sollte man beim Picknickplatz vor dem Ort. Ein schöner Spaziergang am Seine-Ufer führt in den Ort hinein.

Die Hauptattraktion in Villequier ist das **Musée Victor Hugo,** das im ehemaligen Haus Charles Vacqueries, dem Schwiegersohn Hugos, untergebracht ist. Vacquerie und seine Ehefrau Léopoldine, die älteste Tochter von Victor Hugo, ertranken im September 1843 bei einer Bootstour auf der Seine, nur sechs Monate nach ihrer Hochzeit. Der traurige Vater Victor Hugo verarbeitete dieses Unglück in den lyrischen *Contemplations,* einer Sammlung von 158 Gedichten über Liebe und Tod. Im Museum sind Erinnerungsgegenstände, Briefe, Familienporträts und Möbel aus dem Besitz von Léopoldine Hugo zu sehen. Ein besonders fantasievoll angelegter Garten lädt zum Verweilen ein.

Auf dem **Friedhof** bei der Kirche von Villequier in der Rue Président René Coty liegen sowohl Léopoldine als auch Charles Vacquerie begraben – angeblich sogar gemeinsam in einem Sarg. In der Kirche sind die vielen schönen Glasfensterbilder aus dem 16. Jh. interessant.

Von Villequier geht es auf demselben Weg zurück, bis hinter Caudebec-en-Caux die **Pont de Brotonne** (Brücke von Brotonne) sichtbar wird. Auf ihr überquert man in luftiger Höhe von 50 m die Seine. Dieses Meisterwerk der Brückenbaukunst wurde 1977 erbaut, ihre Länge beträgt 1280 m und die mächtigen Pylonen sind 125 m hoch.

Essen und Trinken in der Normandie

Essen und Trinken spielen eine große Rolle im täglichen Leben der Bewohner der Normandie. Besonders am Wochenende nimmt man sich sehr viel Zeit für ein ausgiebiges Familienmahl. Die traditionelle normannische Küche ist bäuerlich-gehaltvoll mit viel Butter und Crème fraîche. Vorspeise, Hauptgericht, Zwischengang, Dessert und Kaffee gehören zu dieser stundenlangen Schlemmerei unbedingt dazu. Als Aperitif wird ein „Pommeau", eine Mischung aus zwei Dritteln Apfelsaft und einem Drittel Calvados, gereicht. Am Meer dominieren Muscheln, Austern, Salzlamm und Seefisch, im Landesinnern Enten, Kaninchen, Würste wie die „Andouille" (Wurst aus Innereien) und die „Boudin" (Blutwurst) oder die „tripes" (Kutteln) das Menü. Als Zwischengang werden Weichkäsesorten wie Camembert, Livarot, Neufchâtel und Pont-l'Évêque gereicht. Auch das Dessert fällt üppig aus: Ob „tarte aux pommes" (Apfelkuchen), „teurgoule" (Zimtreisbrei) oder Kekse wie „sablés" – kalorienarm ist keiner dieser Leckerbissen. Dazwischen legt man eine „trou normand" (wörtlich: normannisches Loch), eine Pause mit einem Calvados ein. Wein wird in der Normandie nicht angebaut, deshalb trinkt man traditionell „Cidre" (Apfelmost) oder „Poiré" (Birnenmost). Zum Abschluss gibt es noch einen „petit noir", einen kleinen schwarzen Kaffee.

Die in den Restaurants angebotenen Menüs sind meist günstiger als „à la carte" zu bestellen und bewegen sich beim „menu touristique" zwischen 15 und 30 €.

030nrm Abb.: gg

PARC NATUREL RÉGIONAL DES BOUCLES DE LA SEINE NORMANDE (32 km – km 74)

Nach der Pont de Brotonne verlässt man die D490 und fährt nach links in Richtung **La Mailleraye-sur-Seine.** Unterwegs erhält man im **Maison du Parc Naturel Régional des Boucles de la Seine Normande** Informationen zum Naturpark. Das Außengelände des Informationszentrums ist wie ein Freilichtmuseum angelegt. Hier gibt es eine Scheune *(grange),* einen Pferdestall *(écurie),* ein Taubenhaus *(colombier),* einen Brotbackofen *(four au pain)* und ein Hühnerhaus *(poulailler).* Auf Informationstafeln wird die Bauweise der einzelnen Gebäude erklärt (nur auf Französisch). Vom Parkplatz aus kann man zu zwei Wanderungen (8 km bzw. 10 km) starten.

Sehenswertes

Maison du Parc Naturel Régional des Boucles de la Seine Normande, 76940 Notre-Dame-de-Bliquetuit, N49.49734° E0.75887°, Tel. +33 (0)2 35372316, Öffnungszeiten: Dez.–März Mo–Fr 9–12.30 u. 13.30–18 Uhr, Apr.–Juni u. Sept. Mo–Fr 9–18 Uhr, Sa/So 13–18 Uhr, Juli/Aug. 9–18.30 Uhr, Sa/So 10–18.30 Uhr

▲ *Das Maison du Parc Naturel Régional des Boucles de la Seine Normande*

Nach 2 km ist **La Mailleraye-sur-Seine,** der größte Ort im Fôret de Brotonne erreicht. Er eignet sich gut, um die Vorräte aufzufüllen und auf einem schönen Stellplatz zu übernachten.

⑫ Quai Paul Girardeau, La Mailleraye-sur-Seine **(s. S. 78)**

Einkaufen

Pâtisserie Gilles Carpentier, 76940 La Mailleraye-sur-Seine, Rue de la Libération 21, Tel. +33 (0)2 35371097. Hier bekommt man sehr gute und außergewöhnlich schön gestaltete Backwaren.

⑬ Seine-Ufer, Saint-Nicolas-de-Bliquetuit **(s. S. 78)**

Von La Mailleraye-sur-Seine fährt man zurück bis zur D490, überquert diese geradeaus und fährt dann weiter nach Saint-Nicolas-de-Bliquetuit. Dieser Ort hat einen guten Stellplatz direkt an der Seine.

Ab Saint-Nicolas-de-Bliquetuit beginnt die **Route des Chaumières.** Sie ist zwar teilweise etwas schmal, lohnt sich jedoch wegen der schönen Fachwerkwerkbauten, die es unterwegs zu bewundern gibt.

Auf der D65 fährt man, immer dem Schild mit dem Reetdachhaus folgend, an Weiden mit Kühen, Schafen und Eseln und an Apfel- und Kirschplantagen vorbei nach **Vatteville-la-Rue.** Hier biegt man für kurze Zeit von der D65 ab, um auf einer Nebenstraße im Vorbeifahren die schönen Fachwerkhäuser zu bestaunen (ausgeschildert). In Vatteville-la-Rue fällt der gedrungene Kirchturm auf.

Bald ist wieder die D65 erreicht und es geht nach rechts in Richtung Aizier. Immer wieder sieht man die ganz entzückenden Reetdachfachwerkhäuser, die teilweise wunderschön restauriert, teilweise noch im renovierungsbedürftigen Zustand sind. Durch ein Waldgebiet führt die Straße in Sichtweite der Seine nach **Aizier.** Hinter dem Dorf wechselt das Département Seine-Maritime ins Département Eure. Auch die Straße heißt jetzt D95. Der Höhepunkt der Route des Chaumières ist das kleine Dorf **Vieux-Port.** Ein Haus ist schöner als das andere und müsste man sich für eines entscheiden, fiele die Wahl sicher schwer. Immer noch auf der D95 kommt man durch Trouville-la-Haule nach **Sainte-Opportune-la-Mare.**

Spaziergang am Seine-Ufer

Vom Stellplatz in Saint-Nicolas-de-Bliquetuit kann man nach links sehr schön und bequem am Seine-Ufer entlang bis auf Höhe von Villequier, das sich am anderen Ufer befindet, spazieren und auf demselben Weg zurückgehen. Eine landschaftlich schöne Strecke und immer wieder kann man riesige Schiffe auf der Seine betrachten. Dauer ca. 1:30 Std.

031nrm Abb.: gg

MARAIS VERNIER (10 km – km 84)

Am Ortsanfang von Sainte-Opportune-la-Mare überquert man die D810 und fährt auf einer schmalen Straße Richtung **Grand Mare.** Wenn man den Wald durchquert hat, liegt das ganze **Marais Vernier,** ein **Sumpfgebiet** mit unzähligen Entwässerungskanälen, vor einem. Bei der Einmündung der Zufahrtsstraße biegt man nach links ab und schlägt so einen großen Bogen um das Teichgebiet

032nrm Abb.: gg

Grand Mare. Nach wenigen Kilometern (hinter einem schlossähnlichen Haus) bietet sich ein Parkplatz mit Aussichtsturm für eine Rast an. Oben vom Holzturm hat man einen umfassenden Ausblick auf das Moorgebiet.

Weiter der Straße in Richtung Quillebeuf-sur-Seine folgend, umrundet man das Moorgebiet. Auch auf dieser Strecke gibt es wieder herrliche Fachwerkhäuser zu sehen. Auf halbem Weg zwischen dem Ort Marais-Vernier und Quillebeuf-sur-Seine (D103) biegt die C40 zur Pont de Tancarville ab. Man folgt der teilweise sehr schmalen Straße bis zur D6015, auf der man in schwindelnder Höhe die Seine

Picknickplatz
N49.42030° E0.53412°

▲ *Das Marais Vernier ist ein Paradies für Tiere*

Das Marais Vernier

In der letzten Schleife, die die Seine vor ihrer Mündung in den Ärmelkanal bildet, liegt das Marais Vernier. Das in der Eiszeit entstandene Sumpfgebiet ist 4500 ha groß. Durch den Bau zahlreicher Deiche und Kanäle wurde es weitgehend trockengelegt. Heute ist es mit seinen Feuchtwiesen und Obstgärten Agrarland. Zahllose Rinder laufen frei auf riesigen Weiden, die von Pappeln und Korbweiden eingerahmt sind. Das Marais Vernier steht als Teil des Parc Naturel Régional des Boucles de la Seine Normande (Naturpark Seine-Schleifen) unter Naturschutz. Das wohl schönste Dorf dieses Landstrichs ist das gleichnamige Marais Vernier. Es empfängt seine Besucher mit reetgedeckten, liebevoll restaurierten Bauernkaten und üppigen Blumengärten.

Im Sumpf Marais Vernier liegt ein Teichgebiet, das Grand Mare, das vielen Wasservögeln als Stand- und Durchzugsgebiet dient. Von einem frei zugänglichen Holzturm aus kann man Enten, Gänse, Reiher, Störche und Kormorane beobachten.

◀ *Traditionelle Häuser entlang der „Fachwerkstraße"*

⑭ *Mairie, St-Nicolas-de-la-Taille (s. S. 79)*

überquert. Sofort dahinter teilt sich die Straße. Wer keinen Übernachtungsplatz braucht, fährt direkt nach Le Havre. Wer übernachten will, folgt der Beschreibung zum Stellplatz in St-Nicolas-de-la-Taille.

Hinter der Brücke von Tancarville (3,10 € Gebühr für die Überfahrt) fährt man auf der kostenfreien Autobahn A131 in Richtung Le Havre Zentrum.

LE HAVRE (38 km – km 122)

Sehenswertes

Musée Malraux (MuMa), 76059 Le Havre, Boulevard Clemenceau 2, Tel. +33 (0)2 35196262, Öffnungszeiten: Mo–Fr 11–18 Uhr, Sa/So 11–19 Uhr, Di geschlossen, Eintritt: 5 €, 1. Sa im Monat frei

Maison de l'Armateur, 76059 Le Havre, Itle 3, Tel. +33 (0)2 35190985, Öffnungszeiten: Do–Mo 11–12.30 und 13.30-18 Uhr, Mi 14–18 Uhr, Eintritt: 5 €

Essen

La Petite Auberge, 76600 Le Havre, Rue de St-Adresse 32, Tel. +33 (0)2 35462732. Reizendes Lokal mit marktfrischen Gerichten.

Parken

Da man den Stadtspaziergang am offiziellen Stellplatz am Hafen beginnt (s. S. 79), parkt man am besten auch dort. Immer geradeaus Richtung „Centre Ville" (Zentrum) und dann Richtung Musée Malraux fahren, ausgeschildert mit „P Camping Cars".

Information

Office de Tourisme, 76059 Le Havre, Boulevard Clemenceau 186, Tel. +33 (0)2 32740404, www.lehavretourisme.com, Öffnungszeiten: Mo 14–18 Uhr, Di–So 10–12.30 und 14–18 Uhr

Le Havre hat unter dem Zweiten Weltkrieg besonders stark gelitten. Während der Befreiung Frankreichs wurde die Stadt im September 1944 von den Alliierten mit einem Bombenteppich überzogen und die deutsche Wehrmacht sprengte bei ihrem Rückzug die Hafenanlagen in die Luft. Kaum ein Stein blieb auf dem anderen. Nach Kriegsende waren es der Architekt **Auguste Perret** und sein brasilianischer Kollege **Oscar Niemeyer,** die der Stadt ihr heutiges Gesicht verliehen. Auguste Perret, der auch „Meister des Betons" genannt wird, plante breite licht- und luftdurchflutete Straßenzüge mit Gebäuden in un-

037nrm Abb.: gg

▶ *Ozeanriese vor Frankreichs größtem Seehafen*

terschiedlicher Höhenabstufung, allesamt aus Stahlbeton. Sichtbare tragende Elemente, angedeutete Säulen, hohe, schlanke oder quadratische Fensterfronten prägen das Stadtbild. Das Zentrum von Le Havre ist das erste städtische Ensemble aus der Mitte des 20. Jh., das von der UNESCO in die Liste des Weltkulturerbes aufgenommen wurde (2005).

Man beginnt den Stadtspaziergang vom Stellplatz am Hafen aus nach links und steht kurz darauf vor dem **Musée Malraux.** Der moderne, lichte kubische Bau entstand 1961. Seine Hafenseite schmückt die monumentale Skulptur „Le Signal“. Im Museum werden Gemälde vom 17. bis zum 20. Jh., u. a. von Vouet, Mignard, Fragonard, Delacroix, Corot, Courbet, Léger und Dubuffet, ausgestellt. Besonders stark ist Eugène Boudin (1824–1898) vertreten. Er stammte aus Honfleur, hat viele Jahre in Le Havre gelebt und ist der Wegbereiter des Impressionismus. Außerdem sind Werke der Impressionisten Monet, Renoir, Degas und Sisley ausgestellt. Die Impressionistensammlung des Museums gilt als die größte in Frankreich, Paris ausgenommen.

⑮ *Hafen, Le Havre* ***(s. S. 79)***

Nach dem Museumsrundgang spaziert man weiter an der Hafenkante entlang bis rechts die Rue M. Yvon abbiegt. Auf ihr kommt man durch das ehemalige Fischerviertel **Le Perrey.** Ganz vereinzelt sind noch die alten Backsteingebäude aus den Jahren vor dem Zweiten Weltkrieg in den Seitenstraßen auszumachen. Die Rue M. Yvon mündet in den Boulevard François I. Auf ihm wendet man sich nach links und sieht schon bald das nächste Ziel, den alles überragenden Kirchturm von **Saint-Joseph,** vor sich. 110 m hoch ist der achteckige Turm dieses eigenwilligen Gotteshauses aus Waschbeton. Erbaut wurde es in den 1950er-Jahren nach Plänen von Auguste Perret. Der quadratische Innenraum wird durch 12.769 farbige Glasfelder erhellt und von quadratischen und runden Sichtbetonsäulen getragen. Über dem Altar hat man einen freien Blick hinauf in den Turm bis zur Spitze.

▼ *Sakrale Betonarchitektur*

033nrm Abb.: gg

Vom Kirchenvorplatz überquert man den Boulevard Francois I. und spaziert auf der Rue Frédérick Lemaître bis zum Jachthafen und dort rechts auf dem Boulevard Clemenceau bis zur Touristeninformation.

Mit einem Stadtplan versorgt, geht man noch ein kurzes Stück auf dem Boulevard Clemenceau und schwenkt dann rechts in die Avenue Foch. Zwei 13-stöckige Hochhäuser flankieren die Flaniermeile von Le Havre. Sie sollen symbolisch das Tor der Stadt **(Porte Océane)** darstellen. Die Avenue Foch mit ihren Rasenflächen und Alleebäumen und der harmonischen Architektur wirkt sehr breit und großzügig. An den Häusern sollte man die einzelnen Flachreliefs und die interessanten Säulenkapitelle beachten. Der **Square Saint-Roch** ist eine wunderschöne üppig blühende Parkanlage. Auch hier wurde wieder mit Beton gearbeitet, allerdings nur bei der Umfassungsmauer.

Der **Place de l'Hôtel de Ville** ist einer der größten Rathausplätze Europas. Dominiert wird er vom 72 m hohen Rathausturm und von

Le Havre

der aufwendigen Springbrunnenanlage. Laubengänge, Blumenbeete, Buchenalleen und viele Ruhebänke laden zum Verweilen ein.

Über die Rue de Paris kommt man zum **Le Volcan.** Die Bewohner von Le Havre bezeichnen dieses 1982 von Oscar Niemeyer erbaute Kulturzentrum respektlos als „Joghurtbecher“. So ganz von der Hand weisen lässt sich dieser Vergleich bei genauer Betrachtung allerdings nicht. Untergebracht sind in den hohen, weißen Gebäuden ohne Fenster ein Kino, zwei Theatersäle und Büroräume.

Die Wasserfläche des **Bassin du Commerce** (das älteste Hafenbecken von Le Havre) gleich gegenüber von Le Volcan wird überspannt

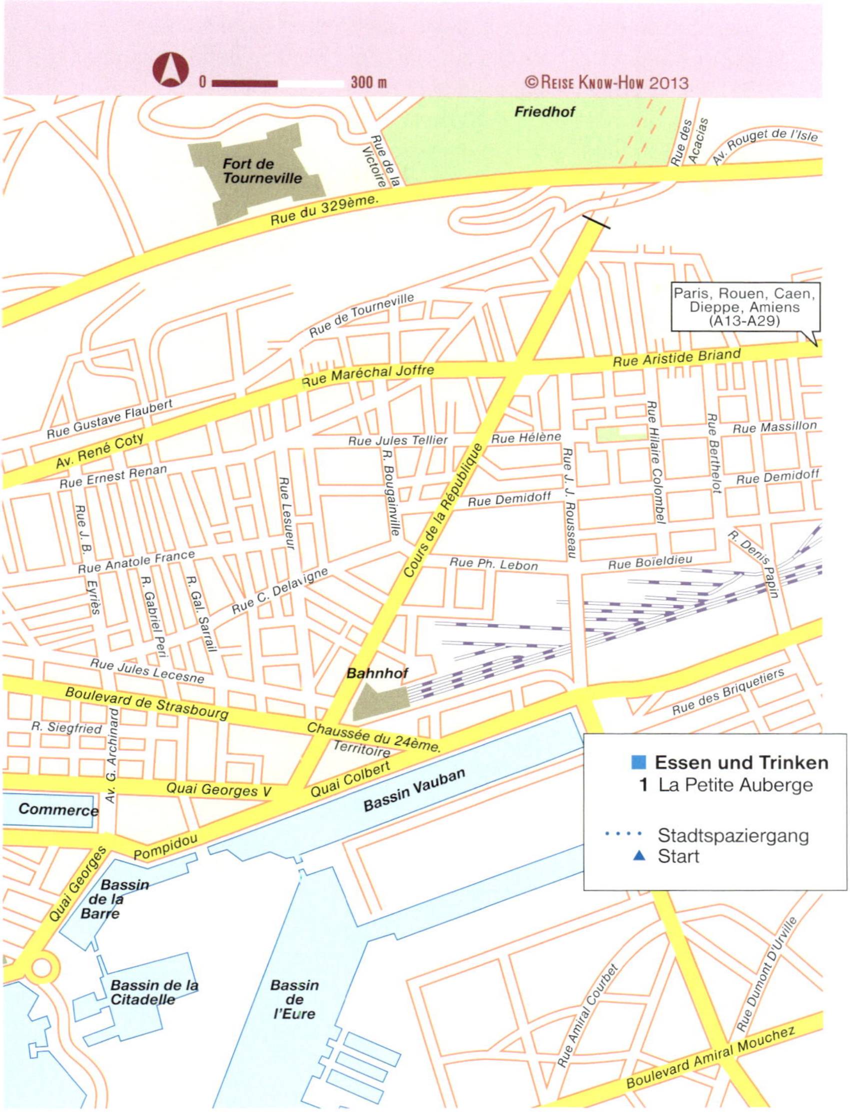

von der **Passerelle de la Bourse,** einer 1969 von Guillaume Gillet erbauten Fußgängerbrücke. Hinter der Brücke wendet man sich kurz links, um dann gleich nach rechts in das **Quartier Saint-François** einzuschwenken. Es ist eines der wenigen Viertel, die nicht neu aufgebaut wurden und noch vereinzelt sind Häuser aus dem 16. und 18. Jh. zu sehen. Ein besonders schönes Beispiel ist das **Maison de l'Armateur** (Haus des Reeders), bei dem man auch die prächtigen Innenräume besichtigen kann. Um es zu erreichen, geht man über die Rue Jean de la Fontaine bis zur Rue de Général Faidherbe, überquert diese und geht geradeaus bis zur nächsten Ecke. Hier steht das Maison de l'Armateur gleich links neben einer kleinen Bar. Nun geht es wieder zurück bis zur Hauptstraße und dann links über die Brücke. Hinter ihr biegt man kurz rechts und dann sofort links in die Rue des Drapiers ab und spaziert auf ihr bis zur Kirche **Notre-Dame.** Dieses Gebäude ist eines der wenigen, das nach dem Krieg wieder in seiner ursprünglichen Form – einer Mischung aus Gotik und Renaissance – aufgebaut wurde. Vom Vorplatz der Kirche wendet man sich nach links und erreicht auf dem Boulevard François I. wieder den Stellplatz.

Der **Hafen** von Le Havre ist der größte Seehafen Frankreichs. Bereits im frühen 16. Jh. wurde er unter der damaligen Bezeichnung Havre-de-Grâce angelegt. Im 19. und in der ersten Hälfte des 20. Jh. hatte die transatlantische Personenschifffahrt ihre Glanzzeit. Von Le Havre aus stachen die großen stolzen Dampfer nach New York in See. Die berühmtesten Ozeanriesen waren die „Washington", die „Normandie", die „Île-de-France" und die „Liberté". Das zur damaligen Zeit größte Passagierschiff der Weltmeere, die „France", verkehrte von 1962 bis 1974 zwischen Frankreich und Amerika. Nach 1974 war die Personenschifffahrt unrentabel und wurde eingestellt. Heute ist Le Havre ein riesiger Container- und Rohölhafen. Über 7000 Schiffe und die Fähren nach Irland und Großbritannien legen jährlich in Le Havre an und ab. Das Projekt „Port 2000" ermöglicht es, dass selbst die größten Frachtschiffe und Tanker problemlos in Le Havre anlegen können. Der direkt von hoher See zugängliche und vom Tidenhub unabhängige Containerhafen wurde 2007 eingeweiht und ist der umsatzstärkste französische Hafen mit einem Marktanteil von über 60 Prozent des Containeraufkommens.

▼ *Keine 100 Jahre alt und schon Weltkulturerbe: das Zentrum von Le Havre*

038nrm Abb.: gg

034nrm Abb.: gg

STELL- UND CAMPINGPLÄTZE ENTLANG DER ROUTE

9 *Busparkplatz, Jumièges*

N49.43097° E0.81486°

Offizieller Stellplatz für Wohnmobile auf dem Busparkplatz oder auf der angrenzenden Wiese, 5 Min. bis zur Klosterruine, um 8.30 Uhr kommt der Bäcker vorbei. Die Lage ist gut und relativ ruhig. Jetons beim örtlichen Bäcker. **Lage/Anfahrt:** In Jumièges an der Klosterruine vorbei und dann nach rechts den Schildern zum Busparkplatz folgen; **Platzanzahl:** 10; **Untergrund:** Schotter; **Ver-/Entsorgung:** Trinkwasser, Abwasser, Chemie-WC; **Preise:** 3 €/100 l Wasser (Jetons); **Geöffnet:** frei zugänglich

10 *Camping de la Forêt, Jumièges*

N49.43482° E0.82901°

Großzügige Stellplätze im lichten Wald auf sehr gepflegtem Platz mit guter Sanitärausstattung, Restaurant, beheiztem Schwimmbad, Waschmaschine; sehr schöne und ruhige Lage. **Lage/Anfahrt:** Ab Jumièges gut ausgeschildert; **Platzanzahl:** 76; **Untergrund:** Wiese; **Ver-/Entsorgung:** Strom, Trinkwasser, Abwasser, Chemie-WC; **Sicherheit:** umzäunt, beleuchtet, bewacht; **Preise:** 19–28 €/Fahrz. inkl. 2 Pers., Strom 4,50 €; **Geöffnet:** Ostern–Oktober; **Kontakt:** 76480 Jumièges, Rue Mainberte, Tel. +33 (0)2 35379343, www.campinglaforet.com

▲ *Entspannung auf dem Stellplatz Jumièges*

⑪ Camping Barre-y-va, Villequier

N49.52159° E0.70204°

Platz zwischen Straße und Felsen mit befriedigender Sanitärausstattung, Bar, kleinem Lebensmittelmarkt. Das Seine-Ufer ist über die Straße zu erreichen. Die Lage ist befriedigend und relativ ruhig. **Lage/Anfahrt:** Von der D81 zwischen Caudebec-en-Caux und Villequier rechts zum Platz abbiegen, ausgeschildert; **Platzanzahl:** 56; **Untergrund:** Wiese; **Ver-/Entsorgung:** Strom, Trinkwasser, Abwasser, Chemie-WC; **Sicherheit:** umzäunt, beleuchtet, bewacht; **Preise:** 14,50–18,90 €/Fahrz. inkl. 2 Pers., Hund 2,45–2,85 €, Strom 4,60 €; **Geöffnet:** April–Oktober; **Kontakt:** 76490 Villequier, Quai du Seine, Tel. +33 (0)2 35962638, www.camping-barre-y-va.com

⑫ Quai Paul Girardeau, La Mailleraye-sur-Seine

N49.48442° E0.77342°

Offizieller Stellplatz direkt am Seine-Ufer, bei Regen sumpfig. Gute und ruhige Lage. Jetons im Rathaus oder im örtlichen Handel. **Lage/Anfahrt:** Im Ortszentrum nach links in die Rue de la République Richtung Seine-Ufer abbiegen, am Quai wieder links zum Stellplatz; **Untergrund:** Wiese; **Ver-/Entsorgung:** Strom, Trinkwasser, Abwasser, Chemie-WC; **Sicherheit:** beleuchtet; **Preise:** 5 €/Fahrzeug inkl. aller Personen, 3 €/10 Min. Wasser oder 60 Min. Strom (Jetons), **Geöffnet:** frei zugänglich

⑬ Seine-Ufer, Saint-Nicolas-de-Bliquetuit

N49.52092° E0.72729°

Offizieller Platz direkt an der Seine. Jetons erhält man beim Bürgermeisteramt und in der „Bar des Pommiers“ (1,6 km vom Platz), um 9 Uhr kommt der Bäcker. Für Fahrzeuge über 7 m sind die Plätze zu kurz. Sehr schöne und ruhige Lage. **Lage/Anfahrt:** Auf der Pont de Brotonne die Seine überqueren, danach rechts Richtung Saint-Nicolas-de-Bliquetuit abbiegen, ab hier ausgeschildert; **Platzanzahl:** 12; **Untergrund:** Asphalt; **Ver-/Entsorgung:** Strom, Trinkwasser, Abwasser, Chemie-WC; **Preise:** 3 €/10 Min. Wasser oder 60 Min. Strom; **Max. Stand:** 2 Nächte; **Geöffnet:** frei zugänglich

▼ *Der viel besuchte Stellplatz Quai Paul Girardeau in La Mailleraye-sur-Seine*

035nrm Abb.: gg

036nrm Abb.: gg

▲ *Der Stellplatz Seine-Ufer in Saint-Nicolas-de-Bliquetuit mit seinem schönem Ausblick*

⑭ *Mairie, St-Nicolas-de-la-Taille*
N49.51306° E0.47389°

Offizielle Stellplätze auf einem Parkplatz direkt im Ortszentrum. Für Fahrzeuge über 6,50 m sind die Plätze allerdings zu kurz. Jetons gibt es im Rathaus (Mairie) und im örtlichen Handel. Die Lage ist gut und relativ ruhig. **Lage/Anfahrt:** Hinter der Pont de Tancarville nach rechts auf die D390 Richtung Tancarville fahren, im ersten Kreisverkehr auf die D39 nach Tancarville abbiegen. In Tancarville-bas links und gleich wieder links Richtung St-Nicolas-de-la-Taille fahren. Im Ortszentrum liegen die Stellplätze rechts bei der Mehrzweckhalle, die Entsorgung (schmale Zufahrt) ist links hinter dem Rathaus; **Platzanzahl:** 7; **Untergrund:** Asphalt; **Ver-/Entsorgung:** Strom, Trinkwasser, Abwasser, Chemie-WC; **Sicherheit:** beleuchtet; **Preise:** 3 €/10 Min. Wasser oder 60 Min. Strom (Jetons); **Geöffnet:** frei zugänglich

⑮ *Hafen, Le Havre*
N49.48484° E0.10732°

Zentraler offizieller Stellplatz beim Musée Malraux (Chaussée John Kennedy) direkt bei der Einfahrt zum Hafen. Befriedigende und relativ ruhige Lage. **Lage/Anfahrt:** Immer geradeaus Richtung Le Havre Zentrum, ab dem Ortsschild ist der Platz ausgeschildert; **Platzanzahl:** 19; **Untergrund:** Asphalt; **Ver-/Entsorgung:** Strom, Trinkwasser, Abwasser, Chemie-WC; **Sicherheit:** umzäunt, beleuchtet; **Preise:** 5 €/10 Min. Wasser oder 55 Min. Strom; **Max. Stand:** 2 Nächte; **Geöffnet:** frei zugänglich

SEEBÄDER, CIDRE, CALVADOS UND KÄSE

Elegante Belle-Époque-Seebäder prägen zwischen der Seine- und der Orne-Mündung das Bild der Côte Fleurie. Beinahe endlose Sandstrände, ein breites Angebot an Freizeiteinrichtungen, Kasinos, Pferderennen und Festivals sorgen für einen kurzweiligen Urlaub. Camembert, Livarot, Pont l'Évêque, Teurgoule, Cidre, Poiré und Calvados – schon die Namen lassen dem Gourmet das Wasser im Munde zusammenlaufen. Im Pays d'Auge grasen glückliche Kühe auf fetten, saftigen Weiden und liefern die köstliche Grundlage für die Weichkäse der Region. Ob im Frühjahr bei der Apfelblüte, im Herbst bei der Apfelernte oder den Rest des Jahres bei der Verkostung der kulinarischen Leckerbissen – das Pays d'Auge ist immer eine Reise wert. Eines der schönsten Dörfer Frankreichs, traumhafte Châteaus, der bedeutendste Wallfahrtsort des Landes, aber auch das Mémorial Coudehard, das an eine der schwersten Schlachten des Zweiten Weltkriegs erinnert, sind die Hauptsehenswürdigkeiten im hügeligen Hinterland der Küste.

039nrm Abb.: gg

ROUTE 3

› Routenübersicht Seite XXIV

STRECKENVERLAUF

Strecke: Le Havre – Honfleur (25 km) – Trouville-sur-Mer (15 km) – Deauville (2 km) – Cabourg (19 km) – Beuvron-en-Auge (17 km) – Abstecher zur Kapelle von Clermont (hin und zurück 9 km) – Lisieux (33 km) – Abstecher nach Pont l'Évêque (hin und zurück 36 km) – Vimoutiers (39 km) – Abstecher zur Prieuré St-Michel (hin und zurück 10 km) – Abstecher nach Camembert (hin und zurück 10 km) – Gacé (20 km) – Abstecher zum Mémorial Coudehard (hin und zurück 28 km) – Argentan (48 km) – Abstecher zum Château de Sassy (hin und zurück 24 km)

Streckenlänge: ohne Abstecher 218 km
mit Abstecher 335 km

Man verlässt Le Havre auf der D6015 in Richtung **Pont de Normandie.** Ein kurzes Stück auf der A131 und dann fährt man auf der A29 über die imposante Brücke.

Gleich hinter der Pont de Normandie biegt man auf die D580 nach Honfleur ab. Direkt am Ortsbeginn geht es am Kreisverkehr rechts zum weitläufigen Stellplatz (ausgeschildert).

Die Pont de Normandie

Die Pont de Normandie ist ein wahres Wunderwerk der Technik. 200.000 Tonnen Beton und 20.000 Tonnen Stahl wirken nicht plump oder schwerfällig, vielmehr schwingt sich die längste Schrägseilbrücke Europas leicht und elegant über die Seine-Mündung. Die Brücke, die mit Stahlseilen an zwei Pylonen aufgehängt ist, wird wegen ihrer eleganten Form als „l'harpe de l'estuaire" („Harfe der Mündung") bezeichnet. Die Fahrbahn der 2141 m langen Brücke ist an ihrer höchsten Stelle 250 m über dem Wasserspiegel. Die 60 m tief verankerten Pfeiler sind mit einer 9 m dicken Betonschicht umgeben. So kann die Brücke selbst einer Kollision mit einem Ozeanriesen standhalten, auch Windgeschwindigkeiten von 400 km/h können dem Meisterwerk der Brückenbautechnik nichts anhaben. In die Fahrbahn eingelassene Sensoren warnen im Winter vor Glatteis. Eine Fahrt über die Pont de Normandie kostet 6,10 € (Stand 2013).

Einen guten Eindruck von der Brücke bekommt man bei zwei Wanderungen. Eine 45-minütige geht unter der Brücke entlang bis zur Seine, die andere führt über die Brücke ans andere Ufer (kostenlos) und dauert 2 Std. Zum Ausgangspunkt beider Wanderungen kommt man, wenn man im zweiten Kreisverkehr nach der Brücke auf der ersten Straße (Avenue Augustin Normand) abfährt und den Schildern zum „circuit de visité" folgt (N49.41951° E0.27345°).

◀ *Vorseite: Die Pont de Normandie – ein architektonisches Meisterwerk*

HONFLEUR (25 km - km 25)

Information

Office de Tourisme, 14600 Honfleur, Quai Lepaulmier, Tel. +33 (0)2 31892330, Öffnungszeiten: Ostern–Juni, Sept. Mo–Sa 9.30–12.30 und 14–18.30 Uhr, So 10–13 und 14–17 Uhr, Juli, Aug. Mo–Sa 9.30–19 Uhr, So 10–17 Uhr, Okt.-Ostern Mo–Sa 9.30–12.30 und 14–18 Uhr. WLAN 1€/15 Min.

Vom Stellplatz, der auch die einzige Parkmöglichkeit für Wohnmobile in Honfleur ist, geht man ein Stück den Anfahrtsweg zurück, um dann nach rechts in Richtung Zentrum abzubiegen. Auf der linken Seite des Quai Lepaulmier entdeckt man den alten Waschplatz aus dem 17. Jh. Den Wasserlauf entlang, etwas den Berg hoch kommt man zur **Église St-Léonard,** einer mit einem schönen spätgotischen Portal ausgestatteten Kirche aus dem 15. Jh. Leider leidet der üppige Fassadenschmuck sehr stark unter den Umwelteinflüssen und den Taubenhinterlassenschaften. Manche einst filigrane Verzierung ist inzwischen abgefallen. Nach rechts über die Rue Notre-Dame kommt man direkt zur **Touristeninformation.** Auf der Rue de la Ville sind viele Läden mit regionalen Produkten angesiedelt. Kurz bevor sich die Straße zum Place Arthur Boudin weitet, stehen auf der rechten Seite zwei aus hellem Stein gemauerte ehemalige Salzspeicher **(Greniers à Sel),** 10 Mio. kg Salz sollen hier einst gelagert worden sein. Benötigt wurde es, um den Fischfang durch Pökelung haltbar zu machen. Heute werden hier wechselnde Ausstellungen veranstaltet. Weiter geradeaus stößt man auf den Quai de la Quarantaine, auf dem man nach links das **Vieux Bassin** (das alte Hafenbecken) erreicht. Wunderschön reihen sich auf der rechten Seite die bis zu sieben Stockwerke hohen, extrem schmalen und teils mit Schieferplatten verkleideten Häuser. Auf der linken Seite des Beckens stehen ehemalige Bürgerhäuser mit großen Dachgauben. Sie sind aus Stein gebaut, breiter und wesentlich niedriger als die Häuser auf der gegenüberliegenden Seite. Den Abschluss des Hafenbeckens zum Meer hin bilden eine Hubbrücke und das **La Lieutenance,** das ehemalige Gouverneurshaus mit dem alten Stadttor. Im Wasser davor schaukeln schöne, alte Boote, die vom Verein für Segel-Oldtimer gesammelt und renoviert wurden.

16 Wohnmobilhafen, Honfleur (s. S. 110)

Auf der linken Beckenseite ist das Marinemuseum **(Musée de la Marine)** in einer ehemaligen Kirche untergebracht. Es zeigt die Geschichte des Hafens von Honfleur und einige Schiffsmodelle.

Direkt neben dem Marinemuseum führt die schmale **Rue de la Prison** zu drei prächtigen alten Fachwerkhäusern (**Musée d'Ethnographie et d'Art Populaire** oder auch **Musée du Vieux**

Die großartige Kulisse von Honfleur

040nrm Abb.: gg

Honfleur genannt). In ihnen werden Trachten, ganze Zimmereinrichtungen, Werkstätten und ein Laden präsentiert.

Man sollte auf jeden Fall einmal rund um das alte Hafenbecken schlendern, die schönen Eindrücke auf sich wirken lassen und vielleicht in einem der unzähligen Restaurants oder Cafés einkehren.

Beim Stadttor angekommen geht man kurz nach links, hält sich dann sofort wieder links und erreicht so die **Église Ste-Cathérine.** Das gesamte Gotteshaus wurde im 15. Jh. an der Stelle einer im Hundertjährigen Krieg zerstörten Steinkirche völlig aus Holz hergestellt. Die Legende sagt, dass die Steinmetzen und Baumeister so viele

Gebäude nach dem Krieg wieder aufbauen mussten, dass es sehr lange gedauert hätte, bis hier wieder eine Kirche entstanden wäre. Deshalb nahmen sich die Schiffszimmerleute dieses Problems an und bauten eine Kirche aus Holz. Im Innern ist deutlich die Verwandtschaft mit einem Schiffsrumpf zu erkennen. Besonders schön sind die geschnitzten Tafelbilder an der Empore. Der Glockenturm von Ste-Cathérine **(Clocher Ste.-Cathérine)** steht separat und ist ebenfalls aus Eichenholz gebaut und mit Kastanienholzschindeln verkleidet. Im Innern sind sakrale Kunstwerke ausgestellt.

Über die schmale Rue des Lingots bummelt man an schönen alten Gebäuden vorbei durch das ehemalige Seemannsviertel. Auf der Rue de L'Homme de Bois (Straße des Holzmannes) angekommen, wendet man sich links. Bei Nr. 23 sieht man in Höhe des ersten Stocks einen geschnitzten Männerkopf prangen. Von diesem „Holzmann" hat die Straße ihren Namen. Das **Museé Eugène Boudin** ist ganz in der Nähe angesiedelt. In diesem modernen Bau (errichtet 1973) werden Werke des 1824 in Honfleur geborenen „Wegbereiters des Impressionismus" gezeigt.

Beim Haus Nr. 60 führt eine kleine schmale Treppe hinunter bis zur Rue Haute. Hier geht man rechts und steht vor dem aus rotem Fachwerk gebauten Geburtshaus von Erik Satie, dem **Maison Satie.** Satie sah die Musik als Gesamtkunstwerk und so sind in seinem Museum

▼ *La Lieutenance bewacht die Einfahrt zum Hafen von Honfleur*

041nrm Abb.: gg

interessante, mit Musik unterlegte Installationen zu bewundern. Ein Audioguide (auch auf Deutsch) ist im Eintrittspreis enthalten.

Wer sich jetzt nach einer Pause im Grünen sehnt, sollte die Rue Haute nach links bis zu ihrem Ende gehen. Hier steht das **Naturospace,** ein riesiges tropisches Gewächshaus, in dem sich rund 60 verschiedene Arten von Schmetterlingen tummeln. Dahinter im **Jardin des personnalités** sind Büsten berühmter Bewohner von Honfleur inmitten von schöner Parklandschaft zu sehen. Eine gute Gelegenheit, die müden Beine auszuruhen, bevor man sich am Hafendamm entlang zurück zum Stellplatz aufmacht.

Einkaufen

La Normandie de Marianne, 14600 Honfleur, Rue de la Ville 22, Tel. +33 (0)2 31899630. Hier gibt es alles rund um Apfel und Birne: Cidre, Calvados, Poiré, Pommeau. Auch Honig und 94 Sorten Marmelade hat Marianne im Sortiment.

Am Samstag findet auf dem Place Ste-Cathérine ein **Wochenmarkt** statt.

Sehenswertes

Musée de la Marine, 14600 Honfleur, Quai St-Étienne13, Tel. +33 (0)2 31891412, Öffnungszeiten: April-Ende Sept. Di-So 10-12 und 14-18.30 Uhr, Mitte Feb.-Ende März und Okt.-Mitte Nov. Di-Fr 14.30-17.30 Uhr, Sa, So 10-12 und 14.30-17.30 Uhr, Eintritt: 3,80 €, Sammelticket für alle Museen 9,60 €

Musée d'Ethnographie et d'Art Populaire, 14600 Honfleur, Rue de la Prison, Tel. +33 (0)2 31891412, Öffnungszeiten: April-Ende Sept. täglich (außer Mo) 10-12 und 14-18.30 Uhr, Mitte Feb.-Ende März und 1. Okt.-Mitte Nov. Di-Fr 14.30-17.30 Uhr, Sa und So 10-12 und 14.30-17.30 Uhr, Eintritt: 3,80 €

Clocher Ste-Cathérine (Glockenturm), 14600 Honfleur, Place Ste-Cathérine, Öffnungszeiten: Ostern-Ende Sept. täglich außer Mo 10-12 und 14-19 Uhr, Eintritt: 2,20 €

Église Ste-Cathérine, 14600 Honfleur, Place Ste-Cathérine, Öffnungszeiten: 9-19 Uhr

Musée Eugène Boudin, 14600 Honfleur, Rue de l'Homme de Bois, Tel. +33 (0)2 31895400, Öffnungszeiten: 15. März-30. Sept. täglich (außer Di) 10-12 und 14-18 Uhr, 1. Okt.-14. März Mo-Fr außer Di 14.30-17 Uhr, Sa und So 10-12 und 14.30-17 Uhr, Eintritt: 7 €

Maison Satie, 14600 Honfleur, Boulevard Charles V 67, Tel. +33 (0)2 31891111, Öffnungszeiten: Mi-Mo April-Sept. 10-19 Uhr, Okt.-März 11-18 Uhr, Eintritt: 6 €

Naturospace, 14600 Honfleur, Boulevard Charles V, Tel. +33 (0)2 31817700, Öffnungszeiten: April-Sept. 9.30-13 und 14-18.30 Uhr, Feb., März, Okt., Nov. 9.30-13 und 14-17.30 Uhr, Eintritt: 8,30 €

Essen

L'Absinthe, 14600 Honfleur, Quai Quarantaine 10, Tel. +33 (0)2 31893900. Nobles Restaurant mit experimentierfreudiger Küche, gehobene Preise

La Grenouille, 14600 Honfleur, Quai Quarantaine 16, Tel. +33 (0)2 31890424. Modernes, etwas nüchternes Ambiente, viele Fischgerichte

La Fleur de Sel, 14600 Honfleur, Rue Haute 17, Tel. +33 (0)2 31890192. Modernes Interieur in altem Gemäuer, gute vielseitige Menüs von 29 bis 79 €

Man verlässt den Stellplatz von Honfleur in Richtung Stadtzentrum und richtet sich am Hafenbecken nach den Straßenschildern „Trouville-sur-Mer“ und „Deauville“. Entlang der Côte de Grâce (D513) kommt man auf schmaler Straße (für Fahrzeuge bis 3,5 t) nach Cricquebœuf. Wer ein schwereres Wohnmobil hat, muss einen Umweg über die D579 und die D74 machen, um durchs Landesinnere nach Trouville-sur-Mer zu kommen. Einen Blick auf die Dorfkirche von **Cricquebœuf** können deshalb nur Besucher mit einem Wohnmobil bis 3,5 t werfen. Das malerische Gotteshaus aus dem 12. Jh. wird häufig für Werbezwecke fotografiert und prangt auf einigen Plakaten.

Weiter geht es auf schöner Strecke (D513) über Villerville nach Trouville-sur-Mer. Wer dem hübschen Villerville einen Besuch abstatten möchte, muss das Wohnmobil auf dem Parkplatz am Ortsrand (N49.39858° E0.12652°) abstellen.

▲ *Die Kirche von Cricquebœuf findet man auf vielen Werbepostern für die Normandie*

TROUVILLE-SUR-MER (15 km – km 40)

Parken

Von Trouville-sur-Mer über die Brücke Pont de Belges nach Deauville fahren, dann sofort nach rechts in den Quai de Touques abbiegen. Hier kann man am Straßenrand parken (1 €/30 Min. oder 3,20 €/2 Std., N49.36447° E0.08068°).

Information

Office de Tourisme, 14360 Trouville-sur-Mer, Quai Fernand Moureaux 32, Tel. +33 (0)2 31146070, www.trouvillesurmer.org, Öffnungszeiten: Sept.–Juni Mo–Sa 10–13 und 14–18 Uhr, So 10–13 und 14–16 Uhr, Juli, Aug. Mo–Sa 9.30–19 Uhr, So 10–17 Uhr

Mit Beginn des Zweiten Kaiserreichs 1852 begann auch der Aufschwung der Nachbarstädte Trouville und Deauville zu den **bedeutendsten Badeorten** an der normannischen Küste. Es war vor allem der Herzog von Morny, ein Halbbruder Napoleons III., der die reichen Pariser hierher lockte. Viele Hotels und prachtvolle Villen erzählen aus der Zeit, als es in der Belle Époque als chic galt, seine Ferien in der Normandie zu verbringen. Mit dem Adel und dem reichen Bürgertum zog es auch Künstler hierher. Maler wie Charles Mozin, Paul Huet oder Eugène Boudin stellten an den Uferpromenaden ihre Staffeleien auf.

Das 6500 Einwohner zählende Seebad Trouville-sur-Mer bildet mit seiner mondänen Nachbarin Deauville – lediglich getrennt durch den Fluss Toques – eine Einheit. Ein riesiger, feinsandiger **Strand** lockt im Sommer Heerscharen von Touristen an. Doch auch im zeitigen Frühjahr und späten Herbst ist der Ort gut besucht. Ein beheiztes Frei- und Hallenbad an der Strandpromenade verlängert die Badesaison. Ein beliebter Treffpunkt sind die *planches,* eine aus Holzplanken angelegte Strandpromenade. Ebenso beliebt ist ein Spaziergang am

› Routenatlas S. XII

Buntes Strandleben auch schon im Frühling

Hafenkai des Flusses Toques und am Boulevard Fernand Mouraux entlang. Hier steht auch die 1936 erbaute Fischhalle, in welcher der tägliche **Fischmarkt** stattfindet. Rings um die Fischhalle wird mittwochs und samstags ein großer Markt abgehalten, auf dem alle Köstlichkeiten der Normandie angeboten werden.

Essen

Bistrot des Quatre Chats, 14360 Trouville-sur-Mer, Rue d'Orléans 8, Tel. +33 (0)2 31889494. Traditionelle Bistroküche in typischem Ambiente

Crêperie du Port, 14360 Trouville-sur-Mer, Quai Fernand Moureaux 30, Tel. +33 (0)2 31881860. Große Auswahl an Crêpes und Galettes, auch Raclette und Fondue

DEAUVILLE (2 km – km 42)

Information

Office de Tourisme, 14800 Deauville, Place de la Mairie, Tel. +33 (0)2 31144000, www.deauville.org, Öffnungszeiten: Mo–Sa 10–18 Uhr, So 10–13 und 14–17 Uhr, 12. Juli–8. Sept. Mo–Sa 9–19 Uhr, So 10–18 Uhr

17 Boulevard des sports, Deauville **(s. S. 110)**

Zum Stadtspaziergang verlässt man den Stellplatz hinter den Sportplätzen und geht bis zum Kreisverkehr zurück. Hier wendet man sich nach links und nimmt an der nächsten Kreuzung die Rue Désiré Le Hoc. Immer geradeaus aus an schönen alten Gebäuden mit Boutiquen vorbei erreicht man den **Place Morny.** Er wurde wie der Place de l'Étoile in Paris als Stern angelegt, in den acht Straßen einmünden. Hier findet mittwochs teils im Freien, teils in der offenen Markthalle der Wochenmarkt statt.

Auf der Rue Désiré Le Hoc und später auf der Rue Eugène Colas immer weiter geradeaus erreicht man das im typisch normannischen Fachwerkstil erbaute Rathaus von Deauville. Auf dem Platz vor der

043nrm Abb.: gg

Touristeninformation sollen 12 Glocken den Lebensrhythmus der Stadt veranschaulichen.

Immer weiter auf der Rue E. Colas kommt man am glanzvollen, 1912 erbauten **Hôtel Normandy** vorbei. Hier schlägt das gesellschaftliche Herz von Deauville, hier trifft sich das Publikum von Rang und Namen. Das Hotel ist berühmt dafür, dass es seinen Gästen jeden erdenklichen Wunsch erfüllt. Das alles hat natürlich seinen Preis. Wer will, kann hier auch als Wohnmobilreisender im eleganten, wenn auch nicht gerade günstigen Restaurant einkehren.

Der **Place Yves Saint Laurent** erinnert an den großen Couturier, der hier wie viele seiner Kollegen eine Prêt-à-porter-Boutique hatte. Angefangen hatte damit Coco Chanel, die bereits 1913 einen Laden eröffnete, und auch heute findet man noch Luxusläden mit den neuesten Kreationen.

Im **Kasino** von 1912 stehen neben Roulettetischen auch „einarmige Banditen". Gegenüber dem Kasino erstreckt sich der lange feine Sandstrand von Deauville. Viele Prominente haben hier schon gebadet. Namen wie Elizabeth Taylor, Pierce Brosnan, Rita Hayworth, Roger Moore, Clint Eastwood, Steven Spielberg und die vieler anderer Berühmtheiten des Filmgeschäfts wurden an den Umkleidekabinen am Strand verewigt. Wenn im September in Deauville das **Amerikanische Filmfestival** stattfindet, kommen sie alle hierher und der Glanz von Hollywood erstrahlt für einige Tage in der Normandie. Ein weiterer gesellschaftlicher Höhepunkt ist der **Grand Prix Deauville,** ein Pferderennen im Hippodrom, mit viel prominentem Publikum.

Auf den **planches,** den Planken aus tropischen Hölzern, kann man am Strand entlangschlendern und so den Besuch ausklingen lassen.

Auf der D513 immer an der Küste entlang fährt man über Benerville-sur-Mer und Blonville-sur-Mer nach **Villers-sur-Mer.** Hier gleich am Ortsanfang biegt man nach links in die Avenue Jean Moulin ein, auf ihr kommt man nach ca. 300 m zu den **Marais de Villers,** einem

Moorgebiet. Parken muss man am Straßenrand, da der Parkplatz nur für Fahrzeuge bis 1,90 m Höhe zugelassen ist. In dem schönen, teilweise mit Seerosenteichen angelegten Gelände kann man Spaziergänge unterschiedlicher Länge unternehmen. **Villers-sur-Mer** ist ein elegantes Seebad mit einem langen Sandstrand. In der Saison tummeln sich die Urlaubermassen auf der Uferpromenade.

Hinter Villers-sur-Mer können Fahrzeuge bis 3,5 t in Auberville die Alternativroute über die D163 nach Houlgate nehmen. An dieser liegt der nur bedingt zu empfehlende Campingplatz „Les Falaises". Bei der ungepflegten Sanitäranlage wundert einen die Klassifizierung mit vier Sternen. Fahrzeuge über 3,5 t fahren auf der D513 weiter nach Houlgate.

⑱ ***Camping Municipal, Houlgate (s. S. 110)***

Houlgate ist ein reizendes, kleines Seebad, dessen Grandhotel und schöne alte Villen an der Uferpromenade von der Belle Époque erzählen. Besonders schöne Exemplare stehen an der Rue Henri-Dobert und an der Rue des Bains. Ein langer, feiner Sandstrand lädt zum Baden oder Faulenzen ein.

Über Dives-sur-Mer, mit einer sehr gut erhaltenen Markthalle aus Eichenholz (14. Jh.), erreicht man Cabourg.

CABOURG (19 km – km 61)

Information/Parken

Office de Tourisme, 14390 Cabourg, Jardin de l'Hôtel de Ville, N49.28766° W0.11711°, Tel. +33 (0)2 31062000, www.cabourg.net, Öffnungszeiten: Mo–Sa 10–12.30 und 14–17.30 Uhr, So 10–12 und 14–16 Uhr, Nov.-März Di nur 14–17.30 Uhr, Juli–Aug. tgl. 9.30–19 Uhr. Im angrenzenden Park steht WLAN für 30 Min. kostenlos zur Verfügung

⑲ ***Aire de Camping Cars, Cabourg (s. S. 111)***

Cabourg ist ebenfalls ein Seebad, das vom Charme vergangener Zeiten lebt. Der depressive Literat Marcel Proust verbrachte hier Ende des 19. Jh. viele Tage in der heilsamen Meeresluft und hier entstand auch der Band „Im Schatten junger Mädchenblüte" seines siebenbändigen Hauptwerkes „Auf der Suche nach der verlorenen Zeit", in dem der fiktive Ort Balbec sogar starke Züge von Cabourg trägt.

044nrm Abb.: gg

▶ *Ein Beispiel aus der charmanten Belle Époque*

Wenn man vom Parkplatz bei der Touristeninformation die Avenue de la Mer, die Haupteinkaufsstraße, geradeaus geht, kommt man zum großen Platz vor dem **Kasino.** Sternförmig treffen hier die Straßen zusammen und der Park ist prächtig mit Blumen bepflanzt. Das ehemalige **Grand Hôtel** neben dem Kasino wurde inzwischen in Eigentumswohnungen umgewandelt. Dahinter führt die 2 km lange Promenade Marcel Proust stilvoll an den Villen der Belle Époque vorbei, immer mit schönem Ausblick auf das Meer und den langen Sandstrand. Auf der D514 erreicht man dann bald das Seebad **Merville-Franceville-Plage,** wo man einen Stellplatz direkt am Dünenstrand findet.

Information

Office de Tourisme, 14810 Merville-Franceville-Plage, Place de la Plage, Tel. +33 (0)2 31241749, Öffnungszeiten: Mo–Sa 10–12.30 und 15–17.30 Uhr, So (außer Nov. und Feb.) 10–12.30 Uhr, Juli, August täglich 10–18.30 Uhr. Hier ist für 5 € ein Wanderführer mit 12 Touren in die Umgebung in deutscher Sprache erhältlich.

In Merville-Franceville-Plage erinnert das Freilichtmuseum **Musée des Batteries de Merville** an den 6. Juni 1944, als britische Fallschirmjäger an der befestigten Küste von Merville landeten und sich ein erbittertes Gefecht mit den deutschen Truppen lieferten, bei dem es auf beiden Seiten hohe Verluste gab. In einem, in seinen Originalzustand zurückversetzten Bunker können Interessierte dank ausgeklügelter Licht- und Tontechnik sowie dem Einsatz von Geruchsdiffusoren die Landung der britischen Truppen nachempfinden. In einem zweiten Bunker ist eine Gedenkstätte für die gefallenen Soldaten untergebracht.

Sehenswertes

Musée des Batteries de Merville, 14810 Merville-Franceville-Plage, N49.27048° W0.19630°, Öffnungszeiten: 15. März–15. Nov. 9.30–18.30 Uhr, 16. Okt.–15. Nov. 9.30–17.30 Uhr, Eintritt 6 €

Über die D514 sind es 3,5 km nach **Sallenelles.** Der Ort hat ein anderes Erscheinungsbild als die Dörfer auf der bisherigen Route: Steinhäuser lösen die Fachwerkhäuser ab. Im Zentrum, genau diagonal gegenüber der *boulangerie* (Bäckerei), ist ein kleines Atelier untergebracht. Hier werden detailgenaue Kostüme aus dem Mittelalter hergestellt. Eine wahre Fundgrube für Mittelalterfans. Man kann den Schneiderinnen bei der Arbeit zusehen und sogar Kostüme anziehen und sich damit fotografieren lassen. Am Ende der Straße, beim Restaurant de la Baie, beginnen schöne Wanderungen nach Merville-Franceville-Plage (45 Min.) und Ranville (55 Min.).

Essen

Café Restaurant de la Baie, 14121 Sallenelles, Boulevard Marittim, Tel. +33 (0)2 31780045. Einfaches Restaurant mit einer großen Auswahl an Muschelgerichten und schöner Terrasse

Essen

Le Beau Site, 14390 Cabourg, Avenue Foch, Tel. +33 (0)2 31244288. Sehr gute Fischgerichte, im Sommer auch auf der Terrasse

Ver- und Entsorgung

N49.27778° W0.13469°
Bei der Carrefour-Tankstelle, kostenlos

Essen

Chez Marion, 14810 Merville-Franceville-Plage, Place de la Plage 10, Tel. +33 (0)2 31242339. Menüs von 27 bis 45 €, gute Küche

⑳ 20 Dünenstrand, Merville-Franceville (s. S. 111)

Sehenswertes

La Maison de la Nature, an der D514 hinter Sallenelles Richtung Bénouville, N49.26258° W0.23634° Bei einem lehrreichen interaktiven Besuch erfährt man viel über die Natur im Mündungsbereich der Orne. Öffnungszeiten: Okt.–Apr. Di–So 14–18 Uhr, Mai, Juni, Sept. Di–So 10–12.30 und 14–18 Uhr, Juli, Aug. 10–18.30 Uhr, Eintritt: 2 €

㉑ Orne-Mündung, Sallenelles (s. S. 111)

045nrm Abb.: gg

Einkaufen

Le Petit Atelier, 14121 Sallenelles, Rue André Pierre Marie 5, Tel. +33 (0)6 73473318, damedumarais.@ orange.fr. Dominique hat eine wunderbare Auswahl von mittelalterlichen Gewändern für Damen, Herren und Kinder im Angebot.

Zur Weiterfahrt biegt man im Ortszentrum von Sallenelles nach links in Richtung Amfreville (D37b) ab. Man fährt durch Amfreville hindurch und erreicht den kleinen Ort **Bréville-les-Monts** mit einem guten Stellplatz für Wohnmobile. Hier in der Gegend bemüht man sich sehr um den Wohnmobiltouristen und hat einige Stellplätze mit Ver- und Entsorgung angelegt.

(22) Rue des Dentellières, Bréville-les-Monts (s. S. 111)

Hinter Bréville fährt man auf der D223 bis nach Ranville. **Ranville** war der erste Ort in Frankreich, den die Alliierten von der deutschen Besatzung befreiten. Am 6. Juni 1944 nahmen britische Fallschirmjäger um 2.30 Uhr den Ort ein. Erschütternd ist der Besuch des Soldatenfriedhofes bei der Kirche (Place Général Sir Richard Gale). Unzählige Gräberreihen lassen die ganze Tragweite dieses Krieges nur erahnen. Junge Männer, meist zwischen 19 und 30 Jahre alt, haben hier ihr Leben gelassen. Auch deutsche Soldaten wurden hier beerdigt, doch sind selbst im Tod Freund und Feind in verschiedenen Abteilungen und mit unterschiedlichen Grabsteinen optisch getrennt.

(23) Zentrum, Hérouvillette (s. S. 112)

Auf der D37 erreicht man in rascher Fahrt den Ort **Hérouvillette** mit einem sehr schönen Wohnmobilstellplatz. An einem kleinen Bach und einem Park wurden mit Grasflächen und Hecken vier Stellplätze angelegt. Sofern man sich in Merville-Franceville-Plage in der Touristeninformation den Wanderführer gekauft hat (s. S. 91), kann man von hier aus Wanderungen unternehmen. Im Ort Hérouvillette gibt es eine gute Bäckerei und einen gut sortierten Laden.

Zur Weiterfahrt fährt man vom Stellplatz nach rechts und beim Tabakwarenladen nach links Richtung der Kleinstadt **Troarn** (D37), die man durch Agrarland fahrend rasch erreicht.

Ver- und Entsorgung

Im zweiten Kreisverkehr nach dem Ortsschild von Troarn nach rechts in Richtung A13 bis zum Ortsende fahren, hier nach links zum Supermarkt Super U abbiegen. Bei der Tankstelle gibt es eine Ver- und Entsorgungsstelle für Wohnmobile (N49.178996° W0.19069°), 2 €/10 Min. Wasser oder 60 Min. Strom

Wer nicht entsorgen muss, fährt am Kreisverkehr auf die D675 durchs nette Ortszentrum von Troarn. Hier zweigt die D78 nach Beuvron-en-Auge ab. Auf ihr kommt man auch zur Sehenswürdigkeit von Troarn: der **Abbaye St-Martin** (ausgeschildert). Gegründet wurde sie von Roger II. de Montgomerie 1059. Heute steht noch das mächtige

▲ *Maßgeschneidertes Mittelalter in Sallenelles*

Kirchenschiff, es kann allerdings innen nicht besichtigt werden. Auf der D78 und ab Le Ham auf der D80 und später D49 kommt man durch schöne normannische Landschaft nach Beuvron-en-Auge.

BEUVRON-EN-AUGE (17 km - km 78)

Information

Office de Tourisme, 14430 Beuvron en-Auge, Mairie, Tel. +33 (0)2 31395914, www.beuvroncambremer.com, Öffnungszeiten: Nov.-Feb. Mo-Sa 10-13 und 14-17 Uhr, März, Apr., Juni, Sept., Okt. Mo-Sa 10-13 und 14-18 Uhr, Mai, Juli, Aug. Mo-Sa 10-13 und 14-19 Uhr, So 10-13 und 14-17 Uhr

Jeder, der schon einmal hier war, kommt ins Schwärmen ob des authentischen Bildes, das das kleine Dorf bietet. Wunderschöne Fachwerkhäuser und eine große Markthalle zieren den liebevoll renovierten Hauptplatz. Viele Lokale, Läden mit allerlei Krimskrams und ein schöner Wohnmobilstellplatz sorgen für das Wohlbefinden des Gastes. **Teurgoule** ist die Spezialität von Beuvron und des ganzen Pays d'Auge. Dazu wird Milch mit Reis und reichlich Zimt drei Stunden gekocht und anschließend mit *falues,* einem Hefegebäck, gegessen - schmeckt köstlich, ist aber auch eine wahre Kalorienbombe. Beim Bäcker in Beuvron gibt es *teurgoule* und *falues* zu kaufen und natürlich bieten die Restaurants *teurgoule* als Dessert an.

24 Alter Bahnhof, Beuvron-en-Auge (s. S. 112)

Essen

Le Pavé de Auge, 14430 Beuvron-en-Auge, Le Bourg, in der alten Markthalle, Tel. +33 (0)2 31792671. In dem gehobenen Restaurant gibt es sehr gute Menüs um 45 und 68 €, Mo und Di ist geschlossen.

La Forge, 14430 Beuvron-en-Auge, Le Bourg, Tel. +33 (0)2 31792974. In der ehemaligen Schmiede wird schmackhaft gekocht, Menüs kosten von 18 bis 35 €.

Einkaufen

Boulangerie, 14430 Beuvron-en-Auge, Le Bourg 4. Hier gibt es außer anderen Köstlichkeiten ab 14 Uhr *teurgoule* und *falues.* Die hier gekauften Esswaren können im Café du Coiffeur verzehrt werden, sofern man ein Getränk bestellt.

Einkaufen

Le Beuvronnais, 14430 Beuvron-en-Auge, Le Bourg 3, Tel. +33 (0)2 31265398. Regionale Produkte wie Cidre, Calvados, Pommeau, Marmelade und Käse

Rezept für Teurgoule

1 l Milch
120 g Zucker
120 g Rundkornreis
2 Prisen Zimt

Zucker, Zimt und Reis in einer feuerfesten Tonschüssel verrühren und die kochende Milch dazugeben. Fünf bis sechs Stunden bei 100 °C im Backofen quellen lassen. Guten Appetit!

ABSTECHER ZUR KAPELLE VON CLERMONT

(hin und zurück 9 km)

Kleine bis mittlere Wohnmobile können noch diesen Abstecher mit wunderbarer Ausssicht auf die **Chapelle de Clermont** machen. Vom Stellplatz fährt man zunächst über den Parkplatz in Richtung „Toutes directions“, überquert die D49 und folgt den Straßenschildern nach Les-Forges-Clermont (D146). Kurz vor dem Ortsschild biegt man scharf links zur Kapelle ab (Beschilderung auch „Panorama“). Vorsicht: Für Fahrzeuge mit geringer Bodenfreiheit besteht die Gefahr des Aufsetzens, deshalb sollten diese bis zur nächsten Kreuzung weiterfahren und dort umdrehen. Jetzt ist es noch ca. 1 km bis zum kleinen Parkplatz der Chapelle de Clermont (N49.20594° W0.02910°). Nach 150 m Fußweg kann man bei der einsamen Kapelle aus dem 12. Jh. die umfassende Aussicht auf das Pays d'Auge genießen.

Um zur ursprünglichen Route zu kommen, muss man bis zur Abzweigung bei der D49 zurückfahren, sich dort links halten und nach 1,1 km rechts auf die D117/85 abbiegen. Über Rumesnil ist mit **Cambremer** bald das nächste Ziel erreicht.

Bei Cambremer handelt es sich um ein nettes kleines Dorf mit einem schönen Hauptplatz, aber dies allein wäre noch kein Grund, um hierherzufahren. Am Ortsrand in Richtung Caen liegt aber das Gut des Calvados- und Cidre-Produzenten Pierre Huet und damit der Hauptgrund für einen Besuch in Cambremer. Schon allein das Gutshaus (Manoir la Brière des Fontaines) ist hübsch anzusehen und beim Probieren der Produkte kommt man ins Schwärmen. Die schon des Öfteren mit einer Goldmedaille ausgezeichneten Cidres, Poirés, Pommeaux, Calvados und verschiedene Calvadosliköre kann man im neuen Laden verkosten und natürlich auch kaufen. Das Gut, seit fünf Generationen in Familienbesitz, verarbeitet jährlich an die 600 t Äpfel zu weit über 100.000 Flaschen Cidre, 30.000 Flaschen Pommeau und 40.000 Flaschen Calvados. Bei einem Rundgang durch den Keller erfährt man alles über die Cidre- und Calvadosproduktion.

Von Anfang April bis Mitte November sind die **Jardins du Pays d'Auge** geöffnet, typische Gärten der Region, angelegt in einem 3 ha großen Park rund um einen Bauernhof aus dem 17. Jh. Gelungen und fantasiereich gestaltet sind vor allem Sonnengarten, Mondgarten u.v.a.m.

Information

Office de Tourisme, 14340 Cambremer, Place d'Église 16, Öffnungszeiten: April–Juni, Sept. Mi–Sa 10–12.30 u. 14.30–18 Uhr, Juli, Aug. Mo–Sa 9.30–13 u. 14–18 Uhr, So 10–13 Uhr, Okt.–März Fr 10–12.30 u. 14.30–18 Uhr, Sa 10–12.30 Uhr

25 Place L'Europe, Cambremer (s. S. 112)

▼ *Blütenzauber im Pays d'Auge*

046nrm Abb.: gg

Sehenswertes

Jardins du Pays d'Auge, 14340 Cambremer, an der D101, Tel. +33 (0)2 31630181, Öffnungszeiten: Anfang Apr.–Sept. 10–18.30 Uhr, Okt.–15. Nov. Mo–Sa 10–17 Uhr, Eintritt: 7,60 €

Essen

Au P'tit Normand, 14340 Cambremer, Place d'Église 5, Tel. +33 (0)2 31320320. Einfaches Lokal mit gutem Preis-Leistungs-Verhältnis

Einkaufen

Calvados Pierre Huet, 14340 Cambremer, Manoir la Brière des Fontaines, N49.14770° E0.04782°, Tel. +33 (0)2 31630109, www.calvados-huet.com, Öffnungszeiten: Mo–Sa 9–12.30 und 14–18 Uhr, So 10–13 und 15–18 Uhr, geführte Touren Apr.–Sept. 10, 11, 14.30, 15.30, 17 Uhr, Okt.–März Mo–Sa 11 und 15 Uhr

047nrm Abb.: gg

▲ Im Land des Calvados

Calvados, Cidre, Pommeau und Poiré

Blühende Apfelbäume gehören zum klassischen Bild der Normandie, genauso wie der daraus gewonnene Cidre oder der Calvados. Schon im Mittelalter kannte man den Cidre, damals wurden die Äpfel in Granitmühlen gemahlen. Die so entstandene Maische wurde zwischen Roggenstroh in Holzpressen ausgequetscht. In Eichenfässer reifte der Apfelmost in luftigen, kühlen Kellern zum köstlichen Getränk heran. Heute wird Cidre zwar meist fabrikmäßig hergestellt, aber es gibt sie noch häufig, die Bauernhöfe, die ihren eigenen Cidre produzieren und ihn direkt vermarkten. Man unterscheidet wie beim Wein nach Farbe, Geruch und Geschmack, der von feinherb bis süßlich variiert. Eine Tonne reifer Äpfel ergibt ca. 700 l Apfelmost, der den Winter über in Fässern zum Cidre reift. Je nach Süßegrad hat das Getränk 2,5 bis 5 Vol.-% Alkohol. Zu kaufen gibt es Cidre als „brut" (trocken) oder als „doux" (lieblich), getrunken werden sollte er aber auf jeden Fall kalt. Poiré wird auf die gleiche Weise hergestellt wie Cidre, allerdings aus Birnen statt aus Äpfeln, und ist vom Geschmack her lieblicher. Calvados hat einen Alkoholgehalt von 40 bis 45 Vol.-% und wird aus Cidre hergestellt. Dieser wird zweimal destilliert und reift sechs bis fünfzehn Jahre in Eichenfässern heran. Hier gilt: Je älter, desto feiner und samtiger ist der Geschmack. Die Farbe wandelt sich von bernsteinfarben bis cognacbraun. Calvados wird sehr gerne als Digestif, das heißt zwischen den einzelnen Gängen oder nach dem Essen gereicht. Übrigens dürfen sich nur Cidrebrände aus der Normandie Calvados nennen. Pommeau ist ein hervorragender Aperitif. Bestehend aus zwei Teilen Apfelsaft und einem Teil Calvados hat er zwischen 16 und 18 Vol.-%. Er wird kalt und mit einem Stück getrocknetem Apfel serviert.

› Routenatlas S. XII

Über St-Laurent-du-Mont (D101) geht die Fahrt nach **Crèvecœur-en-Auge.** Der Ort selbst ist sehr stark durch Lastwagenverkehr beeinträchtigt – vielleicht kommt daher der Name, der übersetzt „Herzeleid" heißt. Etwas außerhalb in Richtung Caen (D613) liegt die malerische **Wasserburg (Château de Crèvecœur-en-Auge)** aus dem 11. Jh. Schon das Pförtnerhaus mit seinem schachbrettartigen Mauerwerk und den spitzen Türmchen zieht die Objektive der Kameras auf sich. Das Taubenhaus mit Platz für 15.000 Tauben ist typisch für die Normandie. Im Herrenhaus und in der Scheune ist das **Musée Schlumberger** untergebracht. Hier werden Gerätschaften der Elsässer Ingenieure Marcel und Conrad Schlumberger gezeigt, die ein Verfahren zur geoelektrischen Lagerstättenerkundung entwickelt haben. 1927 nahmen die beiden Erfinder die erste elektrische Bohrlochvermessung vor. Ebenfalls Teil der Schlossbesichtigung ist der Schaubauernhof mit einer Ausstellung zum normannischen Fachwerk und einem Obstgarten mit normannischen Apfelsorten.

Nach der Schlossbesichtigung fährt man zurück bis Crèvecœur-en-Auge und dort weiter auf der D613 bis Lisieux.

Sehenswertes

Château de Crèvecœur-en-Auge, Tel. +33 (0) 2 31630245, Öffnungszeiten: Ende März–Sept. 11–18 Uhr, Juli, Aug. 11–19 Uhr, Okt. So 14–18 Uhr, Eintritt: 7 €

LISIEUX (33 km – km 111)

Information

Office de Tourisme, 14106 Lisieux, Rue d'Alençon 11, Tel. +33 (0)2 31481810, www.lisieux-tourisme.com, Öffnungszeiten: Okt.–Mitte Juni Mo–Sa 8.30–12 und 13.30–18 Uhr, Mitte Juni–Sept. Mo–Sa 8.30–18.30, So 10–12.30 u. 14–17 Uhr

Parken

N49.14134° E0.23407°

Parkplatz gegenüber der Basilika, ziemlich abschüssig. Anfahrt: Durch das Zentrum von Lisieux hindurch und dann Richtung Évreux/A28 bis zur Basilika. Gutes Trinkwasser aus einem Brunnen am Platz. Hier kann man auch übernachten.

Lisieux ist das Zentrum des Pays d'Auge. Trotz schwerer Kriegschäden findet man hier noch steinerne Zeugen aus der Vergangenheit. Im Mittelalter wurde die Stadt von mächtigen Bischöfen verwaltet, die sie zu einer der blühendsten der Normandie machten. Nach der Französischen Revolution verlor Lisieux sowohl seine religiöse als auch seine wirtschaftliche Bedeutung. Dank der von Papst Pius II. heiliggesprochenen Karmeliternonne Thérèse wurde die Stadt im 20. Jh. zu einer der bedeutendsten Wallfahrtsstätten Frankreichs.

Eine Stadtbesichtigung führt vom Parkplatz bei der Basilika aus zuerst zur **Basilique Sainte-Thérèse.** Der Bau, der 1928 begonnen und 1957 eingeweiht wurde, zählt zu den weltweit größten, im 20. Jh. gebauten Gotteshäusern. Die Kuppel hat eine Höhe von 95 m. Das Kirchenschiff ist über und über mit Mosaiken geschmückt, die die Botschaft der heiligen Thérèse versinnbildlichen. Im rechten Querschiff ist ihr rechter Arm als Reliquie aufbewahrt. Wer sich mit dem Leben und Wirken der Heiligen beschäftigen will, dem sei das Diorama bei der Basilika empfohlen. In der Krypta sind die Reliquien der seliggesprochenen Eltern von Thérèse in einem golden Schrein bestattet.

Ver- und Entsorgung

Gegenüber der Touristeninformation, wo es die Jetons gibt (N49.14258° E0.22753°), Rue M. Germain, 2 €/100 l Wasser oder 60 Min. Strom

Über die Avenue Sainte-Thérèse kommt man in Richtung Innenstadt. Am ersten großen Kreisverkehr führt linker Hand die Rue du

048nrm Abb.: gg

Carmel zum **Karmeliterinnenkloster,** dem die Heilige angehörte, und hier in der Kapelle liegen ihre sterblichen Überreste in einem prunkvollen Schrein aus Glas und Edelhölzern.

▲ *Die Basilique Sainte-Thérèse wurde zu Ehren der heiligen Thérèse in Lisieux errichtet*

Vom Carmel geht es an der Touristeninformation vorbei bis zum Boulevard Sainte-Anne. Man überquert ihn und erreicht über die Fußgängerzone (Rue Pont Mortain) die **Cathédrale Saint-Pierre,** die im 12. Jh. im normannisch-gotischen Stil erbaut wurde und bis zur Französischen Revolution Bischofssitz war. Bunte Fenster sucht man

Die heilige Thérèse von Lisieux

Thérèse wurde am 2. Januar 1873 als jüngste Tochter der zutiefst religiösen Familie Martin in Alençon geboren. Als sie viereinhalb Jahre alt war, starb ihre Mutter – für Thérèse ein schwerer Schlag, über den sie Zeit ihres Lebens nicht hinweg kam. Nach dem Umzug nach Lisieux traten ihre beiden ältesten Schwestern, die bis jetzt bei Thérèse Mutterstelle eingenommen hatten, ins Kloster ein. Die überdurchschnittlich intelligente Thérèse wollte ebenfalls dem Karmeliterorden beitreten, was ihr dank ihres Durchsetzungsvermögens 1888 auch gelang. Ihre weiteren neun Lebensjahre verbrachte sie ganz Gott geweiht im Kloster, bis sie 1897 im Alter von nur 24 Jahren an Tuberkulose starb. Weltweit bekannt wurde sie durch die von ihr verfasste Autobiografie „Geschichte einer Seele“. 1923 wurde Thérèse seliggesprochen und 1925 folgte die Heiligsprechung durch Papst Pius XI.

› Routenatlas S. XII

Lisieux

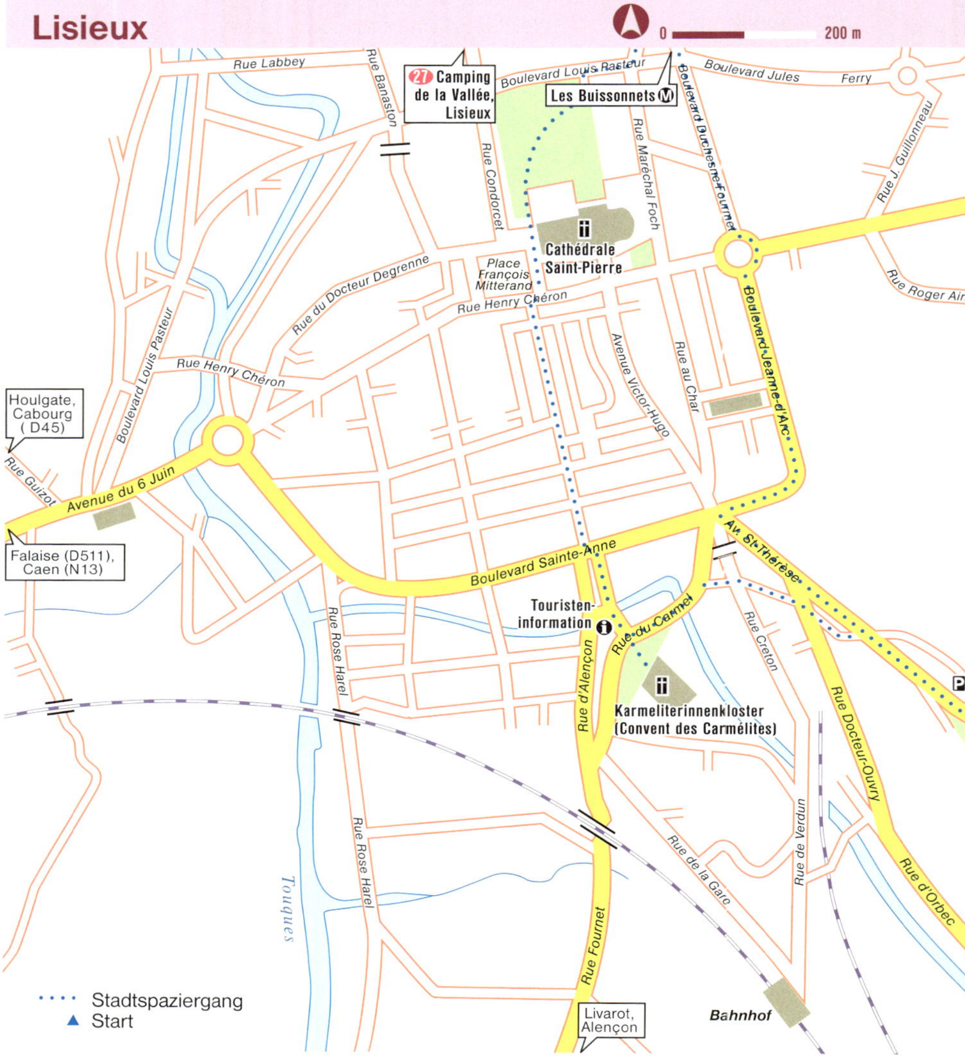

in dem erhabenen Kirchschiff vergebens. Sie wurden im 17. Jh. durch einfaches Fensterglas ausgetauscht, damit der Kirchenraum heller erscheint. Der Hauptaltar der Beichtkirche der heiligen Thérèse wurde 1888 von ihrem Vater gestiftet.

26 ***Bowling, Lisieux (s. S. 113)***

27 ***Camping de la Vallée, Lisieux (s. S. 113)***

Hinter der Kirche gelangt man in den in der Anordnung typischen französischen **Jardin de L'Évêché.** Ihn diagonal durchquerend stößt man auf den Boulevard Duchesne Fournet. Auf ihm stadtauswärts und dann nach rechts in den Chemin les Buissonnets, auf dem es nur wenige Schritte zum **Les Buissonnets** sind. Hier lebte Thérèse von

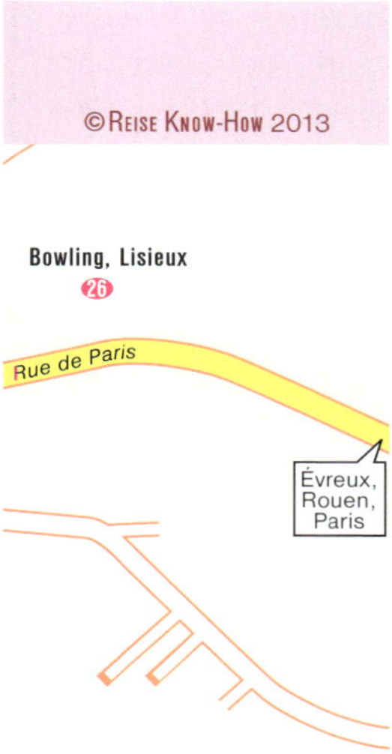

ihrem vierten Lebensjahr bis zu ihrem Eintritt ins Kloster. Bei einer Besichtigung sieht man Möbel und Gegestände aus dem Besitz der Heiligen. Über den Boulevard Duchesne Fournet und den Boulevard Jeanne d'Arc stadteinwärts, erreicht man die Avenue Sainte-Thérèse, die einen zum Parkplatz zurückführt.

Sehenswertes

Basilique und Krypta, 14106 Lisieux, Avenue Jean XXIII, Öffnungszeiten: 9–18 Uhr, Juli, Aug. 9–19 Uhr
Diorama Museé de Cire, in der Basilique, Öffnungszeiten: Ostern–Okt. 11–13 und 14–18 Uhr, Nov.–Ostern 14–17 Uhr, Jan. geschl., Eintritt: 3 €
Les Buissonnets, 14106 Lisieux, Chemin les Buissonnets, Öffnungszeiten: Palmsonntag–Anfang Oktober 9–12 u. 14–18 Uhr, Okt., Feb., März 10–12 u. 14–17 Uhr, Nov.–Jan. 10–12 u. 14–16 Uhr; Eintritt: frei

Sehenswertes

Cathédrale St-Pierre, 14106 Lisieux, Place François Mitterrand, Öffnungszeiten: 9.30–18.30 Uhr
Carmel, 14106 Lisieux, Rue de Carmel 37, Öffnungszeiten: 7.20–19 Uhr, Eintritt: frei

ABSTECHER NACH PONT-L'ÉVÊQUE

(hin und zurück 36 km)

28 *Le Lieu Chéri, Quilly Le Vicomte (s. S. 113)*

Man verlässt Lisieux auf der D48 Richtung Coquainvilliers/Pont-l'Évêque. Dieser Abstecher ist besonders im Frühjahr während der Apfelblüte empfehlenswert. Links und rechts der Straße blühen die Bäume, aus deren Früchten Cidre und Calvados entstehen. Auf den üppigen Wiesen grasen Schafe und die hellen Rinder der Normandie und immer wieder schaut der Kirchturm eines kleinen Dorfes aus dem satten Grün. In **Coquainvilliers** (D270 Richtung Manerbe) muss man unbedingt die **Destillerie Boulard** besichtigen. Sehr professionell wird hier dem Interessierten die Produktion von Calvados nähergebracht und am Ende der Führung kann man, in lustigen Holzfässern sitzend, probieren und die erlesenen Destillate auch kaufen. Ausgezeichnet schmecken auch Kaffee mit Crème de Calvados und der frische Apfelsaft aus der Region.

Weiter schlängelt sich die Straße (D48) durch das schöne Pays d'Auge an einem See mit Freizeiteinrichtungen und an einer Quad-Geländestrecke für jedermann vorbei bis zur Abzweigung nach **St-Hymer** (D101). Hier sollten alle abbiegen, auch diejenigen, die kein Wohnmobil dieser Marke besitzen, denn in St-Hymer gibt es das außerordentlich gute Restaurant **Auberge du Prieuré.** Hier im gemütlichen Ambiente der Gaststube, bei kühlem Wetter am knisternden Kaminfeuer, kann man ausgezeichnet speisen. Spezialitäten des Hauses sind Leberpastete und Apfel-Tartes. Wer hier isst, kann auf dem großen Parkplatz (N49.25399° E0.17323°) mit einem Womo bis 3,5 t auch übernachten. Wie wäre es mit einer Wanderung (8 km) oder einer Fahrradtour (33 km)? Beide Touren sind vom Parkplatz aus ausgezeichnet.

049nrm Abb.: gg

▲ *Speisen in schönem, rustikalem Ambiente*

Essen

Auberge du Prieuré, 14130 St-Hymer, Tel. +33 (0)2 31640782. Sehr schönes Ambiente und vorzügliche Küche

Einkaufen

Calvados Boulard, 14130 Coquainvilliers, N49.2002° E0.20871°, Tel. +33 (0)2 31626054, www.calvados-boulard.com, Öffnungszeiten: Apr.-Juni, Sept./Okt. 10-12.30 und 14-18 Uhr, Juli, Aug. 10-12.30 und 13.30-18.30 Uhr, Nov.-März Mo-Fr 10-12.30 und 14-17.30 Uhr

Man fährt wieder zurück bis zur D48 und hat auf ihr bald **Pont-l'Évêque** erreicht.

Pont-l'Évêque hat sich mit dem Käse, der hier seit dem 13. Jh. hergestellt wird, weltweit einen Namen gemacht. Die Kleinstadt an der Toques wurde im Zweiten Weltkrieg stark in Mitleidenschaft gezogen, sodass nur noch wenige alte Gebäude zu sehen sind. Trotzdem lohnt sich ein Besuch des lebhaften freundlichen Städtchens. Mitten im Zentrum steht die spätgotische **Église St-Michel,** flankiert von einem wuchtigen Viereckturm. Das Geburtshaus des Bühnenautors Robert de Flers dient heute als Rathaus. In der Rue de Vaucelles findet man den Gasthof **Aigle d'Or** („goldener Adler"). Das wunderschöne Fachwerkhaus war vom 16. bis zum Ende des 19. Jh. Postkutschenstation. In seiner Nachbarschaft stehen noch einige weitere sehenswerte alte Fachwerkhäuser.

Parken

Auf dem Parkplatz Place Foch (N49.28611° E0.18665°) in der Avenue de Verdun kann man gleich bei der Touristeninformation parken, allerdings nicht übernachten

29 Camping du Stade, Pont-l'Évêque (s. S. 113)

Information

Office de Tourisme, 14130 Pont-l'Évêque, Place Foch, Tel. +33 (0)2 31641277, www.blangy-pontleveque.com, Öffnungszeiten: Mo-Sa 10-12.30 und 14-18 Uhr, Juni-Aug. auch So 10-13 Uhr

Essen

Auberge des Dominicaines, 14130 Pont-l'Évêque, Rue Saint-Michel 63, Tel. +33(0) 231641096. Im schönen Fachwerkhaus kann man sehr gut essen, im Sommer auch auf der Terrasse. Do Ruhetag

Zur Rückfahrt nach Lisieux kann man entweder dieselbe Straße wie bei der Hinfahrt oder die wesentlich schnellere D579 nehmen.

Man verlässt Lisieux nun auf der D579 in Richtung Vimoutiers. Ca. 1 km nachdem man die Schnellstraße D613 überquert hat, kann man nach rechts zum Hofgut **Domaine de Saint-Hippolyte** abbiegen. Auf dem riesigen Gut ist alles bestens organisiert. Führungen, Verkauf, Probierstube – alles liegt in bewährten Händen und verläuft sehr professionell. Käserei, Brotbackofen, die Gärten, die Ställe, die Apfelplantagen und das Taubenhaus können im Rahmen einer geführten Tour besichtigt werden. Nach der Verkostung könen die Produkte im Laden erstanden werden.

Einkaufen

Domaine de Saint-Hippolyte, 14100 St-Martin-de-la-Lieue, N49.12085° E0.21744°, Tel. +33 (0)2 31313068, Öffnungszeiten: geführte Touren April–Sept. Mi–Sa 10, 15, 17, 18 Uhr, Juli, Aug. Mo–Sa 10–18 Uhr, Führung: 5,90 €

Weiter auf der D579 geht es durch St-Martin-de-la-Lieue hindurch und gleich danach biegt man links auf die D268 zum **Château de Saint-Germain-de-Livet** ab, das malerisch von der Douves, einem Nebenfluss der Toques, umflossen daliegt. Zwei Gebäudeteile bestimmen das Anwesen: ein Herrenhaus (Manoir) in Fachwerkbauweise aus dem 15. Jh. und der Schlossbau aus glasierten Ziegel- und Natursteinen aus dem 16. Jh. Sein Eingang wird von zwei eleganten schlanken Türmen flankiert. Den Innenhof schmückt eine prächtige

Sehenswertes

Château de Saint-Germain-de-Livet, N49.08953° E0.21578°, Öffnungszeiten: geführte Touren Mitte Nov.–März Sa, So 14, 15, 16, 17 Uhr, Apr.–Juni und Sept.–Mitte Nov. Di–So 11, 12, 14, 15, 16, 17 Uhr, Juli–Aug. tgl. 10–18 Uhr stündlich, Eintritt: 7 €, nur Park 2 €

▼ *Das Château de Saint-Germain-de-Livet wartet mit einer interessanten Fassade auf*

› Routenatlas S. XII

Renaissancegalerie. Im Saal der Wachen sieht man Fresken aus dem 16. Jh. Das Speisezimmer mit seinem mächtigen Kamin ist mit wertvollen Empiremöbeln eingerichtet. Salons im Louis-quinze-Stil und eine Gemäldegalerie können ebenfalls besichtigt werden.

Nach der Besichtigung muss man wieder zurück nach St-Martin-de-la-Lieue fahren und dort im Kreisverkehr auf die D64 Richtung Fervaques wechseln. Durch die typische Landschaft dieser Gegend, mit Hecken eingefasste Wiesen und Felder, ist man nach 10 km im hübschen **Fervaques.** Das kleine Städtchen hat das repräsentative Château Le Kinnor, in dem schon der berühmte Chateaubriand weilte. (Genau! Der mit dem allseits bekannten Steak.) Durch die Außenanlagen mit den ältesten orientalischen Platanen Frankreichs kann man für 6 € Gebühr spazieren. Am Hauptplatz stehen einige reizvolle Fachwerkhäuser. Etwas außerhalb gibt es einen Bauernhof mit Direktvermarktung von Molkereiprodukten.

Die folgende Strecke bis Notre-Dame-de-Courson ist besonders während der Apfelblüte ausgesprochen reizvoll. In Notre-Dame-de-Courson wurde ein sehr schöner Stellplatz mit einer vorbildlichen Ver- und Entsorgung, die die 2 € Gebühr unbedingt wert ist, angelegt. Nun verlässt man die D64 und fährt auf der D4 noch 8 km bis **Livarot,** das ebenfalls eine „Käsestadt" ist. Zwar ist der Livarot nicht so bekannt wie der Camembert, aber er ist mindestens genauso lecker. In **Le Village Fromager** wird bei einer Führung und anschließender Verkostung der würzige Weichkäse mit Rotschmiere dem Besucher nahe gebracht. Charakteristisch für den Livarot ist, dass er mit Riedgrashalmen umwickelt ist.

Einkaufen

Didier Lallier, 14140 Fervaques, N49.03537° E0.25591°, Tel. +33 (0)2 31323123, von der D64 gleich nach dem Ortsendeschild nach links abbiegen (Hinweisschild „produits du terroir"). Käse, Butter, Milch direkt ab Hof

30 Aire Camping Cars, Notre-Dame De Courson (s. S. 113)

31 Aire Camping Cars, Préaux-Saint-Sébastien (s. S. 113)

Einkaufen

Le Village Fromager Eugène Graindorge, 14140 Livarot, Rue du Général Leclerc 42, N49.0008° E0.151577°, Tel. +33 (0)2 31482010, www.graindorge.fr, Öffnungszeiten: Nov.–März Mo–Fr 10–12 und 14.30–17.30 Uhr, Sa 10–13 Uhr, Apr.–Juni und Sept.–Okt. Mo–Sa 9.30–13 und 14–17.30 Uhr, Juli, Aug. Mo–Sa 9.30–17.30 Uhr, So 10.30–17.30 Uhr

Die Route führt auf der D579 weiter bis nach Vimoutiers. Nach 4 km kann man rechts abbiegen und findet nach 700 m einen netten Picknickplatz mit Bänken.

Picknickplatz

N48.96953° E0.15435°
Bei La Chapelle Haute Grue

32 Étape Camping Car, St. Germain de Montgommery (s. S. 114)

VIMOUTIERS (39 km – km 150)

Da steht sie nun auf dem Hauptplatz der Stadt: Marie Harel, die „Erfinderin des Camemberts" (s. S. 104). Ohne sie würde es die Hauptsehenswürdigkeit der Stadt, das **Musée du Camembert** überhaupt nicht geben. Im Museum werden dem Besucher anhand von Schautafeln die Herstellungstechniken von der Milch bis zum fertigen Käse gezeigt. Ein weiteres, etwas kurioses Museum ist die **Moulin de**

Information

Office de Tourisme, 61120 Vimoutiers, Place de Mackau 21, Tel. +33 (0)2 33674942, Öffnungszeiten: Nov.–Mai Di–Sa 10–12 und 14–17.30 Uhr, Mo 14–17.30 Uhr, Mai–Nov. Mo–Sa 9.30–12.30 und 14–18 Uhr

Vimoutiers gleich bei der Kirche. Madame Brêteau zeigt hier mit wahrer Begeisterung die etwas unordentliche ehemalige Mühle und ihre Bilder von Gästen und Festen. Sie und ihr Mann haben bis zum Jahr 1995 in der Mühle Getreide und Buchweizen *(sarrasin)* zu Mehl verarbeitet. In ihrem kleinen, noch historisch eingerichteten Laden gibt es heute nur noch ab und zu Blütenhonig zu kaufen. Selbst wer kein Französisch spricht, sollte einen Besuch nicht versäumen. Madame bemüht sich auch mithilfe von Händen und Füßen um eine gute Führung.

051nrm Abb.: gg

▲ *Die Statue von Marie Harel auf dem Marktplatz von Vimoutiers*

Sehenswertes

Musée du Camembert, 61120 Vimoutiers, Avenue du Général de Gaulle 10, Tel. +33 (0)2 33393029, Öffnungszeiten: Apr.–Anfang Nov. Do–Mo 14–17.30 Uhr, Eintritt: 3 €

Moulin de Vimoutiers Jean Brêteau, 61120 Vimoutiers, Avenue du Général de Gaulle 1, Tel. +33 (0)2 33390366, Öffnungszeiten: 10–12 und 14–18 Uhr, Eintritt: Es wird eine Spende erwartet.

33 D916, Vimoutiers (s. S. 114)

ABSTECHER ZUR PRIEURÉ ST-MICHEL

(hin und zurück 10 km)

5 km westlich von Vimoutiers liegt die **Prieuré St-Michel** nahe dem winzigen Dörfchen Crouttes. Man erreicht sie über die D916 und die D703. Das Priorat wurde im 10. Jh. von der Abtei in Jumièges gegründet. Das Anwesen ist eines der wenigen benediktinischen Gründungen in der Normandie, die heute noch erhalten sind. Die wichtigsten Sehenswürdigkeiten sind die Kapelle und die Zehntscheune aus dem 13. Jh. Die Scheune besitzt einen riesigen offenen Dachstuhl aus Eichenholz. Ein Gang durch den mittelalterlichen Kräuter- und Rosengarten rundet die Besichtigung ab. Im Salon de thé werden dem Gast *tartes* und süße Kleinigkeiten serviert.

Sehenswertes

Le Prieuré Saint-Michel, 61120 Crouttes-Vimoutiers, N48.92461° E0.12815°, Tel. +33 (0)2 33391515, www.prieure-saint-michel.com, Öffnungszeiten: Mai–Sept. Mi–So 14–18 Uhr, Eintritt: 6 €

Picknickplatz Crouttes

N48.92192° E0.14045°

Schöne Aussicht und ausgeschilderte Wanderwege

ABSTECHER NACH CAMEMBERT

(hin und zurück 10 km)

Winzig klein ist das Dorf Camembert und doch durch Marie Harel weltweit bekannt, die hier den Weichkäse erfunden haben soll. Im **Maison du Camembert** kann man probieren und einkaufen. Im Museum gegenüber werden alte und neue Techniken der Käse- und Butterherstellung anhand von Geräten und mittels eines Videos gezeigt. Anschließend werden drei Sorten Camembert zur Verkostung angeboten.

Parken

N48.89210° E0.17812°

Camembert de Normandie

Der berühmte Weichkäse bekam seinen Namen vom kleinen französischen Dorf Camembert in der Normandie. Inzwischen wird der Käse auch außerhalb Frankreichs hergestellt, darf sich aber nur Camembert nennen, wenn er dem französischen „Reinheitsgebot" entspricht. Nur der in Camembert hergestellte Käse darf den geschützten Namen „Camembert de Normandie" tragen.

Um seine Entstehung rankt sich eine Legende: Die Bäuerin Marie Harel aus dem Dorf Camembert soll während der Französischen Revolution den Priester Abbé Charles-Jean Bonvoust aus Brie bei sich versteckt haben. Aus Dankbarkeit gab er das Geheimnis der Käseherstellung an sie weiter. Sie verfeinerte es und daraus entstand der Camembert. Wie gesagt ist das Ganze wahrscheinlich eine schöne Legende, denn die Region um Camembert war bereits im 16. Jh. bekannt für ihren guten Käse. Für die Verbreitung des Camemberts sorgte die französische Eisenbahn. Durch die schnelle Verbindung nach Paris ab 1850 eroberte der kulinarische Leckerbissen die Märkte ganz Frankreichs, später sogar der Welt.

Zur Herstellung von Camembert wird die Rohmilch auf 36 °C erhitzt und mit Lab (Ferment aus dem Kälbermagen) zum Gerinnen gebracht. Die so entstandene eingedickte Milch wird in eckige oder ovale Formen geschichtet und mit dem weißen Edelschimmelpilz geimpft. Bis der Käse gereift ist, dauert es drei Wochen.

Camembert wird ausschließlich aus Kuhmilch hergestellt, hat eine weiße Edelschimmelrinde und wird häufig traditionell in der Spanschachtel angeboten. Sein Geschmack reicht von nussig beim jungen bis zu leicht scharf beim reifen Käse.

Sehenswertes

Maison et Musée du Camembert, 61120 Camembert, Tel. +33 (0)2 33121037, Öffnungszeiten: März Fr–So 9.30–12.30 und 14–17.30 Uhr, Apr. Mi–So 9.30–12.30 und 14–17.30 Uhr, Mai Mo–So 9.30–18 Uhr, Juni–Aug. Mo–So 10–19 Uhr, Sept. Mo–So 9.30–12.30 und 14–17.30 Uhr, Okt. Mi–So 9.30–12.30 und 14–17.30 Uhr, Eintritt ins Museum: 3 € inkl. Camembert-Verkostung

34 Les Terriers, Le Sap (s. S. 114)

Für die weitere Route nach Gacé bieten sich zwei Möglichkeiten an: die schnelle (D979) oder die schönere Variante (D33) entlang der Toques. 6 km abseits der Route gibt es in **Le Sap** einen kostenlosen Stellplatz und das **Écomusée,** in dem man alles „vom Apfel bis zum Calvados" erfährt (Ostern–Mitte Dez. Mi–So 14–18 Uhr, Eintritt: 3 €).

GACÉ (20 km – km 170)

Information

Office de Tourisme, 61230 Gacé, Place du Château, Tel. +33 (0)2 33670859, Öffnungszeiten: Juni–Aug. Mo–Fr 9–12 Uhr

35 Schloss, Gacé (s. S. 114)

Gacé ist eine ruhige, abseits der Touristenrouten liegende Stadt ohne großen Sehenswürdigkeiten. Eine weltberühmte Tochter von Gacé ist aber die „Kameliendame". Das Leben dieser bekannten Kurtisane wird im **Musée de la Dame aux Camélias** behandelt. Eine Bild- und Tonschau und persönliche Gegenstände erinnern an die „Inspiration" von Dumas und Liszt (s. S. 105). Leider ist das Museum nur von Juni bis August geöffnet. Ein weiteres Stück Vergangenheit spiegelt das wehrhafte Schloss aus Ziegelsteinen im Zentrum wider. Heute ist es nicht mehr umkämpft, sondern beherbergt das Rathaus, die Touristeninformation und das Musée de la Dame aux Camélias.

Sehenswertes

Musée de la Dame aux Camélias, 61230 Gacé, Place du Château, Tel. +33 (0)2 33670859, Öffnungszeiten: Juni–Aug. Di–Sa Führungen (französisch und englisch) 14, 14.45, 15.30, 16.15 und 17 Uhr, Eintritt: 3 €

Auf der D438 verlässt man Gacé, um dann gleich auf die D14 nach Exmes abzufahren. Am Ortsanfang sollte man zu einem schönen Stellplatz bei einem Bauernhof in ruhiger Lage abbiegen.

***36* Camping car au haras, Villebadin** **(s. S. 114)**

Ab Exmes fährt man auf der D26 und der D926 5,5 km bis **Le Haras National du Pin.** Das auch „Versailles der Pferde“ genannte königliche Gestüt wurde 1714 auf Befehl Ludwigs des XIV. erbaut, um die Verbesserung und Neuzüchtung von Pferderassen zu gewährleisten. Auch heute noch ist es eines der bekanntesten Pferdezuchtzentren Europas. Im schlossähnlichen Hauptgebäude wohnte schon 1715 der erste Direktor des Anwesens, François Gédéon. In den Seitenflügeln des Gestüts sind die zahlreichen Pferdeställe untergebracht. Auf den Übungsplätzen und im Gelände rund um Haras du Pin kann man Pferde und Reiter beim täglichen Training oder Zugpferde vor ihren Kutschen beobachten. Hier herrscht immer ein reges Treiben, besonders jedoch beim jährlichen großen Reitturnier Mitte Juni.

Die Kameliendame

Das Vorbild für die Romanfigur von Alexandre Dumas' „Kameliendame“ war Alphonsine Plessis aus dem kleinen normannischen Dorf Nonant-le-Pin bei Gacé. Sie wurde hier am 15. Januar 1824 in ärmlichen Verhältnissen geboren. Mit 14 Jahren kam sie zu Verwandten nach Paris und arbeitete dort als Wäscherin, bis sie einem reichen Kaufmann auffiel und er sie zu seiner Geliebten (Kurtisane) machte. Bald wurde ihre Schönheit in den Pariser Salons legendär und sie stieg zu einer der beliebtesten Kurtisanen der Stadt auf. Sie nützte das verdiente Geld, um sich zu bilden und änderte ihren Namen in Marie Duplessis. Zu ihren Liebhabern gehörten Franz Liszt und Alexandre Dumas. Ihre besondere Vorliebe galt den Kamelienblüten: Sie soll nur während bestimmter Tage im Monat rote Blüten im Haar getragen haben, in der übrigen Zeit waren es weiße. Nach einer gescheiterten Ehe mit Graf Eduard de Perregeaux in London kam sie schwer an Tuberkulose erkrankt nach Paris zurück. Hier starb sie am 3. Februar 1847 einsam, von allen Bewunderern verlassen und wurde auf dem Friedhof Montmartre beigesetzt.

Alexandre Dumas schrieb in Anlehnung an ihre Lebensgeschichte den Roman „Die Kameliendame“. Der Roman, in dem Marie Duplessis Marguerite Gautier heißt, wurde später auch als Theaterstück aufgeführt und Giuseppe Verdi verwendete es für seine Oper „La Traviata“. So wurde die traurige Geschichte der schönen Kurtisane unsterblich.

053nrm Abb.: gg

Rassige Pferde in Haras National du Pin

Sehenswertes

Haras National du Pin, 61310 Le Pin au Haras, Tel. +33 (0)2 33366868, www.haras-nationaux.fr, Öffnungszeiten: Apr.–Sept. 10–18 Uhr, Okt. Sa, So 14–17 Uhr, geführte Touren stündlich 11,30 €

Wieder zurück in Exmes können Interessierte einen Abstecher zum Mémorial Coudehard, einer Gedenkstätte für den Zweiten Weltkrieg, machen.

Wanderung rund um Haras National du Pin

Man überquert, vom Parkplatz des Gestüts kommend, die D926 und geht an der Vorderfront von Haras du Pin entlang. Dann folgt man auf einer Fußgängerallee links der Straße ca. 800 m der D926. Als Markierung dient ein gelber Strich. Bei der Kreuzung mit dem Lokal „Tête-au-loup" wendet man sich nach links (gelb-rote Markierung) in die Route de Villebadin. Kurz hinter dem ersten Haus des Weilers Bourg-Maheu folgt man dem Weg, der links in den Forêt-du-Pin-au-Haras führt. Immer geradeaus gehend passiert man im Wald zwei Kreuzungen mit Waldwegen. Nach gut einem Kilometer stößt man auf ein Sträßchen, dem man bis zur D926 folgt. Diese überqueren und geradeaus weiter in den Wald hineingehen. Bei der Kreuzung „Les Perrets" wendet man sich nach rechts (gelbe Markierung). Kurz nach Verlassen des dichten Waldes folgt man dem ersten Weg, der nach links abzweigt, ca. 800 m bis nach Le Vieux Pin. An der Kirche vorbei und bei der nächsten Kreuzung nach rechts kommt man zum Ausgangspunkt der Wanderung zurück.

Es handelt sich um eine beschauliche, leichte Waldwanderung, die etwa 2:30 Std. dauert.

ABSTECHER ZUM MÉMORIAL COUDEHARD

(hin und zurück 28 km)

Man verlässt Exmes auf der D26 Richtung Vimoutiers. Nach 14 km erreicht man über Mont-Ormel die Gedenkstätte **Mémorial Coudehard** aus dem Jahre 1965. Im Museumsbereich wird die letzte Etappe der langen und blutigen Schlacht um die Normandie dargestellt. Polnische Soldaten führten hier durch ihren Kampf gegenüber den verzweifelten Angriffen der eingekesselten deutschen Truppen den Sieg herbei. Von hier aus ist eine Autorundfahrt zu den Plätzen der Schlachten des Zweiten Weltkriegs ausgeschildert.

Auf der D16 kommt man nach **Chambois.** Mitten in dem kleinen Dorf thront ein gewaltiger, quadratischer Donjon (Bergfried) mit Vierecktürmen aus dem 12. Jh. Danach sind es noch 5 km auf der D16 bis nach **Le Bourg-St-Léonard.** Schon vor der Stadt, direkt an der D16, steht das **Château Le Bourg-St-Léonard.** Das sehenswerte Schloss wurde im späten 18. Jh. von Jules David Cromot auf Geheiß Ludwigs XV. in einem 400 ha großen Park mit Stallungen für Pferde und einer Orangerie erbaut. Von hier kann man gut beschilderte Wanderungen unternehmen. Im Inneren des Schlosses sind wertvolle Möbel, Teppiche und Holzvertäfelungen aus dem 18. Jh. zu bewundern.

Ohne Abstecher führt die Route von Exmes nach Le Bourg-St-Léonard. Von dort sind es noch 7 km auf der D926 bis nach Argentan.

Sehenswertes

Mémorial Coudehard, N48.83774° E0.14246°, Öffnungszeiten: Apr. 10–17 Uhr, Mai–Sept. 9.30–18 Uhr, Okt.–März Sa, So, 10–17 Uhr, Eintritt 5 €

Sehenswertes

Château Le Bourg-St-Léonard, 61310 Le Bourg-St-Léonard, Tel. +33 (0)2 33366868, N48.76683° E0.10434°, Öffnungszeiten: Mai, Juni, 1.–15. Sept. Sa, So 14.30–16.30 Uhr, Juli, Aug. täglich 14.30–17.30 Uhr, Park Nov.–März 8–19 Uhr, Apr.–Okt. 8–22 Uhr, Eintritt: Park kostenlos, Schloss 3,50 €

ARGENTAN (48 km – km 218)

Information

Office Municipale de Tourisme, 61201 Argentan, Chapelle St-Nicolas, Tel. +33 (0)2 33671248, Öffnungszeiten: Mo–Fr 9.30–12.30 und 14–18 Uhr, Sa 9.30–12.30 und 13.30–17.30 Uhr

Lebhafter Wochenmarkt zu Füßen der Kirche St-Germain in Argentan

054nrm Abb.: gg

Vom Campingplatz de la Noë aus geht man geradeaus Richtung Zentrum. Auf dem weiten Place du Marché findet der vielseitige, große Markt statt. Ebenfalls hier steht das ehemalige **Schloss** der Plantagenêts. Pierre II. Graf von Alençon ließ das von zwei quadratischen Türmen flankierte *château* nach seiner Zerstörung im Hundertjährigen Krieg im 14. Jh. wiederaufbauen. Seit 1827 ist darin die Justiz beheimatet. Daneben, in der ehemaligen Schlosskirche **Chapelle St-Nicolas,** findet man das Touristenbüro. Die **Église St-Germain** wurde zwischen dem 15. und 17. Jh. im Flamboyantstil erbaut, besonders gut ist dies am Nordportal in der Rue St-Germain zu

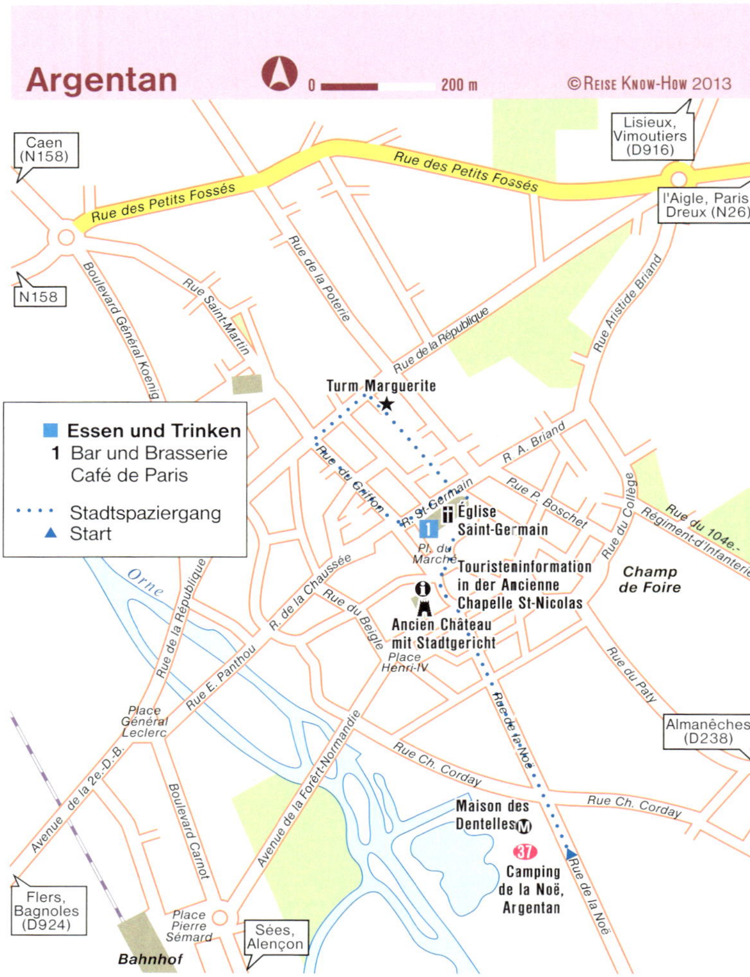

sehen. Das Längs- und das Querschiff sind gotisch, die Apsis im Renaissancestil gehalten. Die Kirche wurde im Zweiten Weltkrieg stark beschädigt. Ein malerisches Bild bietet sich von 22.30 bis 2 Uhr in der Nacht, wenn das Gotteshaus von Scheinwerfern angestrahlt wird.

Zwischen der Kirche und einem Haus in der Rue St-Germain hängt eine große Uhr über der Staße. Sie wurde von M. Lérot 1845 in Form eines Ordens der Ehrenlegion erschaffen. Man folgt der Rue du Griffon bis zur Rue de la République. Auf ihr nach rechts gehend kommt man zum **Turm Marguerite** (15. Jh.), dem letzten Rest der alten Stadtbefestigung. Über den schmalen Fußweg Fossés de la boucherie gelangt man wieder zur Église St-Germain.

Direkt neben dem Campingplatz steht in einem schönen Park das **Maison des Dentelles.** In dem Herrenhaus aus dem 19. Jh. wird heute eine Ausstellung der kostbaren Argentan-Spitzen, Klöppelspitzen und Automatenstickerei aus dem 16. bis 21. Jh. gezeigt. Die feinen Argentan-Nadelspitzen waren besonders in der Zeit Marie-Antoinettes sehr gefragt und beim Adel heiß begehrt. Im 18. Jahrhundert gab es in Argentan vier königliche Spitzenmanufakturen.

Sehenswertes

Maison des Dentelles, 61200 Argentan, Rue de la Noë 34, Tel. +33 (0)2 33675078, Öffnungszeiten: April–Mitte Okt. Di–Sa 9–11.30 und 14–17.30 Uhr, So 15–17.30 Uhr, Eintritt: 3,20 €

Essen

Bar und Brasserie Café de Paris, 61201 Argentan, Place du Marché. Hier treffen sich die Einwohner am Markttag zu einem Kaffee oder bei kleinen Gerichten, um zu klatschen und zu tratschen.

Einkaufen

Dienstag, Freitag und Sonntag findet auf dem Platz bei der Kirche St-Germain ein großer **Markt** statt.

37 Camping de la Noë, Argentan (s. S. 115)

Ver- und Entsorgung

Vor dem Camping de la Noë (siehe oben) kann man auf zwei Stellplätzen übernachten (Lage ausreichend gut, aber laut). N48.74007° W0.01711°, Jetons 2,20 €/100 l Wasser oder 60 Min. Strom. Jetons gibt es beim Camping Municipal.

38 Camping Val de Baize, Argentan (s. S. 115)

ABSTECHER ZUM CHÂTEAU DE SASSY

(hin und zurück 24 km)

Das schöne Château de Sassy und der heilige Christophorus lohnen südlich von Argentan einen Abstecher. Auf der D958 geht es auf guter Straße in Richung Sées. Vorsicht: Nicht auf die Autobahn kurz hinter Argentan abbiegen, sondern weiter auf der D958 bis zur Abzweigung (D752) nach **St-Christophe-le-Jajolet** fahren. Dort in der kleinen Kirche wird der Schutzpatron der Autofahrer (und Wohnmobilisten) verehrt. Ein guter Grund, um hinzufahren und den Segen für eine

Abb.: gh

Der heilige Christophorus ist auch Beschützer der Wohnmobilreisenden

gute Reise und eine gesunde Rückkehr zu erbitten. Rechts der Kirche steht eine riesige weiße Statue des Heiligen. Diese umrunden Fahrzeuge bei der Wallfahrt am letzten Juli- und am ersten Oktobersonntag. Am Eingang zur Kirche sind links und rechts naive Gemälde zu sehen, die den Heiligen beim „Beschützen" von Reisenden im Auto und im Flugzeug zeigen.

Sehenswertes

Château de Sassy, Öffnungszeiten (geführte Touren): Ostern–Mitte Juni und Mitte–Ende Sept. Sa, So 15–18 Uhr, 15. Juni–15. Sept. täglich 10.30–12.30 und 14–18 Uhr, Eintritt: 7 €

Von hier sind es noch 2 km bis zum sehr idyllisch gelegenen **Château de Sassy.** Ein wunderschön im französischen Stil angelegter Garten mit drei Terrassen und einige Innenräume können im Rahmen einer Führung besichtigt werden. Das wertvolle Mobiliar und schöne Wandteppiche sollen auch Elisabeth II. von England begeistert haben. Sie war in den 1960er-Jahren zu Gast.

Der Rückweg nach Argentan erfolgt auf derselben Route wie bei der Hinfahrt.

STELL- UND CAMPINGPLÄTZE ENTLANG DER ROUTE

16 *Wohnmobilhafen, Honfleur*

N49.41880° E0.24391°

Riesiges, sehr gut besuchtes Gelände, 10 Min. ins Zentrum, um 9.30 Uhr kommt der Bäcker. Gute und ruhige Lage. **Lage/Anfahrt:** Ab dem Ortsanfang gut ausgeschildert; **Platzanzahl:** 100; **Untergrund:** Schotter; **Ver-/Entsorgung:** Strom, Trinkwasser, Abwasser, Chemie-WC, im Preis inklusive; **Sicherheit:** beleuchtet; **Preise:** 10 €/Fahrz., **Geöffnet:** frei zugänglich

17 *Boulevard des sports, Deauville*

N49.35739° E0.08431°

Offizieller Platz von Deauville (Boulevard des sports) hinter den Sportplätzen und in Bahnhofsnähe, Lage befriedigend und relativ ruhig. **Lage/Anfahrt:** Hinter der Pont de Belges im zweiten Kreisverkehr auf die dritte Straße (D27a) Richtung Autobahn Lisieux/Caen abfahren. Erste Möglichkeit nach rechts (am Ende des Sportplatzes) abbiegen. Der Platz liegt gleich an der linken Seite; **Platzanzahl:** 7; **Untergrund:** Schotter; **Ver-/Entsorgung:** Strom, Trinkwasser, Abwasser, Chemie-WC, im Preis inklusive; **Sicherheit:** beleuchtet; **Preise:** kostenlos; **Geöffnet:** frei zugänglich

18 *Camping Municipal, Houlgate*

N49.29258° W0.07443°

Netter Platz beim Sportplatz mit einfacher Sanitärausstattung. Lage gut und ruhig. **Lage/Anfahrt:** Im Ort ausgeschildert; **Platzanzahl:** 195; **Untergrund:** Wiese; **Ver-/Entsorgung:** Strom, Trinkwasser, Chemie-WC; **Sicherheit:** umzäunt, beleuchtet, bewacht; **Preise:** 3,95 €/Fahrz., 3,10 €/Pers., Strom 3,20–5,20 €, Hund 0,85 €; **Geöffnet:** Apr.–Okt.; **Kontakt:** Houlgate, Chemin de Chevaliers, Tel. +33 (0)2 31243793

202nrm Abb.: gg

▲ *Direkt vor dem Stellplatz in Merville-Franceville beginnt der wunderschöne Dünenstrand*

⑲ Aire de Camping Cars, Cabourg

N49.28235° W0.11943°

Offizielle Stellplätze in schöner, ruhiger Lage. 10 Min. ins Zentrum. **Lage/Anfahrt:** Von der Touristeninformation Richtung Hippodrome fahren, hinter dem Hotel Mercure rechts in Avenue M. D'Ornano abbiegen, ausgeschildert; **Platzanzahl:** 6; **Untergrund:** Asphalt; **Ver-/Entsorgung:** Trinkwasser, Abwasser, Chemie-WC; **Sicherheit:** beleuchtet; **Preise:** kostenlos, 2€/10 Min. Wasser (nur mit Karte); **Geöffnet:** frei zugänglich

⑳ Dünenstrand, Merville-Franceville

N49.28519° W0.20997°

Offizielle Stellplätze direkt am Dünenstrand. Lage sehr schön und ruhig. **Lage/Anfahrt:** Im Ortszentrum Richtung Strand, an diesem nach links, 600 m zum Platz; **Platzanzahl:** 5; **Untergrund:** Asphalt; **Ver-/Entsorgung:** Trinkwasser, Abwasser, Chemie-WC; **Preise:** 2 €/10 Min. Wasser (Jetons). Jetons gibt es bei der Touristeninformation; **Geöffnet:** frei zugänglich

㉑ Orne-Mündung, Sallenelles

N49.26479° W0.22716°

Offizielle Stellplätze (für Fahrzeuge bis 6 m) am Ortsrand. Lage befriedigend und relativ ruhig. **Lage/Anfahrt:** Im Ortszentrum bei der *boulangerie* nach rechts Richtung Orne (Rue Léopold Trébutien) abbiegen, am Ende der Straße nach rechts in die Einbahnstraße und bis zum Platz fahren; **Platzanzahl:** 2; **Untergrund:** Asphalt; **Ver-/Entsorgung:** Trinkwasser, Abwasser, Chemie-WC; **Sicherheit:** beleuchtet; **Preise:** 2 €/10 Min. Wasser (Jetons). Jetons gibt es bei der Bäckerei im Zentrum; **Geöffnet:** frei zugänglich

㉒ Rue des Dentellières, Bréville-les-Monts

N49.24167° W0.22822°

Offizieller Stellplatz an einer ruhigen Zufahrtsstraße, Lage gut und relativ ruhig. **Lage/Anfahrt:** 150 m hinter dem Ortsanfangsschild an der ersten Straße nach

Auch das kleine Bréville-les-Monts hat einen Stellplatz eingerichtet

057nrm Abb.: gg

links (Rue des Dentellières) abbiegen. Der Platz liegt an der linken Seite; **Platzanzahl:** 6; **Untergrund:** Asphalt; **Ver-/Entsorgung:** Trinkwasser, Abwasser, Chemie-WC; **Sicherheit:** beleuchtet; **Preise:** 2 €/10 Min. Wasser (Jetons). Jetons gibt es beim Bäcker in Sallenelles und Amfreville; **Geöffnet:** frei zugänglich

23 Zentrum, Hérouvillette

N49.21992° W0.24498°

Offizieller Stellplatz, durch Hecken abgegrenzt und auf einem Parkplatz, Spielplatz und Bachlauf angrenzend. Lage schön und relativ ruhig. **Lage/Anfahrt:** Auf der D37 durch den Ort in Richtung Caen, 50 m nach einer scharfen Rechtskurve liegt Platz auf der rechten Seite; **Platzanzahl:** 8; **Untergrund:** Wiese, Asphalt; **Ver-/Entsorgung:** Trinkwasser, Abwasser, Chemie-WC; **Sicherheit:** beleuchtet; **Preise:** kostenlos; **Geöffnet:** frei zugänglich

24 Alter Bahnhof, Beuvron-en-Auge

N49.18618° W0.04949°

Offizieller Stellplatz in guter und ruhiger Lage, an Wiesen angrenzend. **Lage/Anfahrt:** Im Ort Richtung Parkplatz, dann aber geradeaus auf der Allee zum Platz, ausgeschildert; **Platzanzahl:** 10; **Untergrund:** Schotter; **Ver-/Entsorgung:** Trinkwasser, Abwasser, Chemie-WC; **Preise:** 6 € inkl. Jeton für Ver- und Entsorgung; **Max. Stand:** 1 Nacht; **Geöffnet:** frei zugänglich

Der Stellplatz Mairie im schönen Beuvron-en-Auge

058nrm Abb.: gg

25 Place L'Europe, Cambremer

N49.14955° E0.04642°

Offizieller Stellplatz am Ortsrand mit angrenzender Wiese mit Picknicktischen. Lage gut und ruhig. Plätze sehr abschüssig; **Lage/Anfahrt:** Am Hauptplatz von Cambremer nach rechts auf die D101 Richtung Caen abbiegen, nach 150 m liegt der Platz auf der rechten Seite; **Platzanzahl:** 10; **Untergrund:** Asphalt; **Ver-/Entsorgung:** Trinkwasser, Abwasser, Chemie-WC; **Sicherheit:** beleuchtet; **Preise:** 2 €/10 Min. Wasser (Jetons im örtlichen Handel); **Geöffnet:** frei zugänglich

26 *Bowling, Lisieux*

N49.14652° E0.23824°

Privater Stellplatz hinter einem Bowling-Center. Lage befriedigend und nicht ruhig. 1 km ins Zentrum; **Lage/Anfahrt:** In Lisieux Richtung Évreux; **Platzanzahl:** 10; **Untergrund:** Wiese; **Ver-/Entsorgung:** Wasser, Strom; **Preise:** 8 €, Strom und Wasser 2 €; **Geöffnet:** ganzjährig; **Kontakt:** 14100 Lisieux, Rue de Paris 69, Tel. +33 (0)614536405

27 *Camping de la Vallée, Lisieux*

N49.16435° E0.22041°

Platz mit einfacher Sanitärausstattung, 1,5 km ins Zentrum, Busverbindung (Linie 1), Waschmaschine, Trockner. Lage befriedigend, relativ ruhig. **Lage/Anfahrt:** Der Platz ist gut ausgeschildert; **Platzanzahl:** 40; **Untergrund:** Wiese; **Ver-/Entsorgung:** Strom, Trinkwasser, Abwasser, Chemie-WC; **Sicherheit:** umzäunt, beleuchtet, bewacht; **Preise:** 18–48 €/Fahrz. inkl. 2 Pers., Strom, Kurtaxe und ein Tier; **Geöffnet:** Ostern–Sept.; **Kontakt:** 14100 Lisieux, Route de la Vallée, Tel. +33 (0)2 31620040

28 *Le Lieu Chéri, Quilly Le Vicomte*

N49.18451° E0.20955°

Privater Stellplatz bei einem sehr guten Cidre- und Calvados-Hof mit Laden und Toilette. Einkauf obligatorisch. Lage gut und ruhig. **Lage/Anfahrt:** An der D48 in Richtung Pont-L'Evêque kurz hinter Lisieux, ausgeschildert; **Platzanzahl:** 4; **Untergrund:** Schotter; **Ver-/Entsorgung:** Strom; **Preise:** kostenlos, Strom 2 €; **Geöffnet:** ganzjährig

29 *Camping du Stade, Pont-l'Évêque*

N49.28436° E0.17732°

Platz mit einfacher Sanitärausstattung beim Sportplatz, Lage gut und ruhig. **Lage/Anfahrt:** Im Ort ausgeschildert; **Platzanzahl:** 50; **Untergrund:** Wiese; **Ver-/Entsorgung:** Strom, Trinkwasser, Chemie-WC; **Sicherheit:** umzäunt, beleuchtet, bewacht; **Preise:** 3 €/Fahrz., 3,80 €/Pers., Strom 3,20 €; **Geöffnet:** April–Sept.; **Kontakt:** 14130 Pont L'Evêque, Route de Beaumont, Tel. +33 (0)2 31641503, www.campingdustade.fr

30 *Aire Camping Cars, Notre-Dame-de-Courson*

N48.99060° E0.25909°

Offizieller Stellplatz mit parzellierten Plätzen an einer großen Wiese mit Picknickbänken. Schöne und relativ ruhige Lage. **Lage/Anfahrt:** In Notre-Dame-de-Courson in Richtung Livarot am Ortsende rechts; **Platzanzahl:** 5; **Untergrund:** Schotter; **Ver-/Entsorgung:** Strom, Trinkwasser, Abwasser, Chemie-WC; **Preise:** kostenlos, Ver- und Entsorgung 2 €; **Geöffnet:** frei zugänglich

31 *Aire Camping Cars, Préaux-Saint-Sébastien*

N48.98685° E0.30751°

Offizieller Stellplatz bei der Kirche an einer Wiese mit Picknickbänken. Schöne und ruhige Lage. **Lage/Anfahrt:** In Notre-Dame-de-Courson 3,6 km in Richtung Orbec, dann rechts auf die D116 abbiegen; **Platzanzahl:** 2; **Untergrund:** Schotter/Wiese; **Preise:** kostenlos; **Geöffnet:** frei zugänglich

32 *Étape Camping Car, St.-Germain-de-Montgommery*

N48.93927° E0.16176°

Privater Stellplatz bei einem Cidre-Hof, mit Hecken parzelliert, sehr schöne und ruhige Lage, Einkauf obligatorisch. **Lage/Anfahrt:** Von der D579 in Ste-Foy-de-Montgommery abbiegen, 3 km zum Platz, ausgeschildert mit Gautard Didier oder Cidricole; **Platzanzahl:** 5; **Untergrund:** Wiese; **Ver-/Entsorgung:** Strom möglich, Trinkwasser; **Preise:** kostenlos; **Geöffnet:** ganzjährig; **Kontakt:** Tel.+33 (0)2 33392752, gautard.didier@orange.fr

33 *D916, Vimoutiers*

N48.93190° E0.19567°

Offizieller Stellplatz, mit Maschendrahtzaun abgegrenzter Bereich eines Parkplatzes, von Bäumen umgeben. Lage befriedigend und relativ ruhig. **Lage/Anfahrt:** Im Ort Richtung Orbec und Lisieux fahren. Der Platz liegt am Ortsende kurz vor dem Campingplatz auf der linken Seite; **Platzanzahl:** 5; **Untergrund:** Schotter; **Ver-/Entsorgung:** Strom (muss stündlich aktiviert werden), Trinkwasser, Abwasser, Chemie-WC; **Sicherheit:** beleuchtet; **Preise:** kostenlos; **Geöffnet:** frei zugänglich

34 *Les Terriers, Le Sap*

N48.89525° E0.33031°

Offizieller Platz neben einem kleinen Teich am Ortsrand, Fabrik angrenzend, Lage gut, aber etwas Verkehrslärm. **Lage/Anfahrt:** Von der D979 auf die D12 Richtung Ticheville abbiegen. Auf der D12 gleich am Ortsrand nach rechts zum Platz fahren (ausgeschildert); **Platzanzahl:** 3; **Untergrund:** Schotter, Wiese; **Ver-/Entsorgung:** Strom (muss stündlich aktiviert werden), Trinkwasser, Abwasser, Chemie-WC; **Sicherheit:** beleuchtet; **Preise:** kostenlos; **Geöffnet:** frei zugänglich

35 *Schloss, Gacé*

N48.79521° E0.29595°

Offizieller Stellplatz beim Schloss, von 17 bis 10 Uhr reservierte Plätze für Wohnmobile. Lage gut und relativ ruhig. **Lage/Anfahrt:** Richtung Zentrum und Burg fahren, dann ausgeschildert; **Platzanzahl:** 7; **Untergrund:** Asphalt; **Ver-/Entsorgung:** Trinkwasser, Abwasser, Chemie-WC, Ver- und Entsorgung am Straßenrand der Zufahrt (N48.79517° E0.29643°); **Sicherheit:** beleuchtet; **Preise:** 2 €/10 Min. Wasser oder 60 Min. Strom (Jetons), Jetons beim Rathaus und Touristeninformation; **Geöffnet:** frei zugänglich

36 *Camping car au haras, Villebadin*

N48.79085° E0.18571°

Privater Platz bei einem Cidre-Hof mit Pferdezucht. Lage sehr gut und ruhig. **Lage/Anfahrt:** In Exmes auf D26 abbiegen, 4 km zum Platz, ausgeschildert; **Platzanzahl:** 5; **Untergrund:** Wiese; **Ver-/Entsorgung:** Strom, Trinkwasser, Abwasser, Chemie-WC; **Preise:** 7 €, nur Ver- und Entsorgung 3,50 €; **Geöffnet:** ganzjährig; **Kontakt:** Tel. +33 (0)2 33399325

㊲ Camping de la Noë, Argentan

N48.74004° W0.01673°

Sehr gepflegter Platz mit guter Sanitärausstattung (in jeder Toilette Spender für Papiersitze) und sehr freundlichem, bemühtem Platzwart. 400 m ins Zentrum. Waschmaschine und Trockner. Schöne, ruhige Lage direkt an einem gepflegten Park, im See kann man angeln (7,10 €/Tageskarte). **Lage/Anfahrt:** Richtung Zentrum und dann den Hinweisschildern zum Platz folgen; **Platzanzahl:** 23; **Untergrund:** Wiese; **Ver-/Entsorgung:** Strom, Trinkwasser, Chemie-WC; **Sicherheit:** umzäunt, beleuchtet, bewacht; **Preise:** 4,50 €/Fahrz., 2,30 €/Pers., Strom 2,60 €; **Geöffnet:** April–Sept.; **Kontakt:** 61200 Argentan, Rue de la Noë 34, Tel. +33 (0)2 33360569

㊳ Camping Val de Baize, Argentan

N48.71848° W0.01200°

Großzügiges Wiesengelände mit einfacher Sanitäreinrichtung bei einem Bauernhof, zum Zentrum 2 km. Schöne und ruhige Lage. **Lage/Anfahrt:** Argentan auf der D958 verlassen, kurz vor dem Ortsendeschild nach rechts zum Platz abbiegen, ausgeschildert; **Platzanzahl:** 30; **Untergrund:** Wiese; **Ver-/Entsorgung:** Strom, Trinkwasser, Chemie-WC; **Sicherheit:** umzäunt, beleuchtet, bewacht; **Preise:** 3,20 €/Fahrz., 3 €/Pers., Strom 2,50 €; **Geöffnet:** ganzjährig; **Kontakt:** 61200 Argentan, Rue de Mauvaisville 18, Tel. +33 (0)2 33672711

▼ *Freundliche Aufnahme findet man auf dem Campingplatz de la Noë in Argentan*

060nrm Abb.: gg

CAEN, KULINARISCHE LECKERBISSEN UND DIE LANDUNGSSTRÄNDE DER ALLIIERTEN

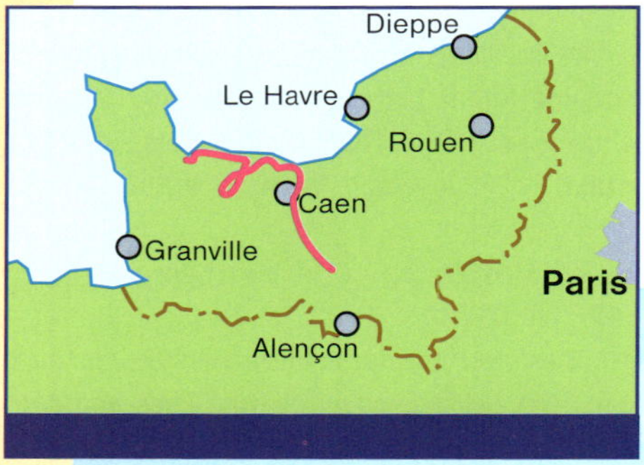

Auf den Spuren Wilhelms des Eroberes geht es von seinem Geburtsort Falaise bis nach Caen, wo er begraben liegt. Die Abbaye aux Hommes und die Abbaye aux Dames in Caen wurden von Wilhelm und seiner Gemahlin Mathilde gegründet und sind von herausragendem kulturhistorischen Interesse. Isigny-sur-Mer gilt als Stadt, in der die beste Butter und ausgezeichnete Karamellbonbons hergestellt werden. An der Küste werden vorzügliche Austern gezüchtet und ganz frisch an den Mann bzw. die Frau gebracht. Die Restaurants bieten die verschiedensten Austern- und Muschelvariationen von traditionell bis exotisch an. Doch ziehen sich auch die Erinnerungen an die Landung der Alliierten 1944 an der Küste wie ein roter Faden durch Route 4. Ob an den Landungsstränden, bei der Besichtigung der Bunker oder auf den riesigen Soldatenfriedhöfen – man steht betroffen ob der Brutalität des Krieges und der unglaublichen Zahl von Menschenleben, die er gefordert hat.

061nrm Abb.: gg

ROUTE 4

› Routenübersicht Seite XXIV

STRECKENVERLAUF

Strecke: Argentan - Falaise (23 km) - Caen (41 km) - Courseulles-sur-Mer (33 km) - Bayeux (29 km) - Abstecher zum Château de Balleroy und zur Abbaye St-Vigor (hin und zurück 48 km) - Arromanches-les-Bains (10 km) - Abstecher zu einer Austernzucht (hin und zurück 8 km) - Isigny-sur-Mer (51 km)

Streckenlänge: ohne Abstecher 187 km
mit Abstecher 243 km

FALAISE (23 km - km 23)

Information

Office de Tourisme du Pays de Falaise, 14700 Falaise, Boulevard de la Libération, Tel. +33 (0)2 31901726, www.otsifalaise.com, Öffnungszeiten: Mai-Sept. Mo-Sa 9.30-12.30 und 13.30-18.30 Uhr, So 10.30-12.30 und 14-16 Uhr, Okt.-Apr. Mo-Sa 9.30-12.30 und 13.30-17.30 Uhr

39 ***Château, Falaise (s. S. 141)***

Auf der D958 geht es zügig von Argentan nach Falaise. Vom Stellplatz aus liegt es nahe, zuerst das **Château Guillaume-le-Conquérant,** das Schloss **Wilhelms des Eroberers,** zu besuchen. Schon die ersten Herzöge der Normandie besaßen an dieser Stelle eine der ersten Steinburgen. 1027 erblickte Wilhelm als Sohn Roberts I., Herzog der Normandie, und der Gerberstochter Arlette **(Herleva)** hier das Licht der Welt.

Aufgrund der nicht standesgemäßen Verbindung seiner Eltern hieß Wilhelm mit Beinamen zunächst „der Bastard". Seinen stolzen Namenszusatz „der Eroberer" erhielt er erst 1066, als er England besiegte und dessen Thron bestieg. Sein Sohn Henri I. Plantagenêt erbaute 1125 den mächtigen Donjon (Bergfried) und die Kapelle. Unter Henri II. Plantagenêt wurde der *petit donjon* (der kleine Bergfried) errichtet. Seit dem Ende des 20. Jahrhunderts wird die Burg restauriert. Man arbeitet dabei bewusst mit Beton, Stahl und Glas, um ein Spannungsfeld zwischen Alt und Neu zu schaffen.

Nach der Besichtigung schlendert man vorbei am imponierenden Denkmal Wilhelms des Eroberers zur **Église de la Trinité.** Leider sind die Wasserspeier und die teilweise sehr kleinen und fein gearbeiteten Skulpturen durch Umwelteinflüsse stark in Mitleidenschaft gezogen. Auf vielen Vorsprüngen wächst Gras und Blumen blühen. Auch die wunderschönen Ornamente am Renaissancestrebenwerk sind in den letzten Jahrzehnten stark geschädigt worden. Geradeaus durch die Rue de la Trinité kommt man zur zweiten wichtigen Kirche von Falaise, der **Église St-Gervais.** Begonnen im 11. Jahrhundert, wurde sie jedoch erst im 16. Jahrhundert fertiggestellt. Nach links gehend kommt man zur **Porte des Cordeliers.** Das alte Stadttor mit seinem spitzbogigen Tor und dem Rundturm stammt aus dem 14. Jahrhundert.

◀ *Vorseite: Die Côte de Nacre bietet breite, endlos scheinende Sandstrände*

Wieder zurück bis zur Église St-Gervais und dann nach rechts spaziert man an der Touristeninformation vorbei zur **Automates Avenue,** einem Museum der ganz besonderen Art. Wer Kinder dabei hat, muss unbedingt hin, denn 300 Spielzeugautomaten, hergestellt vom Anfang des 20. Jh. bis 1950, werden darin gezeigt. Kleine Szenen dieser faszinierenden Welt der beweglichen Figuren bezaubern den Besucher. Im selben Gebäude ist das Museum für den in Falaise geborenen Maler **André Lemaitre** untergebracht. Es hat die gleichen Öffnungszeiten wie die Automates Avenue.

Nun geht man immer geradeaus auf dem Boulevard de la Libération und man ist wieder beim Stellplatz. Von hier lohnt sich ein kleiner Spaziergang die Burgmauer entlang zur **Fontaine d'Arlette** (Brunnen der Arlette). Hier soll der Legende nach Robert I. Arlette zum ersten Mal gesehen und sich unsterblich in sie verliebt haben.

Sehenswertes

Château Guillaume-le-Conquérant, 14700 Falaise, Öffnungszeiten: 10–18 Uhr, Juli, Aug. 10–19 Uhr, Jan.–März geschlossen, Eintritt: 7,50 €, Familien 18 €

Automates Avenue, 14700 Falaise, Boulevard de la Libération, Tel. +33 (0)2 3190243, www.automates-avenue.fr, Öffnungszeiten: Okt., Nov., Jan., Feb., März Sa, So 10–12.30 und 13.30–18 Uhr, April, Mai, Juni, Sept., Dez. 10–12.30 und 13.30–18 Uhr, Juli, Aug. 10–18 Uhr, Eintritt: 7 €

062nrm Abb.: gg

▼ *In der Burg von Falaise wurde Wilhelm der Eroberer geboren*

Falaise

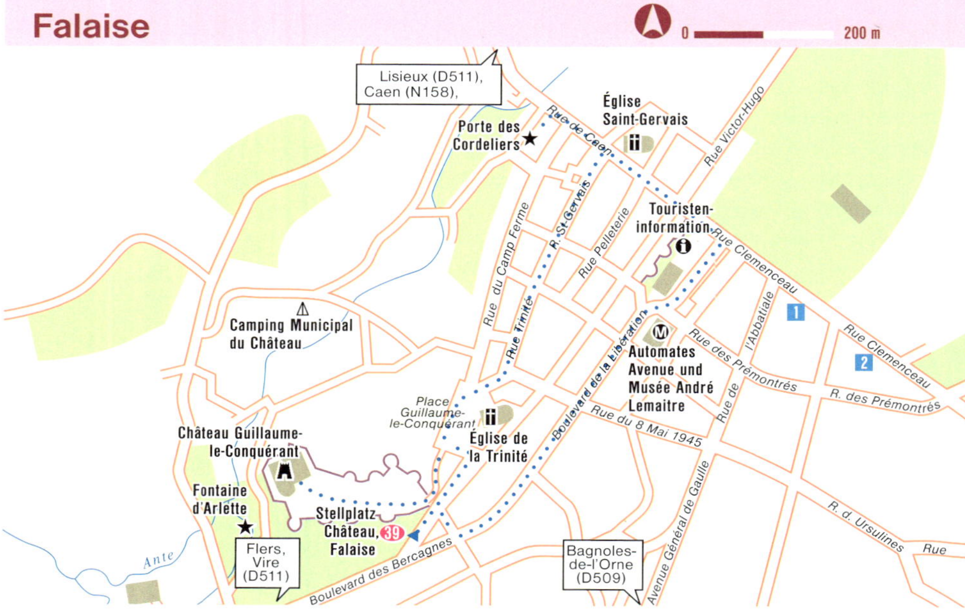

Einkaufen

Samstags findet ein Markt statt.

Essen

La Fine Fourchette, 14700 Falaise, Rue Georges Clemenceau 52, Tel. +33 (0)2 31900859. In diesem hellen, freundlichen Restaurant gibt es sehr schmackhafte Gerichte, mittleres Preisniveau

Ô Saveurs (im Hôtel de la Poste), 14700 Falaise, Rue Georges Clemenceau 38, Tel. +33 (0)2 31901314. Ausgezeichnete Küche, guter Service, WLAN kostenlos

Ver- und Entsorgung

An der Tankstelle des Supermarktes Carrefour (N48.89648° W0.19046°). Jeton: 1 €/10 Min. Wasser oder 45 Min. Strom. Jetons gibt es im Supermarkt und bei der Touristeninformation.

Camping Municipal du Château

In sehr schöner Lage unterhalb der Burg befindet sich ein Campingplatz, der aber leider nur von Mai bis September geöffnet ist. 14700 Falaise, Rue du Val d'Ante, Tel. +33 (0)2 31901655, Preise: 5,20 €/Fahrz., 4 €/Pers., Strom 4,50 €, Hund 2,50 €

40 Le Bout de la Ville, Clinchamps-sur-Orne (s. S. 141)

Hinter Falaise geht es nun auf der sehr gut ausgebauten N158 bis nach Caen. Wer unterwegs noch sehr schön und ruhig übernachten möchte, der sollte den kleinen Umweg zum Bauernhof-Camping *(Camping à la ferme)* in Clinchamps-sur-Orne nicht scheuen. Dort wird man nämlich mit einem schönen Platz, freundlicher Aufnahme und Ruhe belohnt.

CAEN (41 km - km 64)

Parken

Ein Parkplatz liegt sehr zentral bei der **Abbaye aux Hommes** (N49.17992° W0.37114, 9-19 Uhr gebührenpflichtig, 0,80 €/Std., Höchstparkdauer 2½ Std.) Wer sich nicht ins Verkehrsgewühl der Innenstadt stürzen möchte, parkt auf einem der beiden im Weiteren beschriebenen Plätze und fährt mit öffentlichen Verkehrsmitteln ins Zentrum. Beide sind allerdings keine Großparkplätze und haben daher beschränkte Kapazitäten. Von der N158 kommt man am Stadtrand auf die Ringautobahn „Périphérique". Hier folgt man den Hinweisschildern zur „Périphérique Ouest", verlässt diese für den **ersten Parkplatz** jedoch nach wenigen Hundert Metern bei der Ausfahrt 12. Ab hier den Schildern „P+R" bis zur **Endhaltestelle der Tram** folgen (N49.15109° W0.35078° oder N49.14931° W0.35242°). Hier gibt es Parkbuchten in Pkw-Länge mit Grünstreifen dahinter für den Fahrzeugüberstand. Mit der „Tram A" kann man bis Saint-Pierre im Zentrum fahren (Tageskarte 3,65 €/Pers.). Um zum **zweiten Parkplatz beim Mémorial** zu gelangen, fährt man auf der „Périphérique Ouest" bis zur Ausfahrt 7 und folgt dann den Hinweisschildern „Mémorial" (N49.19944° W0.38613°, Caen, Esplanade Eisenhower). Man parkt auf dem kostenlosen Wohnmobil-Parkplatz und fährt mit der Buslinie 2 ins Zentrum (Tageskarte: s. oben).

Information

Office de Tourisme, 14000 Caen, Place Saint-Pierre, Tel. +33 (0)2 31271414, www.caen-tourisme.fr, Öffnungszeiten: März Mo-Sa 9.30-13 und 14-18.30 Uhr, Apr.-Juni, Sept. Mo-Sa 9.30-18.30 Uhr, So 10-13 Uhr, Juli, Aug. Mo-Sa 9-19 Uhr, So 10-13 und 14-17 Uhr, Okt.-Feb. Mo-Sa 9.30-13 und 14-18 Uhr

Ver- und Entsorgung

N49.18456° W0.41471°
Bretteville-sur-Odon, bei einem Wohnmobilhändler

203nrm Abb.: gg

▼ *Die Abbaye aux Hommes ist das Wahrzeichen von Caen*

Drei Hauptsehenswürdigkeiten gibt es in Caen: die Kloster Abbaye aux Hommes und Abbaye aux Dames sowie das Château Ducal. Sie liegen auf einer Achse von West nach Ost und wer alles sehen will, muss einen ordentlichen Fußmarsch zurücklegen.

Man beginnt die Besichtigung am Place Saint-Pierre. Das zur Straße hin sehr streng wirkende Patrizierpalais **L'Hôtel d'Escoville,** in dem heute das **Office de Tourisme** beherbergt ist, hat einen sehr schönen, reich dekorierten Innenhof. Dieses typische Herrenhaus aus dem 16. Jh. wurde im Krieg stark beschädigt und danach detailgetreu restauriert. Gegenüber erhebt sich die **Église St-Pierre,** ein Meisterwerk der normannischen Spätgotik und der Renaissance. Wohlhabende Bürger haben diesen stolzen Prachtbau durch Spenden ermöglicht. Leider hat auch

Caen

hier der Zahn der Zeit eifrig genagt und der ehemals helle Stein ist porös und dunkel verfärbt. In den letzten Jahren wurde renoviert und der Unterschied ist deutlich an den inzwischen fertiggestellten Teilen des Kirchenschiffs zu erkennen. Im Innern fällt besonders der Unterschied zwischen dem eher schlichten ersten Teil des Kirchenschiffes und dem üppig geschmückten Renaissancechor auf. Außergewöhnlich sind die stalaktitenähnlichen Gebilde, die in unterschiedlichen Längen von den Decken der Chorkapellen hängen.

Mitten in der Stadt erstreckt sich auf einem Hügel das weitläufige **Château Ducal,** das Wilhelm der Eroberer im Jahre 1060 gründete.

Aufwendige Restaurierungsarbeiten haben die Schäden des Zweiten Weltkrieges weitgehend beseitigt und so hat die stolze Burg heute wieder ihre ursprüngliche Form zurückgewonnen. Einige Mauerabschnitte aus dem 12. Jh. sind noch erhalten. Vom Wehrgang hat man einen wunderbaren Blick auf die Kirche St-Pierre und den Westen der Stadt bis hin zu den Türmen der Abbaye aux Hommes. Innerhalb der Burgmauern findet der Besucher zwei Museen und die **Chapelle St-Georges.** Die Kapelle aus dem 12. Jh. wurde im 15. Jh. umgebaut. Das **Musée des Beaux-Arts** (Museum der schönen Künste) zeigt Gemälde von der Renaissance bis zur Neuzeit. Vor allem die Sammlung

Wuchtig thront das Château Ducal im Zentrum von Caen

der europäischen Meister des 17. Jh., darunter Werke von Perugino, Philippe de Champaigne und Rubens lohnen einen Besuch. Auch Impressionisten wie Boudin oder Monet werden präsentiert.

Das **Musée de Normandie** ist im Haus der Burgvögte und in den Salles du Rempart untergebracht. Das ethnologische und archäologische Museum zeigt, nach Themenbereichen gegliedert, die Geschichte der Besiedelung der Normandie. Die **Remparts Nord** (nördliche Festungsmauern), die originalgetreu wieder hergestellt wurden, kann der Besucher erklimmen. Über die Fußgängerzone Rue Saint-Pierre bummelt man vorbei an zwei noch gut erhaltenen, reich verzierten Fachwerkhäusern aus dem 16. Jh. zur **Église Notre-Dame-de-Froiderue.** Das Besondere an dieser Kirche sind die beiden Apsiden in unterschiedlichen Baustilen. Eine wurde in üppiger Flamboyant-Gotik, die andere im Renaissancestil erbaut. Wer jetzt eine kleine Ruhepause braucht, geht nach links über die Rue de Strasbourg zum **Place de la République.** Im schönen Stadtpark kann man, umgeben von stattlichen Bürgerhäusern, gut eine Rast einlegen.

Über die Rue Écuyère mit Häusern aus verschiedenen Stilrichtungen (das prächtige Maison Chibourg Nr. 98 ist ein Buchladen) und der kleinen Rue aux Fromages kommt man zum **Place St-Sauveur.** Repräsentative Häuser aus dem 18. Jh. bilden ein geschlossenes Ensemble. Schon von hier sieht man die spitzen Zwillingstürme der **Abbaye aux Hommes** (Männerkloster). Von der Esplanade Louvel erschließt sich die ganze Größe dieses eindrucksvollen Komplexes. Heute ist im Klostergebäude, der 1063 von Wilhelm dem Eroberer gegründeten Abtei, das Rathaus untergebracht. Bei der 90-minütigen Besichtigung werden Säle mit ihren noch ursprünglichen Vertäfelungen aus Eichenholz, die Wärmestube, das Skriptorium, das Refektorium (30 x 9 m) mit Gemälden aus dem 17. und 18. Jh. und der Kreuzgang gezeigt. Imponierend ist das ovale Parlatorium, ein Raum, in dem die Mönche vom Schweigegelübde entbunden waren, mit einer besonderen Akustik, durch die sich die Gespräche der Mönche mit Gästen gut überwachen ließen.

Ohne Führung kann man die romanisch-gotische **Abteikirche St-Étienne** besuchen. Sie wurde um 1066 begonnen und 1077 geweiht. Hier fand der Klosterstifter Wilhelm der Eroberer seine letzte Ruhestätte. Vor dem Altar unter einer Marmorplatte liegt heute allerdings nur ein Oberschenkelknochen. Das Grab wurde von den Hugenotten im 16. Jh. geschändet und der Leichnam entnommen. Sehenswert ist der gotische Umgangschor mit Kapellenkranz aus dem 13. Jh.

Für den Rückweg bis zum Place Saint-Pierre benutzt man am besten die Buslinien 1 oder 2. Diesmal geht es vom Platz in östlicher Richtung nach **Vaugueux.** Das kleine pittoreske Stadtviertel mit Stein- und Fachwerkhäusern und schönen alten Straßenlaternen ist der älteste Teil von Caen. In der Rue du Vaugueux reiht sich Restaurant an Restaurant. Von Fischspezialitäten über Kutteln nach Caener Art bis hin zur nordafrikanischen Couscous-Küche wird dem Feinschmecker alles geboten.

Über die Rue Chanoines kommt man zur **Abbaye aux Dames** (Frauenkloster). Sie ist vor allem wegen der **Église de la Trinité** (Dreifaltigkeitskirche) besuchenswert, einem Meisterwerk der normannischen Romanik. In ihr sind die Gebeine von Mathilde von Flandern, der Frau Wilhelms des Eroberers, beigesetzt. Das gesamte Gotteshaus wirkt hell und licht. Besonders das rechte Querschiff mit seinen feinen Bündelpfeilern ist überraschend großzügig. Die komplett restaurierten Gebäude des ehemaligen Benediktinerinnenklosters sind seit 1986 Sitz des Regionalrats der Basse-Normandie. Sie können im Rahmen einer Führung besichtigt werden.

Nun nimmt man entweder die Buslinie 2 ab Vaugueux oder man fährt mit dem Wohnmobil über die Stadtautobahn „Périphérique Ouest“ bis zur Ausfahrt 7 und folgt dann den Hinweisschildern „Mémorial“. Das **Mémorial** ist Museum und Gedenkstätte in einem und zeigt die europäische Geschichte von 1918 bis heute. Mit modernster audiovisueller Technik werden dem Besucher in eindringlicher Weise die Entstehungsgeschichte und der Verlauf des Zweiten Weltkrieges nahe gebracht. Filme zeigen auf einer Panoramaleinwand die erbitterte Schlacht um die Normandie im Sommer 1944. Das Mémorial ist dennoch kein Kriegsmuseum, vielmehr sollen die Besucher zu Frieden und Völkerverständigung ermahnt werden. Im sogenannten Friedenssaal wird an die aktuellen Krisenherde der Welt erinnert. Im an das Mémorial anschließenden **Parc de la Colline aux Oiseaux** erinnert die Freiheitsmauer an Hunderttausende alliierter Soldaten, die für die Freiheit Europas gefallen sind.

Essen

Le Bouchon, 14000 Caen, Rue Graindorge 12, Tel. +33 (0)2 31442626, Menüs im mittleren Preissegment. Hierher kommen die Einheimischen, um gut zu essen. Im Winter So/Mo Ruhetag.

La Mère Michèle, 14000 Caen, Rue du Vaugueux 12, Tel. +33 (0)2 31939513, Menüs 19 und 23 €. Gute fantasievolle Gerichte.

Die Entstehungsgeschichte der Klöster von Caen

Der junge Wilhelm begehrte seine Kusine, Mathilde von Flandern, und wollte sie heiraten. Als er bei ihrem Vater um ihre Hand anhielt, soll Mathilde alles andere als begeistert gewesen sein. Lieber wolle sie ins Kloster gehen, als diesen außerehelich gezeugten Bastard zu heiraten, soll sie ausgerufen haben. Diese Aussage Mathildes erzürnte den jungen Freier derart, dass er sie der Überlieferung nach an ihren Zöpfen ziehend und mit Fußtritten traktierend durch ihr väterliches Schloss in Lille trieb. Gerade diese unsanfte Behandlung soll Mathilde umgestimmt haben und sie willigte in die Heirat ein. Der Klerus hatte Einwände gegen eine Vermählung der beiden Verwandten und so wurde das frisch getraute Ehepaar mit dem Kirchenbann belegt. 1059 wurde dieser aufgehoben, nachdem die beiden versprachen, ein Frauen- und ein Männerkloster zu stiften. So entstanden in Caen die beiden Abteien Abbaye aux Dames und Abbaye aux Hommes. Die beiden Benediktinerklöster unterstanden dem Bischof von Bayeux.

Sehenswertes

Église St-Pierre, 14000 Caen, Place Saint-Pierre, Öffnungszeiten: 9-18 Uhr

Abbaye aux Hommes, 14000 Caen, Esplanade J. M. Louvel, Tel. +33 (0)2 31304281, Führungen: 9.30, 11, 14.30 und 16 Uhr, Eintritt: 4,50 €

Abteikirche St-Étienne, 14000 Caen, Place Monseigneur des Hameaux, Öffnungszeiten: Mo-Sa 9-13 und 14-18.30 Uhr, So 14-18.30 Uhr

Abbaye aux Dames, 14000 Caen, Place Reine Mathilde, Öffnungszeiten Kirche: 10-18 Uhr, Führungen Kloster tägl. 14.30 und 16 Uhr, Eintritt: frei

Château Ducal, 1400 Caen, Öffnungszeiten: 9.30-18 Uhr, Rempart Nord, Öffnungszeiten: 10.30-16.30 Uhr, Eintritt: frei

Musée de Normandie mit Chapelle St-Georges, im Château Ducal, Tel. +33 (0)2 31304760, Öffnungszeiten: 9.30-18 Uhr, Nov.-Mai, Di. geschlossen, Eintritt: 3,10 €, 1. So im Monat frei

Musée des Beaux-Arts, im Château Ducal, Öffnungszeiten: Mi-Mo 9.30-18 Uhr, Eintritt: 3,10 €, 1. So im Monat frei, Tel. +33 (0)2 31304770

Le Mémorial, 14050 Caen, Esplanade Eisenhower, Tel. +33 (0)2 31060645, Öffnungszeiten: Feb.-7. Nov. 9-19 Uhr, 8. Nov.-23. Dez. Di-So 9.30-18 Uhr, Eintritt: 18,30 €, Juli, Aug. 18,80 €, Familien 48 €, Senioren 15,80-16,30 €

Sehenswertes

Château de Bénouville, N49.23899° W0.28362°, Öffnungszeiten: Juni-Sept. Mi-Mo 14-18 Uhr, Eintritt: 3 €

41 **Strand, Ouistreham (s. S. 142)**

42 **St-Aubin d'Arquenay, Colleville-Montgomery (s. S. 142)**

43 **Oasis Camping, Lion-sur-Mer (s. S. 142)**

Für die Weiterfahrt verlässt man bei Ausfahrt 3a die Ringautobahn (Périphérique) und fährt dann auf der D515 und auf der D514 Richtung Ouistreham. Nach 6 km sollte man einen Besuch des **Château de Bénouville** einplanen. Es ist ein hervorragendes Beispiel des klassizistischen Baustils am Ende des 18. Jh. Es werden die Säle und der weiße monumentale Treppenaufgang mit Kassettendecke gezeigt.

Wieder zurück auf der Schnellstraße D514 erreicht man **Ouistreham.** Hier fährt die Fähre nach Portsmouth in England ab. Vom Stellplatz hat man einen guten Blick auf die abfahrenden Schiffe.

Man verlässt Ouistreham westwärts auf der D514, die an der Côte de Nacre (Perlmuttküste) entlangführt. An ihr reiht sich Seebad an Seebad – wie Perlen an einer Schnur.

Nachdem man das kleine La Brèche-d'Hermanville passiert hat, erreicht man das Familienseebad **Lion-sur-Mer.** An der Strandpromenade gibt es Villen aus der zweiten Hälfte des 19. Jahrhunderts zu entdecken. Sehenswert ist auch die Kirche St-Pierre mit ihrem romanischen Turm. Fast nahtlos geht Lion-sur-Mer in den nächsten Badeort **Luc-sur-Mer** über. Einen Namen machte sich Luc-sur-Mer vor allem mit seinem Kurzentrum, in dem Meerwasseranwendungen angeboten werden. Man riecht hier die jodhaltige Luft, die die vom Meer angeschwemmten Braunalgen verbreiten. Am Ortsende von Luc-sur-Mer biegt man nach links auf die D83 ab, die direkt ins 2 km entfernte **Douvres-la-Délivrande** führt. Schon von Weitem sichtbar grüßen die beiden Türme der **Basilique Notre-Dame-de-la-Délivrande.** Das Gotteshaus wurde im 19. Jahrhundert im neugotischen Stil an der Stelle einer alten romanischen Kirche erbaut. Es beherbergt eine Marienstatue aus dem 16. Jahrhundert, die wahre Pilgerscharen in das kleine Städtchen zieht, das sich selbst als den ältesten Marienwallfahrtsort der Normandie bezeichnet. Eine Marmorplatte in der Kirche verkündet stolz, dass Papst Pius IX. die Marienstatue im Jahre 1872 persönlich gekrönt hat.

In unmittelbarer Nähe zur Basilika stößt man auf ein für die Normandie recht ungewöhnliches Gebäude, eine **pharmacie** (Apotheke), deren Fassade und Verkaufsraum im reinsten Jugendstil dekoriert sind.

Douvres-la-Délivrande wartet noch mit einer weiteren Sehenswürdigkeit auf, dem **Musée-radar.** Um dorthin zu gelangen, verlässt man Douvres auf der D7 in Richtung Caen. Bei der Einmündung in die D404 folgt man dieser nach rechts Richtung Courseulles-sur-Mer. Ab hier ist das Museum ausgeschildert. In ehemaligen Bunkern der deutschen Radarstation von Douvres ist ein Museum untergebracht, das sich der Radartechnik widmet. Auf dem Freigelände steht ein riesiger Radarschirm, der zur Ortung von Schiffen und Flugzeugen eingesetzt wurde. Dem Interessierten wird alles zur Entwicklung und zum Einsatz der Radartechnik seit dem Zweiten Weltkrieg erklärt.

Weiter geht die Fahrt auf der D404, die in die D79 übergeht, nach Courseulles-sur-Mer.

Sehenswertes

Basilique Notre-Dame-de-la-Délivrande, Öffnungszeiten: tägl. 10–12 und 15–17.30 Uhr, Mo 15–17.30 Uhr

Sehenswertes

Musée-radar, Öffnungszeiten: Juni–15. Sept. Di–So 10–18 Uhr, Eintritt: 6,50 €, Parkplatz: N49.28568° W0.40292°

065nrm Abb.: gs

Zur schwarzen Marienstaue in der Kirche Notre-Dame-de-la-Délivrande pilgern die Wallfahrer

Die Invasion der Alliierten in der Normandie

Mit dem Begriff „D-Day" bezeichnet man den Beginn einer großen militärischen Offensive. Im heutigen Sprachgebrauch wird so der 6. Juni 1944, der Tag der Landung der Alliierten in der Normandie, bezeichnet. Die gesamte militärische Befreiungsaktion des von Deutschen besetzten Frankreichs trug den Namen „Operation Overlord". Sie dauerte vom 6. Juni bis zum 25. August 1944, dem Tag, an dem Paris von der deutschen Armee befreit wurde.

1943 einigten sich bei der Konferenz von Teheran die mächtigsten Männer der damaligen Zeit, Roosevelt, Stalin und Churchill, auf die Landungsoffensive in Frankreich. Soldaten aus Polen, den USA, Großbritannien, Kanada, Neuseeland und weiteren Nationen sollten bei einer der größten Militäraktionen, die jemals stattgefunden hat, auf dem Wasserweg und aus der Luft die deutsche Besatzung in Frankreich beenden. Eigentlich war der Angriff für den 5. Juni geplant, der Termin musste jedoch wegen schlechten Wetters um einen Tag verschoben werden. Fünf Strände, die die Alliierten unter sich aufteilten, waren für die Landung vorgesehen.

Die deutsche Wehrmacht wurde durch gefälschte Funksprüche, enttarnte und umgedrehte Spione in den Glauben versetzt, die Invasion stehe im Pays-de-Calais bevor. Deshalb lag der Schwerpunkt der deutschen Verteidigungsmaßnahmen auch dort. Geschwächt wurden die Deutschen auch durch Sabotageaktionen der Résistance, die u. a. Eisenbahnlinien und Telefonleitungen sprengte. Eine weitere Täuschungsaktion gelang britischen Flugzeugen, die mittels im Pays-de-Calais und über dem Ärmelkanal abgeworfenen Silberfolien das deutsche Radar in die Irre führten.

Am 6. Juni 1944 sprangen amerikanische und britische Fallschirmjäger im Schutze der Nacht im Hinterland der Küste ab. Ihre Aufgabe war die Zerstörung der deutschen Nachschubwege und die Vereinigung der Kräfte mit den vom Meer kommenden Truppen. Im Morgengrauen eröffneten Schiffe das Feuer auf die Küste, anschließend folgten Bombardements aus der Luft. Trotz des erbitterten Widerstands der deutschen Wehrmacht landeten die alliierten Landstreitkräfte mit speziellen Landungsbooten in künstlich angelegten Häfen und an den Stränden Utah, Omaha, Gold, Sword und Juno Beach.

Bei vielen Einheiten, besonders am Omaha Beach, waren die Verluste der Landungstruppen groß. Am 12. Juni 1944 war nach der Einnahme von Carentan der Zusammenschluss der Landungsstrand- und der Luftlandetruppen vollendet. Bei der weiteren Befreiung der Normandie kam es in der Bocage zum sogenannten „Heckenkrieg". Die Bocage mit ihren Hecken und Mauern bot für die deutschen Verteidiger gute Deckungsmöglichkeiten, im Gegensatz dazu gab es für die Panzer der Alliierten kein Durchkommen. Erst als einer Pflugschar ähnelnde Stahlplatten vor die Panzer montiert wurden, konnten die Hindernisse beiseite geräumt werden. Der endgültige Durchbruch gelang am 25. Juli, als die Amerikaner St-Lô und Lessay einnahmen und in den folgenden Tagen die ganze Cotentin-Halbinsel in die Hand der Alliierten gelangte.

20.000 Einwohner der Normandie und 54.000 Soldaten der Alliierten verloren während der Kampfhandlungen ihr Leben. Schätzungsweise 200.000 deutsche Soldaten fielen oder sind vermisst, in einem Krieg, der überall unendliches Leid brachte. Ermessen lässt sich dieses Leid auf den riesigen Soldatenfriedhöfen und in den vielen Informationszentren, die berührende Einzelschicksale zeigen. Die Dankbarkeit der Bewohner der Normandie gegenüber den Alliierten zeigt sich überall. So wurden z. B. Städtenamen geändert, Strände umbenannt und sogar Land zur Errichtung von Gedenkstätten den Befreiern geschenkt. Tröstlich ist für den heutigen Besucher aus Deutschland, dass die Versöhnung von Deutschen und Franzosen „über die Gräber hinweg" in der Normandie wahrhaftig stattgefunden hat.

067nrm Abb.: gg

COURSEULLES-SUR-MER (33 km - km 97)

Information

Office de Tourisme, 14470 Courseulles-sur-Mer, Place du 6 Juin 1, Tel. +33 (0)2 31374680, www.courseulles-sur-mer.com, Öffnungszeiten: Okt.-März Di-Sa 10-12.30 und 14.30-18 Uhr, Apr.-Sept. tgl. 10-19 Uhr

Das quirlige Seebad war im Zweiten Weltkrieg von großer strategischer Bedeutung. Hier landeten am 6. Juni 1944, dem sogenannten „D-Day", die Kanadier. An die Beteiligung der kanadischen Soldaten an der Befreiung der Normandie erinnert das **Centre Juno Beach.** Neben zahlreichen Dokumentationen über den kanadischen Einsatz im Zweiten Weltkrieg wird dem Besucher auch das heutige Kanada nahe gebracht.

In der Fußgängerzone stehen einige nette typische Häuser der Region. Am Strand entlang sind die schwarzen, hohen Appartementhäuser dagegen sicher nicht jedermanns Geschmack.

Essen

Le Crémaillère Le Gytan, 14470 Courseulles-sur-Mer, Avenue de la Combattante, Tel. +33 (0)2 31374673. Sehr beliebtes Lokal mit Menüs von 24-54 €

Der nächste Ort an der Küstenstraße D514 ist Ver-sur-Mer. Von hier bietet sich ein kleiner Ausflug ins Hinterland der Küste an, in dem eine stimmungsvolle Abtei, herrliche Schlösser und natürlich das schöne Bayeux locken. Ab Ver-sur-Mer nimmt man an der ersten Ampel-

Parken

N49.33694° W0.46525

Parken am Strand von 8 bis 20 Uhr. Von Sept. bis März kann man hier auch offiziell übernachten.

Sehenswertes

Centre Juno Beach, 14470 Courseulles-sur-Mer, Voie des Français libres 104, Tel. +33 (0)2 31373217, www.junobeach.org, Öffnungszeiten: Apr.-Sept. 9.30-19 Uhr, März, Okt. 10-18 Uhr, Feb., Nov., Dez. 10-17 Uhr, Jan. geschlossen, Eintritt: 7 €

▲ *Die Küste mit den idyllischen Stränden war Schauplatz der Alliierten-Invasion*

› Routenatlas S. XI

(44) **Beim Campingplatz, Courseulles-sur-Mer (s. S. 142)**

Wanderung am Gold Beach

Vom Stellplatz (44) geht man zum Strand und folgt diesem nach links bis nach Courseulles-sur-Mer. Zunächst spaziert man am Quai des Alliés entlang und wechselt dann über die Dreh-Brücke auf die andere Seite des Hafenbassins. Es geht kurz an der Straße entlang bis zu den hohen Appartementhäusern. Hier gleich rechts durch einen Hausdurchgang (Promenade F. Voilard) kommt man zum Jachthafen. An diesem geht man links entlang und wieder durch einen Durchgang hinaus auf die Zufahrtsstraße zum Museum Juno Beach. Bei der Segelschule (École de Voile) läuft man links den Berg hinauf bis zum Metallkreuz (Croix de Lorraine), das an die Rückkehr Charles de Gaulles nach Frankreich am 14.6.1944 erinnert. Von hier wandert man etwa eine Stunde auf dem Trampelpfad über die Dünen bis zu den ersten Häusern von Ver-sur-Mer. Unterwegs kommt man am Campingplatz (45) und an einer Bunkerruine vorbei und sieht auf der linken Seite sumpfige Wiesen mit Schilfbewuchs. Für den Rückweg nimmt man den Weg am Strand entlang. Die Wanderung am schönen Gold-Strand dauert ca. 2½ Std.

(45) **Camping Canadian Scottish, Graye-sur-Mer (s. S. 142)**

kreuzung die D112 (Richtung Crépon) nach links. **Crépon** ist ein Dorf mit stattlichen Bauernhöfen und einer interessanten romanischen Kirche, in deren Schatten die nette kleine Bar L'Imprévu zu einer Rast verführt. Weiter auf der D65 ragen schon bald die massigen Mauern des Schlosses von **Creully** in den Himmel. Zwischen dem 11. und 14. Jh. erbaut, diente es im Zweiten Weltkrieg der BBC als geheime Sendezentrale. Daran erinnert heute ein kleines Museum (Juli, Aug. Di–Fr 10–12.30 und 14.30–18.15 Uhr, Eintritt: 4 €). Von der Aussichtsterrasse des ganzjährig zugänglichen Donjons bietet sich ein schöner Ausblick.

Parken in Creully
N49.28658° W0.53802°

205nrm Abb.: gg

▶ *Im Schlosspark von Creully*

Weiter geht es auf der D93 (später D35) nach **St-Gabriel-Brécy.** Sie wurde 1058 von Benediktinern aus dem mächtigen Kloster in Fécamp gegründet. Durch das spitzbogige Portal mit dem Wappen der Abtei von Fécamp betritt man einen weiten Innenhof. In diesem stimmungsvollen Ambiente findet am ersten Maiwochenende ein großer Töpfermarkt statt. Der dreistöckige Turm war der Prioriatsgerichtsbarkeit vorbehalten. Hier wurde Gericht gehalten und auch gleich eingekerkert. Hinter der schön restaurierten Abteikirche aus dem 11. Jh. ist der Klostergarten versteckt. Hier wachsen auch heute noch allerlei Gewürze und Heilkräuter. An Wochentagen beherbergt die Abtei die Schule für Land- und Gartenbau.

Sehenswertes

Prieuré Saint-Gabriel, 14480 St-Gabriel-Brécy, Rue Saint-Thomas Becket 24, N49.27883° W0.56501°, Mobil-Tel. 06 89457163, Öffnungszeiten: Ostern–Allerheiligen Sa, So 9–18.30 Uhr, Eintritt: frei

In Brécy, dem anderen Ortsteil von St-Gabriel-Brécy, sollte man nicht versäumen, das **Château de Brécy** zu besuchen. Das monumentale Eingangstor zum Schloss ist prachtvoll mit Blättern- und Blütenranken verziert. Das Schloss selbst ist ein eher schlichter Bau, üppig wirkt dagegen der italienische Terrassengarten aus dem 17. Jh. Skulpturen, Blumen- und Buchsbaumornamente sowie Brunnen wurden nach den Plänen von Claude Mollet zu einem harmonischen Ganzen vereint.

Sehenswertes

Château de Brécy, 14480 St-Gabriel-Brécy, N49.26394° W0.57469°, Tel. +33 (0)2 31801148, Öffnungszeiten: Ostern–Allerheiligen Di, Do, So 14.30–18.30 Uhr, Juni auch Sa, Eintritt: 7 €

Nun fährt man bis zur D82 durch Brécy hindurch und folgt dieser dann nach rechts. Kurz darauf zweigt rechts die D126 ab. Auf ihr geht es auf schmaler Fahrbahn nach Bayeux.

Wer eine breitere Straße bevorzugt, fährt vom Château de Brécy bis Creully zurück und nimmt hinter Tierceville die D12 bis Bayeux.

BAYEUX (29 km – km 126)

Vom Stellplatz 46 ist man rasch am Place St-Patrice. Samstagvormittags herrscht hier auf dem **Markt** mit der größten Auswahl an Waren der Region ein buntes, geschäftiges Treiben. Über die Rue St-Malo, die in die Rue St-Martin übergeht, kommt man ins Zentrum. Viele Läden mit Konfektion für Damen und Herren sind hier angesiedelt. Doch nicht nur den Ladengeschäften sollte das Augenmerk gelten, auch die unterschiedlichen Häuserfronten sind einen Blick wert. So steht das **Grand Hôtel d'Argouges** aus dem 15. Jh. mit kunstvollen Holzfiguren an der Ecke zur Rue Franche. An der nächsten Kreuzung mit der Rue des Cuisiniers ragt ein besonders prächtiges Fachwerkhaus mit drei vorspringenden Stockwerken hervor. Etwas weiter, bei Hausnummer 6, wurde im 17. Jh. ein schönes Stadtpalais mit Sonnenuhr gebaut. Hinter der **Touristeninformation** bietet sich ein Blick auf ein idyllisches Ensemble des ehemaligen Gerber- und Färberviertels mit einem hölzernen Wasserrad am Fluss L'Aure. In der Rue Saint-Jean gibt es viele verschiedene Lokale. Ein besonders gutes ist im ehemaligen **Hôtel du Croissant** beheimatet: das **La Rapière.** Gegenüber vom La Rapière nimmt man die Allée de l'Orangerie und erreicht durch einen Torbogen das Centre Guillaume le Conqué-

Information

Office de Tourisme, 14400 Bayeux, Pont Saint-Jean, Tel. +33 (0)2 31512828, www.bessin-normandie.com, Öffnungszeiten: Jan.–März, Nov.–Dez. Mo–Sa 9.30–12.30 und 14–17.30 Uhr, So 10–13 und 14–17.30 Uhr, Apr.–Juni, Sept.–Okt. Mo–So 9.30–12.30 und 14–18 Uhr, So 10–13 und 14–18 Uhr, Juli, Aug. Mo–Sa 9–19 Uhr, So 9–13 und 14–18 Uhr

46 Place Despallières, Bayeux ***(s. S. 143)***

205nrm Abb.: gg

▶ *Die Tapisserie de Bayeux mit ihren wunderschönen Details*

rant. Hier kann man die **Tapisserie de Bayeux,** eine beinahe 1000 Jahre alte Stickarbeit auf einer 68,30 m langen und 50 cm breiten Leinwandbahn, besichtigen. Mit feinen Wollfädenstichen wurde eine detailreiche Bildergeschichte der Ereignisse um die Eroberung Englands durch den Normannenherzog Wilhelm im Jahre 1066 gefertigt. Die Darstellungen auf dem Teppich bieten genaue Informationen über Kleider, Waffen, Schiffe und den Lebensstil des Mittelalters. Der Teppich wurde in 58 Bildern wahrscheinlich von angelsächsischen Nonnen gefertigt. Besonders ausdruckstark ist die Darstellung der Überfahrt der Normannen nach England, die Errichtung einer Befestigungsanlage dort und Szene 48, in der sich die Reiterei der Norman-

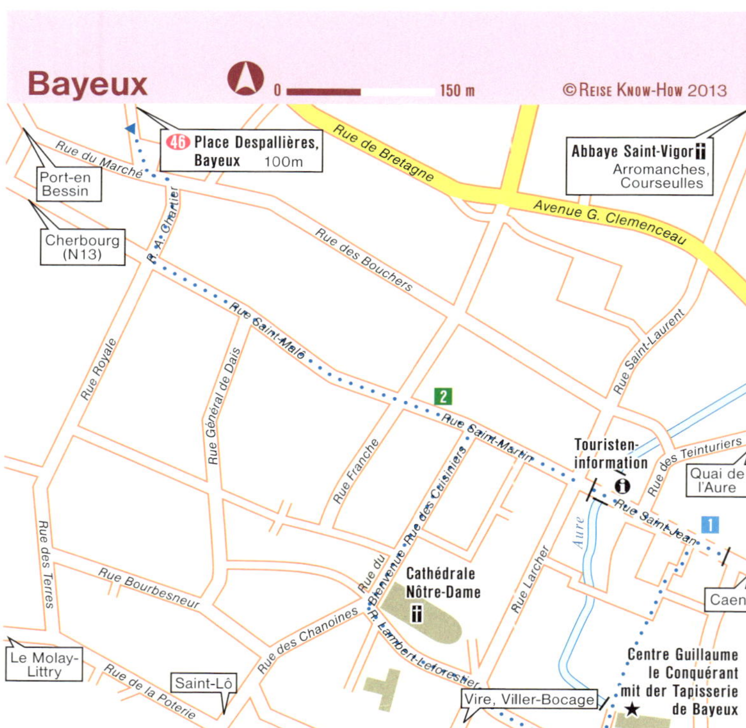

Essen und Trinken
1 La Rapière

Einkaufen
2 Pâtisserie La Reine Mathilde

···· Stadtspaziergang
▲ Start

nen zur Schlacht in Bewegung setzt. Ab Szene 51 lebt die 14-stündige Schlacht bei Hastings zwischen Wilhelm und Harold in dramatischen Bildern wieder auf. Stürzende Pferde, Bogen- und Lanzenschützen, am unteren Bordürenrand unzählige gefallene Soldaten und der Tod Harolds durch einen (göttlichen?) Pfeil aus dem Himmel. Seit seinem Sieg am 14.10.1066 ist der Beiname Wilhelms „der Eroberer und König von England". Ursprünglich war das Meisterwerk zur Dekoration der Kathedrale gefertigt worden. Ergänzt wird die Besichtigung durch eine Ausstellung über die Fertigung der Tapisserie und die Schlacht bei Hastings. Im 2. OG gibt es noch einen interessanten Film.

Wenn man die Rue de Nesmond entlanggeht, kommt man zur weit ausladenden **Cathédrale Notre-Dame.** Von dieser Straße hat man den besten Blick auf die 1077 in Anwesenheit von Wilhelm dem Eroberer geweihte Kathedrale. Im 11. Jh. fiel die Kathedrale einem Brand zum Opfer, danach wurde sie gotisch wieder aufgebaut. Der oktogonale Vierungsturm wurde allerdings erst im 15. Jh. errichtet. Das Tympanon am Südquerschiff zeigt die Geschichte des heiligen Thomas Becket. Im Inneren der Kirche sind sowohl gotische als auch romanische Elemente zu finden. Die oberen Fenster und das Gewölbe stammen aus dem 13. Jh., die Arkaden aus dem 12. Jh. Ein sehr schönes Beispiel der normannischen Gotik ist der dreigeschossige Chor mit Umgang. Nachdem sich das Auge an die Dunkelheit in der **Krypta** gewöhnt hat, kann man die restaurierten Fresken mit musizierenden Engeln an den Säulenkapitellen sehen. Für den Rückweg nimmt man die schon bekannten Straßen St-Martin und St-Malo.

Essen

La Rapière, 14400 Bayeux, Rue Saint-Jean 53, Tel. +33 (0)2 31210545. Im schönen Ambiente am offenen Kaminfeuer kann man hier sehr gut speisen.

Einkaufen

Pâtisserie La Reine Mathilde, 14400 Bayeux, Rue St-Martin 47. Wunderbare kleine Kunstwerke von süßen Leckereien, im kleinen *salon de thé* kann man sie auch gleich genießen.

47 Camping Municipal, Bayeux (s. S. 143)

Sehenswertes

Tapisserie de Bayeux, 14400 Bayeux, Rue de Nesmond, Centre Guillaume le Conquérant, Tel. +33 (0)2 31512550, Öffnungszeiten: 15. März–15. Nov. 9–18.30 Uhr, 16. Nov.–14. März 9.30–12.30 und 14–18 Uhr, letzter Einlass 45 Min. vor Schließung, Eintritt: 9 €

Cathédrale Notre-Dame, 14400 Bayeux, Rue des Cuisiniers, Öffnungszeiten: Mitte Nov.–Febr. 9–17 Uhr, März–Juni 9–18 Uhr, Juli–Mitte Nov. 9–19 Uhr

ABSTECHER ZUM CHÂTEAU DE BALLEROY UND ZUR ABBAYE ST-VIGOR (hin und zurück 48 km)

Hinter Bayeux fährt man auf der D572 nach **Noron-la-Poterie.** Der Ort macht seinem Namen alle Ehre, denn links und rechts der Straße bieten Händler Töpferwaren an. In La Tuilerie nimmt man die D73 bis nach Balleroy. Das **Château de Balleroy** wurde zwischen 1626 und 1636 vom Architekten François Mansart erbaut. Seit 1970 gehört es der amerikanischen Verlegerfamilie Forbes, die hier in einem der Wirtschaftsgebäude ein **Ballonmuseum** eingerichtet hat. Darin erfährt man alles über die Fahrt mit gas- und heißluftbetriebenen Ballons. Die eleganten Innenräume des Schlosses mit aufwendigen Wandmalereien, Holzvertäfelungen, historischen Möbeln und kostbaren Porträts sind unbedingt sehenswert. Die im englischen Stil gehaltene Bibliothek von 1850 enthält mehr als 1600 Bücher.

Sehenswertes

Château de Balleroy, 14490 Balleroy, Tel. +33 (0)2 31210676, www.chateau-balleroy.com, Öffnungszeiten: 15. März–Juni, Sept.–15. Okt. Mi–Mo 10–12 und 14–18 Uhr, Juli, Aug. tgl. 10–18 Uhr, Eintritt: 9 € inkl. Museum, 7 € nur Schloss, 4,50 € Museum, 3 € Park

071nrm Abb.: gg

▲ *Das sehenswerte Château de Balleroy ist heute im Besitz der Verlegerfamilie Forbes*

Auf der D13 sind es 9 km zum kleinen Cerisy-la-Forêt mit seiner schönen Abbaye Saint-Vigor. „Eine Perle romanischer Architektur in der Basse-Normandie", nennt sie der Prospekt des Fremdenverkehrsbüros. 1032 gegründet, erlebte sie im 12. Jahrhundert ihre Blütezeit. Die Abteikirche ist innen außergwöhnlich hell. Die hohen schlanken Säulen geben ihr ein für einen romanischen Bau eher

Abendspaziergang in Cerisy-la-Fôret

Vom Stellplatz (s. S. 143) bei der Abtei geht man vor bis zur Straße und folgt ihr nach links. Bei den letzten Häusern des Dorfes biegt man in den Chemin Pedéstre Abbatiale ein (Markierung: gelb-roter Strich). Zwischen Weideflächen steigt das Sträßchen minimal an. Wenn die Straße nach links abzweigt, geht man auf einem Wiesenweg weiter geradeaus (Markierung: gelb-roter Strich). Nach ungefähr 300 m verzweigt sich der Weg in zwei schmale Pfade. Man wählt den rechten, der kurz abwärts führend auf einer schmalen Brücke einen Bachlauf überquert. Jenseits der Brücke steigt man bis zur Straße D13 hinauf. Auf ihr geht man nun nach rechts (Bezeichnung „Chemin Pedéstre Abbatiale"). Hinter Pferdeweiden erblickt man rechter Hand die Abbaye St-Vigor. Kurz vor dem Ortsschild von Cerisy-la-Fôret nimmt man die nach rechts abzweigende Rue de Sangles. Von ihr eröffnet sich immer wieder ein schöner Blick auf die Abtei – vor allem in den Abendstunden ein lohnendes Fotomotiv. Nach wenigen Minuten erreicht man den Stellplatz. Für diese kleine Abendrunde mit schöner Sicht auf die Abtei sollte man etwa eine halbe Stunde einplanen.

untypisches, leichtes und elegantes Aussehen. Neben der Kirche können noch die Klostergebäude mit Kapelle und Gerichtssaal besichtigt werden.

48 *Abtei Saint-Vigor, Cerisy-la-Fôret (s. S. 143)*

Sehenswertes

Abbaye St-Vigor, 50680 Cerisy la-Forêt, Rue Sangles, Tel. +33 (0)2 33573463, Öffnungszeiten: Ostern–15. Nov. Di–So 11–18 Uhr, Führungen Ostern–30. Juni, Sept. Di–So 10.30–12.30 und 14.30–18.30 Uhr, Juli, Aug. täglich, Okt. Sa, So 10.30–12.30 und 14.30–18.30 Uhr, Eintritt: 4 €, inkl. Führung 6 €

Nach einer ruhigen Nacht auf dem Stellplatz fährt man zurück bis zur D34. Hier steht schon ein Hinweisschild zum nächsten Ziel: **Le Molay-Littry.** Am Rande des lebhaften Marktstädtchens ist das **Musée de la Mine** zu finden. 1741 wurde hier eine Steinkohleader entdeckt und zwischen 1743 und 1880 abgebaut. Im Museum werden alte Werkzeuge, eine Dampfmaschine von 1800, ein 70 m langer rekonstruierter Bergwerksstollen und eine historische Feuerlöschpumpe gezeigt.

Sehenswert

Musée de la Mine, 14330 Le Molay-Littry, Rue de la fosse Frandemiche, N49.24203° W0.87925°, Tel. +33 (0)2 31228910, Öffnungszeiten: April–Sept. Di–So 10–12 und 14–18 Uhr, Eintritt: 5 €, mit Führung 7 €

Zurück fährt man über die D5 nach Bayeux und von dort auf der D516 nach Arromanches-le-Baines.

ARROMANCHES-LES-BAINS (10 km – km 136)

Information

Office de Tourisme, 14117 Arromanches-les-Bains, Rue Maréchal Joffre 2, Tel. +33 (0)2 31223645, www.arromanches.com, Öffnungszeiten: 10–12.30 und 14.30–18 Uhr

Essen

La Marine, 14117 Arromanches-Les-Bains, Quai du Cananda, Tel. +33 (0)2 31223419. Normannische Küche, modern zubereitet.

Arromanches-les-Bains spielte bei der Landung der Alliierten im Juni 1944 eine entscheidende Rolle. Am Strand sind heute noch gut die Überreste der künstlich angelegten Hafenanlage zu sehen. 230 sogenannte Phönixkästen aus 500.000 t Beton wurden dafür über den Ärmelkanal transportiert. Sie dienten als Wellenbrecher zum Schutz der Molenköpfe, von denen aus Pontonbrücken aus Leichtmetall an Land führten. Auf ihnen wurden täglich bis zu 9000 t Material an Land gebracht. Das **Musée du Débarquement** zeigt anhand von Modellen und Filmen den Bau und die Inbetriebnahme des künstlichen Hafens. Im **Cinéma Circulaire Arromanches 360°,** einem 360-Grad-Kino, wurden historische und neuere Aufnahmen zu einem packenden Film (Dauer 18 Min.) zusammengeschnitten. Neueste Spezialeffekte ergänzen das packende Spektakel.

49 *Beim Camping, Arromanches-les-Bains (s. S. 143)*

50 *Cinéma Circulaire Arromanches 360°, Arromanches-les-Bains (s. S. 144)*

Wanderung entlang der Küste

Diese einfache Wanderung führt zu den ockerfarbenen Klippen, aber auch zu den erschütternden Schauplätzen des Zweiten Weltkriegs (Dauer ca. 3:30 Std.).

Vom Stellplatz in Arromanches-les-Bains 49 *wandert man zuerst zum Strand, um einen Eindruck von dem künstlich angelegten Hafen der Alliierten zu erhalten. Bei Ebbe kann man zu einem der für die Landung am „D-Day" angelegten Wellenbrecher waten.*

Man wandert am Strand entlang nach links (Westen) und bei den letzten Häusern auf dem ansteigenden Teersträßchen bergan. Von oben hat man eine weite Sicht auf die Bucht mit den Betonwellenbrechern. Immer den gut sichtbaren schmalen Pfad entlang, hat man immer wieder eine wunderschöne Aussicht auf die Klippenküste. Vorsicht: Den Pfad nicht verlassen und nicht näher an den Steilabbruch gehen, die Kante ist sehr brüchig und es besteht Absturzgefahr! Nach 45 Min. Gehzeit kommt man am deutlich hervorspringenden Cap Manvieux vorbei. Nach ca. 1:35 Std. Gesamtgehzeit erreicht man die D104, die hier in einen Parkplatz mündet. Wer noch ein schönes Fotomotiv braucht, geht die Straße nach rechts hinunter in Richtung Meer. Ungefähr nach 10 Min. bietet sich ein guter Blick zurück auf die ockerfarbenen Klippen. Wieder oben nimmt man geradeaus den breiten Weg an der Felsenküste entlang. Rechts liegt nahe der Steilküste ein ehemaliger Befehlsstand der deutschen Wehrmacht und links tauchen vier deutsche Batterien auf. Der Weg windet sich nach links auf die deutschen Verteidigungsanlagen zu. Hier sind sogar noch die Geschütze zu sehen, die von hier aus bis zu 20 km weit schossen.

Weiter geht es am Informationszentrum vorbei und bei den ersten Häusern von Longues-sur-Mer nach links auf den geteerten Feldweg. Auf ihm läuft man immer geradeaus, bis er in ein Sträßchen mündet. Hier geht man links und kurz bevor man wieder auf den schon bekannten Klippenpfad kommt, zweigt nach rechts ein breiter Feldweg ab. Auf diesem wandert man teils mit weiß-roter Wegmarkierung bis zu den Häusern von Manvieux. Hier nicht in den Chemin de la Perroque nach rechts abbiegen, sondern sich links halten. Immer diesem Weg folgend, kommt man zum Cap Manvieux und von dort zurück zum Stellplatz.

072nrm Abb.: gg

Sehenswertes

Cinéma Circulaire Arromanches 360°, 14117 Arromanches-les-Bains, Chemin du Calvaire BP9, Tel. +33 (0)2 31060645, www.arromanches360.com, Öffnungszeiten: 1.-15 Febr. und 15. Nov.-Dez. 10.10-17.10 Uhr, 16. Febr.-März und 1.-15. Nov. 10.10-17.40 Uhr, April, Mai, Sept. 9.40-18.10 Uhr, Juni-Aug. 9.40-18.40 Uhr, Eintritt: 4,90 €, 5 € Parkgebühr

Musée du Débarquement, 14117 Arromanches-les-Bains, Place du 6 Juin, Tel. +33 (0)2 31223431, Öffnungszeiten: Febr., Nov., Dez. 10-12.30 und 13.30-17 Uhr, März, Okt. 9.30-12.30 und 13.30-17.30 Uhr, Apr. 9-12.30 und 13.30-18 Uhr, Mai-Aug. 9-19 Uhr, Sept. 9-18 Uhr, Eintritt: 7,50 €

ABSTECHER ZU EINER AUSTERNZUCHT

(hin und zurück 8 km)

Im kleinen Seebad Asnelles, 4 km östlich von Arromanches-les-Bains, kann man eine Austernzuchtstation besichtigen und Austern probieren. Da die Besichtigung nur bei Ebbe durchgeführt werden kann, muss man sich unbedingt vorher telefonisch anmelden. Man besucht die Austernbänke, ist bei der „Ernte" dabei und bekommt anschließend eine Kostprobe (Dauer 2 Std.). Wer will, kann hier auch Austern inklusive verschiedener Soßen kaufen. Um dort hinzukommen, fährt man auf der D514 durch Asnelles hindurch und wenn rechts die C2 nach Meuvaines abzweigt, nach links (Hinweisschild „La Calvadosienne"). Dann geht es immer geradeaus, bis links der Laden von **La Calvadosienne** im Chemin des Roquettes auftaucht

Von Arromanches fährt man weiter auf der D514 bis nach Longues-sur-Mer. Wer die letzte Wanderung nicht gemacht hat, hat hier die Gelegenheit, mit dem Wohnmobil zu der frei zugänglichen **Batterie Allemande** (deutsche Küstenbatterie) zu kommen. Dazu fährt man in **Longues-sur-Mer** bei der Ampel nach rechts und weiter bis zum Office de Tourisme. Hier gibt es vier teilweise unzerstörte deutsche Batterien mit 150-mm-Geschützen und einen Befehlsstand zu sehen. Die Einnahme der Geschütze mit ihrer enormen Reichweite spielte eine strategisch wichtige Rolle bei der Landung der Alliierten.

Sehenswertes

La Calvadosienne, N49.34105° W0.57186°, Tel. +33 (0)2 31213352, Öffnungszeiten: Mo-Fr 10-14.30 und 13.30-18.30 Uhr , Mo nur bis 18 Uhr, Sa 9.30-12.30 und 14.30-19 Uhr, nur Besichtigung 4,20 €, mit Austernverkostung 9 €

51 Steilküste, Longues-sur-Mer (s. S. 144)

Information

Office de Tourisme, 14400 Longues-sur-Mer, N49.34327° W0.69150°, Führungen (englisch oder französisch) durch die Batterie Allemande: Apr.-Juni und Sept.-Anfang Nov. Sa, So, Juli, Aug. täglich 10.15, 11.45, 14.15, 15.45 Uhr, Eintritt: 4 €

Essen

La Chaumière, 14400 Longues-sur-Mer, Rue de la Mer 10, Tel. +33 (0)2 31217872. Kleines Restaurant mit sehr guter, traditioneller Küche.

Zurück auf der D514 fährt man weiter nach **Port-en-Bessin-Huppain.**

Information

Office de Tourisme, 14520 Port-en-Bessin-Huppain, Quai Baron Gérard 40, Tel. +33 (0)2 31224580, Öffnungszeiten: Apr.-Okt.10-13 und 14-18 Uhr, Juli und Aug. bis 18.45 Uhr, Nov.-März Fr-So 10-13 und 14-17 Uhr

Der amerikanische Soldatenfriedhof wurde 2009 vom amerikanischen Präsidenten Barack Obama besucht

Im kleinen Hafen Port-en-Bessin-Huppain kann man den Fischern bei der Arbeit zusehen und in der Fischhalle frischen Fisch kaufen. Wer mehr über den Fischfang und den Hafen erfahren will, sollte eine geführte Hafenbesichtigung machen. Bei der Führung (auch auf Deutsch) wird die Hafengeschichte erzählt und eine Bootswerft sowie die Hafenanlagen besichtigt. Für den kleinen Hunger bietet sich das Café du Port mit Terrasse direkt am Hafen an.

Entlang dem **Omaha Beach** können von Port-en-Bessin-Huppain aus Bootsfahrten unternommen werden. Die Fahrten dauern 1:30 Std. und sind gezeitenabhängig, deshalb sollte man vorher telefonisch anfragen.

52 Tennisplätze, Port-en-Bessin-Huppain **(s. S. 144)**

Ver- und Ensorgung

N49.34264° W0.75231°

Super U, 3 €

Sehenswertes

Hafenbesichtigung, Treffpunkt: Centre Culturel, 14520 Port-en-Bessin-Huppain, Rue du Croiseur Mont Calm, Tel. +33 (0)2 31219233, Di–Sa 10–12 und 14–18 Uhr, So 14.30–18 Uhr, Preis: 5 €

Bootsfahrten, Näheres beim Office de Tourisme

53 Aire de Repos, Ste-Honorine-des-Pertes **(s. S. 144)**

Essen

L'Écailler, 14520 Port-en-Bessin-Huppain, Rue de Bayeux 2, Tel. +33 (0)2 31229216. Reiche Auswahl an Austern, Muscheln und Fischgerichten

Immer weiter auf der D514 kommt man in das nächste Seebad, nach **Ste-Honorine-des-Pertes.** Hier gibt es einen privaten Stellplatz.

In Colleville-sur-Mer eröffnete im Juni 2013 das **Overlord Museum Omaha Beach.** Es soll ein besseres Verständnis der Geschichte der Operation Overlord vermitteln. Der amerikanischen Soldatenfriedhof **(Cimetière américain)** liegt 1,2 km außerhalb des Ortes. Der seit 1956 bestehende Friedhof befindet sich auf einem 70 ha großen Gelände. 9387 marmorne Grabsteine und Tafeln mit 1557 eingravierten Namen von Vermissten erinnern an die Opfer der US-Streitkräfte, die am „D-Day" und in den darauffolgenden Schlachten ihr Leben verloren. Das angegliederte Besucherzentrum zeigt die Bedeutung und die Tragweite der Landung der alliierten Truppen am Morgen des 6. Juni 1944. In sehr eindringlichen Film- und Bilddokumentationen wird der größte Amphibienfahrzeugangriff der Geschichte gezeigt. Anhand von persönlichen Lebensdaten werden Einzelschicksale gefallener amerikanischer Soldaten auf anrührende Weise dem Besucher nahe gebracht.

Über die D514 kommt man nach St-Laurent-sur-Mer. Das **Musée Mémorial d'Omaha Beach** zeigt eine große Sammlung an Waffen, Fahrzeugen und Uniformen und erklärt mittels Archivfotos und -filmen die Landung der Alliierten am Omaha Beach und am Pointe du Hoc.

Sehenswertes

Cimetière américain, Omaha Beach, 14710 Colleville-sur-Mer, N49.35653° W0.85151°, Tel. +33 (0)2 31516200, Öffnungszeiten: 15. April–15. Sept. 9–18 Uhr, übrige Zeit 9–17 Uhr, Eintritt frei

Overlord Museum Omaha Beach, www.overlordmuseum.com. Öffnungszeiten: Nov.–Feb. 10–17 Uhr, März–Mai und Sept.–Okt. 10–18 Uhr, Juni–Aug. 9.30–19 Uhr, Eintritt: 6,90 €

54 La Ferme du Lavoir, Formigny **(s. S. 145)**

55 Camping Omaha Beach, Vierville-sur-Mer **(s. S. 145)**

Sehenswertes

Musée Mémorial d'Omaha Beach, 14710 St-Laurent-sur-Mer, Avenue de la Libération, N49.36710° W0.88174°, Tel. +33 (0)2 31219744, www.museememorial-omaha.com, Öffnungszeiten: 15. Feb.-15. März 10-12.30 und 14.30-18 Uhr, 16. März-15. Mai 9.30-18.30 Uhr, 16. Mai-15. Sept. 9.30-19 Uhr, 16. Sept.-15. Nov. 9.30-18.30 Uhr. Eintritt: 6 €

073nrm Abb.: gg

Für die Weiterfahrt Richtung Meer fährt man unmittelbar vor dem Strand auf das **Monument Commémorativ du Débarquement** (Denkmal zur Erinnerung an die Landung der Alliierten) zu. An dieser Stelle hatten sich am frühen Morgen des „D-Day" die ersten Truppenkontingente hinter Kiesaufschüttungen verschanzt. Für die tapferen Helden wurde von der Künstlerin Anilore Banon ein stählernes Mahnmal direkt im Sand errichtet. Im Ort neben der Straße kann man noch eine der Pontonbrücken aus dieser Zeit sehen.

Wieder auf der D514 macht man bei km 80 einen kleinen Umweg zum **Pointe du Hoc.** Hier an der Felsnase war eine wichtige deutsche Artilleriebatterie stationiert, die am 6. Juni 1944 von Soldaten der US-Armee unter schweren Verlusten eingenommen wurde. Sie erstürmten die deutschen Stellungen mithilfe von Seilen und Strickleitern über die 30 m hohe Steilküste.

Im kleinen Fischerdorf **Grandcamp-Maisy,** dem nächsten Ort an der D514, gibt es ebenfalls noch Erinnerungen an das Kriegsgeschehen. Ein Denkmal zu Ehren des 2. US-Rangerbataillons, die die deutsche Stellung am Pointe du Hoc erstürmten, steht im Zentrum. Am Ortseingang fällt an der D514 eine imponierende, silbern glänzende Friedensstatue auf.

074nrm Abb.: gg

Von Grandcamp-Maisy fährt man auf der D113 7 km nach **La Cambe** und dann weiter zum **deutschen Soldatenfriedhof** (N49.34304° W1.02733°, ausgeschildert). Schon bei der Anfahrt fallen die 1200 kugelförmigen Ahornbäume ins Auge, die einen Friedenspark bilden und die Zufahrtsstraße zum Friedhof säumen. Baumpaten setzen so mit ihrer Spende von 250 € ein lebendiges Zeichen für den Frieden. 21.139 deutsche Soldaten sind auf dem Friedhof beigesetzt. Die Anlage des Geländes wurde 1958 mithilfe eines internationalen Jugendlagers bewältigt. Es stand unter dem Moto „Versöhnung über den Gräbern". Das Gräberfeld mit Namensplatten aus Keramik, Kreuzen und zwei großen Basaltfiguren wurde 1961 eingeweiht.

Ein kleines Informationszentrum dokumentiert sehr persönliche Einzelschicksale von Soldaten, aber auch der Weg hin zur Versöh-

56 *La Ferme Rouge Fosse, Englesqueville-la-Percee (s. S. 145)*

57 *Stadtrand, Grandcamp-Maisy (s. S. 145)*

▲ *Die gigantische Befestigungsanlage der deutschen Wehrmacht*

075nrm Abb.: gg

▲ *Auf dem deutschen Friedhof ruhen 21.139 Soldaten*

nung zwischen den einst verfeindeten Nachbarn Deutschland und Frankreich.

Auf der vierspurigen N13 ist man rasch in **Isigny-sur-Mer** (Abfahrt „Isigny-sur-Mer Centre").

ISIGNY-SUR-MER

(51 km – km 187)

Die kleine Stadt ist seit dem 17. Jh. bekannt für ihre hervorragenden Molkereiprodukte. Besonders die gesalzene Butter ist auch in Deutschland bei Feinschmeckern sehr beliebt. Eine Besichtigung des Molkereibetriebes **Isigny Ste-Mère** ist nach vorheriger telefonischer Anmeldung möglich. Dabei kann man sehen, wie Butter, Sahne oder Käse wie der Pont L'Évêque oder der Camembert hergestellt werden. Eine Degustation der Produkte schließt sich an. Im Laden der Molkerei werden das ganze Jahr über die sehr guten Erzeugnisse verkauft. Man erreicht die Molkerei über die D613. Sie befindet sich direkt hinter dem Ortsendeschild von Isigny-sur-Mer auf der linken Seite.

Und noch einen weiteren Gaumenschmaus gibt es in Isigny-sur-Mer: Karamellbonbons. Bei **Caramels d'Isigny** kann man von Montag bis Freitag um 10 Uhr die Bonbonproduktion besichtigen. Der Produktionsablauf wird leider nur auf Französisch erklärt, aber natürlich bekommt man auch hier Kostproben. Anschließend kann man sich und seine Lieben im Laden mit Süßigkeiten wie Karamelpopcorn, -sirup, -brotaufstrich und -bonbons in den verschiedensten Geschmacksrichtungen eindecken. Zur Karamellfabrik fährt man über die D5 stadtauswärts. Beim Kreisverkehr (links Renault-Autohändler, rechts McDonald's) die erste Straße nach rechts (Z.A. Isypole) abfahren und weiter geradeaus zur Fabrik.

Information

Office de Tourisme, 14230 Isigny-sur-Mer, Rue Émile Demagny 16, Tel. +33 (0)2 31214600, http://isigny-grandcamp-intercom.com, Öffnungszeiten: Mo–Sa 9.30–13 und 14.30–18.30, So 9.30–13 Uhr

58 Fluss Aure, Isigny-sur-Mer (s. S. 145)

Einkaufen

Au Caïen d'Isigny, 14230 Isigny-sur-Mer, Rue du Docteur Boutrois 55, Tel. +33 (0)2 31519898. Hier kann man Austern und Muscheln probieren und kaufen.

Sehenswertes

Isigny Ste-Mère, 14230 Isigny-sur-Mer, Rue du Docteur Boutrois 2, Tel. +33 (0)2 31513388, Öffnungszeiten: Di, Mi, Fr, Sa 10–13 und 14–17 Uhr. Besichtigung der Produktion nach telefonischer Anmeldung (3 €)

Caramels d'Isigny, 14230 Isigny-sur-Mer, Rue du 19 Mars 1962, N49.31013° W1.10125°, Tel. +33 (0)2 31516650, Öffnungszeiten: Jan. 8.30–17 Uhr, Feb.–März und Okt.–Dez. Mo–Fr 8.30–18 Uhr, Sa 9.30–12.30 und 14–18.30 Uhr, Apr.–Sept. Mo–Fr 8.30–19 Uhr, Sa 9.30–12.30 und 14–18.30 Uhr. Produktionsbesichtigung Apr.–Sept. Mo–Fr 10 Uhr. Eintritt: kostenlos.

Essen

La Flambée, 14230 Isigny-sur-Mer, Rue Emile Demagny, Tel. +33 (0)2 31517096. Ganz in der Nähe des Stellplatzes gibt es traditionelles Essen und Gegrilltes vom Holzfeuer.

STELL- UND CAMPINGPLÄTZE ENTLANG DER ROUTE

39 *Château, Falaise*

N48.89265° W0.20327°

Freier Stellplatz direkt unterhalb des Schlosses von Falaise, Lage gut, aber laut (Ausfallstraße). **Lage/Anfahrt:** Von der Touristeninformation über die Rue de la Libération 500 m zum Platz; **Platzanzahl:** 5; **Untergrund:** Asphalt; **Ver-/Entsorgung:** Ver- und Entsorgung an der Tankstelle des Carrefour-Supermarktes; **Preise:** kostenlos; **Geöffnet:** frei zugänglich

40 *Le Bout de la Ville, Clinchamps-sur-Orne*

N49.08290° W0.40027°

Privater Stellplatz auf einem gepflegten Wiesengelände an einem Bauernhof. Einfache, aber saubere Sanitäranlage. Sehr freundliche und bemühte Besitzer. Lage sehr gut und sehr ruhig. **Lage/Anfahrt:** Von der N158 bei Lorguichon auf die D41 abfahren und auf dieser bis Clinchamps-sur-Orne, ausgeschildert; **Platzanzahl:** 20; **Untergrund:** Wiese; **Ver-/Entsorgung:** Strom, Trinkwasser, Chemie-WC; **Sicherheit:** umzäunt, beleuchtet, bewacht; **Preise:** 3 €/Fahrz., 3 €/Pers., Strom 3,50 €; **Geöffnet:** April–Anfang Oktober; **Kontakt:** 14320 Clinchamps-sur-Orne, Rue du Village 23, Tel. +33 (0)2 31799417, Mobil-Tel. (0)6 63056666, www.campingduboutdelaville.com

Der Stellplatz von Courseulles-sur-Mer 44 ist vom Strand nur durch Appartementhäuser getrennt

076nrm Abb.: gg

41 Strand, Ouistreham

N49.28775° W0.24964°

Offizieller Stellplatz hinter den Dünen, sehr gut besucht, Lage gut, aber durch an- und abfahrende Fähren laut. **Lage/Anfahrt:** In Ouistreham Richtung Car-Ferry mit Lastwagensymbol fahren, daran vorbei und 600 m zum Platz; **Platzanzahl:** 40; **Untergrund:** Asphalt; **Ver-/Entsorgung:** Trinkwasser, Abwasser, Chemie-WC; **Preise:** 8 € (Kartenzahlung) inkl. Ver- und Entsorung; **Max. Stand:** 1 Nacht; **Geöffnet:** frei zugänglich

42 St-Aubin d'Arquenay, Colleville-Montgomery

N49.27103° W0.29891°

Offizieller mit Hecken unterteilter Stellplatz, kassiert wird einmal am Tag. Lage gut und ruhig. **Lage/Anfahrt:** Von Colleville-Montgomery-Plage auf die D60a Richtung Colleville-Montgomery und durch den Ort hindurch Richtung St-Aubin fahren, ausgeschildert; **Platzanzahl:** 9; **Untergrund:** Wiese; **Sicherheit:** umzäunt, beleuchtet; **Preise:** 5 €/Fahrz.; **Geöffnet:** frei zugänglich

43 Oasis Camping, Lion-sur-Mer

N49.30385° W0.32092°

Platz mit befriedigender Sanitärausstattung, vom Meer durch die Strandpromenade getrennt. Lage ist je nach Stellplatz gut bis befriedigend. **Lage/Anfahrt:** Man durchfährt Lion-sur-Mer in Richtung Luc-sur-Mer. Am Ortsende von Lion-sur-Mer liegt der Platz an der rechten Straßenseite; **Platzanzahl:** 139; **Untergrund:** Wiese; **Ver-/Entsorgung:** Strom, Trinkwasser, Abwasser, Chemie-WC; **Sicherheit:** umzäunt, beleuchtet, bewacht; **Preise:** 17–20 € inkl. 2 Pers., Strom, Dusche; **Geöffnet:** April–September; **Kontakt:** 14780 Lion-sur-Mer, Boulevard National, Tel. +33 (0)2 31972136, www.campings-plage.fr

44 Beim Campingplatz, Courseulles-sur-Mer

N49.33482° W0.44519°

Offizielle Stellplätze, vom Strand durch vierstöckige Häuserreihe getrennt. Zum Zentrum 500 m. Lage befriedigend und relativ ruhig. **Lage/Anfahrt:** Im Ort den Hinweisschildern zum Campingplatz Champ de Course folgen. Der Stellplatz (Avenue de la Libération) ist direkt daneben; **Platzanzahl:** 11; **Untergrund:** Asphalt; **Ver-/Entsorgung:** Trinkwasser, Abwasser, Chemie-WC; **Sicherheit:** umzäunt, beleuchtet; **Preise:** April–September 6,20 €/Fahrz., übrige Zeit ohne Ver- und Entsorgung kostenlos; **Geöffnet:** ganzjährig

45 Camping Canadian Scottish, Graye-sur-Mer

N49.33836° W0.47800°

Platz direkt hinter den Dünen mit befriedigender Sanitärausstattung. Lage gut und ruhig. **Lage/Anfahrt:** Von der Küstenstraße D514 bei der Ampel in Richtung Strand abbiegen, ausgeschildert; **Platzanzahl:** 234; **Untergrund:** Wiese; **Ver-/Entsorgung:** Strom, Trinkwasser, Abwasser, Chemie-WC; **Sicherheit:** umzäunt, beleuchtet, bewacht; **Preise:** 13,50–14 €/Fahrz. inkl. 2 Pers., Strom 3,90 €, Hund 2,10–2,40 €; **Geöffnet:** April–Mitte September; **Kontakt:** 14470 Graye-sur-Mer, Route d'Arromanches, Tel. +33 (0)2 31374523, http://campingsitecanadianscottishgb.jimdo.com

▶ *Der Stellplatz beim Camping von Arromanches-les-Bains*

46 Place Despallières, Bayeux

N49.28035° W0.70760°

Offizielle Stellplätze auf dem großen Busparkplatz. Von hier sind es 600 m bis ins Zentrum. Während des Marktes am Samstagvormittag besteht allerdings kaum eine Möglichkeit zu parken. Lage ausreichend und laut. **Lage/Anfahrt:** Man folgt zunächst den Hinweisschildern zum Campingplatz. Bei der Sporthalle „Salle Pierre de Coubertin“ weiter geradeausfahren und den Hinweisschildern „P Bus“ folgen; **Platzanzahl:** 5; **Untergrund:** Asphalt; **Ver-/Entsorgung:** seit längerem kaputt, soll repariert werden; **Sicherheit:** beleuchtet; **Preise:** 2 €/10 Min. Wasser; **Geöffnet:** frei zugänglich

47 Camping Municipal, Bayeux

N49.28401° W0.69786°

Ein gärtnerisch recht schön gestalteter Campingplatz mit einer befriedigenden Sanitärausstattung. Die Lage ist gut, aber laut (Ausfallstraße). **Lage/Anfahrt:** Innerhalb von Bayeux ausgeschildert; **Platzanzahl:** 140; **Untergrund:** Wiese; **Ver-/Entsorgung:** Strom, Trinkwasser, Abwasser, Chemie-WC; **Sicherheit:** umzäunt, beleuchtet, bewacht; **Preise:** 4,61 €/Fahrz., 4,26 €/Pers., Strom 3,76 €; **Geöffnet:** Mitte April–September; **Kontakt:** 14400 Bayeux, Boulevard Eindhoven, Tel. +33 (0)2 31920843, www.camping-bayeux.fr

▼ *Kunst und Natur findet man auf dem Stellplatz bei der Abtei Saint-Vigor*

208nrm Abb.: gg

48 Abtei Saint-Vigor, Cerisy-la-Fôret

N49.19847° W0.93245°

Ein offizieller Stellplatz bei einem kleinen See mit Picknicktischen und vielen großen Steinskulpturen. Der Platz ist etwas abschüssig und wird 2013 neu angelegt (Übernachtungen sind trotzdem möglich). Lage gut und sehr ruhig. **Lage/Anfahrt:** An der Abteikirche vorbeifahren und am See nach links abbiegen; **Platzanzahl:** 3; **Untergrund:** Schotter; **Ver-/Entsorgung:** Strom, Trinkwasser, Chemie-WC; **Preise:** 2 €/10 Min. Wasser oder 60 Min. Strom; **Geöffnet:** frei zugänglich

078nrm Abb.: gg

49 Beim Camping, Arromanches-les-Bains

N49.33909° W0.62580°

Offizielle zentrumsnahe Stellplätze. Lage befriedigend und relativ ruhig. **Lage/Anfahrt:** Durch den Ort hindurch ausgeschildert; **Platzanzahl:** 14; **Untergrund:** Asphalt; **Ver-/Entsorgung:** Strom, Trinkwasser, Chemie-WC; **Sicherheit:** beleuchtet; **Preise:** 2,00 €/10 Min. Wasser oder 60 Min. Strom; **Geöffnet:** frei zugänglich

Ein traumhafter Stellplatz an der Steilküste in Longues-sur-Mer

079nrm Abb.: gg

50 Cinéma Circulaire Arromanches 360°, Arromanches-les-Bains

N49.33930° W0.61390°

Auf dem Parkplatz des Kinos oberhalb der Steilküste mit herrlicher Aussicht. Lage sehr schön und nachts ruhig. **Lage/Anfahrt:** Den Hinweisschildern zum „Cinéma Circulaire Arromanches 360°" folgen; **Platzanzahl:** 20; **Untergrund:** Schotter; **Sicherheit:** umzäunt; **Preise:** 5 €/Fahrz., Übernachtung von 18–10 Uhr kostenlos; **Geöffnet:** Februar–Dezember

51 Steilküste, Longues-sur-Mer

N49.34572° W0.69023°

Freier Stellplatz in traumhafter Lage direkt oberhalb der Steilküste. **Lage/Anfahrt:** Man verlässt Arromanches auf der D514 und kommt auf ihr nach Longues-sur-Mer. Am Ortsanfang bei der Ampel nach rechts und weiter bis zum Office de Tourisme fahren. Hier jedoch nicht nach links, sondern geradeaus bis zum Parkplatz; **Platzanzahl:** 3; **Untergrund:** Schotter; **Preise:** kostenlos; **Geöffnet:** frei zugänglich

52 Tennisplätze, Port-en-Bessin-Huppain

N49.34558° W0.75845°

Offizielle zentrumsnahe Stellplätze beim Tennisplatz (Rue du 11 Novembre). Lage befriedigend und relativ ruhig. **Lage/Anfahrt:** Im Ort mit Womopiktogramm und „Tennis" ausgeschildert; **Platzanzahl:** 15; **Untergrund:** Schotter; **Preise:** 3,50 €/Fahrz.; **Geöffnet:** ganzjährig

53 Aire de Repos, Ste-Honorine-des-Pertes

N49.34845° W0.81652°

Privater, gepflegter Platz neben einer Autowerkstatt mit Tankstelle. Lage befriedigend und relativ ruhig. **Lage/Anfahrt:** Von der D514 bei der Garage Vally nach links abbiegen; **Platzanzahl:** 40; **Untergrund:** Wiese; **Ver-/Entsorgung:** Strom, Trinkwasser, Abwasser, Chemie-WC; **Sicherheit:** umzäunt, beleuchtet; **Preise:** 6 €/Fahrz., Entsorgung 1 €, Ver- und Entsorgung 2,50 €; **Geöffnet:** ganzjährig

54 *La Ferme du Lavoir, Formigny*

N49.34085° W0.89650°

Privater Stellplatz bei einem Bauernhof mit Pferden, nett angelegtes, parzelliertes Gelände. Lage gut und ruhig. **Lage/Anfahrt:** Von der D514 in St-Laurant-sur-Mer auf die D517 nach Formigny abbiegen, 3 km bis zum Platz, ausgeschildert; **Platzanzahl:** 6; **Untergrund:** Schotter/Wiese; **Ver-/Entsorgung:** Trinkwasser, Abwasser, Chemie-WC, Toilette; **Preise:** 10 €; **Geöffnet:** ganzjährig; **Kontakt:** Tel. +33 (0)2 31225689, www.fermedulavoir.fr

55 *Camping Omaha Beach, Vierville-sur-Mer*

N49.37970° W0.90850°

Platz mit befriedigender Sanitärausstattung in sehr schöner, ruhiger Lage mit Aussicht auf die Steilküste. **Lage/Anfahrt:** Von der D514 ausgeschildert; **Platzanzahl:** 293; **Untergrund:** Wiese, Sand; **Ver-/Entsorgung:** Strom, Trinkwasser, Abwasser, Chemie-WC; **Sicherheit:** umzäunt, beleuchtet, bewacht; **Preise:** 5,90–6,90 €/Fahrz., 5,90–6,90 €/Pers., Strom 5,50 €, Hund 2 €; **Geöffnet:** April–September; **Kontakt:** 14710 Vierville-sur-Mer, Rue de la Hérode, Tel. +33 (0)2 31224173, www.camping-omaha-beach.fr

56 *La Ferme Rouge Fosse, Englesqueville-la-Percee*

N49.38750° W0.94845°

Wunderschöner privater Stellplatz hinter einem Bauernhof mit Kühen, nett angelegtes, parzelliertes Gelände. Man wird herzlich empfangen und Kinder dürfen gern auf dem Hof mithelfen. Lage sehr gut und sehr ruhig. **Lage/Anfahrt:** Von der D514 in Englesqueville ausgeschildert; **Platzanzahl:** 6; **Untergrund:** Schotter/Wiese; **Ver-/Entsorgung:** Trinkwasser, Abwasser, Chemie-WC, Toilette; **Preise:** 5 € inkl. Strom, 3 € Ver- und Entsorgung; **Geöffnet:** ganzjährig; **Kontakt:** Tel. +33 (0)2 31518526

57 *Stadtrand, Grandcamp-Maisy*

N49.38623° W1.03858°

Offizieller Stellplatz, nett angelegtes, parzelliertes Gelände. Lage gut und ruhig. **Lage/Anfahrt:** Von der D514 vor dem Zentrum bei einem kleinen Steinturm mit Fahne nach links in die Rue du Moulin Odo abbiegen, ausgeschildert; **Platzanzahl:** 14; **Untergrund:** Schotter; **Ver-/Entsorgung:** Trinkwasser, Abwasser, Chemie-WC; **Preise:** kostenlos, Wasser 2,50 €, Jetons im örtlichen Handel; **Max. Stand:** 2 Nächte; **Geöffnet:** frei zugänglich

58 *Fluss Aure, Isigny-sur-Mer*

N49.32135° W1.10425°

Offizielle Stellplätze am Fluss Aure, zentrumsnah, nur zwei Plätze sind auch für Fahrzeuge über 6 m Länge geeignet. Lage befriedigend und relativ ruhig. **Lage/Anfahrt:** Auf der D613 stadtauswärts fahren, vor dem Fluss Aure nach links in den Quai A. Briand abbiegen, geradeaus bis zum Platz (links), oder von der D613 bei der Ausfahrt „Isigny Port" abfahren, geradeaus und nach der Aure rechts; **Platzanzahl:** 6; **Untergrund:** Asphalt; **Ver-/Entsorgung:** Strom, Trinkwasser, Abwasser, Chemie-WC; **Sicherheit:** beleuchtet; **Preise:** 2 €/10 Min. Wasser oder 60 Min. Strom; **Geöffnet:** frei zugänglich

VOM MEER UMTOSTE FELSENKAPS, SANDBUCHTEN UND DIE BOCAGE

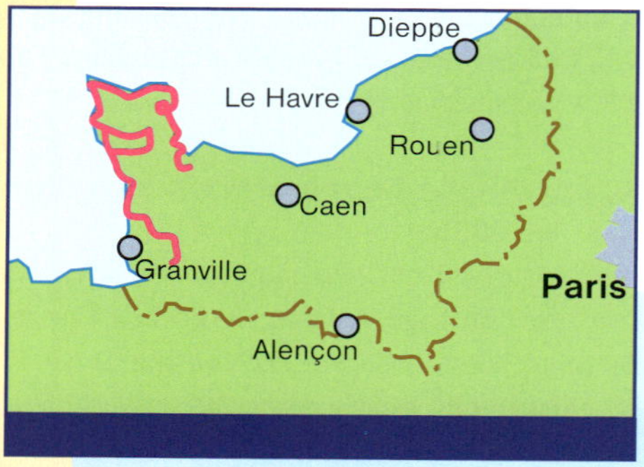

Einem Finger gleich ragt die Halbinsel Cotentin in den Ärmelkanal. An der Küste wechseln sich steile Klippen mit Sandbuchten und kleinen Fischerhäfen ab. Wanderungen mit wunderschöner Aussicht lassen sich entlang der vom Meer umspülten Felsenkaps oder in weiter Dünenlandschaft unternehmen. Cherbourg ganz im Norden des Cotentin besitzt den größten künstlich angelegten Hafen der Welt. Liebevoll angelegte Parks mit zum Teil tropischen Pflanzen rund um Märchenschlösser sind zur Besichtigung freigegeben. Das dünn besiedelte Landesinnere mit seiner typischen Bocage-Landschaft wird nur wenig von Touristen besucht, dabei ist die von Steinwällen und Hecken geprägte Region mit malerischen Dörfern wie Villedieu-les-Poêles und der Abbaye de Hambye durchaus reizvoll. Sainte-Mère-Église und Utah Beach erinnern dagegen an die Schrecken des Zweiten Weltkrieges, aber auch an eine menschliche Geste inmitten der unmenschlichen Ereignisse.

080nrm Abb.: gg

ROUTE 5

› Routenübersicht Seite XXIV

STRECKENVERLAUF

Strecke: Isigny-sur-Mer – Carentan (12 km) – Sainte-Mère-Église (33 km) – Abstecher zur Batterie d'Azeville (insgesamt 14 km) – Quinéville (16 km) – Abstecher ins Tal der Saire (Rundfahrt 15 km) – St-Vaast-la-Hougue (13 km) – Barfleur (13 km) – Château des Ravalet (36 km) – Cherbourg-Octeville (5 km) – Abstecher zum Parc Floral du Château de Martinvast (hin und zurück 16 km) – Cap de la Hague (34 km) – Abstecher durch das Landesinnere (65 km) – Barneville-Carteret (70 km) – Lessay (29 km) – Abstecher nach Gratot (hin und zurück 5 km) – Coutances (26 km) – Villedieu-les-Poêles (38 km)

Streckenlänge: ohne Abstecher 325 km
mit Abstecher 440 km

CARENTAN (12 km – km 12)

Parken

N49.30435° W1.24183°
Place Desplanques Dumesnil. Offizieller Stellplatz der Stadt mit allerdings nur zwei reservierten, sehr engen und kurzen Plätzen.

Information

Office de Tourisme des Marais de Carentan, 50500 Carentan, Place de la République 24, Tel. +33 (0)2 33712350, www.ot-carentan.fr, Öffnungszeiten: Mo–Fr Okt.–März 9.30–12.30 und 13.30–18 Uhr, Apr.–Juni und Sept. Mo–Sa 9.30–12.30 und 13.30–18.30 Uhr, Juli, Aug. Mo–Fr 9–18.30 Uhr, Sa 9–12.30 und 14–18.30 Uhr, So 10–13.30 Uhr

Auf der vierspurigen N13 fährt man rasch die 12 km von Isigny-sur-Mer bis nach Carentan. Die Stadt liegt im **Parc Naturel Régional des Marais du Cotentin et du Bessin,** einem Landschaftsschutzgebiet mit Sümpfen und Feuchtwiesen. Hier auf dem fetten Grasland weiden Kü-

Parc Naturel Régional des Marais du Cotentin et du Bessin

Im Herzen des Départements Manche liegt dieser Naturpark, von dem ein Teil noch in das Bessin im Département Calvados ragt. Er umfasst ein Gebiet von 145.000 ha, davon sind 30.000 ha Feuchtgebiete. Tausende Rinder werden alljährlich meist Ende April auf die Sümpfe und Feuchtwiesen entlang der Flüsse Douve und Taute getrieben. Spezielle Hirten, die „Gardiens des Marais", beaufsichtigen die Tiere. Die Beweidung der Marschlandschaft ist für deren Erhalt von außerordentlicher Bedeutung. Ohne sie gewännen in kürzester Zeit Bäume und Sträucher die Oberhand, mit der Folge, dass das Marschland zusehends verlanden würde. Auf zahlreichen Wanderungen kann der Naturpark erforscht werden. Eine gute Karte mit markierten und beschriebenen Wanderungen erhält man im Maison du Parc.

◀ *Vorseite: Häufig werden zur Befestigung von Reetdächern Schwertlilien gepflanzt*

▲ *Die bunten Kirchenfenster der Église Notre-Dame strahlen noch wie im 16. Jh.*

he und liefern Milch für die unnachahmlich gute Butter. In Carentan, das auch „Capitale des Marais" („Hauptstadt der Sümpfe") genannt wird, finden regelmäßig große Viehmärkte statt. Über die Rue Holgate mit vielen Geschäften erreicht man den Place de la République und weiter geradeaus die Rue de la Halle mit ihren mittelalterlichen Arkadengängen. Unter der von zehn Pfeilern gedeckten Galerie wurde ab dem 14. Jh. Markt abgehalten. Diese Bauweise ist einmalig in der Normandie. Sich links haltend kommt man zur **Église Notre-Dame** mit ihrem achteckigen Turmhelm. Begonnen wurde der Bau im 11. Jh., 1443 wurde er von den Engländern zerstört und im 15. bis 16. Jh. in seiner heutigen Gestalt wieder aufgebaut.

59 *Camping le Haut Dick, Carentan* ***(s. S. 181)***

Auf der D913 geht die Fahrt Richtung St-Côme-du-Mont. Ungefähr 1,5 km hinter dem Ortsende von Carentan biegt man beim Hinweisschild „Ponts d'Ouve" nach links auf den Parkplatz ab. Hier im Maison du Parc bekommt man Informationen zum **Parc Naturel Régional des Marais du Cotentin et du Bessin** und kann zu einer interessanten Bootsfahrt durch das Sumpfgebiet starten. Es werden von Mai bis September Halbtages- und Ganztagesfahrten durchgeführt.

Sehenswertes

Maison du Parc, 50500 Saint-Côme-du-Mont, Village Ponts d'Ouve 3, N49.32014° W1.26506°, Tel. +33 (0)2 33716530, Öffnungszeiten: Jan.–März und Okt.–Dez. 9.30–13 und 14–17.30 Uhr, März–Sept. 9.30–19 Uhr. Eintritt: 5 €

Promenades fluviales, 50500 Saint-Côme-du-Mont, Village Ponts d'Ouve 3, Tel. +33 (0)2 33715581, Mai–Sept. Halbtagesfahrt (12 €): 9.30 und 15 Uhr, Ganztagesfahrt (19 €): 9.30 Uhr

Auf der D913 geht die Fahrt weiter Richtung Küste. Schon von Weitem grüßt der prächtige Renaissancekirchturm von **Sainte-Marie-du-Mont.** Auf einem weiten, kreisförmig von Häusern umgebenen Platz steht die Kirche aus dem 11. bis 16. Jh. Man betritt das Gotteshaus durch ein Portal aus dem 16. Jh. Im Innern sollte man einen Blick auf die erste Säule rechts werfen. Am Kapitell ist eine Hirschkuh zu sehen, die sich in den Schwanz beißt.

Auf der Straße Richtung Strand kommt man am Denkmal für 800 gefallene dänische Matrosen vorbei. Am Utah Beach landeten Truppen der Alliierten zur Befreiung des von den Deutschen besetzten Frankreichs. Ein

Strandspaziergang ins Vogelschutzgebiet

Man kann einen sehr schönen Spaziergang am einsamen Strand und in den Dünen mit beliebiger Dauer unternehmen. Vom Museé du Débarquement (s. S. 150) geht man dazu auf dem wunderschönen, weitläufigen Dünengelände nach rechts in südlicher Richtung. Außerhalb der Hauptsaison wird man hier nur selten einem Menschen begegnen. Nach einiger Zeit stößt man auf Schilder, die darauf hinweisen, dass man sich in einem Vogelschutzgebiet (La réserve naturelle de Beauguillot) befindet. Hierher kommen Gänse und Enten zum Überwintern. Viele Vogelarten nutzen das Gebiet als Stopp bei ihrem Zug in den Süden. Für den Rückweg spaziert man am Strand entlang und kann bei Ebbe den Austernfischern mit ihren Traktoren bei der „Ernte" zusehen.

082nrm Abb.: gg

60 **Parkplatz, Utah Beach (s. S. 181)**

Dünenstück wurde von der Gemeinde Ste-Marie-du-Mont gestiftet und ist heute amerikanisches Territorium. Darauf erhebt sich eine Stele zu Ehren der gefallenen Soldaten. Im **Musée du Débarquement** sind Waffen, Ausrüstungsgegenstände und ein Dokumentarfilm über die Landung zu sehen.

Sehenswertes

Musée du Débarquement, Utah Beach, Tel. +33 (0)2 33715335, www.utah-beach.com, Öffnungszeiten: Febr., März, Nov. 10–17.30 Uhr, April, Mai, Okt. 10–18 Uhr, Juni–Sept. 9.30–19 Uhr, Eintritt: 7,50 €

61 **Camping Le Cormoran, Ravenoville (s. S. 181)**

Immer an der Küste entlang fährt man auf der D421 in nördlicher Richtung. Unterwegs kommt man am Denkmal für Général Leclerc vorbei, der hier am 1. August 1944 mit seinen Truppen landete.

In Ravenoville-Plage geht es dann auf der D15 landeinwärts Richtung Sainte-Mère-Église.

SAINTE-MÈRE-ÉGLISE (33 km – km 45)

▲ *In welch unangenehmer Lage sich der Soldat John Steele befand, wird an dieser Puppe deutlich*

In der Nacht vom 5. auf den 6. Juni 1944 landete in Sainte-Mère-Église die amerikanische **82nd Airborne Division,** die die Zugänge zum Utah Beach freikämpfen sollte. **John Steele,** einer dieser Fallschirmspringer, blieb jedoch mit seinem Fallschirm am Kirchturm hängen. Er musste mehrere Stunden tatenlos den Kämpfen zu seinen Füßen zusehen, bis er endlich – vom Deutschen Rudolf May – aus seiner misslichen Lage befreit wurde. Er kam in deutsche Gefangenschaft, aus der er aber nach wenigen Tagen fliehen konnte. Nach dem Krieg hat er noch einige Male Sainte-Mère-Église besucht. Heute hängt zur Erinnerung an John Steele eine Puppe mit Fallschirm am Kirchturm.

Ein Glasfenster an der Giebelseite der Kirche behandelt ebenfalls die Befreiung der Stadt durch Fallschirmjäger. Auch das **Musée Airborne,** dessen Dachkonstruktion einem Fallschirm gleicht, nimmt sich dieser schicksalsreichen Ereignisse an. Ziemlich unpassend im Hinblick auf diesen so verlustreichen Krieg wirken die in Militariahandlungen im Ort ausgestellten Kinderuniformen. Wie ein kleiner Soldat, einschließlich Stahlhelm und Gewehr, kann der Sprössling hier eingekleidet werden.

Vor dem Rathaus der Stadt beginnt mit dem **Borne 0 de la Voie de la Liberté** (Markierungsstein des Weges der Freiheit), der mit vielen 1,20 m hohen und 435 kg schweren Steinen gekennzeichnete Weg von General Patton, der mit der 3. US-Armee von hier über Metz bis nach Sainte-Ode in der Nähe von Bastogne in Belgien marschierte und das Land von den Nazis befreite.

Auf dem Beauvais-Bauernhof **(Ferme-Musée du Cotentin)** aus dem 17. Jh. wurde alles zusammengetragen, was es an bäuerlichem Inventar aus vergangenen Zeiten gibt. Landwirtschaftliche Maschinen, Möbel, Haushaltsgegenstände sowie eine Molkerei aus dem letzten Jahrhundert geben einen umfassenden Einblick in das Leben auf einem normannischen Bauernhof. Auf dem Hofgelände tummeln sich Hühner, Gänse, Enten, Esel, Hasen und Schafe.

Sehenswertes

Musée Airborne, 50480 Sainte-Mère-Église, Rue Eisenhower 14, Tel. +33 (0)2 33414135, www.airborne-museum.org, Öffnungszeiten: Febr.–März und Okt.–Dez. 10–17 Uhr, April–Sept. 9–18.45 Uhr, Eintritt: 7 €

Ferme-Musée du Cotentin, 50480 Sainte-Mère-Église, Chemin de Beauvais, Tel. +33 (0)2 33954020, Öffnungszeiten: April–Juni und Sept. 14–18 Uhr, Juli, Aug. 11–19 Uhr, Eintritt: 4,50 €

ABSTECHER ZUR BATTERIE D'AZEVILLE

(insgesamt 14 km)

Nicht nur wer sich für die deutschen Batterien interessiert sollte diesen Abstecher machen, denn schon die Fahrt durch die schöne Sumpflandschaft des Marais de Cotentin lohnt den Umweg. Entwässerungskanäle durchziehen die fetten Wiesen und überall grasen die „glücklichen“ Marais-Kühe.

Zunächst fährt man auf der D15, derselben Straße wie bei der Hinfahrt, zurück. Nach 3 km nimmt man die D115 und später die D269 nach Azeville. In dem kleinen Dorf kann man eine deutsche Batterie **(Batterie d'Azeville)** bestehend aus vier mächtigen Bunkern, 350 m unterirdischen Verbindungsgängen, einem Aufenthaltsraum und Ru-

Information

Office de Tourisme, 50480 Sainte-Mère-Église, Rue Eisenhower 6, Tel. +33 (0)2 33210033, www.sainte-mere-eglise.info, Öffnungszeiten: Apr.–Juni Mo–Sa 9–13 und 14–18 Uhr, So 10–13 Uhr, Juli, Aug. Mo–Sa 9.30–18.30 Uhr, So 10–16 Uhr, Sept. Mo–Sa 9–13 und 14–18 Uhr, Okt.–März Mo–Fr 9.30–12.30 und 13.30–17 Uhr. WLAN kostenlos.

Essen

Le John Steele, 50480 Sainte-Mère-Église, Rue du Cap de Laine, Tel. +33 (0)2 33414116. Einfallsreiche Gerichte wie Austern mit Äpfeln und Ingwer, Mo und Sonntagabend geschlossen

62 Église, Sainte-Mère-Église (s. S. 182)

Ver- und Entsorgung

N49.41024° W1.31043°

1 €/10 Min. Wasser oder 60 Min. Strom, Ver- und Entsorgung auch beim Super U in der Zone Commerciale

63 Sportplatz, Montebourg (s. S. 182)

heräumen besichtigen. Sie war eine der ersten Stellungen, die Hitler an der normannischen Atlantikküste errichten ließ. Die Alliierten brauchten drei Tage, bis sie sie eingenommen hatten.

Über Crisbecq, wo es auch noch eine deutsche Batterie zu besichtigen gibt, kommt man bei Les Gougins wieder ans Meer auf die D421.

Sehenswertes

Batterie d'Azeville, 50310 Azeville, La Rue, N49.46042° W1.30606°, Tel. +33 (0)2 33406305, Öffnungszeiten: Apr., Okt. 14–18 Uhr, Mai, Sept. 11–18 Uhr, Juni–Aug. 10–19 Uhr, Eintritt: 5 €

Musée de la Batterie de Crisbecq, 50310 Saint-Marcouf-de-L'Isle, Route des Manoirs, Tel. +33 (0)6 68410904, Öffnungszeiten: Apr., Okt., Nov. 11–18 Uhr, Mai, Juni, Sept. 10–18 Uhr, Juli, Aug. 10–19 Uhr, Eintritt: 6,50 €

Wer diesen Abstecher nicht macht, fährt auf der D15 bis Ravenoville-Plage und dann in nördlicher Richtung bis Quinéville.

QUINÉVILLE (16 km – km 61)

Ein ruhiges, beschauliches Städtchen am Meer hat für Schleckermäuler eine ganz ausgezeichnete **Biscuiterie Artisanale** (ländliche Keksfabrikation) zu bieten. In der kleinen Produktion werden Kekse nach alten Rezepten und nur mit den besten Zutaten von Hand gefertigt. Es werden keinerlei chemische Zusätze verwendet, nur regionale Produkte und frische Butter kommen in den Teig. Vom Laden aus kann man einen Blick in die kleine Backstube werfen. Wer gleich probieren will, setzt sich in den *salon de thé*. Außer den Keksen gibt es auch verschiedene Kuchen wie **Tarte Cotentine** (Apfelkuchen mit Mandelguss) oder die regionale Spezialität le **Mouchoir aux Pommes** (Äpfel mit Calvados auf Blätterteig mit Buchweizenstreuseln).

Auch in Quinéville hat der Zweite Weltkrieg seine Spuren in Form eines Museums **(Mémorial de la Liberté Retrouvée)** hinterlassen. Diesmal ist jedoch nicht die Befreiung das Thema, sondern die Zeit der Besetzung von 1940 bis 1944. Anschaulich werden auf 1000 m² Ausstellungsfläche und auf Schautafeln die Lebensumstände der Bevölkerung gezeigt.

▼ *Gemütliche Pause in der Biscuiterie Artisanale*

083nrm Abb.: gg

Einkaufen

Biscuiterie Artisanale, 50310 Quinéville, Rue du Port Sinope 6, Tel. +33 (0)2 33406851, Öffnungszeiten: Di–So 9–12.30 und 14.30–19 Uhr, Ende Sept. eine Woche geschlossen.

Spaziergang am einsamen Strand von Quinéville

Vom Stellplatz geht man in nördlicher Richtung am Strand entlang. Vor dem Campingplatz biegt man nach links ab, folgt dann dem Flusslauf der Sinope und wechselt über die Brücke auf die andere Seite (Wegmarkierung: rot-weißer Strich). So lange man Lust hat, spaziert man auf dem breiten Dünenweg mit herrlicher Sicht auf die Burg von St-Vaast und geht dann auf demselben Weg oder am Strand zurück. Hier findet man viele verschiedene Muscheln – eine Versuchung für jeden Sammler.

64 Strand, Quinéville (s. S. 182)

Sehenswertes

Mémorial de la Liberté Retrouvée, 50310 Quinéville, Avenue de la Plage 18, Tel. +33 (0)2 33959595, Öffnungszeiten: Apr.-Mai und Sept. 10-13 und 13.30-19 Uhr, Juni-Aug. 10-19 Uhr, Eintritt: 6,50 €

Auf der D421 verlässt man Quinéville und biegt dann nach rechts auf die D14 ab. Zunächst geht es durch das Landesinnere und später direkt am Meer bis nach Quettehou.

65 Camping Le Rivage, Quettehou (s. S. 183)

ABSTECHER IN DAS TAL DER SAIRE

(Rundfahrt 15 km)

Eine beschauliche Rundfahrt zu den kleinen Dörfchen, hügeligen Weiden und schattigen Wäldchen im Tal der Saire ist eine nette Abwechslung zur Küste. Die von Hecken gesäumten Straßen und die dunklen Steindörfer versetzen einen gedanklich nach Irland.

▼ *Im schönen Tal der Saire*

084nrm Abb.: gg

Blick auf die Île de Tatihou

Man verlässt Quettehou auf der D26 und fährt ins 6 km entfernte **Le Vast.** In diesem romantisch an den Ufern der Saire gelegene Dorf befindet sich ein ehemals prachtvolles Herrenhaus, das in einem großen Park auf seine Renovierung wartet. Links neben dem *manoir* rauscht die Saire über einen kleinen Wasserfall, bevor sie wieder sanft plätschernd unter einer alten Steinbrücke hindurchfließt. Man folgt dem Lauf der Saire (D25) weiter bis nach **Valcanville,** von wo es durch liebliche Landschaft (D125) zurück nach Quettehou geht. Dort fährt man nun auf die D1 nach St-Vaast-la-Hougue.

ST-VAAST-LA-HOUGUE (13 km – km 74)

Information

Office de Tourisme, 50550 St-Vaast-la-Hougue, Place du Général de Gaulle 1, Tel. +33 (0)2 33231932, Öffnungszeiten: Apr.–Juni und Sept.–Okt. Mo–Sa 9.30–12 und 14.30–18 Uhr, So 14.30–18 Uhr, Juli, Aug. 9.30–19 Uhr, Nov.–März Di–Sa 10–12 und 14–18 Uhr

St-Vaast-la-Hougue liegt malerisch an einer weiten Bucht, die auf der einen Seite vom **Fort de la Hougue** und auf der anderen Seite von der **Insel Tatihou** mit dem **Fort Vauban** bewacht wird. Das reizende Städtchen ist wegen seines milden Klimas und wegen seiner Austernzucht in ganz Frankreich berühmt. In der geschützten Bucht gedeiht eine besonders feine, jodhaltige Austernart mit leicht nussigem Geschmack.

Auf einer Landzunge kann man die 1,5 km bis zum **Fort de la Hougue** spazieren. Eine Besichtigung der von einem Wassergraben umgebenen Festung ist allerdings nicht möglich, da sie militärisches Sperrgebiet ist.

Die 29 ha große Insel mit dem alten Wikingernamen **Île de Tatihou,** was frei übersetzt so viel wie „vom Wasser umgebener Hügel“ be-

085nm Abb.: gg

deutet, liegt nur einen Katzensprung entfernt vor St-Vaast-la-Hougue. Mit einem skurrilen Amphibienfahrzeug, einem Boot auf Rädern, schwimmt man bei Flut bzw. fährt man bei Ebbe hinaus auf das Inselchen. Dort erwartet den Besucher das **Musée maritime** mit seinen zahlreichen Tauchfunden aus Schiffswracks der französischen Kriegsflotte, die 1692 in der Seeschlacht von La Hougue von den Engländern versenkt wurden. Rund um das Museum kann man durch einen großen, schön angelegten Park schlendern, an den sich noch ein 20 ha großes Reservat für Seevögel anschließt. Das ehemalige Fort Vauban mit dem 21 m hohen Turm gehört seit 2008 zum Weltkulturerbe. Da täglich nur maximal 500 Personen die Insel besuchen dürfen, sollte man sich in der Hauptsaison besser vorher telefonisch anmelden.

Einkaufen

Samstags findet ein Markt statt.

66 Aire Camping Cars, St-Vaast-la-Hougue (s. S. 183)

67 Camping La Gallouette, Saint-Vaast-la-Hougue (s. S. 183)

Sehenswertes

Île de Tatihou, 50550 St-Vaast-la-Hougue, Quai Vauban, Tel. +33 (0)2 33231992, Kartenverkauf: Mitte Feb.-März und Mitte Okt.-2. Nov. 13-16.30 Uhr, Apr.-Mitte Okt. 9.30-12.30 und 13.15-17.30 Uhr, Fahrt: 8,60 € inkl. Museumsbesuch. Hunde sind auf der Insel nicht erlaubt.

Einkaufen

Maison Gosselin, 50550 St-Vaast-la-Hougue, Rue de Verrue 27, Tel. +33 (0)2 33432082. Hier gibt es von Feinkostleckereien über Tischdecken, Seifen, Souvenirs und Blechspielzeug bis zu Kaffee, Tee und Spirituosen einfach alles. Auch nur zum Schauen interessant.

Auf der Küstenstraße (D1) mit schöner Aussicht auf das Meer erreicht man nach 3 km Réville. Kurz vor dem Ort biegt man, nachdem man eine Brücke überquert hat, nach rechts zum **Pointe de Saire** ab, wo der Campingplatz de Jonville liegt. Von dieser Landspitze aus hat man eine weite Aussicht zurück bis Saint-Vaast und die Insel Tatihou.

Wieder auf der D1 kommt man nach 3,5 km zur Bucht von Montfarville. Von hier sind es noch 3 km landeinwärts ins kleine, reizende Städtchen **Montfarville** mit seiner interessanten Granitkirche. Das dunkle Äußere der *église* wird durch farbenprächtige Deckengemälde im Innern aufgelockert. 18 wunderschöne Bilder erzählen vom Leben Jesu. Nachdem er die Sixtinische Kapelle in Rom besichtigt hatte, gab Abt Goutière Guillaume Fouace von Réville den Auftrag, die Decke auszumalen. Interessant sind auch der prächtige Triumphbogen und die in leuchtenden Farben gehaltenen Glasfenster.

68 Camping de Jonville, Réville (s. S. 183)

69 Camping-Cars à la Ferme, Réville (s. S. 184)

70 Rue des Pailles, Montfarville (s. S. 184)

Picknick-Badeplatz in Montfarville

N49.64723° W1.24305°

An einer kleinen Bucht mit Picknickbänken

Sehenswertes

L'Église de Montfarville, Öffnungszeiten: Apr.-Sept 9.30-18.30, Okt.-März 9.30-17 Uhr, Beleuchtung 1 €/10 Min.

Auf dem Parkplatz am Ortsrand oder an der Meeresbucht, die allerdings viel besucht wird, kann man gut übernachten. Von hier sind es noch 2 km auf der D155 und Barfleur ist erreicht.

086nrm Abb.: gg

▶ *Ruhig schaukeln die Boote im Hafen von Barfleur*

BARFLEUR (13 km – km 87)

Information

Office de Tourisme, 50760 Barfleur, Rond Point le Conquérant 2 (unterhalb der Kirche), Tel. +33 (0)2 33540248, www.ville-barfleur.fr, Öffnungszeiten: Jan.–März, Okt.–Dez. Di–Sa 10–12 und 14–17 Uhr, Apr.–Juni, Sept. Mo–Sa 10–12 und 14–18 Uhr, Juli, Aug. 9–12 und 14–18 Uhr

Barfleur gilt als eines der reizendsten Städtchen des Landes und wirklich: Der **Hafen** mit seinen Fischerbooten und die **trutzige Kirche am Meer** sind außerordentlich malerisch. Im Mittelalter war Barfleur einer der wichtigsten Häfen in der Normandie. Von hier brach vermutlich **Wilhelm der Eroberer** mit seinem Schiff Mora nach England auf, eine Medaille auf einem Felsen an der Hafeneinfahrt erinnert daran.

Die Häuser aus dunklem Granit, aufgelockert durch bunte Schilder und Blumen, stehen dicht an dicht an der Hauptgeschäftsstraße. Die Kirche **St-Nicolas** wurde zwischen dem 17. Jh. und dem 19. Jh. ebenfalls aus Granitsteinen erbaut. Der Kirchturm hat keine Spitze, sondern eine Plattform mit Balustrade. Im rechten Querschiff findet man eine Pieta aus geschnitztem Eichenholz aus dem 16. Jh. Im Chor hängt hinter dem Triumphbalken ein Holzschiff zu Ehren der Fischer des Dorfes.

Immer an der Küste entlang fährt man auf der D116 von Barfleur nach **Gatteville,** einem richtig schmucken Dorf mit beeindruckend großem Dorfplatz. Der Anfang des 19. Jh. errichtete Leuchtturm *(phare)* am Pointe de Barfleur zählt mit seinen 71 m zu den höchsten in ganz Frankreich. 365 Stufen sollen es sein, die man erklimmen muss, um von oben eine wunderbare Rundumsicht genießen zu können.

Sehenswertes

Phare Gatteville, N49.69513° W1.26781°, Öffnungszeiten: Feb., Nov., Dez. 10–12, 14–16 Uhr, März, Okt. 10–12, 14–17 Uhr, April, Sept. 10–12, 14–18 Uhr, Mai–Aug. 10–12, 14–19 Uhr, Eintritt: 2 €

Sehenswertes

Église St-Nicolas, Öffnungszeiten: Mai–Sept. 8.30–19, Okt.–Apr. 8.30–17.30 Uhr

Essen

Chez Buck, 50760 Barfleur, Rue St.-Thomas 1, Tel.+33 (0)2 33540216. Muscheln und Austern satt!

71 Aire Camping Cars, Barfleur (s. S. 184)

72 Camping la Blanche Nef, Barfleur (s. S. 184)

73 Camping La Ferme du Bord de Mer, Gatteville-Phare (s. S. 184)

74 Felsenküste, Gatteville (s. S. 185)

Picknickplatz

N49.69367° W1.27932°

Picknickbänke am Hafen. Parkverbot 22–7 Uhr

Wanderung zu den kleinen Buchten zwischen Gatteville und Barfleur

Vom Leuchtturm aus sieht man schon das erste Ziel dieser Wanderung: die Windmühle von Crabec. Zunächst auf tiefsandigem Weg und dann auf einem Feldweg kommt man bis zu einer Gärtnerei mit Gewächshaus. Hier geht man nicht nach links die Küste entlang, sondern auf dem geteerten Sträßchen weiter geradeaus. Am Camping La Ferme du Bord de Mer vorbei und dann nach links kommt man auf schmalem Pfad und über eine Brücke zur Windmühle.

Jetzt geht die Wanderung immer an der Küste entlang, mit schönem Ausblick auf das Meer zur Linken, sumpfigen Wiesen zur Rechten und die Silhouette von Barfleur vor sich, das nach etwa 50 Minuten erreicht ist. Nach einer Pause in einem der Cafés geht man auf demselben Weg zurück. Auf dieser leichten Wanderung (Dauer ungefähr 1:40 Stunden) entlang der Küste kommt man auch an ein oder zwei schönen Badebuchten vorbei.

Zurück in Gatteville nimmt man wieder die D116 und fährt auf ihr 6 km bis zum Hinweisschild **„Moulin de Marie Ravenel".** Auf einer schmalen, unbefestigten Straße gelangt man bis zum Parkplatz 150 m vor der Mühle (N49.68993° W1.36481°). Die idyllisch gelegene, mit Stroh gedeckte Mühle kann man von März bis Mitte November besichtigen. Sie wurde im 18. Jh. gebaut und war bis 1935 in Betrieb. Die Poetin Marie Ravenel wurde in der Mühle geboren und lebte hier bis zu ihrem 18. Lebensjahr.

Weiter geht die Route auf der D116 bis zur Touristeninformation mit großem Parkplatz kurz vor Fermanville. Dort kann man sich mit

Sehenswertes

Moulin de Marie Ravenel, Öffnungszeiten: März–Apr., Sept. Mi–So 14–17.30 Uhr, Mai–Aug. Di–So 14–19 Uhr, Okt.–Mitte Nov. Sa, So 14–17.30 Uhr, Eintritt: 2,50 €

▼ *Ein typisches Dorf im Cotentin*

087nrm Abb.: gg

Spaziergang durch das Tal der Mühlen und zum Eisenbahnviadukt

Vom Ende des Parkplatzes am Office de Tourisme geht es immer geradeaus. Auf dem kleinen Teersträßchen kommt man an zwei ehemaligen Mühlen vorbei, die allerdings zu luxuriösen Häusern umgebaut wurden und nicht besichtigt werden können. Der Anblick der Mühlen am idyllischen Bachlauf ist aber auch so lohnenswert. Das Tal wird von einem 242 m langen und 32 m hohen Viadukt überspannt. 1904 wurde hier die Eisenbahnstrecke von Cherbourg zum Cap Lévi eröffnet. Wenn man unter dem Viadukt hindurchgeht und dem nächsten Waldweg nach links bergan folgt, kommt man zum Wanderweg auf der ehemaligen Eisenbahnstrecke. Nachdem man den Blick hinunter ins Tal genossen hat, geht man auf demselben Weg zurück zum Parkplatz. Für diesen Spaziergang sollte man etwa 40 Min. einplanen.

Infomaterial eindecken und das Wohnmobil parken, um zu einem kleinen Spaziergang aufzubrechen.

Information

Office de Tourisme, 50840 Fermanville, Place Marie Ravenel, N49.68240° W1.44740°, Tel. +33 (0)2 33543720, www.tourismecotentinvaldesaire.fr, Öffnungszeiten: 16. Sept.–14. Juni Di–Fr 14–17 Uhr, 15. Juni–15. Sept. Mo–Fr 10–12 und 14–18 Uhr, So 15–18 Uhr

Durch Tôt le Haut – ein Ortsteil von Fermanville – hindurch kommt man zum Leuchtturm Phare Sémaphore und zum Bauernhof-Stellplatz am Cap Lévi. Wer zum alten Fort am Cap Lévi will, muss noch 1 km weiter auf der D116 fahren und folgt dann den braunen Hinweisschildern.

Das **Fort du Cap Lévi** wurde von 1801 bis 1803 auf Betreiben Napoleons errichtet. Es diente der Verteidigung der Küste gegen englische Angriffe. Heute ist darin ein kleines Hotel untergebracht. Man kann den Innenhof aber trotzdem kostenlos besichtigen und den schönen Ausblick auf Cherbourg und die Küste von der Festungsmauer genießen. Anschließend sollte man unbedingt auf dem schmalen Küstenpfad bis zum **Phare Sémaphore** gehen. Peitschende Gischt umspült die Felsen und leuchtend violett und gelb blühende Blumen säumen im Frühling den

75 Bauernhof am Cap Lévi (s. S. 185)

088nrm Abb.: gg

▶ *Die blühende Küste beim Phare Sémaphore*

Weg. Von Mitte Juni bis September kann man den Leuchtturm zwischen 14.30 Uhr und 18.30 Uhr gegen ein Entgelt von 3 € besteigen.

Immer weiter auf der D116 geht es auf landschaftlich schöner Strecke direkt an der Felsenküste entlang Richtung Cherbourg.

Ver- und Entsorgung

Beim Camping Collignon (N49.65424° W1.56604°), 2 €/100 l Wasser. Jetons bekommt man beim Campingplatz und beim Collignon Center. Da der Campingplatz nur von Mai bis September geöffnet hat, kann man in der übrigen Zeit auf dem Parkplatz bei der Entsorgungsstation übernachten.

76 Camping Collignon, Tourlaville **(s. S. 185)**

Um zum Château des Ravalet zu kommen, fährt man bei der ersten Abfahrt „Tourlaville“ von der Ausfallstraße nach Cherbourg ab und folgt durch Tourlaville den Hinweisschildern.

PARC DU CHÂTEAU DES RAVALET

(36 km – km 123)

Ein richtiges Märchenschloss ist das Renaissance-Château des Ravalet und man wäre nicht überrascht, wenn sich an einem der Fenster Dornröschen zeigen würde. Das Schloss selbst kann man zwar nur von außen besichtigen, aber auch das ist lohnenswert. Umgeben ist das Schloss von einem wunderschönen Park mit zwei Seen, auf denen Schwäne ihre Kreise ziehen. Im Mai und Juni blühen die Rhododendren üppig in Farben von gelb bis violett. Sogar Palmen und seltene Baumfarne gedeihen hier dank des Golfstromes und ein altes Gewächshaus mit Bananenstauden erstrahlt nach einer Renovierung im neuen Glanz.

Sehenswertes

Château des Ravalet, 50110 Tourlaville, N49.62851° W1.56667°, Tel. +33 (0)2 33878898, Öffnungszeiten: Jan.-Feb. und Nov.-Dez. Sa, So 8.30-17 Uhr, März-Apr. und Sept.-Okt. 8-18.30 Uhr, Mai-Aug. 8-20 Uhr, Eintritt: frei, Hundeverbot

089rm Abb.: gg

Das Château des Ravalet gleicht einem Dornröschenschloss

CHERBOURG-OCTEVILLE (5 km – km 128)

Information

Maison du Tourisme de Cherbourg et du Haut-Cotentin, 50100 Cherbourg-Octeville, Quai Alexandre III Ecke Rue J. B. Briard, Tel. +33 (0)2 33935202, www.cherbourgtourisme.com, Öffnungszeiten: 15. Juni–15. Sept. Mo–Sa 9.30–19 Uhr, So 10–17 Uhr, 16. Sept.–14. Juni Mo–Sa 10–12.30 und 14–18 Uhr

Mit 90.000 Einwohnern ist Cherbourg keine Großstadt und trotzdem kann sie mit einer Superlative aufwarten: ihrem **Hafen.** Es handelt sich um eine der größten künstlich geschaffenen Hafenanlagen der Welt, die einen Militär-, einen Fischerei-, einen Jacht- sowie einen Handelshafen umfasst. Von hier verkehren Fähren nach Rosslare in Irland und Portsmouth in England. Schon unter Ludwig XIV. wurden Pläne für einen großen Atlantikhafen geschmiedet, doch erst 1783 konnte mit den Arbeiten für das gigantische Hafenaußenwerk begonnen werden. Fast ein Dreivierteljahrhundert zogen sich die Arbeiten für die Reede hin. 1853 war das Außenwerk vollendet und 1858 wurde der Hafen von Napoleon III. eingeweiht. Im ausgehenden 19. Jh. begann die Ära der legendären Ozeanriesen, die im Linienverkehr Cherbourg mit Amerika verbanden. Die stolzesten Schiffe der Weltmeere wie die Queen Mary, die Queen Elisabeth, die Titanic und zuletzt die Queen Elisabeth II. gingen hier vor Anker.

An die großen Zeiten der transatlantischen Personenschifffahrt erinnert der riesige, ehemalige transatlantische Bahnhof. Heute ist in ihm die **Cité de la Mer** untergebracht, ein Besuchermagnet ersten Grades. In einem riesigen Aquarium mit 350.000 l Wasser werden zahlreiche bunte Fische auf eindrucksvolle Weise präsentiert. Man erfährt alles über Unterwasserfahrzeuge und den Tauchsport. Nach dem spielerischen Absolvieren eines Eignungskurses wird in einem Simulator eine Unterwasserfahrt täuschend echt nachempfunden. Anschließend ist der Besucher Hauptdarsteller in einem Abenteuerfilm. Da auch in Cherbourg Passagiere zur Jungfernfahrt der Titanic zustiegen, erinnert eine informative Ausstellung an ihren Untergang. Das erste atomgetriebene Unterseeboot der französischen Marine, „Le Redoutable“, besichtigt man mit deutschsprachigen Audioguides.

▼ Zu Recht wurde Cherbourg-Octeville zur „Ville fleurie“ gekürt

090nrm Abb.: gg

Der **Stadtrundgang** beginnt gleich hinter der Hafenbrücke in der Rue de Maréchal Foch. Nach wenigen Schritten steht man auf dem **Place Général de Gaulle** mit dem reich verzierten Theater von Cherbourg. Über die Rue de Château und die Rue de Commerce, zwei verkehrsberuhigte Einkaufsstraßen, bummelt man geradeaus. Unterwegs soll-

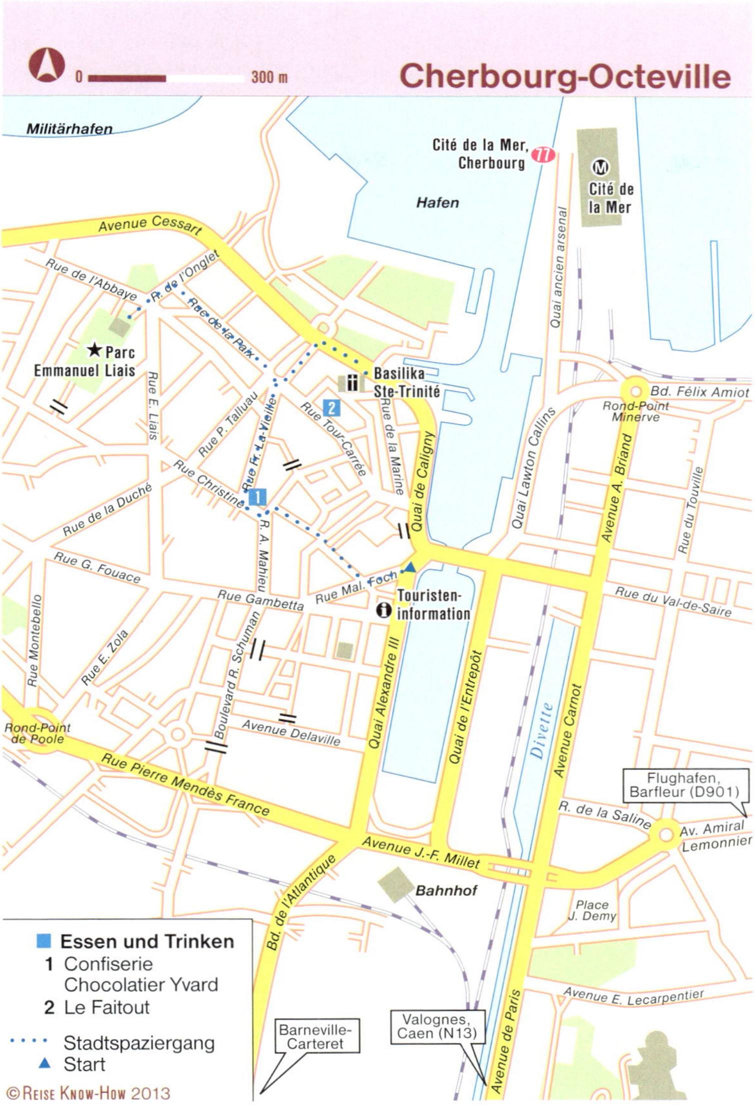

te man noch einen Blick nach rechts in die Grand Rue und die Rue au Blé werfen. Diese zwei Straßen sind noch weitgehend in dem Zustand erhalten, in dem sie vor dem Zweiten Weltkrieg waren. Am Place de la Fontaine bietet sich die **Confiserie Chocolatier Yvard** für eine kleine Pause an. Über die Rue F. la Vieille kommt man zum **Place de la République,** an dessen meerwärts gerichteten Seite Napoleon als Reiterstandbild den Weg weist. Das nächste Ziel des Stadtrundganges ist die **Basilika Ste-Trinité.** Sie wurde im 14. und 15. Jh. im Flamboyantstil erbaut, inzwischen sind leider deutlich Beschädigungen durch Umwelteinflüsse zu sehen.

Den Place de la République verlässt man nach rechts über die Rue de la Paix. Auf ihr kommt man durch das alte Hafenviertel mit seinen niedrigen Häusern. Wo früher die Matrosen Abwechslung fanden, reiht sich heute ein Kebab-Imbiss an den anderen. Geradeaus über die Rue de l'Union gelangt man zum, allerdings etwas versteckten, schmalen Eingang des **Parc Emmanuel Liais.** Er wurde um 1900 vom damaligen Bürgermeister Emmanuel Liais mit vielen exotischen Pflanzen und einem Wasserbecken als grüne Oase angelegt. Im Gewächshaus gedeihen seltene Orchideen, Farne und Kakteen. Besonders im Mai sollte man die Rhododendron-Blüte nicht versäumen. In gelb, rosa, rot, violett und orange bilden sie wahre Blütenkaskaden.

77 *Cité de la Mer, Cherbourg (s. S. 186)*

Sehenswertes

Cité de la Mer, 50100 Cherbourg-Octeville, Gare Maritime Transatlantique, Tel. +33 (0)2 33202626, Aug. 9–19 Uhr Eintritt: 18 €, Okt.–März 15,50 €

Essen

Confiserie Chocolatier Yvard, 50100 Cherbourg-Octeville, Place de la Fontaine 5. Einfallsreiche leckere Kuchen und Gebäckstücke, die man im kleinen Café auch direkt genießen kann. Auch vorzügliche Schokoladekreationen.

Le Faitout, 50100 Cherbourg-Octeville, Rue Tour Carrée 25, Tel. +33 (0)2 33042504, montagmittags und So geschlossen. Spezialitäten sind Perlhuhn mit Honig und Ingwer sowie Muscheln. Hierher kommen viele Einheimische.

ABSTECHER ZUM PARC FLORAL DU CHÂTEAU DE MARTINVAST (hin und zurück 16 km)

Sehenswertes

Parc Floral du Château de Martinvast, 50690 Martinvast, Domaine de Beaurepaire, N49.59084° W1.65970°, Tel. +33 (0)2 33872080, Öffnungszeiten: Mo–Sa 10–12 und 14–18 Uhr, So 14–18 Uhr, Eintritt: 5–6 €

Zunächst auf der D650 und ab **Le Pont** auf der D900 kommt man zum **Parc Floral du Château de Martinvast.** Der im englischen Stil angelegte Landschaftsgarten breitet sich um das neugotische Schloss von Martinvast aus. Magnolien, Rhododendren, Koniferen, Hortensien, Kamelien, Teiche, Wäldchen, Alleen und Wiesen – alles wurde zu einem harmonischen Gesamtbild zusammengefügt. 200 verschiedene, zum Teil exotische Baumarten findet man im Park, jedoch auch Gewächshäuser mit Bananen, Orchideen, Palmen und Ananas kann man auf dem weitläufigen Gelände bewundern. Sieben verschiedene Rundgänge zwischen 20 und 30 Min. Dauer sind ausgeschildert.

Das erste **Château de Martinvast** wurde im Hundertjährigen Krieg zerstört und 1579 bis 1581 von Bertholde du Moncel mit Festungstürmen wieder aufgebaut. 1867 kaufte es Baron Arthur de Schickler, ein preussischer Bankier. Er baute das Schloss im neugotischen Stil um. Der Urenkel des Barons Schickler empfängt die Besucher heute am Kassenhäuschen im besten Deutsch und freut sich besonders über Gäste aus der alten Heimat seines Urgroßvaters.

78 *Camping à la Ferme, Sideville (s. S. 186)*

091nrm Abb.: gg

▲ *Das einsame Cotentin*

Zurück in Cherbourg führt die weitere Route über die D901 und später die D45 auf landschaftlich sehr schöner Strecke über die Route de Caps. Immer wieder hat man eine herrliche Aussicht auf das Meer. In Querqueville biegt man von der D45 ins Zentrum ab und folgt den Hinweisschildern zur Chapelle St-Germain (N49.66385° W1.69956°).

Querqueville hat an seiner Peripherie zwar gesichtslose Neubauten, im Zentrum wartet es aber mit schönen Steinhäusern auf. Das eigentlich Sehenswerte ist jedoch die Aussicht von der Kapelle St-Germain auf den Hafen von Cherbourg und bei klarer Sicht bis zum Cap Lévi. Vom Kirchplatz aus kann man sich ein Bild von den Ausmaßen der Hafenanlage machen. Aber auch die kleine Kapelle St-Germain ist sehenswert. Erbaut im 10. Jh. ist sie wahrscheinlich die älteste Kirche der Normandie.

Nach kurzer Fahrt auf der D45 sieht man schon das Hinweisschild zum **Château de Nacqueville.** Das Schloss aus Granitstein (16. Jh.) mit seinem imposanten Torhaus wird von einem wunderschönen Landschaftspark mit Teich, Wasserfall und vielen blühenden Azaleen, Rhodrodendren, Palmen und weiteren Pflanzen umgeben. Kurz vor Landemer fällt auf der linken Straßenseite das **Manoir de Dure-Écu** mit seinen Türmen auf. Wer will, kann einen Blick in den Hof werfen, das Haus selbst kann nicht besichtigt werden. Etwas weiter auf der D45 reizt das sehr gute Restaurant Le Landemer zu einer Einkehr.

Ver- und Entsorgun

N49.65518° W1.65133°
Équeurdreville-Hainneville, 2,50 €/6 Min. Wasser oder 50 Min. Strom

Sehenswertes

Château de Nacqueville, 50460 Urville-Nacqueville, N49.66684° W1.71497°, Tel. +33 (0)2 33032112, Öffnungszeiten: Ostern–Sept. Di, Do, Fr, So 12–18 Uhr, Eintritt: 6 €

Essen

Le Landemer, 50460 Urville-Nacqueville, Rue des Douanes 2, Tel. +33 (0)2 33034300. Familiäres Restaurant direkt am Meer mit schöner verglaster Terrasse und sehr gutem Essen

79 *Camping des Dunes, Urville-Nacqueville (s. S. 186)*

Auf der weiteren Strecke sollte man dann nach rechts (ausgeschildert) zum Aussichtpunkt von Landemer fahren (N49.67967° W1.76944°). Von der Aussichtsterrasse bietet sich ein weiter Blick auf die Küste. Von hier aus kann man auf den Küstenpatrouillenpfaden, die auf Befehl Napoleons angelegt wurden, wandern.

Die D45 verlässt jetzt die Küste und führt landeinwärts nach **Gréville-Hague.** Das kleine Granitsteindorf wartet mit einer Wohnmobilver- und -entsorgung und einem Stellplatz bei der Mehrzweckhalle auf.

Weiter auf der D45 kommt man nach **Omonville-la-Rogue** und zum **Manoir du Tourp,** einem über Jahrhunderte gewachsenen Anwesen, dessen Gebäude sich beinahe ringförmig um einen großen Innenhof gruppieren. In einem Gebäude wird ein Film über die Halbinsel La Hague gezeigt. In weiteren Gebäudeteilen finden wechselnde Kunstausstellungen statt, auch ein Kino für anspruchsvolle Filme und ein Restaurant sind vorhanden.

Die Fahrt geht durch die Bocage-Landschaft, deren Felder von Hecken und Steinmauern gesäumt werden, die die Feldfrüchte vor dem starken Wind schützen, der hier auf der zum Atlantik offenen Halbinsel häufig weht.

Von der D45 zweigt eine kleine Stichstraße zum malerischen kleinen Hafen **Port Le Hâble** ab. Der Wohnmobilfahrer findet hier einen Campingplatz und ein Restaurant.

80 Salle communale, Gréville-Hague (s. S. 187)

Sehenswertes

Manoir du Tourp, N49.68954° W1.83853°, Öffnungszeiten: 14–18 Uhr, Juli, Aug. 10.30–19 Uhr, Eintritt: frei

81 Camping du Hâble, Omonville-la-Rogue (s. S. 187)

Essen

Le Café du Port, 50440 Omonville-la-Rogue, Le Hâble, Tel. +33 (0)2 33527413, So geschlossen. Das Restaurant mit guten Fischgerichten liegt direkt am Hafen.

▼ *Der ehemalige Gutshof Manoir du Tourp dient heute als Museum*

092rm Abb.: gg

Auf der D45 erreicht man **Port-Racine,** den kleinsten Hafen Frankreichs. Seinen Namen erhielt er von einem Kapitän namens Racine, der hier unter Napoleon I. einen Militärstützpunkt einrichtete. Auf der D45, vorbei an St-Germain-des-Vaux und Auderville, rollt man zum Cap de la Hague.

CAP DE LA HAGUE (34 km – km 162)

Im äußersten Nordwesten der Cotentin-Halbinsel liegt das wildromantische Cap de la Hague. In der Landschaft des Kaps wechseln sich **zerklüftete Steilküsten** wie die Nez de Jobourg mit **einsamen Sandstränden** wie die Baie d'Écalgrain ab. **Winzig kleine Häfen** wie Port Le Hâble oder Goury quetschen sich dazwischen. Besonders schön ist es hier im Frühjahr, wenn die **Ginsterbüsche** das Land mit einem gelben Teppich überziehen. Es ist ruhig am Cap de la Hague. Es gibt kein organisiertes Strandleben, keine Hotelbunker, nur idyllische kleine Granitsteindörfer – eines schöner als das andere – und weite, heckengesäumte Viehweiden. Großartige Spaziergänge und Wanderungen lassen sich entlang der Küstenlinie unternehmen (ausgeschildert mit „Sentier littoral").

82 Parkplatz Goury, Auderville (s. S. 187)

Wanderung um das Cap de la Hague

Vom Stellplatz wandert man auf dem Fußweg entlang der Straße bis zum Hafen Goury, wo man sich nach links wendet und dem Teersträßchen landeinwärts nach La Valette folgt (Markierung: rot-weißer Strich). Hier nimmt man die erste Straße nach links und wandert ohne Markierung bergan bis Auderville. Unterwegs hat man eine schöne Sicht auf den Hafen Goury und den Leuchtturm. Auf der wenig befahrenen D45 geht die Wanderung nach St-Germain-la-Vaux (700 m). Man folgt der D45 immer weiter durch den Ort, bis im Ortsteil Les Bizeaux ein Hinweisschild („L'église") nach rechts weist. Durch hügeliges Agrarland kommt man zur Abzweigung, an der es zur Kirche geht. Der kurze Aufstieg hinauf lohnt sich wegen der Aussicht auf das Meer, aber auch auf die Wiederaufbereitungsanlage von La Hague. Wieder unten auf der Straße geht man weiter geradeaus und biegt an der darauffolgenden Querstraße nach rechts und gleich wieder nach links Richtung St-Quen ab. Nach kurzer Zeit sieht man Hinweisschilder zum „Jardin en Hommage J. Prévert". Ihnen nach links folgend wandert man an einem Bächlein entlang durch das liebliche Tal bis zum Eingang des Gartens. J. Prévert war Dichter und Drehbuchautor und lebte bis 1977 in Omonville-la-Petite. Der sehr idyllisch und romantisch angelegte Garten ist April bis Mai von 14 bis 18 Uhr, Juni, Sept. von 11 bis 18 Uhr und Juli, Aug. von 11 bis 19 Uhr geöffnet. Der Eintritt kostet 5 €.

Nach dem Garten geht es weiter geradeaus, bis man in Port Racine auf die D45 stößt. An ihr entlang geht man nach links, bis kurz hinter einem Hotel der Küstenweg nach rechts abzweigt. Immer an der Küste entlang und an einigen schönen Buchten vorbei umwandert man auf dem rot-weiß markierten Küstenwanderweg das Cap de la Hague. Nach ca. 1:30 Std. (ab Port Racine) ist man wieder am Hafen von Goury angelangt. Das letzte Wegstück ist, da es über einen Damm aus losen Kieselsteinen führt, etwas mühevoll. Für die gesamte Wanderung sollte man etwa 3 Std. einplanen. Ca. ein Drittel der Strecke führt über Teerstraße.

Essen

Auberge de Goury, 50440 Auderville, Port de Goury, Tel. +33 (0)2 33527701. Sehr gutes Restaurant ca. 400 m vom Stellplatz. Spezialität: Fisch vom Kamingrill.

Leider wurde ausgerechnet diese schöne Landschaft als Standort für die nukleare Wiederaufbereitungsanlage bei Beaumont-Hague ausgewählt. Nur hin und wieder fällt der Blick auf das riesige eingezäunte Gelände, was einen aber nicht von einem Besuch der Region abhalten sollte.

Gleich hinter Auderville zweigt die D401E zur **Baie d'Écalgrain** ab. Eine der landschaftlich schönsten Strecken am Kap geht entlang dieser weiten, wildromantischen Bucht mit ihrem herrlichen Kies- und Sandstrand. An klaren Tagen sieht man von hier die Kanalinseln Guernsey und Sark.

In Dannery nimmt man die D202 und folgt den Hinweisschildern zum Parkplatz der **Nez de Jobourg,** einer Felsnase, die weit ins Meer ragt. Von hier aus (N49.67751° W1.93835°) kommt man zunächst zur Nez de Voidries, von deren Aussichtsplattform man einen umfassenden Ausblick auf die Nez de Jobourg hat. Hier herrscht meist sehr viel Wind und die Wellen schlagen wild gegen die zerklüfteten Felsen, in denen zahlreiche Möwenarten brüten.

Wanderung zur Nez de Jobourg

Von der Aussichtsterrasse an der Nez de Voidries steigt man auf dem mit einer weiß-roten Markierung bezeichneten Weg hinab. Der Küstenwanderweg ist oft schmal und hin und wieder leicht ausgesetzt. Die Wanderung führt in südöstliche Richtung hoch über der Anse („Bucht") de Seninval zur Nez de Jobourg mit ihren einzigartigen Felsformationen. Hier steht man 120 m über dem Meeresspiegel und der Blick reicht weit auf das Meer hinaus. An grasigen Hängen mit Grasnelken und Ginsterbüschen zieht sich der Küstenwanderweg weiter – vorbei an der Anse de Pivette bis zum Taleinschnitt Ruisseau de Moncaneval. Nach nun gut einer Stunde Gehzeit wandert man auf demselben Weg zurück. Diese Wanderung zu den höchsten Klippen des Cotentins erfordert Trittsicherheit und Schwindelfreiheit und dauert ca. 2 Std.

Wieder zurück auf der D901 kommt man an der riesigen nuklearen Wiederaufbereitungsanlage von La Hague mit ihren kilometerlangen Sicherheitszäunen vorbei. Nach 1,3 km fährt man rechts auf der D403 nach Herqueville. Die Straße ist sehr schmal und hat bis zum Strand hinunter ein 18-prozentiges Gefälle und danach eine Steigung von 18 % bis man wieder oben auf der D901 ist. Wer das seinem Wohnmobil nicht zutraut, bleibt auf der D901 bis Beaumont-Hague. Man versäumt dadurch allerdings eine sehr schöne Strecke mit einer traumhaften Bucht **(Baie du Houguet).** Auf Meeresniveau angekommen, kann man auf einem großen Parkplatz (N49.65845° W1.87209°) sein Fahrzeug abstellen und zu Fuß an den wunderschönen weiten Strand mit kristallklarem Wasser gehen. Nach der Badepause fährt man die Straße steil nach oben, bis man wieder auf der D901 ist.

093nrm Abb.: gg

Zur Weiterfahrt verlässt man die Küste und kommt auf der D901 nach **Beaumont-Hague.** In der Stadt, die von der Wiederaufbereitungsanlage lebt, gibt es Läden und die Touristeninformation der Region.

Wiederaufbereitung und Atomkraft im Cotentin

In Beaumont-Hague steht die größte europäische Wiederaufbereitungsanlage für nukleare Kernbrennstoffe. Hier werden die abgebrannten Brennelemente in sogenannten „heißen Zellen" in ihre Bestandteile zerlegt. Der Inhalt wird chemisch gelöst, um das Uran und das Plutonium zurückzugewinnen und daraus neue Brennstäbe herzustellen. Die flüssigen Bestandteile werden eingedampft und verglast, d.h. bei bis zu 1200° Grad in Glas eingeschmolzen. Die festen Rückstände werden je nach Stärke der Radioaktivität einbetoniert oder mit Hochdruck gepresst. Diese Endprodukte werden nach einer Zwischenlagerung ins Herkunftsland zurückgeschickt. Französische Rückstände werden in La Hague belassen, da in Frankreich noch kein Endlager bereitsteht.

Ein Druckwasserreaktor zur Gewinnung von Atomstrom steht ganz in der Nähe der Wiederaufbereitungsanlage in Flamanville. Er liefert mit ca. 18 Milliarden Kilowatt ungefähr 3 % des französischen Stromverbrauchs. Der erste Reaktorblock ging 1985 ans Netz, der zweite 1986 und zurzeit ist der dritte Block im Bau. Er soll 2016 fertiggestellt sein.

Ver- und Entsorgung Beaumont

N49.66135° W1.83531°

Super U, 1 €/Wasser

Information

Office de Tourisme de la Hague, 50440 Beaumont-Hague, Rue Jallot 45, Tel. +33 (0)2 33527494, Öffnungszeiten: Mo–Fr 14–17 Uhr

In Beaumont-Hague fährt man wieder meerwärts (D318) bis nach **Vauville.** Dieses pittoreske Dorf mit seinen Natursteinhäusern, den blühenden Vorgärten, dem plätschernden Bach und dem Château mit seinen Gärten muss man besuchen. Vier Hektar groß und mit über 600 Arten bepflanzt sind die Gärten des Herrenhauses **(Jardin Botanique de Château de Vauville).** Sogar tropische Pflanzen gedeihen dank des Golfstromes hier im herben Klima des nördlichen Cotentins. In der gut gewählten Anordnung der Pflanzen liegt das Geheimnis dieser Pracht. Witterungsresistente Pflanzen außen schützen die empfindlicheren in der Mitte des Gartens.

▼ *Dorfidylle im schmucken Vauville*

094nrm Abb.: gg

Sehenswertes

Jardin Botanique de Château de Vauville, 50440 Vauville, N49.63413° W1.84600°, Tel. +33 (0)2 33100000, www.jardin-vauville.fr, Öffnungszeiten: Apr.–Sept. täglich 14–18 Uhr, Okt. nur Sa, So, Eintritt: 7 €

Badeplatz am weiten Kies-/Sandstrand

N49.63482° W1.85080°

Das Château Flamanville, ein Prachtbau aus dem 17. Jh.

Wanderung in den Dünen von Biville

Man lässt sein Fahrzeug auf dem großen Parkplatz vor der Kirche von Biville stehen und geht geradeaus auf dem ausgeschilderten Feldweg zum Calvaire des Dunes. Vom großen Platz mit dem steinernen Kreuz hat man eine traumhafte Sicht auf die Dünen und das Meer. Noch vor dem Kreuz nimmt man rechts den schmalen Pfad (gelb N74), der sich an dornigen Sträuchern vorbei zunächst leicht, später steil ins Val Tollé hinabsenkt. Auf einer Holzbrücke überquert man den Tollé und wendet sich, wenn man auf ein Sträßchen stößt, nach links am Zaun entlang (gelb N73). Nun immer dem Zaun folgen bis zum Eingang ins Réserve naturelle de Vauville. Das Gebiet rund um die Sümpfe und Seen wurde zum Naturschutzgebiet erklärt. Es bietet vielen Tieren wie Dachsen, Füchsen, Nutrias (Biberratten) und Enten einen ungestörten Lebensraum. Hunde dürfen das Gebiet nicht betreten, deshalb wandern Herrchen und Hund sofort und alle anderen Wanderer erst nachdem sie ausgiebig die einzigartige Natur mit sumpfigen Wiesen, kleinen Seen und hohen Dünen durchsteift haben, nach links. Immer geradeaus auf schmalen, gewundenen Wegen spaziert man die hohen Dünen zur Rechten, bis man an einen blau gestrichenen Pfahl kommt. Nun sieht man deutlich links oben das Kreuz des Kalvarienberges. Sich an diesem orientierend, klettert man auf sandigen Wegen steil bergan bis zum Kreuz und weiter zum Parkplatz. Gehzeit ca. 1:30 Std.

Picknicklatz
N49.60972° W1.84144°
Picknickplatz in herrlicher Dünenlandschaft

83 D64, Siouville-Hague (s. S. 187)

84 Camping à la Ferme, Tréauville (s. S. 188)

Sehenswertes
Château de Flamanville, 50340 Flamanville, Rue de Château, Tel. +33 (0)2 33876666, Öffnungszeiten Garten: 10–17 Uhr

Das nächste Ziel erreicht man nach 3 km über die D318: Das kleine **Biville** ist Wallfahrtsstätte für Thomas Hélye, einen Missionar und Priester, der hier geboren und auch bestattet wurde. Vom Parkplatz bei der Kirche kann man einen 15-minütigen Spaziergang zum Kalvarienberg (Calvaire des Dunes) machen. Von der Terrasse beim Kreuz hat man einen grandiosen Blick auf die Küste und ihre Dünen (längere Wanderung, s. oben). Auch mit dem Wohnmobil kann man diese unglaublich schöne Dünenlandschaft befahren. Hinweisschilder bringen einen zum großen Parkplatz inmitten der unter Naturschutz stehenden Dünenlandschaft. Von Biville muss man auf der D318 wieder landeinwärts bis zur D37 fahren. Auf ihr bleibt man nur 3,4 km, bis die D117 nach rechts abzweigt. Auf dieser und später auf der D64 fährt man meerwärts nach **Siouville-Hague.**

An der Küste entlang kommt man nach **Dielette,** dem einzigen geschützten Hafen in dieser Region. Dort zweigt die D4 nach **Flamanville** ab. Auch hier gibt es wieder ein **Château** zu besuchen, diesmal allerdings kostenlos. Erbaut wurde es von der Mitte des 17. Jh. bis zum 18. Jh. von der Familie Bazan und ist seit 1986 im Besitz der Stadt Flamanville. Die Renovierung wurde mit Geldern der Atomindustrie bewerkstelligt. Großflächige Teichanlagen, auf denen ein schwarzes Schwanenpaar seine Runden zieht, umgeben das Schloss. Der Park ist ganz als Landschaftsgarten mit Wiesen, Wäldchen und Palmen gestaltet.

095nrmr Abb.: gg

Weiter geht die Fahrt auf der D4 in Richtung Les Pieux. Wer jetzt einen schönen strandnahen Stellplatz sucht, fährt nach 700 m nach rechts in Richtung Sciotot rechts ab.

Ver- und Entsorgung
N49.51671° W1.79837°
Intermarché, Les Pieux
Wasser 2 €, auf einem Teil des Parkplatzes kann man offiziell übernachten

ABSTECHER DURCH DAS LANDESINNERE

(insgesamt 65 km)

85 Strand, Sciotot (s. S. 188)

Durch Les Pieux hindurch kommt man auf die D23. Nach ca. 10,5 km wechselt man auf die D900, die nach Bricquebec führt. Unterwegs kann man in Grosville übernachten oder über die D62 zum schönen Stellplatz von Rauville-la-Bigot fahren.

86 Aire Privée de la Calad'J0, Grosville (s. S. 188)

BRICQUEBEC

87 D900, Rauville-la-Bigot (s. S. 188)

Bricquebec hat außer seiner gut erhaltenen Burg aus dem 14. und 15. Jh. keine außerordentlichen Sehenswürdigkeiten, trotzdem sollte man einen Besuch nicht versäumen. Von den Bomben des Zweiten Weltkriegs verschont, hat die Stadt ihr ursprüngliches Aussehen bewahrt. Die Hauptgeschäftsstraße wird von niedrigen, proper hergerichteten Steinhäusern flankiert. Der weite Burghof ist von einer

Parken
N49.47098° W1.63185°
Beim Château auf dem Place Ste-Anne

Mauer mit ehemals acht Türmen umschlossen und drei Tore öffnen sich zur Stadt hin. Ein gutes Beispiel der mittelalterlichen Baukunst ist der elfeckige Bergfried. Auf dem großen Platz vor der Burg findet am Montag der **größte und bestsortierte Markt der Region** statt.

Information

Office de Tourisme, 50260 Briquebec, Place Ste-Anne 13, Tel. +33 (0)2 33522165, Öffnungszeiten: Apr.-Okt. Mo 9.30-12.30, Mi-Sa 14-17.30 Uhr

Essen

Le Donjon, 50260 Briquebec, Place Ste-Anne 2-4, Tel. +33 (0)2 33522315. Ein einfach eingerichtetes Lokal direkt am Hauptplatz, im Sommer kann man auch auf der Terrasse sitzen. In der warmen Jahreszeit viele verschiedene Salate, gute traditionelle Gerichte, Menüs von 11 bis 28,90 €, Sonntag Ruhetag

88 *Etang de Pêche, Bricquebec (s. S. 188)*

VALOGNES

Information

Office de Tourisme, 50700 Valognes, Place du Château, Tel. +33 (0)2 33401155, Öffnungszeiten: Apr.-Juni, Sept. Mo-Sa 9.30-12 und 14.30-18 Uhr, Juli-Aug. Mo-Sa 9.30-12 und 14-18.30 Uhr, So 10-13 Uhr, Okt.-März Mo, Di, Do, Fr 10-12 und 14.30-17.30 Uhr, Mi, Sa 10-12 Uhr

Auf der D902 kommt man rasch nach **Valognes.** In der Rue Petit Versailles ist das interessante **Musée Régional du Cidre** in einem ehemaligen Färberhaus von 1480 untergebracht. In dem Museum erfährt man alles über fünf Jahrhunderte Apfelmostherstellung und die Entwicklung der dazu notwendigen Gerätschaften.

An der Ecke mit der Rue Barbey d'Aurévilly ist das Prunkstück von Valognes, **L'Hôtel de Beaumont,** zu finden. Die schönen Gärten und detailreich eingerichteten Zimmer und die riesige Ehrentreppe kann man allerdings nur an wenigen Tagen im Jahr bestaunen.

Man schlendert an der hübschen Rue du Petit Versailles entlang bis zum **Musée de l'Eau-de-Vie et des Vieux Métiers,** dem Museum des Calvados und der alten Handwerksberufe. Untergebracht ist das Museum im Hôtel de Thieuville, das als Privathaus erbaut, später hintereinander Armenhaus, Spitzenmanufaktur und Kaserne war. 18 Handwerksberufe aus dem 11. bis 20. Jh. werden hier vorgestellt.

Essen

L'Agriculture, 50700 Valognes, Rue L. Delisle 16-18, Tel. +33 (0)2 33950202, Menü 14,50-36 €, auch gute Fischgerichte

Einkaufen

Freitags findet ein Markt statt.

89 *Boulevard Félix-Buhot, Valognes (s. S. 189)*

90 *Eléphant Blue, Valognes (s. S. 189)*

Sehenswertes

L'Hôtel de Beaumont, 50700 Valognes, Rue Barbey d'Aurévilly, Tel. +33 (0)2 33401230, Öffnungszeiten: Ostern, Himmelfahrt, Pfingsten, 1. Mai, Juli-15. Sept. täglich außer sonntagvormittags 10.30-12 und 14.30-18.30 Uhr, Eintritt: 7 €
Musée Régional du Cidre, 50700 Valognes, Rue du Petit Versailles, Tel. +33 (0)2 33402273, Öffnungszeiten: Apr.-Juni und Sept. Mi-Sa 14-18.15 Uhr, Juli, Aug. Mo-Sa 11-18.15 Uhr, So 14-18.15 Uhr, Eintritt: 4,50 € (inkl. Musée de l'Eau-de-Vie et des Vieux Métiers)
Musée de l'Eau-de-Vie et des Vieux Métiers, 50700 Valognes, Rue Pelouze, Tel. +33 (0)2 33402625, Öffnungszeiten: siehe Musée Régional du Cidre, Eintritt: 4,50 € (inkl. Musée Régional du Cidre)

ST-SAUVEUR-LE-VICOMTE

St-Sauveur-le-Vicomte ist ein netter kleiner Marktflecken mit einer Burgruine und einem interessanten Kloster. An den Ufern der Douve stehen die Ruinen der Burg aus dem 14. Jh., flankiert von zwei mächtigen Türmen und beherrscht von einem imposanten Donjon. Die Burg wurde im Hunderjährigen Krieg zweimal belagert, konnte aber nicht eingenommen werden. Im weiten Burghof residiert heute die Touristeninformation. Etwas außerhalb liegt die **Abbaye-de-Saint-Sauveur-le-Vicomte.** Der lohnende Umweg führt über die D900 aus St-Sauveur hinaus und dann gleich auf die D347 zur Abbaye.

Die Abtei wurde im 10. Jh. durch Mönche der Abtei Jumièges erbaut. Während des Hundertjährigen Krieges und der Französischen Revolution wurde sie zweimal zerstört, dann kaufte Mutter Maria Magdalena Postel 1832 die Ruinen, um darin ihrer Glaubensgemeinschaft, dem Orden der Barmherzigen Schwestern, eine Heimat zu geben. 1846 verstarb Mutter Maria Magdalena hier und wurde 1925 heiliggesprochen. Ihre Reliquien findet man in der linken Seitenkapelle der Kirche. Ebenfalls sehenswert sind der holzgeschnitzte Altar aus dem 15. Jh. und die Kanzel links neben dem Eingang.

Information

Office de Tourisme, 50390 Saint-Saveur-le-Vicomte, im Château, Tel. +33 (0)2 33215044, Öffnungszeiten: 15. Sept.-15. Juni Mo 14.30-17.30 Uhr, Di-Fr 9-12.30, 14.30-17.30 Uhr, Sa 9-12.30 Uhr, 15.-30. Juni und 1.-15. Sept. Mo-Sa 9-12.30, 14-18 Uhr, Juli, Aug. Mo-Sa 9-12.30, 14-18.30 Uhr, So 14-18 Uhr

91 ***Hôtel de Ville, St-Sauveur-le-Vicomte*** ***(s. S. 189)***

Sehenswertes

Abbaye de Saint-Sauveur-le-Vicomte, N49.38172° W1.52713°, Tel. +33 (0)2 33216320, Öffnungszeiten: 9-12.30 und 14-17.30 Uhr

Die weitere Strecke führt auf der D115 und dann kurz hinter St-Sauveur-le-Vicomte auf der D130 bis Fierville-les-Mines. Im Ort weist ein braunes Schild nach links zum nächsten Ziel dieser Rundfahrt. Noch drei Kilometer auf schmaler Straße und man hat **Le Moulin à Vent du Cotentin,** eine Windmühle, die heute noch in Betrieb ist, erreicht. Der

▼ *Hier lebte Maria Magdalena Postel im Kreise ihrer Mitschwestern*

096nrm Abb.: gg

Sehenswertes

Le Moulin à Vent du Cotentin, N49.40434° W1.67353°, Tel. +33 (0)2 33533804, Öffnungszeiten: Feb.-Apr., Okt.-Nov., Mi, Sa, So 14-18 Uhr, Mai, Juni, Sept. Di-So 14-19 Uhr, Juli, Aug. täglich 10-12 und 14-19 Uhr, Führung: 4 €

freundliche Müller zeigt gern sein Schmuckstück und erklärt ausführlich die Funktion. Im angeschlossenen Laden gibt es Mehl, Marmelade, Cidre und vieles mehr zu kaufen.

Essen

Auberge du Moulin, Öffnungszeiten: Di 9.30-14.30, Mi-Sa auch 17.30-20.30 Uhr, So 9.30-16 Uhr. Große Auswahl an Galettes und Crêpes, Menüs 20-30 €. Gute Weinkarte. Nach dem Essen kann man auf dem Parkplatz übernachten.

Den Abstecher beendet man, indem man über die D502 und die D650 nach Barneville-Carteret fährt, wo man wieder auf die eigentliche Route stößt.

BARNEVILLE-CARTERET (70 km - km 232)

92 Dünenstrand, Surtainville (s. S. 189)

93 Dünenstrand, Hatainville (s. S. 189)

Picknickplatz

N49.40043° W1.80963°
Etwas abschüssig, Picknickbänke

Information

Office de Tourisme, 50270 Barneville, Rue G. Le Conquérant 15, Tel. +33 (0)2 33049058, Öffnungszeiten: 15. Sept.-15. Apr. Mo-Fr 9.30-12.30, 14-17.30 Uhr, Sa 9.30-12.30 Uhr, 15. Apr.-Juni, Sept. Mo-Sa 9.30-12.30, 14-18 Uhr, Juli, Aug. Mo-Sa 9.30-13, 14-19 Uhr, So 9.30-13 Uhr

Wer den Abstecher ins Landesinnere nicht gemacht hat, fährt auf der D650 gen Süden bis nach Barneville-Carteret. Unterwegs gibt es in Surtainville Gelegenheit zu einem Badestopp am beinahe endlos wirkenden Dünenstrand oder einer Übernachtung in Strandnähe.

Auch die Fahrt zu den **Dünen von Hatainville** ist auf jeden Fall lohnenswert. Dazu verlässt man die D650 bei der Abzweigung nach Hatainville und fährt von dort zum kilometerlangen und bei Ebbe auch sehr breiten einsamen Dünenstrand – ein empfindliches Ökosystem, das man unbedingt schonend behandeln sollte. Unterwegs verlockt ein **Picknickplatz** mit Aussicht auf die Dünen und das Meer zu einer Rast.

Auf der D201 sind es 3 km bis nach **Barneville-Carteret,** wo auch der Abstecher ins Landesinnere endet. Der Ort besteht aus den beiden früher selbstständigen Städten Barneville und Carteret. Man kommt zuerst nach Carteret, einem beliebten Seebad am Cap de Carteret. Auf einer ausgeschilderten Wanderung direkt vom Stellplatz aus kann man das felsige Kap erkunden. Von oben beim Leuchtturm

097nrm Abb.: gg

▶ *An der Westküste des Cotentin findet man kilometerlange Dünenstrände*

Wanderung um die Bucht von Portbail

Von der Kirche aus geht man an der Bucht entlang in Richtung der Olonde-Flussmündung. Man wandert zuerst auf dem Fußweg entlang der Straße, bis diese eine Linkskurve macht und das Ufer verlässt, dann geht es auf einem geschotterten Feldweg weiter, an einigen Steinhäusern vorbei bis zu einem Steg, auf dem man die Olonde überquert. Auf der anderen Seite angekommen, geht man zunächst geradeaus durch die Salzwiesen und bei der zweiten Gabelung nach rechts zum Dünenstrand (Markierung weiß-rot). Jetzt folgt man den vielen, sich immer wieder verzweigenden Fußpfaden entlang der Bucht zur Landspitze. Unterwegs genießt man die wunderbare Dünenlandschaft und den weiten Sandstrand. Für den Rückweg nimmt man denselben Weg (Dauer der Wanderung ca. 2 Std.).

098nrm Abb.: gg

hat man bei schönem Wetter eine gute Sicht auf die Kanalinseln. Bereits seit Anfang des 19. Jh. ist Carteret als Badeort beliebt und ab und zu findet man im Stadtbild noch typische Belle-Époque-Villen. Barneville liegt etwas mehr im Landesinnern. Von hier verkehrt im Juli und August eine Museumsbahn nach Portbail (Di, Do und So).

Nun geht es wieder ein kurzes Stück auf der D650 in südlicher Richtung bis zur Abzweigung nach **Portbail.** Das charmante kleine Seebad liegt malerisch an den Ufern der Bucht. Die frühromanische **Église Notre-Dame** ist heute säkularisiert und wird von April bis September für Kunstausstellungen benutzt. Sehenswert sind die Bandmotive und Tierfiguren an den Kapitellen der romanischen Säulen. Spannend ist eine kleine Wanderung entlang der Bucht (siehe oben).

Von Portbail fährt man auf der D15 in Richtung St-Saveur und biegt nach 3 km auf die D903 ein, die man bei der Abzweigung nach **Canville-La-Rocque** wieder verlässt. In der Kirche des malerischen Ortes fand man 1983 gut erhaltene Fresken, die zwischen 1540 und 1560 entstanden sind. Sie zeigen die Legende des abgehenkten Gehenkten. Ein deutsches Ehepaar mit Sohn pilgerte im 11. Jh. nach Santiago de Compostela. Unterwegs wurde der Sohn zum Tod durch Erhängen verurteilt, weil er ein junges Mädchen zu sehr bedrängt haben soll. Der heilige Jakob persönlich stützte ihn jedoch an den Füßen und hängt ihn wieder ab.

In der typisch französischen Kleinstadt **La Haye-du-Puits** steht der 20 m hohe Bergfried aus dem 11. Jh. als Wahrzeichen der Gemeinde (N49.21308° E1.54351°). Kostenlos Wasser tanken kann man hier auch noch.

94 *Hafen, Carteret* ***(s. S. 189)***

Ver- und Entsorgung
N49.38566° W1.75257°
In Barneville beim Carrefour-Supermarkt, Wasser 2 €

95 *Bahnhof, Portbail* ***(s. S. 190)***

099nrm Abb.: gg

LESSAY (29 km – km 261)

Information

Office de Tourisme, 50430 Lessay, Place Saint-Cloud 11, Tel. +33 (0)2 33451434, Öffnungszeiten: Sept.–Juni Mo–Do 9–12.15 und 14–17.30 Uhr, Fr 9–12.15 und 14–17 Uhr, Juli, Aug. Mo–Sa bis 18 Uhr, So 10–13 Uhr

96 Place Saint-Cloud, Lessay (s. S. 190)

Ver- und Entsorgung

N49.19909° W1.56733°

In Créances beim Carrefour, 2 €

97 Ferme de l'Ane, Créances (s. S. 190)

▲ *L'Abbatiale de Lessay*

▶ *Ein geheimnisvoller Zauber liegt auf dem Château de Gratot*

Umgeben von rauer, schöner Heidelandschaft liegt das kleine Lessay mit seinen knapp 1800 Einwohnern. Einmal im Jahr, am zweiten Septemberwochenende, platzt der Ort aber aus allen Nähten, denn dann findet hier ein riesiger Jahrmarkt, der **Voire de Saint-Croix,** statt, dessen Ursprünge angeblich auf das 11. Jh. zurückgehen. Bis zu 500.000 Besucher strömen zum Jahrmarkt mit mehr als 1500 Ausstellern und einem Tiermarkt mit Eseln, Pferden und Geflügel. 7 km sind es von einem Ende zum anderen.

Generell sehenswert ist die Abteikirche der Stadt **(L'Abbaye Bénédictine Sainte-Trinité de Lessay)** aus dem 11. Jh. Das romanische Gotteshaus ist eines der ersten Bauwerke in der Normandie mit einem vollständigen Kreuzrippengewölbe. Nach schweren Bombenschäden im Zweiten Weltkrieg wurde die Kirche mit Originalmaterialien sorgsam wieder aufgebaut. Weite Arkaden durchziehen das Hauptschiff. Dank der mächtigen Säulen und dem Kreuzrippengewölbe des Daches strahlt das Kirchenschiff trotz schlichter Einrichtung eine erhabene Schönheit und Harmonie aus.

Sehenswertes

L'Abbaye Bénédictine Sainte-Trinité de Lessay, Öffnungszeiten: 9–18.30 Uhr

Über die D652 und die D72 kommt man nach **Créances** mit seinem Stellplatz auf einer Eselsfarm, die auch Ausfahrten mit den Grautieren anbietet. Das nächste Ziel ist das **Château Fort de Pirou** aus dem 12. Jh. Errichtet auf einer Felseninsel mit künstlich angelegtem Wassergraben, wird es von fünf Verteidigungstoren gesichert. Die Legende sagt, dass die Burg im Mittelalter belagert wurde. Doch als die Angreifer die Burg stürmten, war sie leer. Die Bewohner hatten sich durch einen Zauberspruch in Gänse verwandelt und waren davon geflogen. In den Flammen, die die Angreifer legten, verbrannte auch das Zauberbuch. Die Gänse kommen nun jedes Jahr nach Pirou und hoffen, die Zauberformel zur Rückverwandlung zu finden. Zu besichtigen gibt es eine Bäckerei, eine Kelter, eine Kapelle und den Gerichtssaal. In Letzterem wird der wertvolle Gobelin, der die Eroberung Süditaliens und Siziliens durch die Normannen zum Thema hat, gezeigt. Er wurde von 1976 bis 1992 im Stil der Tapisserie von Bayeux gefertigt.

Sehenswertes

Château Fort de Pirou, 50770 Pirou, N49.16301° W1.57312°, Tel. +33 (0)2 33463471, 15. März–Sept. Mi–Mo 10–12, 14–18.30 Uhr, Eintritt: 5 €

Immer auf der gut ausgebauten D650 fährt man bis **Gouville-sur-Mer** mit seinem weiten Sandstrand. Auf der ganzen Strecke gibt es immer wieder Stichstraßen, die zum Meer und zu Campingplätzen führen. Hinter Gouville-sur-Mer wechselt man auf die D651 und kommt nach 6 km nach **Agon-Coutainville.** Der acht Kilometer lange Sandstrand und das freundliche Zentrum mit den bunten Häusern machen die kleine Stadt zu einem gern besuchten Seebad. Auf der weiteren Route verlässt man nun das Meer und fährt auf der D44 nach Coutances.

ABSTECHER NACH GRATOT (hin und zurück 5 km)

Für den lohnenden Abstecher zu einem Château und einer Ermitage muss man von der D44 kurz vor Coutances auf die D244 nach Gratot abfahren. Umgeben von einem breiten Wassergraben liegen die Ruinen des **Château de Gratot** in schöner ländlicher Umgebung. Die vier Türme, darunter der Tour à la Fée („Feenturm"), und die Außenmauern der Schlossfassade üben eine mystische Faszination auf den Betrachter aus. Der Sage nach soll die Fee Andaine hier gewohnt haben und auch wenn es sich vielleicht nur um eine Geschichte handelt, sie passt zu der romantischen Schlossruine. Freiwillige Helfer haben in den 1960er-Jahren die Burgruine renoviert. Seinen Obulus entrichtet man in eine in der Wand eingelassene Kasse – die Erhaltung dieser Burg sollte man auf jeden Fall unterstützen.

Um zur zweiten Sehenswürdigkeit von Gratot zu kommen, fährt man durch das Dorf hindurch und folgt dann den Hinweisschildern zur **Ermitage St-Gerbold** (N49.06942° W1.47383°). Vom kleinen Parkplatz sind es nur wenige Schritte zur frei und uneinge-

209nrm Abb.: gg

98 Camping Le Clos Marin, Pirou (s. S. 190)

Ver- und Entsorung Pirou-Plage

N49.16545° W1.58954°. 2 €, Jetons beim Campingplatz. Hier kann man auch gut und kostenlos übernachten.

99 Aire Naturelle La Morinière, Pirou (s. S. 190)

100 Dünenstrand, Gouville-sur-Mer (s. S. 191)

101 Aire Naturelle le Casrouge, Agon-Coutainville (s. S. 191)

102 Manoir de la Vallée, Tourville-sur-Sienne (s. S. 191)

Sehenswertes

Château de Gratot, 50200 Gratot, Rue d'Argouges 6, N49.06676° W1.49105°, Öffnungszeiten: 10–19 Uhr, Eintritt: 3 €

schränkt zugänglichen Ermitage. Erbaut im 15. Jh. auf Wunsch der Herren von Cratot war die Ermitage St-Gerbold zuerst eine Kapelle, die dem Bischof von Bayeux gewidmet war. Später gehörte sie ausschließlich zum Schloss von Gratot und war für seine Besucher ein Ort des stillen Gebetes, dieser besonderen Atmosphäre kann man sich auch heute nicht verschließen.

COUTANCES (26 km – km 287)

Essen

Côté Saint Pierre, 50200 Coutances, Rue Geoffroy-de-Montbray 55, Tel. +33 (0)2 33479478. Hier wird man gut verköstigt, ab 25 € für das Menü.

Parken

Einen offiziellen Stellplatz gibt es nicht. Zum Parken eignet sich am besten der zentrumsnahe Parkplatz la Coûte II (N49.04905° W1.44122°).

Information

Office de Tourisme, 50200 Coutances, Place Georges Leclerc, Tel. +33 (0)2 33190810, www.tourisme-coutances.fr, Öffnungszeiten: Mo–Fr 9.30–12.30 und 14–18 Uhr, Sa 10–12.30 und 14–17 Uhr

Hauptsehenswürdigkeit der Bischofsstadt Coutance ist ihre **Cathédrale Notre-Dame.** Mit dem ursprünglich romanischen Bau wurde im 11. Jh. begonnen. 1210 leitete der damalige Bischof Hugoes de

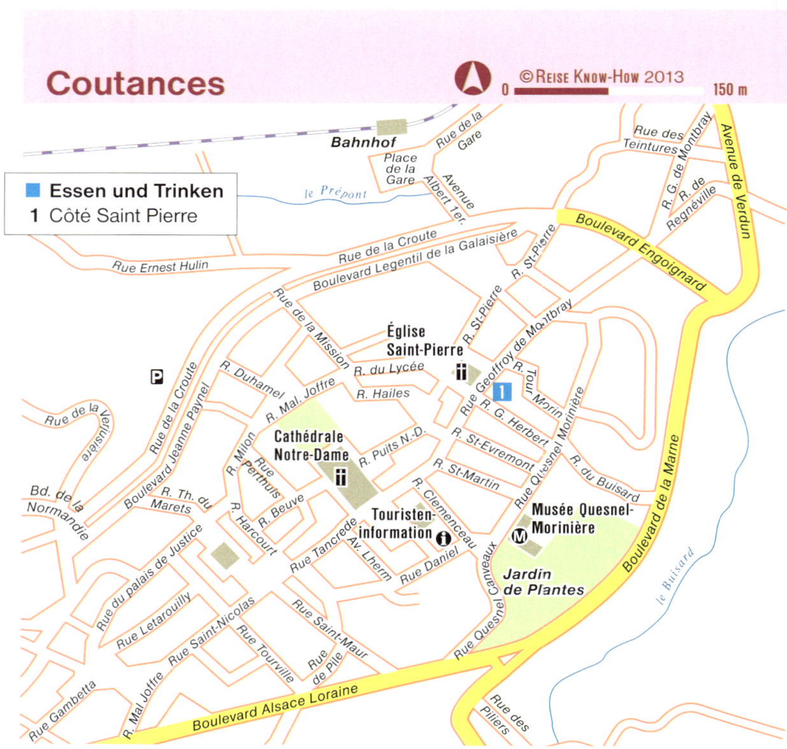

210nrm Abb.: gg

Die Cathedrale Notre-Dame in Coutances

Morville den Umbau zur gotischen Kathedrale ein. Die romanischen Säulen und Türme wurden mit einer gotischen Verkleidung versehen, der Chor wurde völlig erneuert. Der Bau steht beispielhaft für die nüchterne Schönheit normannischer Gotik. Dank des Laternenturms im Schnittpunkt von Haupt- und Querschiff wird das Gotteshaus von Licht durchflutet. Der imposante Sakralbau überstand sowohl die Verwüstungen der Französischen Revolution als auch die Bombardements des Zweiten Weltkrieges. Die jahrhundertealten Buntglasfenster sind heute noch in ihrem ursprünglichen Zustand. Das riesige Glasfenster im nördlichen Querschiff datiert aus den Jahren 1235 bis 1240 und zeigt u. a. Szenen aus dem Leben des heiligen Thomas Becket. Die große Orgel mit ihrem einzigartigen voluminösen Klang stammt aus dem Jahre 1720.

Die **Église Saint-Pierre** ist eine Mischung aus Gotik und Renaissance. Die erste Kirche aus dem 11. Jh. wurde im Hundertjährigen Krieg zerstört und Anfang des 16. Jh. im spätgotischen Stil neu erbaut. Mitte des 16. Jh. erfolgte die meisterlicher Vollendung mit der Laternenkuppel des Vierungsturms im Stile der Renaissance.

Nach so viel sakraler Kunst sollte man sich einige Minuten im **Jardin des Plantes** (Stadtpark) gönnen. Die Stadt Coutances bekam das Herrenhaus und den Park im Jahr 1859 vom reichen Mitbürger Quesnel de la Morinière geschenkt, mit der Auflage, ein Heimatmuseum (Musée Quesnel-Morinière) und einen botanischen Garten für die Bevölkerung einzurichten. Entstanden ist ein sorgfältig gepflegter Park mit einem italienischen und einem englischen Teil, einem Labyrinth und Wasserspielen.

Auf der D7 folgt man 2 km hinter Coutances kurz vor Saussey den Hinweistafeln „Les Jardins d'Argences". Das **Manoir d'Argences,** etwas außerhalb von Saussey in einem Tal gelegen, ist von neun verschiedenen Themengärten umgeben. Ein symmetrisch angelegter

Sehenswertes

Cathédrale Notre-Dame, 50200 Coutances, Rue Tancrède, Öffnungszeiten: 9–18.30 Uhr

Église Saint-Pierre, 50200 Coutances, Rue Saint-Pierre, Öffnungszeiten: 9–18 Uhr

Jardin des Plantes, 50200 Coutances, Rue Quesnel-Morinière, Öffnungszeiten: Okt.–März 9–17 Uhr, Apr.–Sept. 9–20 Uhr, Juli, Aug. bis 23.30 Uhr, Eintritt: frei, Hundeverbot

Musée Quesnel-Morinière, 50200 Coutances, Rue Quesnel-Morinière 2, Tel. +33 (0)2 33070788, Öffnungszeiten: 10–12 und 14–17 Uhr, außer dienstag- und sonntagvormittags, Eintritt: 2,50 €

› Routenatlas S. VIII

französischer Garten, ein englischer Garten, ein Rosengarten, ein Wassergarten mit Springbrunnen und Teichen, ein Blumengarten, Gärten mit Bäumen und Sträuchern und schließlich ein Gemüsegarten können besichtigt werden. Die derzeitigen Besitzer haben im Lauf der letzten Jahre einige hochrangige Preise für ihre Gartengestaltung verliehen bekommen.

An der D7 findet man Hinweisschilder zum **Musée du Manoir de Saussey.** In dem Herrenhaus aus dem 17. Jh. warten eine wertvolle Glassammlung und eine großartige Kollektion französischer und italienischer Krippenfiguren auf die Besucher. Außer dem Manoir kann auch der zauberhaft angelegte Garten besucht werden. Durch das schmale Tor zum Parkplatz passen keine Wohnmobile, man muss deshalb entlang der Straße oder etwas entfernt im Ort Saussey parken.

Sehenswertes

Les Jardins d'Argences, 50200 Saussey, N49.01889° W1.44643°, Tel. +33 (0)2 33079204, Öffnungszeiten: Mai–Mitte Okt. 14–18 Uhr, Eintritt: 5,50 €

Musée du Manoir de Saussey, 50200 Saussey, N49.01050° W1.43075°, Tel. +33 (0)2 33451965, Öffnungszeiten: Ostern–Sept. 14–18.30 Uhr, Eintritt: 6 €

Die D7 zieht sich durch hügelige, landwirtschaftlich genutzte Flächen bis zur hübschen Kleinstadt **Gavray.**

Zum nächsten Ziel, der Abtei von Hambye, fährt man kurz auf der D9, zweigt dann auf die D198 und dann auf die D51 ab. Die **Abbaye de Hambye** liegt im Herzen des Valée de la Sienne (Sienne-Tal). Sie wurde 1145 von Benediktinermönchen in der friedvollen Abgeschiedenheit, umgeben von Hügeln und Wäldern, gegründet. Man betritt die Abtei durch das monumentale Torhaus. Obwohl von der Kloster-

102nm Abb.: gg

Klösterliche Abgeschiedenheit in der Abbaye de Hambye

kirche nur noch Ruinen erhalten sind, ist sie ein prachtvolles Zeugnis normannischer Baukunst der Romanik und Gotik. In der Form eines lateinischen Kreuzes erbaut, sind heute noch das schmale Hauptschiff, das Querschiff und der weite Chor zu sehen.

Bei einer geführten Besichtigung kann man außerdem die Klosterküche, das Refektorium, den Totensaal, den Kapitelsaal und die landwirtschaftlichen Gebäude, die alle in Privatbesitz sind, besuchen.

Sehenswertes

Abbaye de Hambye, 50450 Hambye, Route de l'Abbaye (N48.92369° W1.26710°), Tel. +33 (0)2 33617692, Öffnungszeiten: Apr.-Sept. Mi-Mo 10-12 und 14-18 Uhr, Eintritt: 5 €

Hinter der Abtei fährt man zunächst auf der D51 durch das Sienne-Tal und dann auf der D9 bis nach Villedieu-les-Poêles.

VILLEDIEU-LES-POÊLES (38 km - km 325)

Information

Office de Tourisme, 50800 Villedieu-les-Poêles, Place de la Costils 8, Tel. +33 (0)2 33610569, www.tourisme-villedieu.com, Öffnungszeiten: Apr.-Juni, Sept. Mo-So 9.30-12.30 und 14-18 Uhr, Juli, Aug. 9.30-18 Uhr, Okt.-März Mo-Sa 9.30-12 und 14-17.30 Uhr

Die 4000 Einwohner des Städtchens leben von der **Kupferpfannen- und der Glockenherstellung** sowie vom Tourismus. Der Zusatz „Poêles" im Stadtnamen bedeutet „Bratpfannen".

Es ist nicht verwunderlich, dass es jährlich, besonders in den Sommermonaten, viele Touristen in das reizende Städtchen zieht. Vor allem die Fußgängerzone Rue du Docteur Havard und der Place de la République sind sehr schön. Sie werden von hübsch herausgeputzen Häusern mit Restaurants und Läden mit Kupfergegenständen im Angebot flankiert.

Immer wieder bieten sich Einblicke in die malerischen Innenhöfe. In der Rue Général Huard kann man im **Atelier du Cuivre,** einer der ältesten Kupferwerkstätten der Stadt, den Meistern bei der Arbeit zusehen. Außerdem erfährt man - auch mittels eines Videofilms - viel über die Geschichte dieses Handwerkszweigs vom Mittelalter bis in die heutige Zeit. Natürlich kann man anschließend Kupferpfannen, Töpfe, Kannen und vieles mehr im dazugehörenden Laden kaufen. Schräg gegenüber des Ateliers sind gleich zwei Museen in einem Gebäude: das **Museum für Klöppelspitzen** und das **Museum für das Kupferhandwerk (Musée de la Poeslerie et Maison de la Dentellière).** In einer restaurierten Kupferwerkstatt wird die Kupferbearbeitung erklärt. Im Haus der Spitzenklöpplerin sind zarte Spitzen, Klöppel und Rahmen ausgestellt. Auf keinen Fall versäumen sollte

› Routenatlas S. IX

103nrm Abb.: gg

▲ *In der Glockengießerei hat sich seit 200 Jahren wenig verändert*

man einen Besuch der **Fonderie de Cloches** (Glockengießerei), die seit über 200 Jahren besteht und bis zum heutigen Tag ihr Aussehen nicht verändert hat. Keine Angst, auch wer die französische Sprache nicht beherrscht, wird die Arbeitsabläufe bei der Herstellung einer Glocke verstehen. Die knapp 30-minütige Führung versetzt den Besucher in die Anfänge des Industriezeitalters zurück. In dem Ziegelbau der Gießerei mit seinem alles überragenden Schornstein sieht man gleich beim Eingang die Gruben für den Glockenguss. Darin werden die Formen mit Ziegeln gemauert, darauf kommt eine Tonschicht, der Pferdemist und Ziegenhaare beigemengt sind. Über die Rohform wird der sogenannte Mantel gestülpt – praktisch die Außenhülle der späteren Glocke. In zwei Brennöfen werden die Metalllegierungen mithilfe von Holzkohle bei 1180° Celsius geschmolzen. Das flüssige Metall wird anschließend zwischen Mantel und Form gegossen und die Glocke kühlt dann, ganz mit Erde bedeckt, je nach Größe zwei bis acht Tage aus. In der Gießerei werden heute noch Kirchen- und Schiffsglocken für Abnehmer in ganz Europa hergestellt – die größten wiegen sechs Tonnen. Im angeschlossenen Laden kann sich jeder seine eigene Glocke kaufen.

103 Parc de la Commanderie, Villedieu-les-Poêles (s. S. 191)

Sehenswertes

Musée de la Poeslerie et Maison de la Dentellière, 50800 Villedieu-les-Poêles, Rue du Général Huard 25, Tel. +33 (0)2 33611178, Öffnungszeiten: Mo–Sa 10–12.30 und 14–18 Uhr, Juli, Aug. auch So 14–18 Uhr, Eintritt: 5 €

Fonderie de Cloches, 50800 Villedieu-les-Poêles, Rue du Pont Chignon 10, Tel. +33 (0)2 33617729, Öffnungszeiten: Mitte Feb.–Mitte Nov. Di–Sa 10–12.30 und 14–17.30 Uhr, Juli und Aug. täglich 9–18 Uhr, geführte Touren: 6 €

Essen

Le Pussoir, 50800 Villedieu-Les-Poêles, Place du Pussoir Fidèle 2, Tel. +33 (0)2 33519458. In der liebevoll eingerichteten Brasserie sitzt man gemütlich und genießt schnörkellose Gerichte. So Ruhetag

Einkaufen

Atelier du Cuivre, 50800 Villedieu-les-Poêles, Rue du Général Huard 54, Tel. +33 (0)2 33505466, Öffnungszeiten: Mo–Fr 9–12 und 13.30–18 Uhr, Sa 9–12 und 14–17.30 Uhr. Führung durch die Werkstatt Mo–Sa 10, 11, 14, 15, 16 Uhr, 5,20 €

La Cour du Paradis, 50800 Villedieu-les-Poêles, Rue du Docteur Havard 40–44, Tel. +33 (0)2 33505466, Do–Di 9.30–19.30 Uhr, So 10–13.30 und 14.30–19 Uhr. Allerlei Dinge, die die Normandie zum Essen, Trinken und Dekorieren zu bieten hat

Ver- und Entsorgung

N48.84175° W1.22281°. Von Gavray kommend vor dem Zentrum nach links in Richtung Krankenhaus fahren. Hier kann man auch parken, zum Übernachten eignet sich der Stellplatz allerdings besser. 4 €/10 Min. Wasser oder 55 Min. Strom

STELL- UND CAMPINGPLÄTZE ENTLANG DER ROUTE

59 *Camping le Haut Dick, Carentan*

N49.30984° W1.23890°

Gepflegter zentrumsnaher Platz mit befriedigender Ausstattung. Einige Stellplätze direkt am Kanal. Schwimmbad. **Lage/Anfahrt:** In der Stadt ausgeschildert; **Platzanzahl:** 114; **Untergrund:** Wiese; **Ver-/Entsorgung:** Strom, Trinkwasser, Abwasser, Chemie-WC; **Sicherheit:** umzäunt, beleuchtet, bewacht; **Preise:** 14,50–22,50 €/Fahrz. inkl. 2 Pers., Strom 4 €, Hund 1,50–2 €, Pauschale 16 € mit ACSI; **Geöffnet:** April Anfang–Oktober; **Kontakt:** 50500 Carentan, Chemin du Grand Bas Pays, Tel. +33 (0)2 33421689, www.camping-lehautdick.com

60 *Parkplatz, Utah Beach*

N49.41402° W1.17866°

Nett angelegte freie Stellmöglichkeit auf einem separaten Parkplatz für Wohnmobile beim Museum. Lage gut und nachts ruhig. **Lage/Anfahrt:** Von Ste-Marie-du-Mont Richtung Musée du Débarquement fahren; **Platzanzahl:** 10; **Untergrund:** Schotter; **Preise:** kostenlos; **Geöffnet:** frei zugänglich

61 *Camping Le Cormoran, Ravenoville*

N49.46651° W1.23744°

Platz mit guter Sanitärausstattung, vom breiten Sandstrand durch die Küstenstraße getrennt. Beheiztes Frei- und Hallenbad, Sauna. **Lage/Anfahrt:** Direkt an der D421, ausgeschildert; **Platzanzahl:** 256; **Untergrund:** Wiese; **Ver-/Entsorgung:** Strom, Trinkwasser, Abwasser, Chemie-WC; **Sicherheit:** umzäunt, beleuchtet, bewacht; **Preise:** 22–34 €/Fahrz. inkl. 2 Pers. und Strom, Tier 3 €, bei Anreise nach 18 Uhr

211nrm Abb.: gg

▲ *In Quinéville steht man direkt am breiten Sandstand*

und Abreise vor 10 Uhr Pauschale von 16 €; **Geöffnet:** April–September; **Kontakt:** 50480 Ravenoville, Ravenoville-Plage, Tel. +33 (0)2 33413394, www.lecormoran.com

62 Église, Sainte-Mère-Église

N49.40908° W1.31543°

Offizielle Stellplätze auf einem Parkplatz direkt im Zentrum, Toilette. Durch an- und abfahrende Fahrzeuge nicht gerade ruhig. **Lage/Anfahrt:** Ins Zentrum fahren, ab dort ausgeschildert; **Platzanzahl:** 10; **Untergrund:** Asphalt; **Preise:** 5 €/Fahrz., gebührenpflichtig 20–8 Uhr; **Geöffnet:** frei zugänglich

63 Sportplatz, Montebourg

N49.48499° W1.37477°

Offizielle Stellplätze auf einem Parkplatz beim Sportplatz (Stade). Aussicht auf den Ort, ruhig. **Lage/Anfahrt:** Von der N13 kurz vor dem Ortsschild rechts abbiegen, ausgeschildert; **Platzanzahl:** 10; **Untergrund:** Schotter; **Ver-/Entsorgung:** Trinkwasser, Abwasser, Chemie-WC; **Preise:** kostenlos; **Geöffnet:** frei zugänglich

64 Strand, Quinéville

N49.51589° W1.28672°

Freie Stellmöglichkeit (Nebensaison) auf einem holprigen Parkplatz direkt am Strand, Lage gut und ruhig. **Lage/Anfahrt:** In Quinéville zum Mémorial Museum fahren, dort nach links zum Parkplatz abbiegen; **Platzanzahl:** 3; **Untergrund:** Wiese; **Preise:** kostenlos; **Geöffnet:** frei zugänglich

65 Camping Le Rivage, Quettehou

N49.57943° W1.30756°

Platz mit befriedigenden Sanitäreinrichtungen, beheiztem Schwimmbad, Laden, Bar und Waschmaschinen. 400 m zum Meer. Die Lage ist befriedigend und relativ ruhig. **Lage/Anfahrt:** Von der D14 abbiegen, ausgeschildert; **Platzanzahl:** 140; **Untergrund:** Wiese; **Ver-/Entsorgung:** Strom, Trinkwasser, Abwasser, Chemie-WC; **Sicherheit:** umzäunt, beleuchtet, bewacht; **Preise:** 15,80–19,90 €/Fahrz. inkl. 2 Pers., Strom 3,60–4,40 €, Hund 2–3 €, Taxe 0,30 €/Pers., bei Ankunft nach 18 Uhr und Abfahrt vor 10 Uhr pauschal 14 € (inkl. 2 Pers. und Strom); **Geöffnet:** April–September; **Kontakt:** 50630 Quettehou, Rue Sainte-Marie 75, Tel. +33 (0)2 33541376, www.camping-lerivage.fr

66 Aire Camping Cars, St-Vaast-la-Hougue

N49.58402° W1.26720°

Privater Platz direkt neben dem Campingplatz La Gallouette. Die Lage befriedigend und relativ ruhig. **Lage/Anfahrt:** Im Ort ausgeschildert; **Platzanzahl:** 25; **Untergrund:** Asphalt; **Ver-/Entsorgung:** Trinkwasser, Abwasser, Chemie-WC; **Sicherheit:** umzäunt, beleuchtet; **Preise:** 7,50 €/Fahrz., 2 €/10 Min. Wasser; **Geöffnet:** ganzjährig; **Kontakt:** 50550 St-Vaast-la-Hougue, Rue de la Gallouette

67 Camping La Gallouette, Saint-Vaast-la-Hougue

N49.58465° W1.26872°

Platz mit befriedigender Sanitärausstattung, beheiztem Schwimmbad, Laden und Bar. Lage gut und ruhig. **Lage/Anfahrt:** Im Ort ausgeschildert; **Platzanzahl:** 120; **Untergrund:** Wiese; **Ver-/Entsorgung:** Strom, Trinkwasser, Abwasser, Chemie-WC; **Sicherheit:** umzäunt, beleuchtet, bewacht; **Preise:** 16,25–20,30 €/Fahrz. inkl. 2 Pers. und Strom, Hund 2 €, bei Ankunft nach 18 Uhr und Abfahrt vor 10 Uhr pauschal 13,20–15,25 €/Fahrz. inkl. 2 Personen und Strom; **Geöffnet:** April–September; **Kontakt:** 50550 St-Vaast-la-Hougue, Tel. +33 (0)2 33542057, www.lagallouette.com

68 Camping de Jonville, Réville

N49.60699° W1.23148°

Platz in sehr schöner, ruhiger Lage am Leuchtturm von Point de Saire mit ausreichender Sanitärausstattung und Waschmaschinen. **Lage/Anfahrt:** Vor Réville nach rechts zum Pointe de Saire abbiegen, ausgeschildert; **Platzanzahl:** 100; **Untergrund:** Wiese; **Ver-/Entsorgung:** Strom, Trinkwasser, Chemie-WC; **Sicherheit:** umzäunt, beleuchtet, bewacht; **Preise:** 5,90–7,40 €/Fahrz., 3,20–3,50/Pers., Strom 4,20 €, Tier 2,20–2,40 €, von 18–10 Uhr Pauschale 11 €, Hund 2 €; **Geöffnet:** April–September; **Kontakt:** 50760 Réville, Jonville, Tel. +33 (0)2 33544841, www.camping-jonville.fr

▼ *Entsorgungsstation auf dem Bauernhof Camping-Cars à la Ferme*

105nrm Abb.: gg

69 Camping-Cars à la Ferme, Réville

N49.62573° W1.25320°

Gepflegtes, ruhiges Wiesengelände bei einem Bauernhof mit Direktverkauf von Gemüse, keine Sanitäranlagen, sehr freundliche Aufnahme der Gäste, Picknickbänke. Nach Réville ist es 1 km. **Lage/Anfahrt:** Auf der D1 durch Réville Richtung Barfleur fahren. 700 m nach dem Ortsschild rechts in Richtung La Froide Rue abbiegen, ab hier 600 m bis zum Stellplatz, ausgeschildert; **Platzanzahl:** 10; **Untergrund:** Wiese; **Ver-/Entsorgung:** Strom, Trinkwasser, Abwasser, Chemie-WC; **Sicherheit:** umzäunt, beleuchtet, **Preise:** 7 €/Fahrz. inkl. Personen und Strom; **Geöffnet:** ganzjährig; **Kontakt:** Françoise et Michel Latirre, Reville, La Froide Rue, Tel. +33 (0)2 33545405

70 Rue des Pailles, Montfarville

N49.65307° W1.26817°

Freie Stellmöglichkeit auf einem großen Parkplatz am Ortsrand. Gute und ruhige Lage. **Lage/Anfahrt:** Von der D115 3 km landeinwärts zur Kirche fahren, daran links vorbei und links in die Rue des Pailles abbiegen; **Platzanzahl:** 5; **Untergrund:** Asphalt; **Preise:** kostenlos; **Geöffnet:** frei zugänglich

71 Aire Camping Cars, Barfleur

N49.66954° W1.26350°

Offizieller Stellplatz direkt an der Küstenstraße, zentrumsnah, Toilette. Lage befriedigend und relativ laut. **Lage/Anfahrt:** An der D1 am Ortanfang links; **Platzanzahl:** 6; **Untergrund:** Schotter; **Ver-/Entsorgung:** Trinkwasser; **Sicherheit:** beleuchtet; **Preise:** kostenlos; **Geöffnet:** frei zugänglich

72 Camping la Blanche Nef, Barfleur

N49.67571° W1.26758°

Platz am Ortsrand mit befriedigender Sanitärausstattung und WLAN. Lage gut und ruhig. **Lage/Anfahrt:** Im Ort ausgeschildert; **Platzanzahl:** 54; **Untergrund:** Wiese, Sand; **Ver-/Entsorgung:** Strom, Trinkwasser, Abwasser, Chemie-WC; **Sicherheit:** umzäunt, beleuchtet, bewacht; **Preise:** 8,35–14,55 €/Fahrz. inkl. 2 Pers., Strom 3,85–5,03 €, Tier 1,44 €, Taxe 0,44 €/Pers., Pauschale 18–10 Uhr 12 €; **Geöffnet:** Mitte Feb.–Mitte Nov.; **Kontakt:** 50760 Barfleur, Tel. +33 (0)2 33231540, www.camping-barfleur.fr

73 Camping La Ferme du Bord de Mer, Gatteville-Phare

N49.68021° W1.27350°

Eine naturbelassene Wiese mit einfacher Sanitärausstattung in schöner Lage bei einem Bauernhaus, über eine Anliegerstraße kommt man zur Meeresbucht. **Lage/Anfahrt:** Von Barfleur aus vor dem Ort Gatteville kurz nach der Windmühle nach rechts zum Platz fahren. Er ist ausgeschildert; **Platzanzahl:** 25; **Untergrund:** Wiese; **Ver-/Entsorgung:** Strom, Trinkwasser, Chemie-WC; **Sicherheit:** umzäunt, beleuchtet, bewacht; **Preise:** 10,80–12 €/Fahrz. inkl. 2 Personen, Strom 3–4,80 €, Tier 1,48–1,65 €, Pauschale 18–10 Uhr 12–13 € inkl. Pers. und Strom; **Geöffnet:** ganzjährig; **Kontakt:** 50760 Gatteville-Phare, Tel. +33 (0)2 33540177

106nrm Abb.: gg

▲ *Der freie Stellplatz an der Felsenküste in Gatteville bietet einen tollen Blick aufs Meer*

74 Felsenküste, Gatteville

N49.69342° W1.28520°

Freier Stellplatz an der Felsenküste in traumhafter, ruhiger Lage direkt am Meer. **Lage/ Anfahrt:** Durch Gatteville hindurch in Richtung „Phare" fahren, kurz vor dem Meer nach links abbiegen (nicht mehr zum Leuchturm). Nur auf dem ersten Parkplatz ist Übernachten verboten, weiter an der Küste findet man Stellplätze, Parkverbot Mo, Fr 11–13 Uhr; **Platzanzahl:** 10; **Untergrund:** Wiese, Sand; fest; **Preise:** kostenlos; **Geöffnet:** frei zugänglich

75 Bauernhof am Cap Lévi

N49.68991° W1.46735°

Abschüssige Wiese bei einem Bauernhof mit Direktverkauf, ohne Ver- und Entsorgung oder Sanitäranlagen, dafür mit schönem Blick auf die Bucht. Lage sehr gut und ruhig. **Lage/Anfahrt:** Durch Tôt le Haut (Vorsicht enge Durchfahrt von 2,50 m) hindurch in Richtung „Phare Sémaphore" (Leuchtturm) fahren, dann nach 1,6 km links zum Platz, auf das Schild „Aire de Stationnement pour Campingcars" achten; **Platzanzahl:** 15; **Untergrund:** Wiese; **Preise:** 3 €/Fahrz., jeder weitere Tag 2 €; **Geöffnet:** ganzjährig; **Kontakt:** Mme. Gallien, Tel.+33 (0)624283266

76 Camping Collignon, Tourlaville

N49.65424° W1.56604°

Platz mit befriedigender Ausstattung direkt am Meer, Lage gut und ruhig. **Lage/ Anfahrt:** Wenn die D116 in die vierspurige Zufahrtsstraße nach Cherbourg übergeht, rechts abbiegen, ausgeschildert; **Platzanzahl:** 62; **Untergrund:** Wiese; **Ver-/ Entsorgung:** Strom, Trinkwasser, Abwasser, Chemie-WC; **Sicherheit:** umzäunt, beleuchtet, bewacht; **Preise:** 6,75–7 €/Fahrz., 4,70–5 €/Pers., Strom 4 €, Hund 1,60 €; **Geöffnet:** Mai–September; **Kontakt:** 50110 Tourlaville, Espace Loisirs de Collignon, Rue des Algues, Tel. +33 (0)2 33201688

77 Cité de la Mer, Cherbourg

N49.64814° W1.61774°

Freie Stellplätze am Ende der Hafenmole beim Museum Cité de la Mer. Lage gut und relativ ruhig. **Lage/Anfahrt:** Von der Zufahrtsstraße nach Cherbourg den Hinweisschildern „Cité de la Mer" folgen. Am Museum vorbei bis zum Ende der Hafenmole, dort sind die Stellplätze (Allée du Président Menut); **Platzanzahl:** 30; **Untergrund:** Asphalt; **Preise:** kostenlos; **Max. Stand:** 1 Nacht; **Geöffnet:** frei zugänglich

78 Camping à la Ferme, Sideville

N49.58803° W1.69147°

Gepflegte Wiese hinter einem Bauernhof mit Cidre- und Eierverkauf, keine Sanitärräume. Lage sehr gut und ruhig. **Lage/Anfahrt:** Auf der D650 an Sideville vorbei und auf den ersten Feldweg nach rechts abbiegen, Hinweisschild mit Womopiktogramm; **Platzanzahl:** 8; **Untergrund:** Wiese; **Ver-/Entsorgung:** Strom, Trinkwasser, Abwasser, Chemie-WC; **Sicherheit:** beleuchtet, bewacht; **Preise:** 7 €/Fahrz. inkl. Strom und Ver-/Entsorgung, nur Ver-/Entsorgung 3 €; **Geöffnet:** ganzjährig; **Kontakt:** Philippe und Véronique Vautier, 50690 Sideville, 1 Ferme de l'Orimier, Tel. +33 (0)2 33520259, www.lorimier.fr

79 Camping des Dunes, Urville-Nacqueville

N49.67801° W1.72307°

Netter Platz mit befriedigender Sanitärausstattung, schöne ruhige Lage, vom Dünenstrand durch Anliegerstraße getrennt. **Lage/Anfahrt:** Von der D45 meerwärts, ausgeschildert; **Platzanzahl:** 100; **Untergrund:** Wiese, Sand; **Ver-/Entsorgung:** Strom, Trinkwasser, Abwasser, Chemie-WC; **Sicherheit:** umzäunt, beleuchtet, bewacht; **Preise:** Pauschale 13,80 € inkl. 2 Pers. und Strom, Ver- und Entsorgung 4,20 €; **Geöffnet:** April–Sept.; **Kontakt:** 50460 Urville-Nacqueville, Route du Fort 426, Tel. +33 (0)2 33035673

212nrm Abb.: gg

80 *Salle communale, Gréville-Hague*

N49.67513° W1.80111°

Offizieller Stellplatz auf dem Parkplatz bei den Sportplätzen, Lage gut und ruhig (außer bei Fußballspielen). **Lage/Anfahrt:** Im Ort ausgeschildert; **Platzanzahl:** 5; **Untergrund:** Asphalt; **Ver-/Entsorgung:** Strom, Trinkwasser, Abwasser, Chemie-WC; **Sicherheit:** beleuchtet; **Preise:** 2 €/10 Min. Wasser oder 55 Min. Strom; **Geöffnet:** frei zugänglich

81 *Camping du Hâble, Omonville-la-Rogue*

N49.70446° W1.84070°

Platz mit einfacher Ausstattung, Lage gut und relativ ruhig. **Lage/Anfahrt:** Von der D45 rechts ab zum Platz, ausgeschildert; **Platzanzahl:** 66; **Untergrund:** Wiese; **Ver-/Entsorgung:** Strom, Trinkwasser, Abwasser, Chemie-WC, für Externe 2 €; **Sicherheit:** umzäunt, beleuchtet, bewacht; **Preise:** 4 €/Fahrz., 2,60 €/Pers., Strom 3,10–5,15 €, Tier 1,05 €, Taxe 0,22 €/Pers.; **Geöffnet:** April–September; **Kontakt:** 50440 Omonville-la-Rogue, Route de la Hague 4, Tel. +33 (0)2 33528615

82 *Parkplatz Goury, Auderville*

N49.71402° W1.93458°

Offizielle Stellplätze, sehr uneben, ca. 400 m bis zum Leuchtturm. Lage sehr schön und ruhig. **Lage/Anfahrt:** Durch Auderville hindurch Richtung Cap la Hague und Goury fahren, dann zum ausgeschilderten Parkplatz links abbiegen; **Platzanzahl:** 20; **Untergrund:** Schotterrasen; **Preise:** kostenlos; **Geöffnet:** frei zugänglich

83 *D64, Siouville-Hague*

N49.56330° W1.84468°

Offizielle Stellplätze auf einem Wiesengelände am Ortsrand. Lage gut und relativ ruhig. **Lage/Anfahrt:** Durch Siouville auf der D64 Richtung Dielette fahren, dann

Ländliche Idylle auf dem Stellplatz in Sideville

auf den mit „P“ ausgeschilderten Wiesenparkplatz abbiegen; **Platzanzahl:** 30; **Untergrund:** Wiese; **Ver-/Entsorgung:** Trinkwasser, Abwasser, Chemie-WC; **Sicherheit:** umzäunt; **Preise:** 2 €/10 Min. Wasser oder 55 Min. Strom; **Geöffnet:** frei zugänglich

84 *Camping à la Ferme, Tréauville*

N49.54437° W1.83512°

Stellplätze bei einem Bauernhof und an Wiesen angrenzend. Es gibt keine Sanitäranlagen. Die Lage ist gut und ruhig. **Lage/Anfahrt:** Von Dielette auf der D231 für 8 km Richtung Tréauville fahren, dann auf die D65 nach la Chaussée abbiegen, 600 m zum Platz, ausgeschildert; **Platzanzahl:** 10; **Untergrund:** Wiese; **Ver-/Entsorgung:** Strom, Trinkwasser, Abwasser, Chemie-WC; **Sicherheit:** beleuchtet; **Preise:** 6,50 €/Fahrz. inkl. Personen, Strom, Ver- und Entsorgung; **Kontakt:** M. Louis Levallois, 50340 Tréville, la Chaussée 1, Tel. +33 (0)6 68445185

85 *Strand, Sciotot*

N49.50724° W1.84744°

Der hintere Teil eines Parkplatzes ist für Wohnmobile reserviert. Lage sehr gut und mit Sicht aufs Meer, relativ ruhig. **Lage/Anfahrt:** In Sciotot den Hinweisschildern nach links zum Parkplatz folgen; **Platzanzahl:** 10; **Untergrund:** Wiese; **Preise:** kostenlos; **Max. Stand:** 1 Nacht; **Geöffnet:** frei zugänglich

86 *Aire Privée de la Calad'J0, Grosville*

N49.50660° W1.74257°

Ein privater Stellplatz hinter einer Bar mit Lebensmittelverkauf, durch niedrige Hecken abgeteilt, Lage befriedigend, aber laut (D62). **Lage/Anfahrt:** An der Ecke D23 und D62 in Grosville; **Patzanzahl:** 9; **Untergrund:** Schotter; **Ver-/Entsorgung:** Strom, Trinkwasser, Abwasser, Chemie-WC; **Preise:** 6 € inkl. alles; **Geöffnet:** ganzjährig

87 *D900, Rauville-la-Bigot*

N49.51628° W1.68345°

Offizielle Stellplätze auf nett angelegtem, zentrumsnahem Platz mit Picknicktischen, WC mit Waschbecken, Lage gut, aber laut (D 900). **Lage/Anfahrt:** Durch Rauville-la-Bigot in Richtung Bricquebec hindurch, vor dem Neubaugebiet rechts zum Platz, ausgeschildert; **Platzanzahl:** 9; **Untergrund:** Asphalt; **Ver-/Entsorgung:** Trinkwasser, Abwasser, Chemie-WC; **Preise:** kostenlos; **Geöffnet:** frei zugänglich

88 *Etang de Pêche, Bricquebec*

N49.47353° W1.64645°

Offizieller Stellplatz an einem kleinen See mit Picknicktischen, WC. 600 m ins Zentrum, Lage gut und relativ ruhig. **Lage/Anfahrt:** Von der D900 gleich am Ortsanfang nach rechts zum Parkplatz fahren, ausgeschildert; **Platzanzahl:** 10; **Untergrund:** Schotter; **Ver-/Entsorgung:** Strom (muss stündlich aktiviert werden), Trinkwasser, Abwasser, Chemie-WC; **Sicherheit:** beleuchtet; **Preise:** kostenlos; **Geöffnet:** frei zugänglich

89 Boulevard Félix-Buhot, Valognes

N49.51073° W1.47767°

Offizielle Stellplätze auf einem großen Parkplatz, 500 m bis ins Zentrum, Lage befriedigend und relativ ruhig. **Lage/Anfahrt:** Durch Valognes in Richtung Cherbourg fahren, dann kurz vor dem Lidl-Supermarkt nach links, ausgeschildert; **Platzanzahl:** 9; **Untergrund:** Asphalt; **Ver-/Entsorgung:** Strom, Trinkwasser, Abwasser, Chemie-WC; **Sicherheit:** beleuchtet; **Preise:** 2 €/10 Min. Wasser oder 60 Min. Strom; **Geöffnet:** frei zugänglich

90 Eléphant Blue, Valognes

N49.51435° W1.500552°

Private Stellplätze hinter einer Waschstraße. Nett angelegt, Picknickplätze. Lage befriedigend, nachts ruhig. **Lage/Anfahrt:** Von der N13 auf die D62 oder im Ort Richtung Déchetterie fahren; **Platzanzahl:** 4; **Untergrund:** Asphalt; **Ver-/Entsorgung:** Strom, Trinkwasser, Abwasser, Chemie-WC; **Preise:** Strom kostenlos, Wasser 2 €; **Geöffnet:** frei zugänglich; **Kontakt:** 50700 Valognes, Rue de la Brique, Tel. +33 (0)2 33406201

91 Hôtel de Ville, St-Sauveur-le-Vicomte

N49.38674° W1.52902°

Offizielle Stellplätze mit WC im Zentrum beim Rathausplatz. Lage befriedigend, aber laut. **Lage/Anfahrt:** Durch den Ort bis zum Rathausplatz, dort auf der rechten Straßenseite; **Platzanzahl:** 3; **Untergrund:** Asphalt; **Ver-/Entsorgung:** Trinkwasser, Abwasser, Chemie-WC; **Preise:** kostenlos; **Geöffnet:** frei zugänglich

92 Dünenstrand, Surtainville

N49.46403° W1.82771°

Offizielle Stellplätze beim ganzjährig geöffneten Campingplatz direkt hinter dem Dünenstrand. Lage gut und ruhig. **Lage/Anfahrt:** Von der D650 nach Surtainville meerwärts abbiegen, dann ausgeschildert; **Platzanzahl:** 10; **Untergrund:** Asphalt; **Ver-/Entsorgung:** Trinkwasser, Abwasser, Chemie-WC; **Sicherheit:** beleuchtet; **Preise:** 4 €/10 Min. Wasser oder 60 Min. Strom; **Geöffnet:** frei zugänglich

93 Dünenstrand, Hatainville

N49.39967° W1.82102°

Freie Stellmöglichkeit auf einem Parkplatz am einsamen Dünenstrand (nur in der Nebensaison). Lage sehr schön und ruhig. Bitte den Platz so verlassen, wie man ihn vorfinden möchte, sonst steht schon bald eine Verbotstafel da. **Lage/Anfahrt:** In Hatainville meerwärts bis zum Parkplatz fahren; **Platzanzahl:** 2; **Untergrund:** Sand; **Preise:** kostenlos; **Geöffnet:** frei zugänglich

94 Hafen, Carteret

N49.37175° W1.79042°

Freie Stellmöglichkeit am Hafen und direkt am Dünenstrand. Lage gut und relativ ruhig. **Lage/Anfahrt:** Durch Carteret in Richtung Port (Hafen) fahren, dort rechts halten und am Strand parken; **Platzanzahl:** 10; **Untergrund:** Asphalt; **Sicherheit:** beleuchtet; **Preise:** kostenlos; **Geöffnet:** frei zugänglich

95 Bahnhof, Portbail

N49.33770° W1.69285°

Offizielle Stellplätze beim alten Bahnhof (der wird nur im Juli und August benutzt, dann keine Stellmöglichkeit), 400 m bis ins Zentrum, Lage befriedigend und relativ ruhig. **Lage/Anfahrt:** Der Platz ist durch das Womopiktogramm im Ort gut ausgeschildert; **Platzanzahl:** 4; **Ver-/Entsorgung:** Trinkwasser, Abwasser, Chemie-WC; **Sicherheit:** beleuchtet, **Preise:** 2 €/10 Min. Wasser (nur Visa- oder Mastercard); **Geöffnet:** frei zugänglich

96 Place Saint-Cloud, Lessay

N49.21861° W1.53537°

Offizielle Stellplätze auf sehr schmalem Parkplatz im Zentrum, Lage befriedigend und relativ ruhig. **Lage/Anfahrt:** Im Ort ausgeschildert; **Platzanzahl:** 4; **Untergrund:** Asphalt; **Ver-/Entsorgung:** Mo–Fr 9–12 und 15–17.30 Uhr, Sa 9–12 Uhr, nach telefonischer Anmeldung (Tel. +33 (0)2 33765880). Strom kostenlos; **Preise:** kostenlos; **Geöffnet:** frei zugänglich

97 Ferme de l'Ane, Créances

N49.19047° W1.57333°

Platz auf einer Eselfarm, direkt bei den Tieren. Wer eine Ausfahrt mitmacht, übernachtet kostenlos; **Platzanzahl:** 10; **Preise:** 5 €/Fahrz.; **Geöffnet:** ganzjährig; **Kontakt:** 50710 Créances, Rue de la Devise 2, Tel. +33 (0)2 33459551

98 Camping Le Clos Marin, Pirou

N49.15921° W1.59599°

Platz am weiten Dünenstrand mit befriedigender Sanitärausstattung und Schwimmbad. Lage sehr gut und ruhig (einige Plätze mit Meerblick). **Lage/Anfahrt:** Von der D650 Richtung Pirou-Plage fahren, dann ausgeschildert; **Platzanzahl:** 100; **Untergrund:** Wiese; **Ver-/Entsorgung:** Strom, Trinkwasser, Chemie-WC; **Sicherheit:** umzäunt, beleuchtet, bewacht; **Preise:** 4,10–5,25 €/Fahrz., 3,55–4,40 €/Pers., Strom 3,35–3,50 €, Hund 1,25–1,70 €, April, Mai, Sept., Okt. Pauschale inkl. 2 Pers. 10,50 €; **Geöffnet:** April–Oktober; **Kontakt:** 50770 Pirou, Rue des Bergeronettes, Tel. +33 (0)2 33463036

▼ *In Gouville-sur-Mer findet man den Stellplatz direkt am Dünenstrand*

213nrm Abb.: gg

99 Aire Naturelle La Morinière, Pirou

N49.14370° W1.58228°

Nett angelegter Platz bei einem Bauernhof mit einfacher Sanitärausstattung. Lage gut und ruhig, ca. 400 m bis zum Strand. **Lage/Anfahrt:** Von der D650 hinter Pirou beim Hinweisschild „Camping" nach links abbiegen; **Platzanzahl:** 15; **Untergrund:** Wiese; **Ver-/Entsorgung:** Trinkwasser, Abwasser, Chemie-WC; **Sicherheit:** umzäunt, beleuchtet; **Preise:** 3–5 €/Fahrz., 3,30–3,70 €/Pers., Strom 3–3,20 €, Hund 1,50 €, Taxe 0,22 €/Pers.; **Geöffnet:** Ostern–Sept.; **Kontakt:** Mme. Massu, 50770 Pirou, La Morinière 1, Tel. +33 (0)2 33078715, Mobil +33 (0)6 84414292

(100) *Dünenstrand, Gouville-sur-Mer*

N49.10128° W1.60882°

Offizieller Stellplatz direkt am Dünenstrand, WC. **Lage/Anfahrt:** Von der D650 auf die D268 nach Gouville-Plage fahren, am Strand nach rechts zum großen Parkplatz abbiegen; **Platzanzahl:** 40; **Untergrund:** Schotter; **Ver-/Entsorgung:** Trinkwasser, Abwasser, Chemie-WC; **Preise:** 4,50 € 19–10 Uhr inkl. Wasser; **Geöffnet:** frei zugänglich

(101) *Aire Naturelle le Casrouge, Agon-Coutainville*

N49.05282° W1.56715°

Wiesenplatz mit Bäumen in schöner ruhiger Lage bei einem Bauernhof. Man kann Bioprodukte einkaufen. **Lage/Anfahrt:** Nach dem Ortsende von der D44 nach links abbiegen, ausgeschildert mit „Foie gras" und „Camping"; **Platzanzahl:** 15; **Untergrund:** Wiese; **Ver-/Entsorgung:** Strom, Trinkwasser, Abwasser, Chemie-WC; **Sicherheit:** umzäunt, beleuchtet; **Preise:** 4 €/Fahrz., 3,70 €/Pers., Strom 3 €, Hund 2 €; **Geöffnet:** ganzjährig; **Kontakt:** Christine Dulong, 50230 Agon-Courtainville, le Casrouge 77, Tel. +33 (0)2 33468470

(102) *Manoir de la Vallée, Tourville-sur-Sienne*

N49.05376° W1.52085°

Wiese an einem schönen Bauernhof, keine Sanitäranlagen. Lage gut und relativ ruhig. **Lage/Anfahrt:** Von der D44 hinter Tourville links zum Platz abbiegen, ausgeschildert; **Platzanzahl:** 10; **Untergrund:** Wiese; **Ver-/Entsorgung:** Strom, Trinkwasser, Abwasser, Chemie-WC; **Sicherheit:** umzäunt; **Preise:** 3 €/Fahrz., Strom 1 €; **Geöffnet:** ganzjährig; **Kontakt:** Pierre Sevestre, 50200 Tourville-sur-Seine, Manoir de la Vallée 2, Tel. +33 (0)2 33471145

(103) *Parc de la Commanderie, Villedieu-les-Poêles*

N48.83701° W1.22444°

Offizielle Stellplätze an einem kleinen Park, Parkplatz auch von Pkws genutzt, zentrumsnah. Lage befriedigend und relativ ruhig. **Lage/Anfahrt:** In Villedieu Richtung Zentrum fahren und dort den Hinweisschildern nach rechts zum Stellplatz folgen; **Platzanzahl:** 10; **Untergrund:** Asphalt; **Sicherheit:** beleuchtet; **Preise:** kostenlos; **Geöffnet:** frei zugänglich

DER MAJESTÄTISCHE ABTEIBERG UND BESCHAULICHE STÄDTE IM HINTERLAND

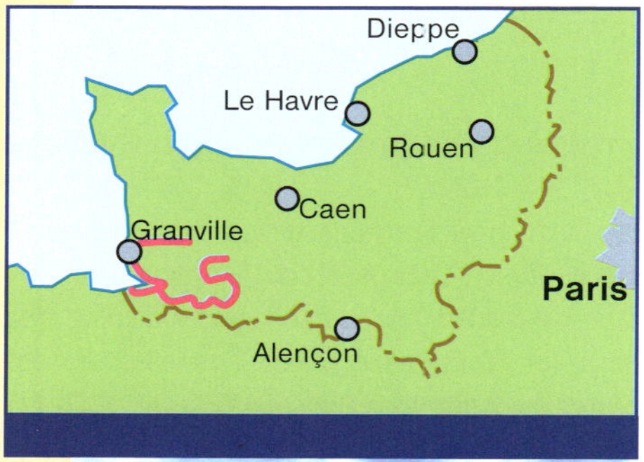

Entlang der Bucht des Mont-Saint-Michel wird die Vorfreude auf die Hauptsehenswürdigkeit der Normandie noch gesteigert, taucht die imposante Silhouette dieses „Wunders des Abendlandes" auf der Fahrt oder bei Küstenwanderungen doch immer wieder auf. Ob im strahlenden Sonnenschein, von Nebelschwaden umgeben oder abends im Scheinwerferlicht, der Anblick des Mont-Saint-Michel lässt niemand kalt. Kein Wunder, dass die Besucherströme hier nie abreißen. Nur am frühen Morgen oder am Abend hat man das UNESCO-Weltkulturerbe ganz für sich allein. Apfelbäume, Pferde, Kühe, Steinmauern, Hecken und hübsche Steindörfer, das sind die Merkmale der Bocage Normand im Hinterland der Küste. Schöne Wanderungen kann man sowohl an der Küste als auch im Hinterland unternehmen. Für Wohnmobilfahrer sind viele Übernachtungsplätze eingerichtet: Ob auf einem kostengünstigen Camping Municipal oder auf einem Stellplatz, immer gibt es ausgezeichnete Möglichkeiten, sein Haupt zur Ruhe zu betten.

109nrm Abb.: gg

ROUTE 6

STRECKENVERLAUF

Strecke: Villedieu-les-Poêles - Granville (29 km) - Avranches (37 km) - Le Mont-Saint-Michel (24 km) - Ducey (21 km) - Mortain (43 km) - Vire (25 km)
Streckenvariante: durch das abgeschiedene Hinterland von Mortain nach Vire (82 km)

Streckenlänge: 179 km
mit Variante: 236 km

Von Villedieu-les-Poêles erreicht man nach 29 km auf der D924 entlang landwirtschaftlich genutzter Flächen Granville.

GRANVILLE (29 km - km 29)

Information

Office de Tourisme, 50406 Granville, Cours Jonville 4, Tel. +33 (0)2 33913003, www.ville-granville.fr, Öffnungszeiten: Apr.-Mai, Sept. Mo-Sa 9-12.30 und 14-18 Uhr, Juli, Aug. Mo-Sa 9-18.30, So 10-13 und 14-17 Uhr, Okt.-März Mo, Mi-Sa 9-12.30 und 14-17.30 Uhr, Di 10-12.30 und 14-17.30 Uhr

Granville teilt sich in zwei Teile: in die Basse-Ville unten am Hafen und die Haute-Ville oben auf dem Felsplateau. Die **Basse-Ville** ist lebhaft und bunt, mit vielen Geschäften, Restaurants und dem schmalen Strand unterhalb der Schieferklippen. Am Ende des Strandes in der Villa Les Rhumbs ist das **Musée et Jardin Christian Dior** beheimatet. Die Villa, in der der Modeschöpfer Christian Dior seine Kindheit verbrachte, steht in einem parkähnlichen Garten hoch über dem Meer. Hier finden jährlich wechselnde Ausstellungen über die Haute Couture aus dem Hause Dior statt. Dem Kundenstamm Diors gehören bzw. gehörten so berühmte Persönlichkeiten wie das Fürstenhaus von Monaco, Jackie Kennedy, Prinzessin Soraya und Sophia Loren an.

104 Haute-Ville, Granville (s. S. 212)

Die **Haute-Ville** hat sich ihr mittelalterliches Aussehen mit einer Stadtmauer und einem Stadttor **(Grand' Porte)** bewahrt. Vom Stellplatz sind es, am **Le Roc des Harmonies** vorbei, nur 300 m zum Aussichtspunkt **Pointe du Roc.** Der Roc des Harmonies ist ein interessantes Aquarium, in dem man auch einiges über Mineralien, Insekten und Schmetterlinge erfährt.

Man umrundet den Pointe du Roc auf einem Fußweg, immer mit schöner Aussicht auf das Meer und die Insel Chausey. Über Treppen kommt man wieder hinauf zur Straße und an die Stadtmauer. Ihr folgt man nach rechts und hat einen wunderschönen Blick auf die Hafenanlage von Granville. Durch die Grand'Porte, das Stadttor mit Zugbrücke, gelangt man in die Altstadt. Hier befindet sich auch gleich das

◀ *Vorseite: Am Abend bietet sich direkt vom Stellplatz eine grandiose Aussicht*

Musée du Vieux Granville, das Heimatmuseum der Stadt. Hausrat sowie Möbel aus dem alten Granville werden im Erdgeschoss gezeigt. Im ersten Stock sieht man normannische Trachten und bunte Motivvorhänge von Alkovenbetten aus dem Kloster Hambye.

Nach dem Museumsbesuch spaziert man immer an der Mauer entlang bis zum Place de l'Isthme mit dem **Musée d'Art Moderne Richard Anacréon.** Es enthält Werke des 20. Jh., gestiftet von Richard Anacréon, einem Sohn Granvilles.

Vom Platz vor dem Museum kann man auf Treppen über den Burggraben hinunter zur Basse-Ville gehen.

Mit schöner Aussicht auf das Meer und auf die Insel Jersey geht der Spaziergang um die Stadtmauer der Haute-Ville weiter bis die Straße nach links biegt. Auf ihr kommt man zur **Église Notre-Dame,** die ursprünglich aus dem 15. Jh. stammt. Das Kirchenschiff und die mit Säulen verzierte Westfassade aus Granit wurden im 17. und 18. Jh. erbaut. Die Marienstatue Notre-Dame du Cap Lihou in der nördlichen Seitenkapelle wird bei der Bußprozession der Seeleute besonders verehrt. Immer Richtung Pointe du Roc kommt man wieder zurück zum Stellplatz.

Essen

Crêperie L'Échauguette, 50400 Granville, Rue St-Jean 22, Tel. +33 (0)2 33505187. Sehr gute salzige Galettes und süße Crêpes

Sehenswertes

Musée d'Art Moderne Richard Anacréon, 50400 Granville, Place de l'Isthme, Tel. +33 (0)2 33510294, Öffnungszeiten: Mi–So 14–18 Uhr, Eintritt: 3 €
Le Roc des Harmonies, 50400 Granville, Pointe du Roc, Tel. +33 (0)2 33501983, Öffnungszeiten: Okt.–März 10–12.30 und 14–18.30 Uhr, Apr.–Sept. 10–19 Uhr, Eintritt: 8,70 €

▼ *Der Blick von der Haute-Ville auf die Basse-Ville von Granville*

110nrm Abb.: gg

› Routenatlas S. XVIII

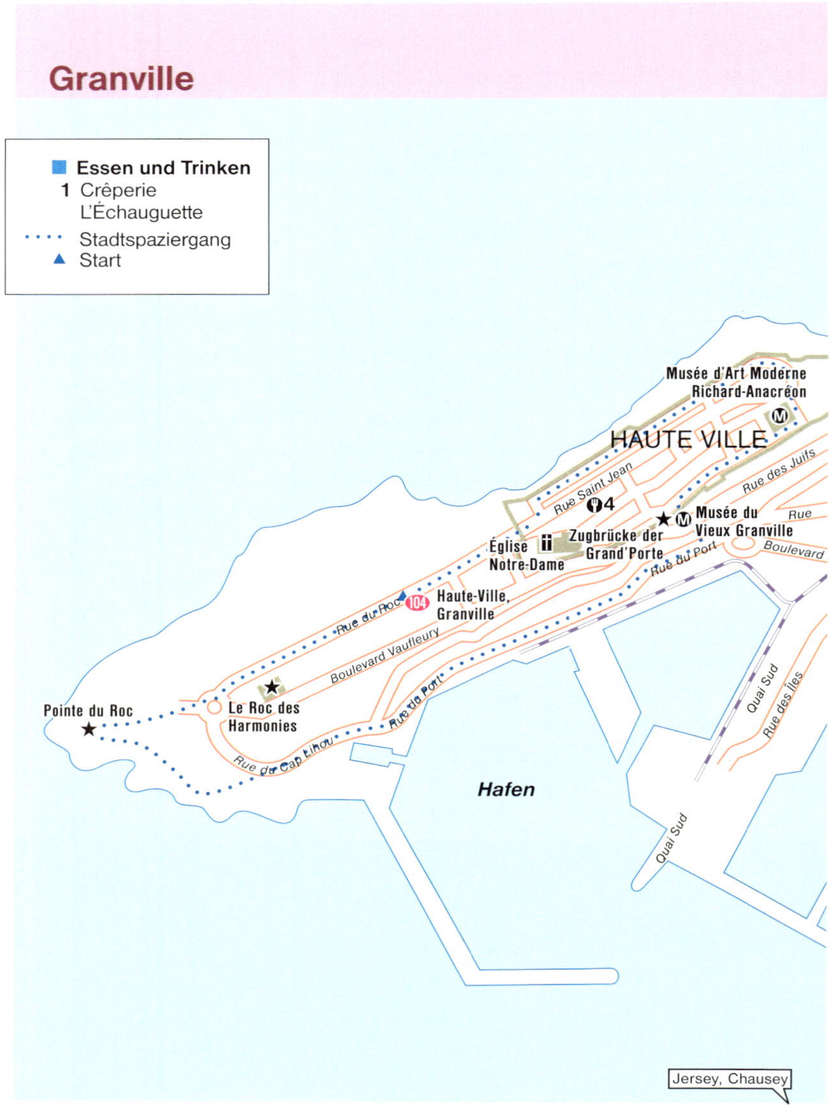

105 *Tennisplatz, St-Pair-sur-Mer (s. S. 212)*

106 *Rue Docteur Lemonnier, Jullouville (s. S. 212)*

107 *Strandparkplatz, Carolles-Plage (s. S. 212)*

Musée du Vieux Granville, 50400 Granville, Rue Lecarpentier 2, Tel. +33 (0)2 33504410, Öffnungszeiten: Apr.–Sept Mi–Mo 10–12 und 14–18 Uhr, Okt.–März Mi, Sa, So 14–18 Uhr, Eintritt: 1,80 €
Musée et Jardin Christian Dior, 50400 Granville, Villa Les Rhumbs, Tel. +33 (0)2 33614821, Öffnungszeiten: Mai–Sept. 10–18.30 Uhr, Eintritt: 7 €

Hinter Granville gehen auf der weiteren Route bis Carolles die Strandbäder entlang der D911 mehr oder weniger nahtlos ineinander über. Nichtsdestotrotz sieht man immer wieder reizende kleine Spitzgiebelhäuser zwischen den modernen Bauten hervorragen, die einen Blick wert sind.

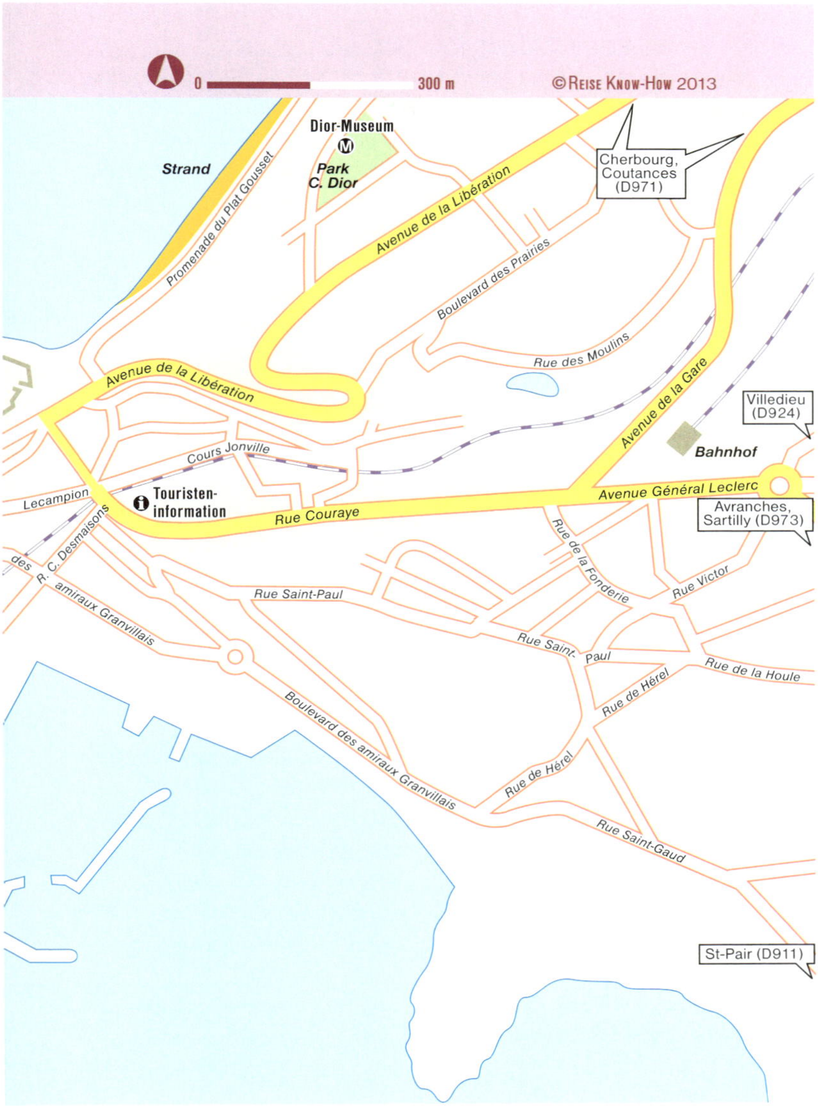

Von der D911 fährt man die kurze Stichstraße hinunter nach **Carolles-Plage** mit seinem breiten feinen Sandstrand. Von hier aus kann man eine sehr schöne und abwechslungsreiche Wanderung (s. S. 198) starten.

Ebenfalls an der D911 liegt das kleine **St-Jean-le-Thomas.** Auf der Fahrt dorthin taucht immer wieder in der Ferne die imposante Silhouette des Mont-Saint-Michel auf.

Vom Stellplatz fährt man nur kurz zurück und dann gleich nach rechts auf die nur mit einem „C“ gekennzeichnete Straße (Route de la Baie). Sie führt direkt an der Küste entlang und man hat unterwegs

108 *Camping Municipal La Guériniére, Carolles (s. S. 212)*

109 *Aire Camping Cars, St-Jean-le-Thomas (s. S. 213)*

110 *Plage, Dragey (s. S. 213)*

Wanderung zum Cabane Vauban

Diese (mittelschwere) Wanderung von etwa 1:45 Std. Dauer führt zwar über etwas zugewachsene, unebene Wege und hat zwei kräftige Steigungen, dafür genießt man aber den weiten, umfassenden Ausblick entlang der Steilküste. Unterwegs durchquert man ein grünes Tal mit einem plätschernden Bach und kann vom Cabane Vauban einen ersten Blick auf den Mont-Saint-Michel erhaschen.

Am linken südlichen Ende des Strandes Carolles-Plage steigt man steil über Treppen hinauf bis zu einer Aussichtsplattform mit Orientierungstafel. Ab hier folgt man dem mit gelben und rot-weißen Strichen bezeichneten Weg zunächst oberhalb der Felsenküste (Falaise de Champeaux) und steigt später steil in das idyllische Vallée du Lude hinab. Hier kann man kurz den Wanderweg verlassen und in 5 Min. zu einer einsamen Kiesbucht spazieren.

Wieder zurück steigt man jetzt auf der anderen Seite des Tals hinauf bis zum Rocher du Sard, einem imposanten Felsen. Immer weiter auf dem rot-weiß markierten Wanderweg hoch über dem Meer kommt man zum Cabane Vauban, einem ehemaligen Beobachtungsposten aus dem 17. Jh. Hier wird man sicherlich den traumhaften Ausblick auf den Mont-Saint-Michel ausgiebig genießen. Für den Rückweg nimmt man bis zur Orientierungstafel über Carolles-Plage denselben Weg. Ab dort folgt man dann allerdings dem rot-weiß markierten Fernwanderweg, der zunächst oberhalb von Carolles-Plage einen Bogen beschreibt und dann hinunter bis zur Hauptstraße D911 führt.

Wer will, macht hier noch einen Abstecher von ca. 15 Min. ins Vallée des Peintres, einem – wie es der Name schon sagt – „malerischen Tal“ mit Bachlauf und bemoosten Felsen. Dazu überquert man die D911 und folgt dem Hinweisschild „Vallée des Peintres“ ins Tal. Beim ehemaligen Eisenbahnviadukt, der heute Wanderweg ist, geht man auf demselben Weg zurück.

Ob mit oder ohne Abstecher, ab der D911 geht man auf der Zufahrtsstraße das kurze Stück bis zum Parkplatz in Carolles-Plage.

immer wieder eine traumhafte Aussicht auf den berühmten Mont-Saint-Michel. Die Straße ist schmal und man muss bei Gegenverkehr schon mal anhalten. Wer es bequemer haben will, fährt auf der D911 bis Gênets.

Weiter auf der küstennahen Straße „C“ ist die Küste jetzt flacher und die Straße verläuft durch Salzwiesen. Am Parkplatz vom **Bec d’Andaine** (N48.68841° W1.49758°) sollte man auf jeden Fall einmal anhalten. Über einen Bohlenweg kommt man hier zum weiten Sandstrand der Bucht des Mont-Saint-Michel und bei klarem Wetter hat man dann eine wirklich grandiose Aussicht auf den berühmten Klosterberg.

Tipp

In dieser Region gibt es tolle Möglichkeiten, einmal auf den **Pferderücken** umzusteigen. Gut begleitet wird man bei Gérald Collard, 50530 Saint-Jean-le-Thomas, Tel. +33 (0)2 33488419

Beim Parkplatz starten auch die verschiedenen **geführten Wanderungen** durch das Watt zur Insel Saint-Michel. Eine Wattwanderung mit Begleitung, allerdings ohne Erläuterungen während der Tour, kostet 6,80 € pro Person. Es gibt auch Touren, bei denen man nur eine Strecke zu Fuß geht und den Rückweg mit dem Bus macht (11,80 €). Wer möchte, kann den Inselberg auch mit der Kutsche (10,80 €) oder auf dem Pferderücken erreichen. Der Beginn der jeweiligen Unternehmung ist immer von den Gezeiten abhängig. Weitere Informationen zu Touren und Anfangszeiten gibt es direkt im der Billeterie Chemins de la Baie (Tel. +33 (0)2 33898088) oder im Internet unter www.cheminsdelabaie.com.

Auf der D35E kommt man in das nette Städtchen **Genêts** mit der Granitkirche Notre-Dame aus dem 12. bis 14. Jh. Auch in Genêts gibt es ein Maison de la Baie, wo man von den sehr freundlichen und hilfsbereiten Helfern Auskunft über Unternehmungen an der Bucht und eine Liste der ortsansässigen offiziellen Wattwanderführer erhält.

Information

Maison de la Baie, 50530 Genêts, Place des Halles 4, Tel. +33 (0)2 33896400, N48.68221° W1.47608°, Öffnungszeiten: Okt.-März Mo, Di, Do, Fr 9.45-12.45 und 14-17.30 Uhr, Apr.-Sept. Mo-So 9.45-12.45 und 14-18 Uhr

Bei den letzten Häusern von Genêts fährt man nun rechts auf der schmalen Straße C9 nach **St-Léonard.** Hier befindet sich, etwas außerhalb direkt an die Salzwiesen und die Bucht angrenzend, das **Ecomusée de la Baie du Mont-Saint-Michel.** Im Hauptgebäude ist ein modernes, multimediales Museum untergebracht, in dem man auf sehr unterhaltsame Weise alles über die Flora und die Fauna der Bucht im Wandel der Jahreszeiten erfährt. Auch der Fischfang, die Austernzucht und die Landwirtschaft rund um die *baie* („Bucht") werden erklärt. Alle Videos und Computeranimationen können übrigens auch mit deutschen Erklärungen abgespielt werden. Im Untergeschoss des Museums und in einem separaten, nach altem Vorbild erbauten Gebäude, wird die Salzgewinnung erläutert. Ein Besuch dieses Museums ist auch für Kinder sehr unterhaltsam.

Sehenswertes

Ecomusée de la Baie du Mont-Saint-Michel, 50300 Vains-Saint-Léonard, Route du Grouin du Sud, N48.66501° W1.44604°, Tel. +33 (0)2 33890606, Öffnungszeiten: Apr.-Juni 14-18 Uhr, Juli, Aug. 10-19 Uhr, Sept. 10-18 Uhr, Eintritt: 4,50 €

Weiter auf der schmalen, nur mit „C" markierten Straße kommt man zu einem weiteren Aussichtspunkt, dem **Pointe du Grouin du Sud.** Von hier scheint der Mont-Saint-Michel schon zum Greifen nahe. Über die D591 und die D911 erreicht man Avranches.

› Routenatlas S. XVIII

AVRANCHES (37 km - km 66)

Information

Office de Tourisme, 50302 Avranches, Rue du Général de Gaulle 2, Tel. +33 (0)2 33580022, www.ot-avranches.com, Öffnungszeiten: Sept.-Juni Mo-Sa 9.30-12.30 und 14-18 Uhr, Juli, Aug. Mo-Sa 9.30-18.30 Uhr, So 10-17 Uhr

Avranches ist eine der ältesten Städte der Normandie. Hier siedelten schon im 9. Jh. v. Chr. die Kelten und die Gallier hatten hier ihre Hauptstadt. Die Stadt thront auf einem Granitfelsen und so hat man von verschiedenen Aussichtspunkten eine weite Aussicht über die Salzwiesen und die Bucht des Mont-Saint-Michel.

Vorbei an den Resten einer **mittelalterlichen Burg,** von deren Zinnen man eine schöne Sicht über die Stadt und die Bucht hat, und dem Tour de L'Arsenal kommt man zu den *remparts* (Burgmauern), in denen das **Scriptorial d'Avranches Musée des Manuscrits du Mont-Saint-Michel** untergebracht ist. Darin erfährt man anhand von Exponaten und Videos viel über Papierherstellung, Buchbindekunst, alte Druckverfahren, Buchgestaltung und Restauration wertvoller Bücher, aber auch über die Geschichte des Mont-Saint-Michel und von Avranches. Am Ende des informativen Rundganges kommt man in die Schatzkammer. In Vitrinen, nur von kleinen Spots angestrahlt, liegen hier die wert-

▼ *Von den Zinnen der Burgmauer hat man eine umfassende Aussicht*

114nrm Abb.: gg

vollsten Schriften aus der Abtei des Mont-Saint-Michel. Für Menschen der heutigen Zeit ist die Schönheit der Schrift, das Gleichmaß der Gestaltung und der feine Strich der Bilder ein wahres Wunderwerk.

Über die Rue de Lille, vorbei an der mittelalterlichen Rue Engibault, kommt man zum **Place Daniel Huet.** An dieser Stelle stand bis zu ihrem Einsturz im Jahre 1794 die Kathedrale von Avranches. Ein kleines, mit Ketten eingefasstes Areal erinnert hier an ein bedeutendes Ereignis aus dem Mittelalter. Genau an dieser Stelle befanden sich die Stufen der Kathedrale, auf denen im Jahre 1172 Heinrich II. Plantagenêt im Büßerhemd erschien, um um die Vergebung seiner Sünden zu bitten. Heinrich II., Herzog der Normandie und König von England, hatte jahrelang Streit mit Thomas Becket, dem Erzbischof von Canterbury, und soll durch eine unbedachte Äußerung dessen Tod verursacht haben, weshalb er vom Papst exkommuniziert wurde. Erst nach seinem Büßergang in Avranches wurde er wieder in die Kirche aufgenommen.

Ebenfalls am Place D. Huet steht das **Palais Épiscopal,** die ehemalige Residenz der Erzbischöfe von Avranches. Westlich der Touristeninformation erhebt sich die **Basilique Saint-Gervais.** In ihrem Reliquienschrein (Trésor Saint-Gervais) aus Gold und Silber wird der Schädel des heiligen Aubert aufbewahrt. Er gilt als der Gründer der ersten Kirche auf dem Mont-Saint-Michel.

Wo sich heute der **Jardin des Plantes,** der Botanische Garten, befindet, stand bis zur Französischen Revolution ein Kapuzinerkloster.

Le Mont-Saint-Michel

Malerisch erhebt sich die felsige Insel des Abteiberges aus dem Wattenmeer des Ärmelkanals – umgeben von den hier typischen Salzwiesen, auf denen Schafe genüsslich grasen.

Die Legende zur Gründung des Klosters erzählt, dass um 708 der Erzengel Michael dem Bischof Aubert von Avranches erschienen sein soll und ihn zum Bau eines Heiligtums aufforderte. Doch der Bischof folgte der mehrfach wiederholten Bitte des Erzengels nicht, worauf ihm der Engel mit seinem Finger ein Loch in den Schädel brannte. Nach so vehement vorgetragener Bitte errichtete Aubert eine Kirche auf der 55.000 m² großen und 46 m hohen Insel Mont-Saint-Michel, die bei Flut vollständig vom Meer umspült war. Im Laufe der Jahre wurden eine größere Kirche, ein Kloster und sogar ein Dorf auf der Insel errichtet, denn das Heiligtum des heiligen Michael zog die Pilgerströme an. In Folge der Reformation verlor die Abtei auf dem Mont-Saint-Michel an Bedeutung. 1790 verließen die letzten Benediktinermönche das Kloster. Während der Französischen Revolution wurde die Abtei in ein berüchtigtes Gefängnis umgewandelt, die Klosterbauten und das Dorf wurden dem Verfall preisgegeben. Um 1837 begann der Wiederaufbau und die Restaurierung der Gebäude und Mitte des 19. Jh. wurde das Gefängnis geschlossen.

Durch den Bau eines Damms im Jahr 1879 wurde der Mont-Saint-Michel mit dem Festland verbunden. Von 1901 bis ca. 1939 verkehrte auf dem Damm neben der Straße eine Schmalspur-Dampfeisenbahn. Seit Mitte 2006 wird der zunehmenden Versandung der Bucht um den Mont-Saint-Michel entgegengewirkt. An der Einmündung des Flusses Couesnon wurde eine neue Schleuse mit Rückhaltesystem gebaut. Bei steigender Flut hält ein Staukammersystem das Wasser zurück. Bei Ebbe fließt das Flutwasser wieder in die Bucht und wirkt so wie eine gigantische Wasserspülung. Die Aussichtsterrasse des Wehrs ist ein beliebter Touristenspot. Der alte Damm zur Insel soll bis 2015 durch einen neuen und eine 900 m lange Brücke auf Stelzen ersetzt werden, damit das Wasser ungehindert fließen kann. Darüber können Touristen dann mit einem Shuttlebus oder zu Fuß vom Parkplatz auf dem Festland auf die Insel gelangen. Hunde dürfen nicht mit dem Bus fahren!

▶ *Über die Grande Rue bummelt man zur Abtei*

Von der Aussichtsterrasse des gepflegten Parks hat man einen schönen Ausblick auf den Mont-Saint-Michel.

Sehenswertes

Scriptorial d'Avranches Musée des Manuscrits du Mont-Saint-Michel, 50300 Avranches, Place d'Estouteville, Tel. +33 (0)2 33795700, Öffnungszeiten: Okt.-Apr. (Jan. geschl.) Di-Fr 10-12.30 und 14-17 Uhr, Sa, So 10-12.30 und 14-18 Uhr, Mai, Juni, Sept. Di-So 10-12.30 und 14-18 Uhr, Juli, Aug. 10-12.30 und 14-19 Uhr, Eintritt: 7 €, Senioren (ab 60 Jahre) 5 €, deutscher Audioguide

Essen

La Croix d'Or, 50300 Avranches, Rue de la Constitution 83, Tel. +33 (0)2 33580488. Bei Einheimischen sehr beliebt.

Von Avranches erreicht man über die N175, die D43, die D75 und die D275 eine der Hauptsehenswürdigkeiten von Frankreich, den Mont-Saint-Michel. Unterwegs in Courtils rückt eine dunkle Zeit der deutschen Geschichte wieder in den Blickpunkt, ein Friedhof für 11.887 deutsche Soldaten (N48.61570° W1.45287°).

111 Camping-Car, Avranches (s. S. 213)

Sehenswertes

Jardin des Plantes, Öffnungszeiten: 8.30 Uhr bis Einbruch der Dunkelheit, Eintritt: frei

Basilique Saint-Gervais mit Trésor Saint-Gervais, 50300 Avranches, Place Saint-Gervais, Öffnungszeiten: 10-18 Uhr

LE MONT-SAINT-MICHEL

(24 km – km 90)

113nrm Abb.: gg

Information

Office de Tourisme, am Parkplatz, Tel. +33 (0)2 3360430, www.ot-montsaintmichel.com, Öffnungszeiten: 9–12.30 und 14–18.30 Uhr. Vom riesigen, sehr teuren Parkplatz fährt ein kostenloser Bus zum Mont-Saint-Michel. Hunde dürfen allerdings nicht an Bord. Der Fußweg beträgt ca. 35 Min.

Parken

N48.60826° W1.50771°

Die einzige Möglichkeit, direkt am Bustransferpunkt zu parken. 25 €/24 Std. kostet dieser Spaß, und zwar ab 30 Min. Standzeit!

Majestätisch erhebt sich der Klosterberg Mont-Saint-Michel aus der Wattlandschaft. Man betritt ihn durch die einzige Öffnung in der Wehrmauer, die Porte de l'Avancée. Hier gleich links ist in der ehemaligen Wache die Touristeninformation zu finden. Am dritten Tor, der Porte du Roy, sieht man noch das Fallgitter aus dem 15. Jh. Auf der links und rechts von Restaurants, Imbissstuben und Andenkenläden gesäumten **Grande Rue** sollte man nicht versäumen, den Blick auch mal nach oben auf die Fassaden der Häuser zu richten. Herauszuheben sind das Fachwerkhaus **Maison de l'Arcade** gleich rechts nach der Porte du Roy und das **Maison de la Sirène,** das Haus der Meerjungfrau aus dem 16. Jh, heute mit einer Crêperie im ersten Stock.

Malerisch führt die Grande Rue hinauf bis zur Abtei. Unterwegs sollte man linker Hand noch die Pfarrkirche **(Église Saint-Pierre)** aus dem 11. Jh. besuchen. Hier sind besonders die versilberte Figur des heiligen Michael im rechten Seitenschiff und die liebliche Madonnenfigur (15. Jh.) rechts neben dem Altar zu beachten.

Bevor man die letzten Stufen zur Abtei hochsteigt, sieht man linker Hand das **Musée Historique.** Es zeigt, mit Puppen nachgestellt, die Geschichte des Mont-Saint-Michel.

Die Grand Degré, die große Treppe, führt vom Ende der Grande Rue hinauf zur **Abbaye du Mont-Saint-Michel.** Im Salle des Gardes (Gardesaal) beginnt die Besichtigung. Auf einer weiteren, 90-stufigen Treppe kommt man hinauf zur Abteikirche. Das Hauptschiff im romanischen Stil ist dunkel und schwer, ganz im Gegensatz zum gotischen Chorraum, der mit seinen eleganten Säulen und Streben sowie den großen Fenstern auf den Be-

115nrm Abb.: gg

116nrm Abb.: gg

trachter hell und leicht wirkt. Durch eine Tür an der Nordwand des Hauptschiffes geht es in den wunderschönen Kreuzgang. Die doppelten Säulenreihen aus Granit tragen reich mit Steinmetzarbeiten verzierte Arkaden. Weiter geht es ins Refektorium, das den Eintretenden ob seiner Größe und Helligkeit überrascht. Die langen Tisch- und Bankreihen sehen aus, als ob sie jeden Moment die Mönche zum Essen erwarten. Die gotischen Gebäude an der Nordseite tragen den Namen La Merveille, das Wunder. Die Gebäude wurden mit finanziellen Mitteln des französischen Königs Philippe Auguste im 13. Jh. errichtet. Am beeindruckendsten ist hier der **Salle des Chevaliers,** der Rittersaal mit seinen wuchtigen Säulen. Zwei riesige Kamine beherrschen die linke Wand des Saals. Dunkel wirkt die **Crypte des Gros Pilliers,** die Krypta der großen Pfeiler, die ihren Namen zu Recht trägt. Die zehn Pfeiler, die die Decke tragen, sind jeweils fünf Meter dick. Weitere zu besichtigende Räumlichkeiten sind der Almosensaal, der Gästesaal und die Vorratsräume. Ganz oben kann man das Grande Roue, das große Rad, bestaunen. Das riesige, senkrecht stehende Holzrad stammt aus der ersten Hälfte des 19. Jh., der Zeit, als der Mont-Saint-Michel ein Gefängnis war. Es diente zum Hinaufziehen von Vorräten. Oberhalb des Klostergartens erreicht man, am nördlichen Wachturm vorbei, den Endpunkt des Rundgangs durch die Abtei.

Für den Rückweg zum Shuttlebus sollte man unbedingt den Gang auf der Wehrmauer *(les remparts)* aus dem 13. bis 15. Jh. wählen. Die grandiose Aussicht auf die Bucht und hinunter auf die Grande Rue sollte man sich auf keinen Fall entgehen lassen.

Sehenswertes

Abbaye du Mont-Saint-Michel, Tel. +33 (0)2 33898000, Öffnungszeiten: Sept.-April 9.30-18 Uhr, Mai-Aug. 9-19 Uhr, Eintritt: 9 €, Audioguide 4,50 €

Musée Historique, Les Remparts, Tel. +33 (0)2 33600701, Öffnungszeiten: Mitte Feb.-Mitte Nov. 9-18 Uhr, Eintritt: 4 €

Man verlässt den Mont-Saint-Michel und fährt zurück bis nach Pontaubault und wechselt hier auf die D976 nach Ducey.

112 La Bidonnière, Ardevon (s. S. 214)

113 Parkplatz, Mont-Saint-Michel (s. S. 214)

114 Aire de Beauvoir, Beauvoir (s. S. 214)

DUCEY (21 km - km 111)

Information

Office de Tourisme, 50220 Ducey, Rue du Génie 4, Tel. +33 (0)2 33602153, Öffnungszeiten: Sept.-Juni Mo, Di, Do, Fr 9.15-12.30 und 14.15-17.30 Uhr, Mi, Sa 9-12.30, Juli, Aug. Mo-Fr 9-12.30 und 14-18.30 Uhr, Sa 10-12.30 und 14-16 Uhr, So 10-12.30 Uhr

Ducey ist schon von alters her ein idyllischer Marktflecken im schönen Tal der Sélune. Früher führte hier die „Straße des Salzes und der Fische" hindurch, die zwischen Granville und Paris verlief. Das einzige Zeugnis dieses Handelsweges ist die Vieux Pont („alte Brücke"), eine der ältesten Brücken über die Sélune. Der Fluss Sélune ist 68 km lang und reich an Lachsen und Forellen. Die Stadtverwaltung bemüht sich sehr um Menschen mit Behinderungen und hat einen Weg für Angler im Rollstuhl angelegt. Die Hinweistafeln dazu sind auch in Blindenschrift.

Einkaufen

Dienstags findet ein Markt statt, auf dem sich die Einwohner treffen. Unbedingt probieren sollte man Crêpes oder Galettes mit den verschiedensten Belägen.

Parken in Ducey

N48.62105° W1.29481°

Wanderung oder Mountainbiketour im Tal der Sélune

Für diese leichte Wanderung ohne Steigungen durch das Tal der Sélune und ein Waldgebiet benötigt man etwa 2 Std. Einen Plan zu der Wanderung erhält man bei der Touristeninformation von Ducey.

Die Wanderung beginnt bei der alten Brücke. Man wandert zunächst auf dem für Rollstuhlfahrer angelegten Weg den Fluss entlang. Nach dem zweiten Angelsteg geht der Weg in einen Trampelpfad über, folgt jedoch weiter dem Flusslauf. Nach ca. 50 Min. Gehzeit entfernt er sich vom Fluss und führt in den Wald. An der nächsten Gabelung wandert man rechts bis zur Straße, überquert diese und geht dem blauen Pfeil nach, bis dieser Weg nach rechts abbiegt. Hier spaziert man geradeaus weiter, bis man an den Waldrand kommt (unterwegs blaue Pfeile gegen die Laufrichtung). Am Waldrand geht man ein kurzes Stück auf dem Trampelpfad nach links. Vorsicht! Wenn der Pfad nach links abbiegt (mit einer „10" markierte Buche), wechselt man nach rechts aus dem Wald hinaus auf den zu beiden Seiten von Zäunen eingefassten Wiesenweg. Dieser mündet in einen breiten Feldweg, dem man nach links bis nach Mortrie folgt. Nach dem ersten Haus geht man nach links bis zur Straße und überquert sie. Gleich darauf zweigt rechts ein Teersträßchen ab, dem man bis zur D78 folgt. Hier etwa 200 m nach links und dann wieder links auf die wenig befahrene Teerstraße einschwenken. In Camp Failly wandert man nach rechts an der Straße entlang bis zur Kirche von Ducey.

◀ *Der Kreuzgang war einst ein Ort der Ruhe, heute ist er ein Touristenmagnet*

115 Camping de la Sélune, Ducey (s. S. 214)

Das **Château des Montgomery** wurde Anfang des 17. Jh. von Gabriel II. Montgomery erbaut. Nachdem das Schloss jahrelang vernachlässigt wurde, wurde es inzwischen aufwendig renoviert. Die Innenräume mit der schönen Freitreppe und den bemalten Decken kann man nur im Juli und August Di, Do und Sa um 15 Uhr bewundern.

Ver- und Entsorgung

N48.62500° W1.29384°, ausgeschildert, 400 m vom Zentrum. 2 €/10 Min. Wasser oder 55 Min. Strom. Der Platz ist als Übernachtungsplatz weniger geeignet, da hier auch Lkws parken. Gut und günstig steht man auf dem Campingplatz.

In Ducey gibt es zwei Varianten für die Weiterfahrt nach Saint-Hilaire-du-Harcouët. Entweder auf der verkehrsreichen D976 oder auf schmaler Nebenstraße an einem Stausee vorbei. Im Folgenden wird Letztere beschrieben.

In Ducey fährt man auf die D178 nach **St-Aubin-de-Terregatte,** einem kleinen Dorf umgeben von landwirtschaftlichen Flächen. Hier wechselt man nach links auf die D482 Richtung **St-Laurent-de-Terregatte.** In dem netten Dorf gibt es am großen Platz das Restaurant Le Saint-Laurent (Tel. +33 (0)2 33484106). Hier kann man einfach, günstig und schnörkellos speisen. Um die Mittagszeit sitzt man inmitten von Arbeitern, die hier ihre Mittagspause verbringen.

▼ *Die malerische Stadtansicht von Saint-Hilaire-du-Harcouët*

117nm Abb.: gg

St-Laurent verlässt man zunächst Richtung Ducey und biegt dann außerhalb rechts auf die D582 nach La Mazure ab. Durch liebliche von Landwirtschaft geprägte Landschaft fährt man an die Sélune. Nach der alten Steinbrücke über den Fluss zweigt rechts die Straße nach **Vezins** und Les Biards ab. Auf ihr kommt man zum von grünen Wäldern umgebenen Stausee von Vezins (N48.57833° W1.23047°). Unterhalb der Wiesenfläche mit Grill und Picknickbänken kann man den See durch die Bäume schimmern sehen.

Picknickplatz
N48.58086° W1.21548°
Mit schöner Aussicht auf den Stausee von Vezins.

Weiter geht es nach Les Biards. Unterwegs hat man noch die Möglichkeit zur **Base de loisirs la Mazure,** einem See mit Freizeiteinrichtungen (N48.57269° W1.20628°), zu fahren, allerdings gibt es nur wenige, sehr steile Parkplätze. In Les Biards nimmt man zunächst die D85 und dann die D976, um nach **Saint-Hilaire-du-Harcouët** zu kommen.

Information

Office du Tourisme, 50600 St-Hilaire-du-Harcouët, Place du Bassin 25, Tel. +33 (0)2 33793888, Öffnungszeiten: Sept.-Juni Di-Fr 9.30-12.30 und 13.30-17.30 Uhr, Juli, Aug. Mo-Sa 9.30-12.30 und 13.30-17.30 Uhr, So 10-12.30 Uhr

Besonders schön ist die Stadtansicht von St-Hilaire-du-Harcouët vom Park mit Liegewiese, wenn sich die neugotische Kirche malerisch in den Seen spiegelt. Hier lässt sich gemütlich picknicken und spazieren. Lebhafter ist es in der Stadt vor allem, wenn am Mittwoch Markt ist. Hier bieten Händler Käse, Fleisch, Wurst, Obst und Gemüse, aber auch Kleider, Handtaschen, Gürtel und Schuhe an. Sogar lebende Tiere wie Hühner, Hasen und Enten warten in engen Käfigen auf ihre neuen Besitzer. Auf der D977 ist man schnell in Mortain, dem nächsten Ziel.

Ver- und Entsorgung
N48.57594° W1.09086°
2 €/Wasser, hinter der Kirche, ausgeschildert. Auf den umliegenden Parkplätzen kann man evtl. auch übernachten.

MORTAIN (43 km - km 154)

Information

Office de Tourisme, 50140 Mortain, Rue du Bourglopin, Tel. +33 (0)2 33591974, Öffnungszeiten: Apr.-Juni, Sept. Mo-Sa 9.30-12.30 und 14-18 Uhr, Okt.-März Mo-Sa 10-12.30 und 14-17.30 Uhr, Juli, Aug. Mo-Sa 9.30-12.30 und 14-18.30 Uhr

Im Mittelalter war Mortain im Besitz des mächtigen Grafen Robert de Mortain, dem Halbbruder Wilhelms des Eroberers. Da der Ort strategisch günstig lag, wurde er Schauplatz vieler Schlachten und dadurch häufig zerstört. Die letzte fürchterliche Schlacht, die unter dem Namen „die Verteidigung der Höhe 314“ bekannt wurde, fand hier im August 1944 statt. Ein 950 Mann zählendes amerikanisches Bataillon wurde hier von SS-Einheiten sechs Tage lang eingeschlossen. Nur 376 Amerikaner erlebten ihre Befreiung. Die **Petite Chapelle** (N48.64678° W0.93283°) und ein **Denkmal** im Südosten

116 Place du Château, Mortain ***(s. S. 214)***

Wanderung zu den Sehenswürdigkeiten von Mortain

Vom Platz beim Château geht man nach rechts ein kurzes Stück die Straße hinunter und dann auf dem ausgeschilderten Wanderweg ins Tal der Cançon. Auf Stufen und über kleine Brücken steigt man entlang der Petite Cascade (kleiner Wasserfall) hinauf bis zum alten Waschhaus. Hier geht man zunächst nach links. Nach ca. 150 m hat man einen schönen Gesamtüberblick über den Wasserfall. Wieder zurück am Waschhaus hält man sich nun geradeaus bis zur Straße und dann links durch das alte Dorf Le Neufbourg. Nun vorbei an der Kirche (12. Jh.) und hinter dem Haus Nr. 20 nach rechts zum Wald abbiegen (Markierung: rot-weißer Strich). Der Markierung folgt man durch wunderschönen Rhododendron- und Stechpalmenwald hinunter bis zur Grande Cascade, dem größten Wasserfall Westfrankreichs (siehe Bild). An ihm entlang klettert man nach oben zur stark befahrenen D977. Hier muss man 150 m nach links bis zur Abbaye Blanche gehen, die im 12. Jh. von der „Kongregation der armen Ordensbrüder" gegründet wurde. Sehr schön sind der einfache, nur mit schlichten Granitsäulen flankierte Kreuzgang und der mit Kastanienholzschindeln gedeckte Glockenturm. Das sich anschließende riesige ehemalige Klostergebäude aus dem 19. Jh. steht leer und verfällt langsam. Für den Rückweg wählt man den mit einem rot-weißen Strich markierten Weg, der vor der Klosterpforte nach links weist. Auf ihm am Tennisplatz und einem Neubaugebiet vorbei erreicht man dann über die Rue du Clos Neuf das Zentrum von Mortain. Hier sollte man die Stiftskirche (Collégiale St-Évroult), die 1082 von Robert Graf von Mortain gegründet wurde, besuchen. Der älteste Teil der Kirche ist das kleine Portal rechts mit den gezackten Dekorationselementen in reinster normannischer Romanik. Das Chorgestühl stammt aus dem 15. Jh. Interessant sind die Gesäßstützen für müde Mönche (Miserikordien), die mit den verschiedensten geschnitzten Motiven versehen sind. Den Chrismale, ein wertvoller Hostienbehälter aus Buchenholz, kann man im Salle du Trésor, der Schatzkammer, bestaunen. Eine telefonische Anmeldung bei der Touristeninformation ist notwendig. Von der Kirche erreicht man über die Rue du Bassin wieder den Stellplatz. Für die gesamte Wanderung solte man ca. 1:30 Std. einplanen.

214nrm Abb.: gg

von Mortain (von der D977 am Ortseingang ausgeschildert) erinnert an dieses Grauen. Die Fahrt dorthin lohnt sich auch wegen der umfassenden Aussicht von der Terrasse bei der Kapelle. Die anderen Sehenswürdigkeiten von Mortain erkundet man am Besten auf einer kleinen Wanderung.

Für die Weiterfahrt gibt es zwei Varianten: Für die schnelle fährt man 25 km auf der D977 nach Vire. Die langsame, auf schmalen, wenig befahrenden Straßen durch schöne Landschaft führende Variante wird nachfolgend beschrieben.

STRECKENVARIANTE: DURCH DAS ABGESCHIEDENE HINTERLAND VON MORTAIN NACH VIRE (82 km – km 236)

Auf dieser Rundfahrt kommt man durch einsame, hügelige Agrarlandschaft und kleine Steindörfer, in die sich kaum ein Tourist verirrt. Bei einem Kaffee in der Bar oder beim Einkauf in der Bäckerei kommt man leicht mit den Einwohnern ins Gespräch. Auf der D907 sind es 9 km nach **Barenton.** Man durchfährt die Kleinstadt und wechselt nach dem Ortsende auf die D489. Ab hier folgt man für 2 km den Hinweisschildern **„Maison de la pomme et de la poiré“** (N48.58776° W0.80681°). In einem Schaugarten sind 60 verschiedene Apfel- und 46 Birnensorten angepflanzt. Im Museum erfährt man einiges über die Landschaft im Wandel des Jahrhunderts, über die Baumveredelung und das Abernten der 2,8 Millionen Obstbäume in der Basse-Normandie. Vom Museum fährt man zurück zur D907 und auf dieser nach St-Georges-de-Rouelley. Von dort führt die D188 und später die D134 zum Fosse Arthour, einem Wandergebiet (Parkplatz: N48.62247° W0.75325°). In der wilden Landschaft mit Sandsteinfelsen, Heideland und Torfmooren kann man gut wandern. Wer sich nur kurz die Beine vertreten will, kann den Kalvarienberg besteigen (gelbe Markierung). Wie wäre es anschließend mit einem Crêpe oder einem leckeren Menü? Gleich am Parkplatz kann man in der **Vieille Auberge** beides bekommen.

Durch die ruhige, hügelige Landschaft führt die D134 bzw. D818 nach **Lonlay-l'Abbaye.** Man parkt auf dem Hauptplatz und geht vielleicht in die Bar gegenüber oder schlendert zur **Abbaye Notre-Dame** aus dem Jahre 1120. Übrig geblieben sind die Abteikirche und ein Seitenflügel des Klosters. Auf der anderen Seite des Baches steht eine historische Scheune, in der eine Apfelmühle und -presse ausgestellt sind. 9 km auf der D56 bzw. D82 sind es von hier zum nächsten Ziel der Rundfahrt. Durch hügelige, teils bewaldete Landschaft erreicht man den Ort Ger. Doch das eigentliche Ziel, das **Musée régional de la Poterie,** liegt noch einmal 4 km weiter in Richtung Sourdeval an der D82. Auf dem zwei Hektar großen Gelände wird in zehn alten Gebäuden alles über das Töpferhandwerk der Region mit seinen unterschiedlichen Herstellungstechniken gezeigt. Im 19. Jh. war Ger ein Töpferzentrum, das mehr als 700 Menschen beschäftigte.

Auf der D60 bzw. D83 geht es durch saftig grüne Weiden und vorbei an grasenden Kühen zum mit 368 m höchsten Punkt der Manche nach **Chaulieu** (N48.73579° W0.86190°). Man parkt bei der Kirche und geht die wenigen Schritte bis zum acht Meter hohen Holzaussichtsturm. Von oben hat man eine Rundumsicht auf die Gegend und eine Tafel erleichtert die Orientierung.

Die D83 mündet in die D911, auf der man nach **Sourdeval** kommt. Das typisch französiche Kleinstädtchen hat ein breites Spektrum der

Maison de la pomme et de la poire

Öffnungszeiten: Apr.–15. Okt. 10–12 und 14–18 Uhr, Juli, Aug. 10–12.30 und 14–18.30 Uhr, Eintritt: frei

Essen

La Vieille Auberge, 50720 St-Georges de Rouelley, La Fosse Arthour, Tel. +33 (0)2 33594414

Einkaufen

Biscuiterie de L'Abbaye, 61700 Lonlay L'Abbaye, Mo–Fr 8.30–12 und 13.30–17 Uhr. Gute Kekse direkt ab Fabrik

Sehenswertes

Musée régional de la Poterie, 50850 Ger, Le Placître, N48.68773° W0.83633°, Tel. +33 (0)2 33793536, Öffnungszeiten: Apr., Mai, Juni, Sept. Mi–Mo 14–18 Uhr, Juli, Aug. Mi–Mo 11–19 Uhr, Eintritt: 4,50 €

117 Stadtpark, Sourdeval (s. S. 214)

verschiedensten Läden und einen netten, zentrumsnahen Stellplatz für Wohnmobile. Kostenloser Strom und Ver-/Entsorgung inklusive.

Auf der D911 kommt man ins Tal der Sée. Ihre Wasserkraft diente vielen Mühlen als Antrieb, heute sind jedoch bis auf eine alle Mühlen in Privatbesitz und nur noch die Namen erinnern an ihre ehemalige Funktion. Das **Écomusée du Moulin de la Sée – Maison de l'Eau et de la Rivière,** das in einer alten Mühle untergebracht ist, kann man aber besichtigen. Es informiert über die Lachse aus der Sée, vom Laich über ihre Reise durchs offene Meer bis nach Grönland und zurück. Desweiteren wird einem anhand von Wasserrädern, Dampfmaschinen und Turbinen die handwerkliche und industrielle Entwicklung der Gegend erklärt. Entlang des Flusses waren zu Beginn des 19. Jh. 130 Papiermühlen in Betrieb. Als diese unrentabel wurden, wendete man sich der Besteckherstellung zu. Eine Fertigungsanlage aus aus den 1920er-Jahren erzählt noch davon.

Vom Parkplatz aus kann man einen 15-minüten Spaziergang entlang der Sée starten.

Essen

Auberge du Moulin, 50150 Brouains, Le Moulin de Brouains 2, Tel. +33 (0)2 33595060. Sehr gute Menüs zwischen 19,50 und 32,80 €, Mittagsmenü 12 €, an den Wochenenden gut besucht

Sehenswertes

Écomusée du Moulin de la Sée – Maison de l'Eau et de la Rivière, 50150 Brouains, Le Moulin de Brouains 2, N48.72384° W0.98187°, Tel. +33 (0)2 33592050, Öffnungszeiten: April–Sept. Mo–Fr 10.30–12.30 und 14–18 Uhr, Juli, Aug. tgl. 10.30–12.30 und 14–19 Uhr, Eintritt: 5 €

▼ *In St-Michel-de-Montjoie ist alles aus Granit*

119nrm Abb.: gg

Weiter geht die Fahrt durch das jetzt breitere Tal der Sée bis Chérence-le-Roussel. Dort fährt man auf der D33 in nördlicher Richtung nach St-Pois und wechselt dort auf die D39, die von schönen Bäumen gesäumt bis nach **St-Michel-de-Montjoie** führt. In diesem Ort ist alles aus Granit – von den Häusern über die Straßenschilder bis hin zu den Grabsteinen. Das **Musée du Granit** informiert über den Abbau und die Verwendung dieses Steins in der Region. Hübsch ist der Picknickplatz mit Grantitischen und -bänken in der Nähe.

Sehenswertes

Musée du Granit, N48.76340° W1.02766°, Tel. +33 (0)2 3359022, Öffnungszeiten: Mai So 14–18 Uhr, Juni–15. Sept. täglich 14–18 Uhr, Eintritt: 3 €

Man verlässt St-Michel-de-Montjoie auf der D39 und fährt bis nach Gathemo. Hier nimmt man dann die D55 bzw. die D76, wie sie nach dem Wechsel von der Manche in das Calvados heißt, und macht sich auf den Weg nach Vire.

120nrm Abb.: gg

▲ *Lebhafter Markttag um den Tour de l'Horloge*

VIRE (25 km – km179)

Information

Office de Tourisme du Bocage Normand, 14500 Vire, Square de la Résistance, Tel. +33 (0)2 31662850, www.bocage-normand.com, Öffnungszeiten: Mo–Fr 9.30–12.30 und 13.30–18 Uhr, Mai–Okt. auch Sa 13.30–17 Uhr. Sonja, eine Österreicherin, gibt gerne Tipps für Fahrradtouren.

Vire hat sehr unter den Bomben des Zweiten Weltkrieges gelitten und so ist das Stadtbild heute von Nachkriegsarchitektur geprägt. Auch die im 13. Jahrhundert erbaute **Église Notre-Dame** wurde ein Opfer des Krieges. Sie war ursprünglich die Kapelle für die damals am angrenzenden Place de Château stehende Burg, von der nur noch die Ruine des **Donjons** (Bergfrieds) erhalten ist. Das Wahrzeichen von Vire ist der **Tour de l'Horloge,** der Uhrenturm. Das alte Stadttor stammt aus dem 13. Jahrhundert, der Uhrenturm wurde erst im 15. Jahrhundert hinzugefügt. Für Feinschmecker ist aber wohl die **Andouille** das interessanteste an der Stadt Vire, eine Wurst hergestellt aus Magen, Dünn- und Dickdarm vom Schwein. Alles wird gereinigt, gesalzen und zerschnitten und dann mariniert – die Zutaten für die Marinade sind natürlich geheim. Dann wird die Masse in Därme gefüllt und mehrere Wochen über Buchenholz geräuchert und anschließend gekocht. Fertig ist die „véritable Andouille" (die einzig wahre Andouille). An dieser Wurst scheiden sich die Geister: Die einen wenden sich angewidert ab, die anderen lecken sich genüsslich die Lippen.

Einkaufen

Paul Danjou, 14500 Vire, Rue André Halbout 5, Tel. +33 (0)2 31680400. Seit 1897 wird hier die echte Andouille hergestellt und verkauft.
Freitags findet in Vire ein großer **Markt** statt.

118 Place du Champ de Foire, Vire (s. S. 215)

STELL- UND CAMPINGPLÄTZE ENTLANG DER ROUTE

104 *Haute-Ville, Granville*

N48.83514° W1.60945°

Offizieller Stellplatz von Granville an der Altstadt. Er ist immer sehr gut besucht. Die Lage ist gut und relativ ruhig. **Lage/Anfahrt:** Man fährt am Hafen entlang Richtung Haute-Ville, dann ist der Platz ausgeschildert; **Platzanzahl:** 30; **Untergrund:** Asphalt; **Ver-/Entsorgung:** Strom, Trinkwasser, Abwasser, Chemie-WC; **Sicherheit:** beleuchtet; **Preise:** von 19 bis 10 Uhr 6 €/Fahrz., sonst kostenlos, 2 €/10 Min. Wasser oder 55 Min. Strom (Master- oder Visacard); **Geöffnet:** frei zugänglich

105 *Tennisplatz, St-Pair-sur-Mer*

N48.81718° W1.56969°

Offizieller Stellplatz von St-Pair-sur-Mer zwischen Straße und Parkplätzen. Die Lage ist befriedigend und relativ ruhig. **Lage/Anfahrt:** Im ersten Kreisverkehr im Ort links und gleich wieder links zum Platz; **Platzanzahl:** 25; **Untergrund:** Asphalt; **Ver-/Entsorgung:** Strom, Trinkwasser, Abwasser, Chemie-WC; **Preise:** 5 €/Fahrz., 2 €/10 Min. Wasser oder 55 Min. Strom; **Max. Stand:** 48 Std.; **Geöffnet:** frei zugänglich

106 *Rue Docteur Lemonnier, Jullouville*

N48.77780° W1.56684°

Offizielle Stellplätze. Lage befriedigend und relativ ruhig. **Lage/Anfahrt:** Vor dem Zentrum links abbiegen, ausgeschildert; **Platzanzahl:** 10; **Untergrund:** Asphalt; **Ver-/Entsorgung:** Trinkwasser, Abwasser, Chemie-WC; **Sicherheit:** beleuchtet; **Preise:** kostenlos, Wasser 3 €/10 Min. (mit Kreditkarte); **Geöffnet:** frei zugänglich; **Kontakt:** 50610 Jullouville, Avenue du Docteur Lemonnier

▼ *Der Camping-Car in Avranches – Stellplatz mit Aussicht*

216nrm Abb.: gg

107 *Strandparkplatz, Carolles-Plage*

N48.75924° W1.57045°

Offizieller Stellplatz in Carolles-Plage. Lage befriedigend und relativ ruhig. **Lage/Anfahrt:** Von der D911 nach Carolles-Plage abbiegen und zum Parkplatz fahren; **Platzanzahl:** 20; **Untergrund:** Schotter; **Ver-/Entsorgung:** Strom, Trinkwasser, Abwasser, Chemie-WC; **Preise:** 8 € plus 3 € 10 Min./Wasser bzw. 55 Min./Strom; **Max. Stand:** 48 Std.; **Geöffnet:** frei zugänglich

108 *Camping Municipal La Guériniére, Carolles*

N48.74981° W1.55691°

Platz in ruhiger Lage im Zentrum, Ausstattung befriedigend. **Lage/Anfahrt:** In Carolles ausgeschildert; **Platzanzahl:** 50; **Untergrund:** Wiese; **Ver-/Entsor-**

215nrm Abb.: gg

gung: Strom, Trinkwasser, Abwasser, Chemie-WC; **Sicherheit:** umzäunt, beleuchtet, bewacht; **Preise:** 3,30–4,20 €/Fahrz. 3,20–4,30, Strom 4 €, Tier 1,50–2 €, Pauschale 18–10 Uhr 8–13 €; **Geöffnet:** Palmsonntag–Sept.; **Kontakt:** Tel. +33 (0)2 33619375

▲ *Ein wirklich gut angelegter Stellplatz ist der Aire Camping-Car in St-Jean-le-Thomas*

109 Aire Camping-Car, St-Jean-le-Thomas

N48.72475° W1.52369°

Offizieller Stellplatz, hübsch angelegt und parzelliert. Beim Campingplatz und in Meernähe. Lage gut und ruhig. **Lage/Anfahrt:** In St-Jean-le-Thomas ausgeschildert; **Platzanzahl:** 10; **Untergrund:** Rasengitter; **Ver-/Entsorgung:** Trinkwasser, Abwasser, Chemie-WC; **Sicherheit:** beleuchtet; **Preise:** 7,50 € plus 2 € für 10 Min. Wasser oder 55 Min. Strom (nur mit Kreditkarte); **Geöffnet:** frei zugänglich

110 Plage, Dragey

N48.71006° W1.51110°

Offizieller Stellplatz 400 m vom Strand entfernt. **Lage/Anfahrt:** Von der D911 oder von der Küstenstraße C Richtung Dragey-Plage fahren, dort ausgeschildert; **Platzanzahl:** 8; **Untergrund:** Schotter; **Preise:** kostenlos; **Max. Stand:** 24 Std.; **Geöffnet:** frei zugänglich

111 Camping-Car, Avranches

N48.68654° W1.36805°

Offizieller Stellplatz mit schöner Aussicht, sehr schräg und leider häufig von Pkws zugeparkt. Lage gut und relativ ruhig. **Lage/Anfahrt:** In Avranches ausgeschildert (unterhalb des Jardins des Plantes); **Platzanzahl:** 8; **Untergrund:** Schotter; **Ver-/Entsorgung:** Trinkwasser, Abwasser, Chemie-WC, 2 €/10 Min. Wasser; **Sicherheit:** beleuchtet; **Preise:** kostenlos; **Geöffnet:** frei zugänglich

⑫ La Bidonnière, Ardevon

N48.60392° W1.47784°

Privater Stellplatz in schöner, ruhiger Lage. WC, Dusche, Verkauf von Brot und Agrarprodukten. Ca. 3 km zum Bustransfer Mont-Saint-Michel. **Lage/Anfahrt:** Ab der D275 ausgeschildert; **Platzanzahl:** 30; **Untergrund:** Wiese; **Sicherheit:** beleuchtet; **Preise:** 6–10 € inkl. Strom, Juli, Aug. Strom extra 3,50 €; **Geöffnet:** ganzjährig; **Kontakt:** 50170 Ardevon, Route de la Rive 5, Tel. +33 (0)6 25553070

⑬ Parkplatz, Mont-Saint-Michel

N48.60826° W1.50771°

Offizieller Parkplatz für Wohnmobile. Bustransfer zum Mont-Saint-Michel. **Lage/Anfahrt:** ausgeschildert; **Platzanzahl:** 100; **Untergrund:** Asphalt; **Sicherheit:** beleuchtet; **Preise:** 25 €/24 Std.; **Geöffnet:** ganzjährig

⑭ Aire de Beauvoir, Beauvoir

N48.59409° W1.51272°

Privater Stellplatz, parzelliert durch niedrige Hecken. Ca. 2,5 km zum Bustransfer Mont-Saint-Michel. **Lage/Anfahrt:** ausgeschildert; **Platzanzahl:** 100; **Untergrund:** Schotter; **Sicherheit:** beleuchtet, umzäunt; **Preise:** 12,50 € inkl. Strom und Ver- und Entsorgung; **Geöffnet:** ganzjährig; **Kontakt:** Tel. +33 (0)6 83447015

⑮ Camping de la Sélune, Ducey

N48.61661° W1.29414°

Nett angelegter Platz mit hohen Hecken, befriedigende Sanitärausstattung, 400 m bis ins Zentrum. Lage gut und ruhig. **Lage/Anfahrt:** In der Stadt ausgeschildert; **Platzanzahl:** 33; **Untergrund:** Wiese; **Ver-/Entsorgung:** Strom, Trinkwasser, Chemie-WC; **Sicherheit:** umzäunt, beleuchtet, bewacht; **Preise:** 8,80 €/Fahrz. inkl. 2 Pers. und Strom (15.7.–15.8. 10,10 €); **Geöffnet:** April–September; **Kontakt:** 0220 Ducey, Rue de Boishue, Tel. +33 (0)2 33602153

▼ *Zentrumsnah und doch ruhig übernachtet man auf dem Stellplatz Stadtpark in Sourdeval*

122nrm Abb.: gg

⑯ Place du Château, Mortain

N48.64886° W0.94519°

Offizielle Stellplätze am Rand eines großen Parkplatzes vor dem Camping Municipal. Lage gut und ruhig. **Lage/Anfahrt:** Im Ort ausgeschildert; **Platzanzahl:** 5; **Untergrund:** Asphalt; **Ver-/Entsorgung:** Trinkwasser, Abwasser, Chemie-WC; **Preise:** kostenlos; **Geöffnet:** frei zugänglich. Direkt angrenzend gibt es den kleinen Camping Municipal, auf dem man Apr.–Sept. für 12 € (inkl. 2 Pers. und Strom) übernachten kann.

⑰ Stadtpark, Sourdeval

N48.72597° W0.92312°

Offizieller Stellplatz am Dorfrand an einem kleinen Park mit Picknicktischen. Die Lage ist gut und ruhig. **Lage/Anfahrt:** In Sourdeval ausgeschildert; **Platzanzahl:** 5; **Untergrund:** Schotter; **Ver-/Entsorgung:**

217nrm Abb.: gg

Strom, Trinkwasser, Abwasser, Chemie-WC; **Sicherheit:** beleuchtet; **Preise:** kostenlos; **Geöffnet:** frei zugänglich

▲ *Der Stellplatz von Beauvoir ist großzügig und nett angelegt*

118 Place du Champ de Foire, Vire

N48.84078° W0.88858°

Offizieller Stellplatz auf einem großen Parkplatz, der allerdings auch von Pkws genutzt wird. Freitags (Markt) sehr voll. **Lage/Anfahrt:** Durch Vire hindurch in Richtung Caen, immer den Hinweisschildern „P (360 Places)“ folgen; **Platzanzahl:** 20; **Untergrund:** Asphalt; **Ver-/Entsorgung:** Trinkwasser, Abwasser, Chemie-WC; **Preise:** kostenlos; **Geöffnet:** frei zugänglich

▼ *Der Camping de la Sélune in Ducey ist durch Hecken unterteilt*

218nrm Abb.: gg

MALERISCHE SCHLUCHTEN-LANDSCHAFT MIT HOCH AUFRAGENDEN FELSEN

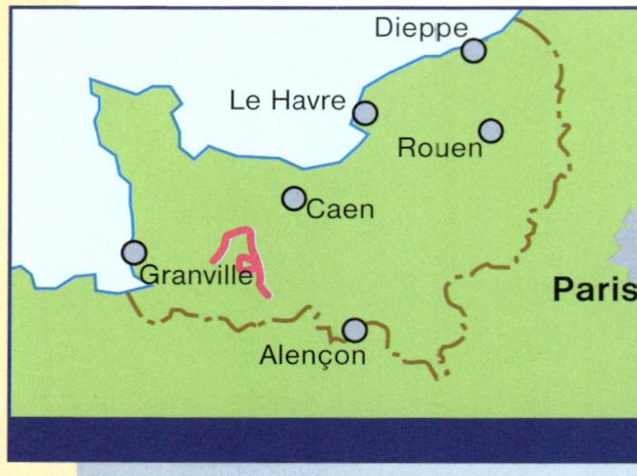

Die Normannische Schweiz verläuft links und rechts der Orne von Thury-Harcourt bis nach Putanges-Pont-Ecrepin. Die mäandernde Orne hat sich tief in das Hügelland eingegraben und malerische Schluchten mit hoch aufragender Felsenkulisse säumen den Flusslauf. Auf gut markierten Wegen geht der Wanderfreund – teilweise an steilen Abbrüchen und bizarren Felsformationen vorbei – durch diese herrliche, beinahe alpine Landschaft. Freeclimber, Drachenflieger, Angler, Kanufahrer und Reiter finden hier hervorragende Möglichkeiten, um ihrem Hobby zu frönen. Die Normannische Schweiz ist auch bei den Franzosen sehr beliebt und im Sommer finden an den Wochenenden vielerorts organisierte Wanderungen statt. Viele der hübschen Städtchen entlang der Orne stellen einen Camping- oder einen Stellplatz für den Wohnmobilfahrer bereit und Modelleisenbahnfreunde werden vom Museum Chemin de fer miniature begeistert sein.

125nrm Abb.: gg

ROUTE 7

DIE NORMANNISCHE SCHWEIZ

STRECKENVERLAUF

Strecke: Vire – Thury-Harcourt (45 km) – Clécy (11 km) – Abstecher zum Château de Pontécoulant (hin und zurück 38 km) – Putanges-Pont-Ecrepin (22 km)

Streckenlänge: ohne Abstecher 78 km
mit Abstecher 116 km

Hinter Vire durchzieht die D577 schnurgerade in stetigem Auf und Ab die Landschaft bis man die Abzweigung nach **Le Bény-Bocage** erreicht. Der Mittelpunkt des schmucken Dorfes ist eine alte Markthalle mit offener Dachkonstruktion aus stabilen Holzbalken.

Für die Weiterfahrt nach Thury-Harcourt gibt es zwei Alternativen. Entweder fährt man auf der D577 bis zur Abzweigung der D54 nach Aunay-sur-Odon und hinter dem Ort weiter auf der D6. Oder man nimmt die im Folgenden beschriebene Strecke über schmale Straßen, die mitten durch die wellige, grüne Landschaft führt.

Für letztere Strecke verlässt man in Le Mesnil-Auzouf die D577 und nimmt im Dorf die D165 nach Le Plessis-Grimoult. Auf dieser sich durch die blühenden Wiesen schlängelnden Straße kommt man nicht

▼ *Ländliche Idylle*

125nrm Abb.: gg

sehr schnell vorwärts, denn immer wieder kommt einem ein Traktor entgegen und man muss die Geschwindigkeit verlangsamen. Doch der Weg ist bekanntlich das Ziel.

In Le Plessis-Grimoult angekommen überquert man die D54, um auf der D108 weiterzufahren. Nach 2,7 km geht es nach links auf die D36 und nach weiteren 1,8 km auf die D108, ab hier ist Thury-Harcourt ausgeschildert. Auf der folgenden Fahrstrecke bieten sich immer wieder wunderschöne, weite Aussichtsmöglichkeiten. Nach 1,4 km geht es auf der D6 die letzten Kilometer nach Thury-Harcourt.

THURY-HARCOURT (45 km – km 45)

Die Stadt nennt sich auch die Pforte zur Suisse Normande (Normannische Schweiz). Ihre Lage oberhalb des Flusses Orne ist sehr schön, leider belastet der starke Durchgangsverkehr die freundliche Stadt. Von der im 11. Jh. erbauten Burg stehen nach dem Bombardement im Zweiten Weltkrieg nur noch die Fassade und zwei Pavillons am Eingangstor. Vom Flussufer kann man die Orne mit dem **Kanu** oder dem **Kajak** befahren. Stundenweise, Halbtags- oder Ganztagsfahrten werden vom Kayak Club angeboten (Tel. +33 (0)2 31794059, www.kcth.fr). Auf der D562 fährt man immer an der Orne entlang nach **St-Rémy.** In dem kleinen Ort wurde bis 1967 Eisenerz abgebaut. Im **Musée les Fosses d'Enfer** erfährt man alles darüber und über die geologische Entwicklung unserer Erde.

Sehenswertes

Musée les Fosses d'Enfer, 14570 St-Rémy, N48.94419° W0.50080°, Tel. +33 (0)2 31696777, Öffnungszeiten: 15. Mai–Ende Juni. 1.–15. Sept. Mi–Mo 14–18 Uhr, Juli, Aug. täglich 10–12.30 und 14.30–18 Uhr, Eintritt: 3,50 €

Kurz hinter St-Rémy biegt man auf die D168 ab, die auf einer Nebenstrecke nach Clécy führt.

Information

Office de Tourisme, 14220 Thury-Harcourt, Place Saint-Sauveur 2, Tel. +33 (0)2 31797045, www.ot-suisse-normande.com, Öffnungszeiten: Apr.–Juni, Sept. Di–Sa 10–12.30 und 14.30–18 Uhr, So 10–12.30 Uhr, Juli, Aug. Mo–Sa 10–12.30 und 14.30–18.30 Uhr, So 10–12.30 Uhr, Okt.–März Di–Fr 10–12.30 und 14.30–17 Uhr, Sa 10–12.30 Uhr

119* Stellplatz Camping du Traspy, Thury-Harcourt (s. S. 225)

120* B&B Pension, Caumont-sur-Orne (s. S. 226)

CLÉCY (11 km – km 56)

Information

Office de Tourisme, 14570 Clécy, Place du Tripot, Tel. +33 (0)2 31697995, Öffnungszeiten: Mai–Juni, Sept. Di–Sa 10–12.30 und 14.30–18 Uhr, So 10–12.30 Uhr, Juli, Aug. Mo–Sa 10–12.30 und 14.30–18.30 Uhr, So 10–12.30 Uhr, Okt.–März geschlossen

Obwohl sich Clécy **Hauptstadt der Suisse Normande** nennt, ist es in den Gassen und auf den Plätzen eher ruhig. Ganz anders geht es dagegen am Ufer der Orne zu, hier tummeln sich die Urlauber und Erlebnishungrigen. Zwischen der Pont de Vey und dem Viadukt sind

121* Camping les Rochers des Parcs, Clécy (s. S. 226)

122* Aire Camping Cars, Clécy (s. S. 226)

Erlebenswertes

Beau Rivage, an der Orne, Tel. +33 (0)2 31697973. Verschieden lange Touren bis zu 13 km Länge. Vermietet werden auch Kajaks, Tret- und Elektroboote.

unzählige **Bootsverleiher** und Restaurants angesiedelt. Hier kann man Elektro- (14 €/30 Min.), Stand-up-Paddel- (10 €/Std.) oder Tretboote (6 €/30 Min.) ausleihen. Von den Kanuverleihern wird man, je nachdem wie lange man paddeln will, ein Stück flussaufwärts gebracht und man paddelt dann nach Clécy zurück. Man kann auch Gleitschirmfliegen, sich vom Eisenbahnviadukt abseilen oder sich im Klettergarten austoben. Wer es etwas ruhiger mag, geht ins **Chemin de fer miniature,** eine 10 m² große Modelleisenbahnlandschaft. Hier sind einige der typischen französischen Landschaften nachgebildet. Und auch einem weiteren Vergnügen kann man in Clécy sehr gut frönen: dem **Wandern!**

Wanderung zur steilen Felskulisse

Für die im Folgenden beschriebene, landschaftlich sehr reizvolle Wanderung sollten ca. 3 Std. eingeplant werden. Die Strecke ist als mittelschwer einzustufen und hat einige ausgesetzte Stellen, die aber zum Teil umgangen werden können. Schwindelfreiheit und Trittsicherheit sind aber unbedingt notwendig.

Man parkt auf dem öffentlichen Parkplatz direkt unterhalb des Chemin de fer miniature. Von hier geht man hinab zur Orne und überquert sie auf der Pont du Vey. Nun geht es immer geradeaus auf der D133A durch das kleine Dorf Le Vey und nach der Eisenbahnunterführung links auf einem geteerten Sträßchen kurz steil bergauf. Dann folgt man der rot-weißen Markierung nach links in einen schattigen Waldweg. Leicht aufwärts geht es nun durch den Wald bis zu einer Holztafel, die zum Aussichtspunkt des „Pain du Sucre" (Zuckerhut) nach links weist. Der kurze, aber steile Anstieg wird mit einer herrlichen Aussicht auf das Tal der Orne und Clécy belohnt.

Wieder zurück bei der Holztafel wandert man nun nach links und biegt kurz darauf rechts auf einen mit einem gelben Strich gekennzeichneten Weg ein. An einem kurzen steilen Aufstieg die Abzweigung nach rechts (weißer Strich) nicht versäumen! Dieser schmale Pfad führt mit wenigen steilen Passagen an senkrecht abbrechenden Felsen entlang. Hier ist Trittsicherheit und Schwindelfreiheit gefordert. Nachdem man wieder im Wald ist, hält man sich bei der ersten Gabelung links und kommt zu einem Parkplatz beim Aussichtspunkt Rochers de la Houle.

Wer es nicht so dramatisch haben will, folgt nach dem Pain du Sucre der gelben Markierung, die beim Parkplatz an den Rochers de la Houle mit dem eben beschriebenen Pfad zusammentrifft. Von den Rochers de la Houle bietet sich eine weite Sicht über die Normannische Schweiz.

Man überquert den Parkplatz und geht auf einem Feldweg geradeaus, bis man auf ein Sträßchen trifft. Hier läuft man nun nach rechts, bis man nach 100 m die D133 erreicht. An dieser Stelle zweigt rechts im spitzen Winkel ein breiter Wiesenweg ab (gelb-weiße Markierung), dem man die nächsten 1500 m folgt. Links kommen bald die Häuser von St-Omer in Sicht. Hinter einem kleinen Tannenhain geht der weitere Wanderweg nach rechts ab (gelb-rote Markierung). Nach ca. 500 m ist die D133A erreicht, der man nach rechts folgt. Auf ihr kommt man nach wenigen Minuten in den kleinen Weiler Le Haut du Vey. Dort ist bereits das nächste Ziel, die Rochers du Parc, ausgeschildert (weiß-rote Markierung). Am oberen Rand der Felsen geht es nun eben an Ginsterbüschen vorbei und durch lichten Eichenwald mit einem herrlichen Panoramablick auf die Orne und den Viadukt von Clécy. Nach einigen Hundert Metern senkt sich der Weg hinab zum Fluss. Hinter einer Eisenbahnunterführung geht man nach rechts, passiert den Campingplatz und erreicht die D133A. Auf dem bekannten Weg wandert man zurück zum Wohnmobil.

126nrm Abb.: gg

Sehenswertes

Chemin de fer miniature, 14570 Clécy, Rue d'Ermington (N48.917346° W0.477959°), Tel. +33 (0)2 31690713, Öffnungszeiten: Mitte Apr.–Mitte Juli Di–So 10–12 und 14–18 Uhr, Mitte Juli–Aug. täglich 10–18 Uhr, Sept. Di–So 14–17 Uhr, Okt. So 14–17 Uhr, Eintritt: 7,50 €

Eine interessante Fahrstrecke durch die typische Landschaft der Normannischen Schweiz führt auf der D168 kurz vor der Orne-Brücke nach rechts. Vorsicht: Das Teilstück entlang der Orne mit viel Ausflugsverkehr ist an Sonn- und Feiertagen von 12 bis 18 Uhr für Wohnmobile gesperrt.

Durch kleine schmucke Weiler wie zum Beispiel Cossesseville gelangt man schließlich zur D1, auf der man nun bis nach **Pont-d'Ouilly** fährt. Kurz vor dem Ortsschild bietet sich ein Abstecher nach rechts auf der D911/D511 an.

Wer am Sonn- oder Feiertag zwischen 12 und 18 Uhr nach Pont-d'Ouilly fahren möchte, muss die D562 und die D1 nehmen.

ABSTECHER ZUM CHÂTEAU DE PONTÉCOULANT (hin und zurück 38 km)

Die D911/D511 führt auf landschaftlich schöner Strecke immer den Fluss Noireau entlang. In Cahan findet man einen idyllischen Picknickplatz direkt am Fluss. In **Pont-Érambourg** gibt es etwas Besonderes zu erleben: eine Fahrt mit dem **Vélorail.** Dabei handelt es sich um Fahrräder für bis zu vier Personen, die auf Eisenbahnschienen laufen. Die Fahrt auf der eingleisigen Strecke ist in 1:45 Std. bequem zu bewältigen, bei Gegenverkehr muss man sich allerdings einigen, wer das 50 kg schwere Gefährt aus den Schienen hebt und den anderen vorbeilässt. Damit dies nicht allzu häufig geschieht, gibt es nur jede Stunde eine Abfahrt.

Picknickplatz Cahan

N48.86667°
W0.43942°

Erlebenswertes

Gare de Pont-Érambourg, 61790 Saint-Pierre-du-Regard, N48.84962° W0.52445°, Tel. +33 (0)2 31693930, Öffnungszeiten: Apr.–Okt. Mi 14.30–15.30 Uhr, Sa, So 10.30–17.30 Uhr, Juli, Aug. täglich 10.30–17.30 Uhr. Ein Vélorail für 4 Personen kostet 20 € für 1:45 Std.

▲ *Auf der langsam fließenden Orne können auch unerfahrene Paddler einen Versuch wagen*

Spaßgarantie auf dem Vélorail

127nrm Abb.: gg

(123) Camping Municipal, Condé-sur-Noireau (s. S. 226)

Von Pont-Érambourg ist man rasch im 3 km entfernten **Condé-sur-Noireau.** Wenn das Wetter mal nicht für Aktivitäten im Freien geeignet ist, vergnügt man sich hier im schönen Hallenbad.

Ver- und Entsorgung

N48.85099° W0.55386°, von der D512 in Richtung „Mairie" fahren, 2,45 €/10 Min. Wasser, Jetons gibt es beim Hallenbad.

Man verlässt Condé-sur-Noireau auf der D36 und biegt am Ortsende auf die D105 in Richtung Château de Pontécoulant ab. Immer an der Druance entlang schlängelt sich die D105 (und später die D298) durch die wunderschöne Gegend bis zum **Château de Pontécoulant.** Das Schloss aus dem 16. Jh. liegt in traumhafter Landschaft in einem bewaldeten Tal an den Ufern der Druance. Das imposante Gebäude mit den beiden kuppelgekrönten Türmen wurde im 18. Jh. umgebaut und erweitert. Es ist heute im Besitz des Départements Calvados und zeigt mit den eleganten Stilmöbeln und allerlei persönlichen Gegenständen der früheren Besitzerfamilie Pontécoulant das feudale Leben im 19. Jh. Im englischen Garten mit Teich kann der Besucher flanieren.

Sehenswertes

Château de Pontécoulant, N48.89701° W0.58943°, Tel. +33 (0)2 31696254, Öffnungszeiten: Mitte März–Mitte Nov. Di–So 10–12 und 14.30–18 Uhr, Eintritt: 3 €

Auf der D298 fährt man 2 km zurück und biegt nach links auf die D184 Richtung St-Pierre-la-Vieille ab. Bei der Einmündung in die D36 fährt man nach rechts und wechselt nach 2,8 km nach links auf die

D256 (Saint-Denis-de-Méré). Nach 1,9 km biegt man nach rechts auf die D562 ab. Auf dieser fährt man aber nur für 200 m und wechselt gleich wieder nach links auf die D256 (Hinweisschild „Pont Érambourg") bis Saint-Denis-de-Méré.

Für die Weiterfahrt im Kreisverkehr in Saint-Denis-de-Méré weiter auf der D256 (Richtung Pont-Érambourg) fahren. Kurz darauf teilt sich die Straße. Die im weiteren beschriebene Strecke ist nur für Fahrzeuge bis 3,5 t geeignet. Zunächst an einem Bergrücken entlang mit schöner Aussicht und später mit 10 % Gefälle bergab kommt man in das von der Hinfahrt bekannte Pont-Érambourg und fährt auf derselben Strecke zurück nach **Pont-d'Ouilly,** einem hübschen kleinen Ort an der Mündung des Flüsschens Le Noireau in die Orne mit einem großen Kajakzentrum. Man kann sich hier in den Geschäften mit dem Nötigsten eindecken und auf dem guten Stell- oder dem schönen Campingplatz ruhig übernachten. Pont-d'Ouilly eignet sich gut als Ausgangspunkt für Wander- und Fahrradtouren durch die Normannische Schweiz.

124 Camping Les Lilas de Morieux, Saint-Denis-de-Méré (s. S. 226)

125 Camping Municipal, Pont-d'Ouilly (s. S. 227)

126 Flot Bleu Park, Pont-d'Ouilly (s. S. 227)

Essen

Relais du Commerce, 14690 Pont-d'Ouilly, Rue de Falaise, Tel. +33 (0)2 31698016. Traditionelle Küche mit neuen Akzenten

In Pont-d'Ouilly, sofort nach der Brücke über die Orne, biegt man rechts in Richtung Roche d'Oëtre (D167) ab. Immer an der Orne entlang kommt man auf idyllischer Strecke nach Le Pont-des-Vers. Hier fährt man rechts über die Orne-Brücke und folgt immer weiter den Hinweisschildern zum Roche d'Oëtre, einem beeindruckenden, zerklüfteten Felsen. In Rouvrou wendet man sich nach links auf die

▼ *Das breite Bett der Orne bei Pont-d'Ouilly*

128rnm Abb.: gg

127 Le Domaine de la Rouvre, Menil-Hubert-sur-Orne **(s. S. 227)**

D301 und nun bergan bis zum Parkplatz beim Informationszentrum Roche d'Oëtre (N48.82994° W0.38160°). Hier ist auch offiziell Übernachten erlaubt.

Wanderung am Roche d'Oëtre

Durch das Infozentrum hindurch kommt man direkt zum Roche d'Oëtre. 120 m geht es hier beinahe senkrecht hinunter ins Tal der Rouvre – deshalb unbedingt vorsichtig sein! Das Auge schweift weit über die bewaldeten Hügel und die Felsformationen der Normannischen Schweiz.

Die Wanderung startet man, den Felsen im Rücken, nach rechts auf dem „Circuit de corniches" bis zu einem Erlebniszentrum mit Klettergarten. Hier muss man auf die Straße wechseln und nimmt die erste Abzweigung nach links (Beschilderung „Les Bruyères" und rot-weißer Strich). Nach wenigen Schritten wandert man nach rechts (rot-weiße Markierung) auf einer hügeligen Hochfläche mit schöner Aussicht.

Man verlässt die rot-weiße Markierung und biegt nach links auf den „Circuit botanique" (Markierung: gelber Strich). Ihm folgt man an einem alten Bauernhof vorbei bis zur D229. Auf ihr geht man nach rechts bis nach Le Souquet. Am letzten Haus wendet man sich nach rechts (gelber Strich und Schild „La Bagottière"). Vor einem einzeln stehenden Haus wechselt man nach links auf einen schönen Waldweg (gelber Strich) und folgt ihm, bis er in die D229 mündet. Unterwegs kann man noch den kleinen Umweg zur Waldkirche von Blanc-Rocher machen (ausgeschildert). Auf der D229 wandert man bis zu einer Linkskurve. Hier verlässt man die Markierung (gelber Strich), um an einem Gartenzaun aus weißen Brettern (luxuriöses Anwesen) nach rechts weiterzugehen. Schon bald, auf Höhe eines zweiten Anwesens, wendet man sich nach rechts und geht nun wieder mit gelber Markierung („Sentier du granite") in den Wald hinein. Immer der gelben Markierung folgend läuft man durch La Bagottière hindurch und dann etwas bergab. Hier muss man auch bei trockenem Wetter vorsichtig sein, denn die Steine sind rutschig. Man erreicht Oëtre und folgt dem gelben Strich auf einem Wiesenweg mit viel Farn und Ginster, bis man wieder auf die rot-weiße Markierung und den schon bekannten Weg trifft. Hier links und auf demselben Weg wie beim Hinweg zurück zum Wohnmobil. Für diese Wanderung sollte man ungefähr 2 Std. einplanen.

129nrm Abb.: gg

Vom Roche d'Oëtre nimmt man die D301/D21 und fährt auf dieser Straße mit schöner Aussicht nach Menil-Hermei. Im Frühling sind die Straßenböschungen hier mit unzähligen wilden Narzissen übersät. In Menil-Hermei wechselt man auf die D239 nach **Rabodanges.** Schon vor dem Ort kommt man am **Château de Rabodanges** aus dem 17. Jh. vorbei. Das reizende kleine Dorf hat allerdings noch eine weitere Attraktion: den Stausee **Lac de Rabodanges** in 2 km Entfernung (ausgeschildert, N48.78577° W0.28698°). Hier kann man es sich bei einer Bootsfahrt nach Putanges – Mai–September an den Wochenenden, Juli und August täglich – auf einem Ausflugsboot mit Gastronomiebetrieb gut gehen lassen. Zunächst auf der D239 und nach 4 km auf der D909 kommt man nach **Putanges-Pont-Ecrepin.**

Erlebenswertes

Orne Aventure, Parc Acrobatique en Hauteur de la Roche d'Oëtre, Tel. +33 (0)2 31690643. Klettergarten mit verschiedenen Parcours in unterschiedlichen Schwierigkeitsgraden

Sehenswertes

Château de Rabodanges, Öffnungszeiten: Juli–Sept. Mo–Fr 10–12 und 14–18 Uhr, Eintritt: 7 €

PUTANGES-PONT-ECREPIN (22 km – km 78)

Information

Office de Tourisme, 61210 Putanges-Pont-Ecrepin, Grande Rue 1, Tel. +33 (0)2 33358657, www.office-tourisme-putanges.com, Öffnungszeiten: Okt.–Apr. Di–Sa 9.30–11.30 und 14.30–18 Uhr, Mai, Juni, Sept. Di–Sa 9.30–12.30 und 14.30–18 Uhr, So 10.30–12.30 Uhr, Juli, Aug. auch Mo

Ver- und Entsorgung

N48.76072° W0.24549°

3 €/Jeton

Essen

Le Lion Verd, 61210 Putanges-Pont-Ecrepin, Place de L'Hôtel de Ville, Tel. +33 (0)2 33350186. Gute traditionelle Küche.

Putanges-Pont-Ecrepin liegt am Rand der Normannischen Schweiz am Ufer der Orne. Die freundliche alte Stadt hat einen großen Hauptplatz, an dem die Touristeninformation und auch das gute Restaurant Le Lion Verd zu finden sind. Hier findet auch jeden Donnerstag ein Wochenmarkt statt. Übernachtunsmöglichkeiten für Wohnmobile bestehen auf oder vor dem Campingplatz.

128 Camping du Val d'Orne, Putanges-Pont-Ecrepin (s. S. 227)

STELL- UND CAMPINGPLÄTZE ENTLANG DER ROUTE

119 Stellplatz Camping du Traspy, Thury-Harcourt

N48.98885° W0.46906°

Man kann wählen zwischen Camping und Stellplatz. Der Stellplatz (direkt vor dem Camping) ist ohne Strom und Wasser. Lage gut und relativ ruhig. **Lage/Anfahrt:** Im Ort ausgeschildert; **Platzanzahl:** 4; **Untergrund:** Wiese; **Ver-/Entsorgung:** Strom, Trinkwasser, Abwasser, Chemie-WC; **Sicherheit:** umzäunt, beleuchtet, bewacht; **Preise:** 14,70 €/Fahrz. inkl. 2 Personen und Strom auf dem Campingplatz, 8 € ohne Strom und Wasser auf dem Stellplatz, Hund 2,80 €; **Geöffnet:** April–September; **Kontakt:** 14220 Thury-Harcourt, Rue du Pont Benoît, Tel. +33 (0)2 31796180

⑫⓪ B&B Pension, Caumont-sur-Orne

N48.95637° W0.48392°

Netter Platz mit ausreichender Sanitärausstattung direkt an der Orne, aber auch an der viel befahrenen D562. **Lage/Anfahrt:** An der D562 zwischen Thury-Harcourt und St-Rémy; **Platzanzahl:** 15; **Untergrund:** Wiese; **Ver-/Entsorgung:** Strom, Trinkwasser; **Sicherheit:** umzäunt, beleuchtet; **Preise:** 12 €/Fahrz. inkl. 2 Pers., Strom 3 €; **Geöffnet:** April–September

⑫① Camping les Rochers des Parcs, Clécy

N48.91373° W0.47439°

Der Camping les Rochers des Parcs ist schönste Platz der Region. Er hat ein gutes und beheiztes Sanitärgebäude und befindet sich in sehr schöner und ruhiger Lage direkt an der Orne. Separate Wohnmobilstellplätze. 600 m ins Zentrum. **Lage/Anfahrt:** In Clécy ausgeschildert; **Platzanzahl:** 90; **Untergrund:** Wiese; **Ver-/Entsorgung:** Strom, Trinkwasser, Abwasser, Chemie-WC; **Sicherheit:** umzäunt, beleuchtet, bewacht; **Preise:** bei einmaliger Übernachtung 10,15 €/Fahrz. inkl. 2 Pers., sonst 6,30 €/Fahrz., 5,60 €/Pers., Strom 3,90 €, Hund 1,50 €; **Geöffnet:** April–September; **Kontakt:** 14570 Clécy/Le Vey, Tel. +33 (0)2 31697036, www.camping-normandie-clecy.fr

⑫② Aire Camping Cars, Clécy

N48.91885° W0.48106°

Offizieller Stellplatz bei den Sportplätzen, zentrumsnah, Lage befriedigend und relativ ruhig. **Lage/Anfahrt:** In Clécy ausgeschildert; **Platzanzahl:** 5; **Untergrund:** Asphalt; **Ver-/Entsorgung:** Trinkwasser, Chemie-WC; **Preise:** kostenlos, Wasser 2 €, Jetons im örtlichen Handel; **Geöffnet:** frei zugänglich

⑫③ Camping Municipal, Condé-sur-Noireau

N48.85005° W0.55549°

Platz mit einfacher Sanitärausstattung in schöner und (sofern nicht gerade ein Fußballspiel stattfindet) sehr ruhiger Lage. Hallen- und Freibad direkt am Platz. **Lage/Anfahrt:** Durch den Ort in Richtung „Vire“ oder „Stade“ fahren (D512), der Platz ist ausgeschildert; **Platzanzahl:** 30; **Untergrund:** Wiese; **Ver-/Entsorgung:** Strom, Trinkwasser, Chemie-WC; **Sicherheit:** umzäunt; **Preise:** 2,45 €/Fahrz., 3,65 €/Pers., Strom 3,35 €; **Geöffnet:** Mai–September; **Kontakt:** 14110 Condé-sur-Noireau, Route de Vire, Tel. +33 (0)2 31690293, www.conde-sur-noireau.com

⑫④ Camping Les Lilas de Morieux, Saint-Denis-de-Méré

N48.86507° W0.48189°

Sehr schönes gepflegtes Gelände des Camping Club de France, schöne ruhige Lage. **Lage/Anfahrt:** In Saint-Denis-de-Méré im Kreisverkehr auf die D256A Richtung Berjou wechseln, dann nach 2 km rechts ab, ausgeschildert; **Platzanzahl:** 5; **Untergrund:** Wiese; **Ver-/Entsorgung:** Strom, Trinkwasser, Abwasser, Chemie-WC; **Sicherheit:** beleuchtet; **Preise:** 8,75 €/Fahrz. inkl. 2 Pers. und Strom; **Geöffnet:** März–Oktober; **Kontakt:** 14110 Saint-Denis-de-Méré, Village de Morieux, Tel. +33 (0)2 35411597

125 *Camping Municipal, Pont-d'Ouilly*

N48.87132° W0.41132°

Platz mit einfacher Sanitärausstattung bei den Sportplätzen. Schöne und relativ ruhige Lage. **Lage/Anfahrt:** Im Ort ausgeschildert; **Platzanzahl:** 64; **Untergrund:** Wiese; **Ver-/Entsorgung:** Strom, Trinkwasser, Chemie-WC; **Sicherheit:** umzäunt, beleuchtet, bewacht; **Preise:** 9 €/Fahrz. inkl. 2 Pers., Strom 4 €, Taxe 0,20 €/Pers.; **Geöffnet:** Mitte April–Mitte September; **Kontakt:** 14690 Pont-d'Ouilly, Stade René Vallée, Tel. +33 (0)2 31694612. Alternativ kann man für 7 € (ohne Strom) auf dem Campingparkplatz übernachten. Diese günstigeren Plätze sind allerdings häufig von Pkws zugeparkt.

219nrm Abb.: gg

▲ *Der Camping du Val d'Orne in Putanges-Pont-Ecrepin*

126 *Flot Bleu Park, Pont-d'Ouilly*

N48.87792° W0.41254°

Privater Stellplatz direkt an der Orne. Parzelliert, schöne und relativ ruhige Lage. **Lage/Anfahrt:** In Pont-d'Ouilly nach der Brücke links Richtung Moulin Neuf fahren, dann ausgeschildert; **Platzanzahl:** 30; **Untergrund:** Schotter; **Ver-/Entsorgung:** Strom, Trinkwasser, Chemie-WC; **Sicherheit:** umzäunt, beleuchtet; **Preise:** 7 €/16 Std., 10 €/24 Std./Fahrz. inkl. Strom, Bezahlung nur mit Karte; **Geöffnet:** ganzjährig

127 *Le Domaine de la Rouvre, Menil-Hubert-sur-Orne*

N48.84324° W0.39824°

Platz mit ausreichender Sanitärausstattung direkt an der Rouvre, viele Dauercamper. Sehr schöne, ruhige Lage. **Lage/Anfahrt:** In Rouvrou nach der Abzweigung auf die D301 nach 150 m links, ausgeschildert, schmale Zufahrt; **Platzanzahl:** 50; **Untergrund:** Wiese; **Ver-/Entsorgung:** Strom, Trinkwasser, Chemie-WC; **Sicherheit:** umzäunt, beleuchtet, bewacht; **Preise:** 5,50 €/Fahrz., 4 €/Pers., Strom 3,95 €, Hund 1 €; **Geöffnet:** April–15. Oktober; **Kontakt:** 61430 Menil-Hubert-sur-Orne, Le bas de Rouvrou, Tel. +33 (0)2 33648240, www.larouvre.fr

128 *Camping du Val d'Orne, Putanges-Pont-Ecrepin*

N48.76072° W0.24549°

Mit Hecken unterteilter Platz mit befriedigender Sanitäraustattung. Schöne und ruhige Lage. **Lage/Anfahrt:** Bei der Touristeninformation nach links einbiegen und den Hinweisschildern folgen; **Platzanzahl:** 32; **Untergrund:** Wiese; **Sicherheit:** umzäunt, beleuchtet; **Preise:** 10 €/Fahrz. inkl. 2 Pers., Strom 2,50–3,70 €, Hund 1,30 €. Wer vor dem Campingplatz parkt, bezahlt 8 €; **Geöffnet:** April–September; **Kontakt:** 61210 Putanges-Pont-Ecrepin, Tel. +33 (0)2 33350025

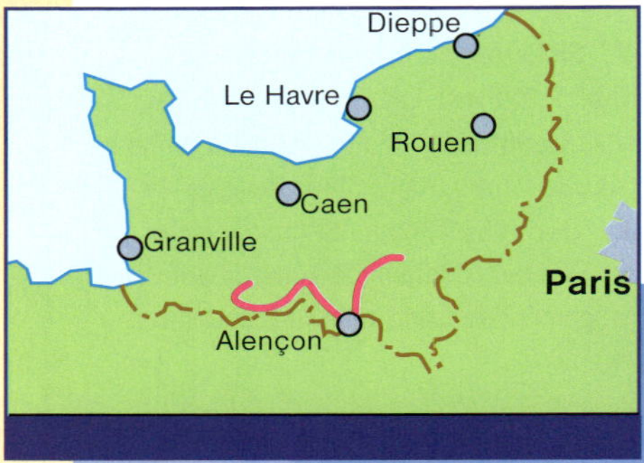

DER PARC NATUREL RÉGIONAL NORMANDIE-MAINE

Tief im Süden der Normandie und des Départements Orne liegt der Naturpark Normandie-Maine, den man auf der im Folgenden beschriebenen Route von West nach Ost durchfährt. Der Duft von würzigen Kräutern und Wiesenblumen, Pferden und Kühen, warmem, reifem Getreide und harzigen Wäldern durchzieht die Region. Am besten durchstreift man den Naturpark zu Fuß, jedoch auch mit dem Wohnmobil auf schmalen Nebenstraßen kann man ihn genießen. Ein putziges Dorf, ein ehemals mondäner Thermalbadeort, ein Meisterwerk normannischer Gotik, ein malerisches Wasserschloss und Alençon, die Hauptstadt des Départements Orne – das sind die Eckpfeiler dieser Route. Ausgefüllt wird sie mit Wandermöglichkeiten, einer schönen Fahrstrecke, idyllischen Picknickplätzen, Einkaufsmöglichkeiten regionaler Produkte und gutem Essen.

132nrm Abb.: gg

ROUTE 8

DIE WESTLICHE UND DIE SÜDLICHE ORNE

STRECKENVERLAUF

Strecke: Putanges-Pont-Ecrepin – Domfront (41 km) – Abstecher zur Ferme du Cheval de Trait (hin und zurück 8 km) – Bagnoles-de-l'Orne (20 km) – Alençon (66 km) – Sées (29 km)

Streckenlänge: ohne Abstecher 156 km
mit Abstecher 164 km

Maison du Fer
N48.63256° W0.55127°
Öffnungszeiten: Mai–Sept. Mo, Mi, Do, Fr 9–12 und 14.30–18 Uhr, So 14.30–18 Uhr, Eintritt: frei

Parken
N48.59248° W0.64371°
Offizielle Stellplätze auf dem Place de la Petite Bruyère.

Von Putanges-Pont-Ecrepin fährt man auf der D909 bis zur Einmündung in die D924 und auf dieser bis nach Briouze. Hier wechselt man auf die D21, auf der man über Dompierre mit dem Maison du Fer, in dem man viel über die Eisenvorkommen und deren Abbau erfährt, nach Domfront kommt.

DOMFRONT (41 km – km 41)

◄ Vorseite: Die beeindruckende Ruine der Burg von Domfront

Die malerische Altstadt von Domfront liegt erhaben auf einem Felsplateau über der Varenne und ist zum Teil noch von einer Stadtmauer umgeben. Nur ein Turm von ehemals zwei ist beim malerischen **Alençontor,** einem der Stadttore, übrig geblieben. Immer geradeaus auf der **Grande Rue** spaziert man an alten Fachwerkhäusern vorbei bis zur Kirche St-Julien. Leider stehen viele Geschäfte leer und auch einige Häuser hätten etwas Farbe nötig, sodass die Altstadt wie im Dornröschenschlaf erscheint, aus dem sie ein guter Stadtsanierer erwecken könnte. **St-Julien** ist ein außergewöhnliches Bauwerk aus Stahlbeton. 1926 war die Kirche eines der ersten Sakralgebäude aus diesem Material. Außergewöhnlich ist auch ihr quadratischer Grundriss im byzantinischen Stil. Leider bröckelt inzwischen der Beton, sodass noch bis 2014 renoviert wird und die Kirche deshalb bis dahin nur von außen zu besichtigen ist.

Über den schmucken Place St-Julien kommt man zur **Burgruine,** die von einem hübschen Park umgeben ist. Im 11. Jh. von einem Sohn Wilhelms des Eroberers errichtet, stehen heute nur noch die Ruinen des Hauptturmes. Vom Park hat man eine schöne Sicht auf das Umland.

Am südwestlichen Stadtrand von Domfront, im Ortsteil Notre-Dame, steht die Granitkir-

▼ Die trutzige Granitkirche Notre-Dame-sur-l'Eau

133nrm Abb.: gg

che **Notre-Dame-sur-l'Eau** aus dem 12. Jh. Sie besuchten schon Richard Löwenherz und Heinrich II. Ob es stimmt, dass Thomas Becket, Erzbischof von Canterbury, hier 1166 die Weihnachtmesse zelebriert hat, ist nicht gesichert.

Sehenswertes

Notre-Dame-sur-l'Eau, 61700 Domfront, Rue du Mont-Saint-Michel, Öffnungszeiten: 8–19 Uhr
St-Julien, 61700 Domfront, Rue Saint-Julien, Öffnungszeiten: 10–12 und 14–18 Uhr, bis 2014 wegen Renovierung geschlossen

Essen

Le Grand Gousier, 61700 Domfront, Place de la Liberté 1, Tel. +33 (0)2 33389717, montags geschlossen. Gehobene Küche, Menüs von 15 bis 57 €
Le Bistrot Saint-Julien, 61700 Domfront, Place St-Julien 2, Tel. +33 (0)2 33371460. Sehr leckere *tartines* (geröstete Brotscheiben mit Belag)

129 Camping Municipal, Domfront (s. S. 241)

Information

Office de Tourisme, 61700 Domfront, Place Pellier de la Roirie 12, Tel. +33 (0)2 33385397, Öffnungszeiten: Di–Sa 10–12.30 und 14–18 Uhr

Ver- und Entsorgung

N48.58853° W0.65119°
1,50 €/Jeton, vor dem Campingplatz

Auf der D976 sind es 12 km zum nächsten Ziel. **Juvigny-sous-Andaine** ist ein ruhiges, friedliches Dorf etwas abseits der Touristenrouten – genau das Richtige, um auf dem einfachen Campingplatz auszuruhen und beim Spaziergang zum Dorfzentrum eine Kaffeepause einzulegen. Ein Bäcker, eine Metzgerei, ein Frisör und ein kleiner Lebensmittelladen versorgen mit dem Nötigsten. Im hübschen Park, der direkt an den Campingplatz angrenzt, kann man seine Beine vertreten.

Essen

Au Bon Accueil, 61140 Juvigny-sous-Andaine, Place Saint-Michel, Tel. +33 (0)2 33374492. Gute Menüs mit traditionellen Elementen

Einkaufen

Bernard Paillasse, 61140 Juvigny-sous-Andaine, La Basse Picardière (auf der anderen Seite der N176), Tel. +33 (0)2 33379371. Cidre, Poiré, Pommeau, Calvados, Vinaigre de Cidre, Jus de Pomme – alles direkt vom Bauernhof

130 Camping Municipal, Juvigny-sous-Andaine (s. S. 242)

ABSTECHER ZUR FERME DU CHEVAL DE TRAIT (hin und zurück 8 km)

2 km hinter dem Ortschild von Juvigny-sous-Andaine kommt man auf der D976 nach **La-Chapelle-d'Andaine.** Wer sich für Pferde interessiert, sollte hier bei der ersten Straße nach rechts (D267, „La Ferme du Cheval de Trait") abfahren. Nach 1,7 km hat man den **Pferdehof** La Ferme du Cheval de Trait erreicht (N48.52829° W0.49801°). Hier wird um 15.30 Uhr eine spektakuläre Pferdeschau mit kräftigen Kaltblütern gezeigt.

Auf der eigentlichen Route verlässt man Juvigny-sous-Andaine auf der D235 Richtung **Tour de Bonvouloir.** Nach 1,7 km biegt man nach rechts ab und hat nach weiteren 700 m den Turm erreicht (N48.56435° W0.49869°). Von einem ehemaligen Château stehen hier nur noch zwei romantischeTürme in der malerischen Landschaft.

Sehenswertes

La Ferme du Cheval de Trait, Tel. +33 (0)2 33382778, Apr.–Juni, Sept.–Okt. auf Anfrage, Mitte Juli–Aug. Mi, Do, Sa und So jeweils um 15.30 Uhr, Pferdespektakel 11 €, mit Mittagessen und Führung ab 12 Uhr 32 €

▶ *Ein Wohnmobil auf Märchentour*

134nrm Abb.: gg

Man erwartet beinahe, dass Rapunzel gleich ihr Haar herunterlässt! In einem kleinen Laden beim Turm werden Produkte aus der Umgebung angeboten. Unter anderem gibt es hier auch Cidre und Poiré von Bernard Paillasse (s. S. 231).

Immer weiter auf der D235 kommt man nach Bagnoles-de-l'Orne.

BAGNOLES-DE-L'ORNE (20 km - km 61)

131 Parkplatz, Bagnoles-de-L'Orne (s. S. 242)

132 Camping de la Vée, Bganoles-de-l'Orne (s. S. 242)

Information

Office de Tourisme, 61140 Bagnoles-de-l'Orne, Place du Marché, Tel. +33 (0)2 33378566, www.bagnolesdelorne.com, Öffnungszeiten: Mitte Nov.-Mitte März Di-Sa 10-12.30 und 14-17.30 Uhr, Mitte-Ende März, Mitte Okt.-Mitte Nov. Mo-Sa 10-12.30 und 14-18 Uhr, Apr.-Juni, Sept.-Mitte Okt. Mo-Sa 9.30-13 und 14-18.30 Uhr, So 10-12.30 und 14.30-18.30 Uhr, Juli, Aug. Mo-Sa 9.30-18.30, So 10-12.30 und 14-18.30 Uhr

Bagnoles-de-l'Orne bezeichnet sich selbst als bedeutendsten Kurort im Nordwesten Frankreichs. Seine **Thermalquellen** sollen vor allem bei Venenleiden eine lindernde Wirkung haben. Das 1000-Einwohner-Städtchen liegt in waldreicher Umgebung an den Ufern der Vée und scheint nur aus Villen, Hotels und Pensionen zu bestehen. Allerdings hat man das Gefühl, dass viele Bauten der Belle Époque vergangenen, besseren Zeiten nachtrauern. Das Kasino und das ehemalige Grandhotel liegen schön an einem kleinen See, der hier von der Vée gebildet wird. Das **Schloss** aus der Mitte des 19. Jh. beherbergt heute das Rathaus. Durch den weitläufigen, mit 150 verschiedenen Bäumen bestandenen Stadtpark spaziert man in 20 Min. hinauf zum **Roc au Chien** (Hundefelsen), von dem man einen schönen Überblick über Bagnoles hat.

Zur Weiterfahrt nimmt man in Bagnoles-de-l'Orne die D235 nach Osten. Bei der Einmündung in die D916 fährt man nur ca. 350 m in Richtung La Ferté-Macé und biegt dann nach rechts auf die D387 ab. Nach 3,4 km hat man die Kreuzung Carrefour du Grand Évier erreicht. Wer die folgende **Wanderung** machen möchte, überquert die Kreuzung geradeaus („Gorges de Villiers") und fährt 1,5 km bis zum Parkplatz bei der Kreuzung Carrefour de la Patte d'Oie (N48.54094° W0.33736°).

Wer nicht wandern will, fährt bei der Kreuzung Carrefour du Grand Évier nach links auf die D270. Auf ihr kommt man durch den Bois de Magny nach **Magny-le-Désert,** einem Dorf, dessen malerische Steinhäuser sich rund um die Kirche gruppieren. Auf der D270 geht es weiter bis zur Einmündung in die D908. Hier fährt man nach

Wanderung zu den Gorges de Villiers (Schlucht von Villier)

Die Straße im Rücken geht man vom Parkplatz (s. o.) scharf nach links (Schranke) auf dem breiten Forstweg (gelbe Markierung) leicht bergab, bis man auf einen Querweg stößt. Hier wendet man sich nach rechts (Markierung rot-weiß) und dann geradeaus zunächst leicht und später steiler hinab bis zu einer idyllisch mitten im Wald liegenden Kapelle.

Man lässt die Kapelle links liegen, wendet sich nach rechts (gelber Strich) und folgt dem Bachlauf der Gourbe. Immer an der Gourbe entlang, schlängelt sich der Pfad durch das Tal der Gorges de Villiers mit seinen moosbedeckten Bäumen und Steinen, bis man zu einem Brückensteg über die Gourbe kommt. Man lässt ihn links liegen und wandert geradeaus weiter. Nach wenigen Schritten wendet man sich nach rechts und kommt zu einer warmen Quelle (Source de Chaude Fontaine). Zurück am Steg geht man nicht nach rechts darüber, sondern nach links bergan. Nach wenigen Metern wechselt man nach rechts auf den mit „22c" markierten Weg, der steil und steinig hinaufführt. Oben angekommen, geht man immer geradeaus durch hohen Farn, bis man auf einen breiten Forstweg stößt. Nach rechts weist ein Schild zur Chapelle St-Antoine, die Wanderung geht jedoch nach links weiter und dann immer geradeaus (rot-weiße Markierung) bis zu einer Kreuzung (markiert mit „57"). Hier folgt man nicht mehr der rot-weißen Markierung, sondern geht nach rechts auf dem mit gelbem Strich und „C" markierten Weg bis zum Parkplatz.

Für die leichte Wanderung durch den schattigen Bois de Magny und in die Gorges de Villiers mit einer kräftigen, kurzen Steigung sollte man etwa 2 Std. einplanen.

▼ *Die Chapelle St-Antoine ist nur zu Fuß zu erreichen*

139nrm Abb.: gg

› Routenatlas S. XX

rechts und dann 12 km lang an sattgrünen Viehweiden vorbei nach **Carrouges.**

Picknick

N48.56120° W0.15372°

Picknickplatz im Schlosspark mit freiem Zugang

Etwas außerhalb des kleinen Städtchens liegt das große, trutzige und von einem Wassergraben umgebene **Château de Carrouges.** Bei der Anfahrt zum Schloss fällt zunächst das elegante, von vier Rundtürmen flankierte Torhaus aus dem 16. Jh. ins Auge. Das Schloss selbst, dessen Ursprünge auf das 14. Jh. zurückgehen, ist ein vierflügliger, rechteckiger Bau mit einem schönen Innenhof. Gebaut wurde es aus Backstein, ein Baustoff, der in Nordfrankreich in der Renaissance seine Blütezeit erlebte. Die noch im Original erhaltenen Schmiedearbeiten aus der Mitte des 17. Jh. – wie das Ehrentor, das Südtor und die Geländer – stammen aus den Werkstätten der Stadt Carrouges. Den Park kann man kostenlos betreten. Im Rahmen einer geführten Besichtigung sind zuerst die Wirtschaftsräume im Erdgeschoss mit eingerichteter Küche zu sehen. In den Salons des ersten Stockwerks kann man wertvolles Mobiliar aus dem 14. bis 17. Jh. bestaunen – darunter ein Himmelbett, in dem König Ludwig XI. 1473 nächtigte.

Das von Rundtürmen flankierte Torhaus ziert den Eingang zum Château de Carrouges

135nm Abb.: gg

Das **Maison du Parc Naturel Régional Normandie-Maine** liegt zwischen Stadt und Schloss. Im Museum werden Videoclips über Flora und Fauna, Cidre- und Poiréherstellung und das ländliche Leben in der Region gezeigt. Ein Verkauf von lokalen Produkten und Wanderkarten findet im angegliederten Laden statt.

Sehenswertes

Château de Carrouges, 61320 Carrouges, Rue Saint-Martin (D3), N48.56120° W0.15372°, Tel. +33 (0)2 33272032, Öffnungszeiten: Okt.–März 10–12 und 14–17 Uhr, Apr.–15. Juni und Sept. 10–12 und 14–18 Uhr, 16. Juni–Aug. 9.30–12 und 14–18.30 Uhr, Eintritt: 7,50 €

Maison du Parc Naturel Régional Normandie-Maine, 61320 Carrouges, Rue du Chapitre, Tel. +33 (0)2 33817575, Öffnungszeiten: Mitte Feb.–März, Nov.–Dez. Di–Fr 14–17 Uhr, Apr.–15. Juni, Sept.–Okt. Di–Fr 11–17.30 Uhr, Sa, So 14–17 Uhr, 16. Juni–Aug. Di–So 10.30–18.30 Uhr

Auf der D909 fährt man nun 11 km bis zur Einmündung in die N12, dort 200 m nach links und dann nach rechts auf die D536 (Champfrémont). Nach ca. 600 m zweigt rechts die schmale Straße zum Belvédère des Avaloirs ab. Zunächst schlängelt sie sich an einigen

136nrm Abb.: gg

◀ *Weit schweift der Blick über den Forêt de Multonne*

Bauernhöfen vorbei und erreicht dann durch den **Forêt de Multonne** an der rechten Seite den Parkplatz (N48.44996° W0.14452°). Mit 417 m ist der Mont des Avaloirs, der höchste Punkt Westfrankreichs. Vom futuristischen Turm (erbaut 1994) mit „Aussichtsschale" kann man das Auge weit über die bewaldeten Hügel der Alpes Mancelles und des Forêt de Multonne schweifen lassen.

Auf einer Strecke mit schöner Aussicht folgt man dem Hinweisschild nach Boulay-les-Ifs immer geradeaus und fährt dann links auf der D144 nach **Saint-Pierre-des-Nids.** Das kleine Dorf liegt zwar nicht mehr in der Normandie, hat aber einen Stellplatz mit kostenloser Ver- und Entsorgung zu bieten.

133 D121, Saint-Pierre-des-Nids **(s. S. 243)**

Man verlässt Saint-Pierre-des-Nids auf der D144 und folgt den Straßenschildern nach **St-Céneri-le-Gérei.** Das kleine Dorf in den Alpes Mancelles südwestlich von Alençon weist seine Gäste bereits am Ortsschild darauf hin, dass sie nun eines der schönsten Dörfer Frankreichs betreten. Diese Auszeichnung besteht sicherlich zu Recht, haben sich doch die rosen- und glyzinenumrankten Natursteinhäuser allesamt fein herausgeputzt. Der Ort geht auf eine Einsiedelei aus dem 7. Jh. zurück, als sich hier der aus Italien stammende Mönch Céneri niederließ.

134 Parkplatz, St-Céneri-le-Gérei **(s. S. 243)**

Über die Sarthe spannt sich eine dreibogige Steinbrücke, dahinter steht leicht erhöht die romanische Kirche aus rötlichem Granit. Im Chorraum sind 2006 restaurierte Fresken aus dem 12. und 14. Jh. zu bewundern. Hinter der Kirche hat man einen wunderschönen Blick hinunter ins Tal. 200 m von der Kirche entfernt steht an eben der Stelle, an der der heilige Céneri seine Einsiedelei errichtete, eine einsame Kapelle aus dem 15. Jh. Viele bildende Künstler haben sich in St-Céneri-le-Gérei angesiedelt. Ein richtiges Dorfleben fehlt allerdings, sodass alles etwas kulissenhaft wirkt.

Wer noch mehr sehen möchte, besucht die **Jardins de la Mansonière,** einen liebevoll angelegten Schaugarten. Von Juni bis August finden jeweils an den letzten Samstagabenden des Monats im dann mit Kerzen illuminierten Garten klassische Konzerte statt.

Sehenswertes

Jardins de la Mansonière, 61250 St-Céneri-le-Gérei, Tel. +33 (0)2 33267324, Öffnungszeiten: Mitte Apr.–Mai Fr, Sa, So 14.30–18.30 Uhr, Juni–Mitte Sept. Mi–Mo 14.30–18.30 Uhr, Eintritt: 6 €

Essen

Auberge de la Vallée, 61250 St-Céneri-le-Gérei, Tel. +33 (0)2 33289470, Mo Ruhetag. Die Spezialität des Hauses ist das *Côte de Bœuf,* das vor den Augen der Gäste auf dem offenen Grill zubereitet wird.

Zur Weiterfahrt geht es nach St-Céneri-le-Gérei hinein und am Hauptplatz biegt man scharf nach links auf die D101 Richtung Alençon ein. Bei der Einmündung in die D1 fährt man nach rechts und dann weiter auf der D112 ins Zentrum von Alençon.

ALENÇON (66 km – km 127)

Parken

In Alençon gibt es keine Wohnmobilstellplätze. Am besten parkt man auf dem Place Foch (N48.43023° E0.08270°). Er liegt sehr zentral, wird allerdings auch stark frequentiert. Eine Alternative sind der Campingplatz (s. S. 243) und der Parkplatz davor, von denen man in 15 Min. zu Fuß ins Zentrum gehen kann.

Ver- und Entsorgung

N48.42531° E0.07377°
Beim Campingplatz, kostenlos

Information

Office de Tourisme du Pays d'Alençon, 61000 Alençon, Maison d'Ozé, Tel. +33 (0)2 33806633, www.paysdalencontourisme.com, Öffnungszeiten: Apr.–Juni Mo–Sa 9.30–12.30 und 13.30–18.30 Uhr Mo–Sa 9.30–12.30 und 13.30–18 Uhr, Juli–15. Sept. Mo–Sa 9.30–19 Uhr, So 10–12.30 und 14–16.30 Uhr, übrige Zeit Mo–Sa 9.30–12.30 und 14–18 Uhr, WLAN kostenlos

Das Hôtel de Ville am Place Foch ist ein typisches Rathaus im Stil Ludwig XVI. Ebenfalls am Place Foch steht das **Château des Ducs.** Erbaut im 14. und 15. Jh. zeigt es sich von der Rue du Château aus von seiner schönsten Seite. Eine Besichtigung ist nicht möglich, da sich heute eine Strafvollzugsanstalt hinter den dicken Mauern verbirgt.

Vom Place du Maréchal Foch erreicht man über die Rue du Collège und dann nach links über die Rue Lieutenant C. Violant das **Musée des Beaux-Arts et de la Dentelle** im ehemaligen Jesuitenkollegium. Neben Gemälden aus dem 15. bis 19. Jh. werden hier wertvolle Nadelspitzen aus Alençon gezeigt. Die Alençon-Spitze ist eine zarte Nadelspitze mit eleganten Mustern auf sechseckigem Netzgrund. Im 17. Jh. waren diese Spitzen so begehrt, dass die damals 8000 Spitzenstickerinnen nicht mit der Produktion nachkamen. Wenn man bedenkt, dass für 10 cm Spitze ein Arbeitsaufwand von 50 Stunden notwendig ist, ist das nicht verwunderlich.

Zurück bis zur Rue du Collège und dann geradeaus über die Rue des Filles Notre-Dame kommt man zur **Halle au Blé** (18. Jh). Dieses kreisrunde, ursprünglich als Getreidehalle erbaute Gebäude erhielt Anfang des 19. Jh. eine Glaskuppel. Heute finden hier kulturelle Veranstaltungen statt. An dem das Gebäude umgebenden Platz gibt es viele nette Cafés, in denen man gemütlich sitzen kann.

Über die Fußgängerzone Rue aux Sieurs bummelt man vorbei an einigen hübschen Hausfassaden bis zu einer sternförmigen Kreuzung und wendet sich hier nach links in die Grande Rue, die einen zur **Église Notre-Dame** bringt. Sofort fällt der Blick auf die im Flamboyantstil errichtete wunderschöne Vorhalle, die in der Französichen Revolution und im Zweiten Weltkrieg zerstört, aber wieder aufgebaut wurde. Im Innern sind besonders die Renaissanceglasfenster sehenswert. Sie konnten im Zweiten Weltkrieg noch rechtzeitig in Sicherheit gebracht werden, sodass man heute noch die Originale aus dem 16. Jh. bestaunen kann. In der ersten Seitenkapelle links wurde Thérèse Martin, bekannt als die **heilige Thérèse von Lisieux,** am 4. Januar 1873 getauft. Das Glasbild und ihr Taufkleid an der linken Seitenwand zeugen von diesem Ereignis.

Im mächtigen, 1449 errichteten **Maison d'Ozé** am Place de la Magdeleine residiert heute die Touristeninformation. Reste der Festungsanlagen findet man im Blumengarten. Man geht nun zurück bis zur sternförmigen Kreuzung, sollte aber unterwegs in der **Rue de Bercail** einen Blick in den Hof von **Haus Nr. 6** werfen. Dieses Ensemble mit achteckigem Treppenturm stammt aus dem 15. und 16. Jh. und die Beschreibung seines Sitzungssaales findet man in Balzacs „Das Antiquitätenkabinett“. An der Kreuzung spaziert man geradeaus weiter auf der Grande Rue mit dem interessanten Haus Nr. 123, einem Fachwerkhaus aus dem 15. Jh., dem **Café des Sept Colonnes,** dem vermutlich ältesten Fachwerkhaus der Stadt, und dem **Maison aux Piliers** aus dem 15. Jh. mit Spitzbogenarkaden. Vorbei an der Kirche St-Léonard (15. Jh.) kommt man über die Rue Bonette und die Rue du Château wieder zum Place Foch.

135 Camping de Guéramé, Alençon **(s. S. 243)**

Einkaufen

Chocolats Glatigny, 61000 Alençon, Grande Rue 44. Kreative Schokoladen- und Pralinenideen

Das französische Café

Das typisch französische Café gibt es auch in der Normandie noch sehr häufig. Es gleicht mehr einer italienischen Bar als einem Wiener Kaffeehaus. Wer letzteres sucht, ist in einem Salon de Thé besser aufgehoben.

In einem Café in der Normandie nimmt man den „petit noir“ (kleiner schwarzer Kaffee) zum Frühstück zu sich, hier trifft man sich zum Mittagessen, um den hungrigen Magen mit einer preisgünstigen „plat du jour“ (Tagesgericht) zu sättigen und abends schlürft man hier nach getaner Arbeit seinen Aperitif. Den ganzen Tag über kann man im Café seinen Espresso oder Milchkaffee, ein Glas Wein oder ein kühles Bier trinken und dabei über Gott und die Welt plaudern. In Cafés, in denen keine Speisen serviert werden, ist es durchaus üblich, sich sein Gebäck aus einer nahe gelegenen Bäckerei mitzubringen und zu einer Tasse Kaffee zu verzehren.

Das klassische französische Café beherbergt neben dem Gastronomiebetrieb auch meist noch einen Tabakwaren- und Zeitungsladen sowie eine Lotterieannahmestelle.

Sehenswertes

Musée des Beaux-Arts et de la Dentelle, 61000 Alençon, Rue Charles Aveline, Cour Carrée de la Dentelle, Tel. +33 (0)2 33324007, Öffnungszeiten: Di–So 10–12 und 14–18 Uhr, Juli, Aug. auch montags geöffnet, Eintritt: 4 €
Église Notre-Dame, 61000 Alençon, Place de la Magdeleine, Öffnungszeiten: 8.30–18 Uhr

Durch das etwa 14.000 ha große Waldgebiet des **Forêt d'Écouves** windet sich die D26 nach Sées. Schon kurz hinter dem Stadtgbiet von Alençon fährt man auf zwar schmaler, aber gut zu befahrender Straße durch die schattigen Buchen-, Tannen-, Kiefern- und Eichenwälder.

Picknickplatz

Von der D26 nach ungefähr 5 km links auf einen Forstweg abbiegen (N48.51161° E0.06225°, ausgeschildert mit „Route Forestier des Gateys"). Nach 600 m fährt man nach rechts zu einem Picknickplatz mit Bänken und ausreichender Parkfläche (N48.51322° E0.05677°).

Weiter geradeaus auf der D26 kommt man 9 km hinter Alençon an die Kreuzung „La Croix de Medavy" (N48.55028° E0.04893°). Deutsche Soldaten griffen hier die Truppppen von Général Leclerc an, daran erinnert ein französischer Panzer. Ab hier kann man auf markierten Wanderwegen eine Tour starten. Von der Kreuzung führt die D226 und später dann die D908 nach Sées. Auf dieser 12 km lange Fahrt bietet sich einem eine wunderschöne Fernsicht.

SÉES (29 km – km 156)

Information

Office du Tourisme de Sées, 61500 Sées, Place du Général de Gaulle, Tel.+33 (0)2 33287479, Öffnungszeiten: Okt.-März Mo 14-17.30 Uhr, Di-Fr 9-12 und 14-17.30 Uhr, Sa 9-12, Apr.-Sept. Mo-Sa 9-12.30 und 14-18 Uhr

Parken

N48.60738° E0.17101°. Nach der Kathedrale nach links abbiegen, ausgeschildert mit „P" (90 Plätze).

Nach Sées fährt man wegen seiner **Kathedrale Notre-Dame.** Schon bei der Anfahrt grüßen ihre 70 m hohen Türme, die sich über den Häusern erheben. Besonders beeindruckend erstrahlt der gotische Sakralbau in den Abendstunden, wenn er durch Scheinwerfer ins rechte Licht gesetzt wird.

Nachdem der romanische Vorgängerbau zerstört wurde, sollte möglichst schnell eine gotische Kathedrale gebaut werden. Der im 13. und 14. Jahrhundert errichtete Bau neigte sich im 16. Jahrhundert durch nicht ausreichend stabilisierte Fundamente und drohte einzustürzen. Rasch wurden massive Strebebögen eingesetzt und im 19. und 20. Jahrhundert konnte die gesamte Kathedrale von Grund auf stabilisiert werden. Im Innenraum der Kathedrale sind die Orgel, gebaut vom Meister Cavaillé-Coll, die herrlichen Glasfenster aus dem 13. Jahrhundert und die schöne Marienstatue aus dem 14. Jahrhundert im rechten Querschiff sehenswert.

Der barocke Bischofspalast **(Ancienne Évêché)** wurde im Jahre 1778 vom damaligen Bischof Argentré hinter der Kathedrale erbaut. Ebenfalls am Platz bei der Kathedrale steht das **Musée Départe-**

136 Camping Le Clos Normand, Sées ***(s. S. 243)***

mental d'Art Religieux, das Museum für sakrale Kunstwerke aus der Region.

Beachtenswert sind die **Anciennes Halles,** die ehemalige Markthalle, ein Rundbau mit hölzerner Dachkonstruktion. Heute ist darin eine Mediathek untergebracht.

Sehenswertes

Cathédrale Notre-Dame, 61500 Sées, Place du Général de Gaulle, Öffnungszeiten: 8.30–19 Uhr

Musée Départemental d'Art religieux, 61500 Sées, Place du Général de Gaulle, Tel. +33 (0)2 33812300, Öffnungszeiten: Juli–Sept. Mi–Mo 12–18 Uhr, Eintritt: 2 €

137nrm Abb.: gg

Sées – eine kleine Stadt mit großer Kathedrale

STELL- UND CAMPINGPLÄTZE ENTLANG DER ROUTE

129 Camping Municipal, Domfront

N48.58853° W0.65119°

Nett angelegter Platz mit befriedigender Sanitärausstattung, gute und relativ ruhige Lage (Straßenlärm). **Lage/Anfahrt:** In Domfront ausgeschildert; **Platzanzahl:** 25; **Untergrund:** Wiese; **Ver-/Entsorgung:** Strom, Trinkwasser, Chemie-WC, Ver- und Entsorgung vor dem Platz 1,50 €; **Sicherheit:** umzäunt, beleuchtet, bewacht; **Preise:** 8 €/Fahrz., 2,65 €/Pers., Strom 4 €, Hund 0,80 €; **Geöffnet:** April–September; **Kontakt:** 61700 Domfront, Rue du Champ Passais, Tel. +33 (0)2 33373766, www.camping-municipal-domfront.jimdo.com

138hrm Abb.: gg

▲ *Der kleine Camping Municipal in Juvigny-sous-Andaine ist ganzjährig geöffnet*

130 Camping Municipal, Juvigny-sous-Andaine

N48.55279° W0.50341°

Platz mit einfachster Sanitärausstattung, durch Hecken unterteiltes Gelände beim Sportplatz und einem kleinen Park. Lage gut und ruhig. **Lage/Anfahrt:** In Juvigny ausgeschildert; **Platzanzahl:** 10; **Untergrund:** Wiese; **Ver-/Entsorgung:** Strom, Trinkwasser, Chemie-WC; **Preise:** 4 €/Fahrz., 1,50 €/Pers., Strom 1,50–2,50 €; **Geöffnet:** ganzjährig; **Kontakt:** 61140 Juvigny-sous-Andaine, Route de Bagnoles, Tel. +33 (0)2 33381025

131 Parkplatz, Bagnoles-de-L'Orne

N48.55822° W0.41306°

Offizielle Stellmöglichkeit bei der Touristeninformation. Ausweichplätze bei den Sportplätzen (N48.55552° W0.40979°). **Lage/Anfahrt:** Den Hinweisschildern zur Touristeninformation folgen; **Platzanzahl:** 6; **Untergrund:** Schotter; **Preis:** kostenlos; **Geöffnet:** frei zugänglich

132 Camping de la Vée, Bganoles-de-l'Orne

N48.54777° W0.41982°

Platz mit befriedigender Sanitärausstattung. Lage gut und ruhig. **Lage/Anfahrt:** ausgeschildert; **Platzanzahl:** 75; **Untergrund:** Wiese; **Ver-/Entsorgung:** Strom, Trinkwasser, Chemie-WC; **Preise:** März–Juni und Sept.–Nov. 6,80 €/Fahrz., Juli, Aug. 7,30 € inkl. 2 Pers. bei Ankunft nach 14 Uhr und am nächsten Tag Abfahrt vor 12 Uhr, Strom 3,55 €, Hund 1,60 €; **Geöffnet:** März–November; **Kontakt:** Tel. +33 (0)2 33378745, www.campingbagnolesdelorne.com

133 D121, Saint-Pierre-des-Nids

N48.40235° W0.08837°

Offizieller Stellplatz, durch Büsche von der D121 getrennt. Lage befriedigend und laut. **Lage/Anfahrt:** In Saint-Pierre-des-Nids auf der D121 Richtung Alençon fahren, nach 1,5 km nach rechts zum Platz abbiegen, ausgeschildert; **Platzanzahl:** 8; **Untergrund:** Schotter; **Ver-/Entsorgung:** Trinkwasser, Abwasser, Chemie-WC; **Preise:** kostenlos; **Geöffnet:** frei zugänglich

134 Parkplatz, St-Céneri-le-Gérei

N48.37970° W0.05443°

Freie Stellmöglichkeit (Nebensaison) auf dem Parkplatz direkt am Fluss Sarthe. **Lage/Anfahrt:** Den Hinweisschildern zum Parkplatz folgen; **Platzanzahl:** 5; **Untergrund:** Schotterrasen; **Preis:** kostenlos; **Geöffnet:** frei zugänglich

135 Camping de Guéramé, Alençon

N48.42531° E0.07377°

Netter Platz mit befriedigenden Sanitäranlagen, 1,2 km bis ins Zentrum. Lage gut und ruhig. **Lage/Anfahrt:** Von der D112 am Ortsrand rechts abbiegen und den Hinweisschildern folgen; **Platzanzahl:** 40; **Untergrund:** Wiese; **Ver-/Entsorgung:** Strom, Trinkwasser, Abwasser, Chemie-WC; **Sicherheit:** umzäunt, beleuchtet, bewacht; **Preise:** 5,60 €/Fahrz., 2,65 €/Pers., Strom 3,25 €, Hund 2,05 €, Taxe 0,20 €/Pers.; **Geöffnet:** April–September; **Kontakt:** 61000 Alençon, Rue de Guéremé 65, Tel. +33 (0)2 33263495

136 Camping Le Clos Normand, Sées

N48.59876° E0.17048°

Durch Hecken parzellierter Platz mit befriedigender Sanitärausstattung, Lage befriedigend und relativ ruhig. Carrefour in der Nähe. **Lage/Anfahrt:** In der Stadt ausgeschildert; **Platzanzahl:** 44; **Untergrund:** Wiese; **Ver-/Entsorgung:** Strom, Trinkwasser, Abwasser, Chemie-WC, für Externe 3 €; **Sicherheit:** umzäunt, beleuchtet, bewacht; **Preise:** 11 €/Fahrz. inkl. 2 Pers., Strom 2,50 €, Tier 1,60 €; **Geöffnet:** Mai–September; **Kontakt:** 61500 Sées, Route d'Alençon, Tel. +33 (0)2 33288737, www.camping-clos-normand.fr

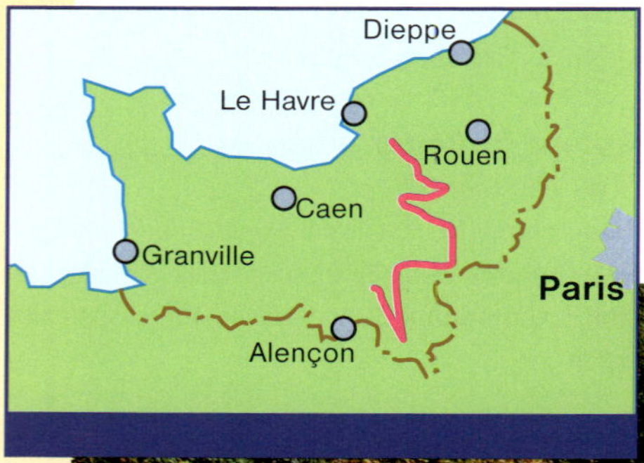

INTAKTE NATUR UND SAKRALE SOWIE PROFANE HIGHLIGHTS

Auf der folgenden Route bereist man einen ruhigen und beschaulichen Teil der Nomandie, der aber auch reizende Städte wie Verneuil-sur-Avre, Bernay und Pont-Audemer zu bieten hat. Pittoreske Plätze und Gassen, gesäumt von prächtigen Fachwerkhäusern, und die Lage an einem Flusslauf haben die drei Ortschaften gemeinsam und nicht zu vergessen den Wochenmarkt, der ein fester Bestandteil im Lebensrhythmus der Bewohner ist. Weitere Höhepunkte der Route sind die Abteien von St-Evroult und Le Bec-Hellouin. Während erstere nur noch eine malerische Ruine ist, ist die zweite auch heute noch von Mönchen besiedelt. In diesem Teil des Départements Eure scheint es aufgrund der Nähe zu Paris auch schon dem französischen Adel sehr gut gefallen zu haben, davon zeugen prachtvolle Schlösser wie Beaumesnil, Château du Champ de Bataille und Château d'Harcourt mit ihren sehenswerten Parkanlagen.

143nrm Abb.: gg

ROUTE 9

DIE DÉPARTEMENTS ORNE UND EURE

› Routenübersicht Seite XXIV

STRECKENVERLAUF

Strecke: Sées – Bellême (45 km) – Mortagne-au-Perche (17 km) – L'Aigle (31 km) – Verneuil-sur-Avre (60 km) – Conches-en-Ouche (29 km) – Bernay (34 km) – Abstecher nach Broglie und Orbec (hin und zurück 24 km) – Le Bec-Hellouin (54 km) – Pont-Audemer (23 km)

Streckenlänge: ohne Abstecher 293 km
mit Abstecher 317 km

137 Camping Ferme de Montmirel, Ventes-De-Bourse ***(s. S. 259)***

Die Fahrt geht zunächst von Sées auf der D42 über Essay nach Le Mêle-sur-Sarthe. Auf der D7 und später auf der D938 fährt man durch hügeliges Agrarland mit hohen Hecken nach Bellême im Perche, der südlichsten Region der Normandie. Das Perche, einst ein abgeschiedener Landstrich mit einsamen Wäldern, ist heute nur noch bei den Touristen aus dem Ausland ein echter Tipp. Die Pariser haben diese Region bereits für sich entdeckt und so manches Schlösschen und Herrenhaus dient heute als Wochenendresidenz für betuchte Städter.

BELLÊME (45 km – km 45)

Information

Office de Tourisme, 61130 Bellême, Boulevard Bansard des Bois, Tel. +33 (0)2 33730969, Öffnungszeiten: Di 14–18 Uhr, Mi–Sa 10–12.30 und 14–18 Uhr, So 14–18 Uhr

Bellême war einst ganz von einer wehrhaften Mauer umgeben, heute sieht man nur noch das **alte Stadtor** (15. Jh.) mit seinen Türmen und anstelle der Burg bauten Bürger im 17. und 18. Jh. prachtvolle Herrenhäuser entlang der Rue de la Ville Close. Auffallend sind die

◀ *Auf einer Terrasse über der Stadt Beaumont-le-Roger thront die Prieuré de la Sainte-Trinité*

▶ *Das verträumte Bellême ist von einem wunderschönen Waldgebiet umgeben*

141nrm Abb.: gg

hübschen Balkone mit schmiedeeisernen Geländern an den klassizistischen Residenzen. Einen Besuch wert ist auch die prächtig im französischen Barock ausgestattete **Église St-Sauveur** mit ihrem imposanten Hochaltar.

Die Stadt ist umgeben vom 2400 ha großen **Forêt de Bellême.** Wer die Gegend zu Fuß erkunden will, kann bei der Touristeninformation zu vier verschiedenen Touren von 1 bis 2:45 Std. Dauer starten.

138 *Camping Le Val, Bellême (s. S. 259)*

Essen

Artisanat d'Art Salon de thé, 61130 Bellême, Rue de Château 1, Do–So 10–12.30 und 15–18 Uhr. Zwischen allerlei Kunstgewerbe werden Getränke, Eis und Kuchen serviert, im Sommer auch im Garten.

Le Relais Saint-Louis, 61130 Bellême, Boulevard Bansard des Bois 1, Tel. +33 (0)2 33837119. Menüs mit regionalen Spezialitäten in rustikalem Ambiente

Man verlässt Bellême auf der D938 nach Norden in Richtung Mortagne-au-Perche. Nach etwa 3 km bietet sich der Étang de la Herse, ein idyllischer Waldsee mit Picknickbänken, für eine Rast oder einen Spaziergang im Buchen- und Eichenwald an (N48.40436° E0.54999°).

MORTAGNE-AU-PERCHE (17 km – km 62)

Information

Office de Tourisme, 61400 Mortagne-au-Perche, Place Général de Gaulle, Tel. +33 (0)2 33833437, www.ot-mortagneauperche.fr, Öffnungszeiten: Okt.–14. Mai Di–Sa 10–12.30 und 15–18 Uhr, 15. Mai–15. Juni und 16. Sept.–Ende Sept. Di–Sa 9.30–12.30 und 14.30–18 Uhr, 16. Juni–15. Sept. Mo–Sa 10–12.30 und 14.30–18 Uhr, So 10–12.30 Uhr

139 *Fischweiher, Saint-Langis-lès-Mortagne (s. S. 259)*

Mortagne-au-Perche liegt malerisch auf einem Hügel. Über Frankreichs Grenzen hinaus ist die 5000-Seelen-Stadt berühmt für ihre **Boudin,** eine schwarze Blutwurst. Jährlich findet am dritten Märzwochenende die Blutwurstmesse statt, während der 4 bis 5 km (!) der Boudin verkauft werden. Die Chevalier du Goûte Boudin, ein Verein, der sich der Blutwurst verschrieben hat, organisiert sogar einen Wettbewerb um die beste Wurst. Mitglied des Vereins kann werden, wer schwört, einmal wöchentlich Blutwurst zu essen und für ihre Verbreitung zu sorgen.

Viele Jahrhunderte lang war Mortagne die Hauptstadt des Perche. Davon zeugen noch viele herrschaftliche Bauten, das **Stadttor St-Denis** sowie die Kirche **Notre-Dame** mit ihren sehenswerten Buntglasfenstern. In den mittelalterlichen Gassen stehen noch heute eng verschachtelte Häuser. Ein besonders gepflegter Park ist der **Jardin public** hinter dem im 18. Jh. erbauten Hôtel de Ville. Am Place Général de Gaulle steht die ehemalige **Halle aux grains** (Getreidehalle), in

Parken

Der Stellplatz von Mortagne liegt ca. 1,5 km außerhalb. Wer zentrumsnah parken will, fährt im Zentrum Richtung Le Mans. Der Parkplatz (Rue Montcacune) liegt hinter dem Rathaus beim Jardin public (N48.51960° E0.54412°).

Essen

Le pied en l'eau, beim Stellplatz, Mi–So geöffnet. Für die schmackhaften Gerichte werden nur frische Zutaten aus der Region verwendet.

der ab 2014 ein Kino und eine Mediathek geeignete Räumlichkeiten finden sollen.

Weiter geht es nun für 31 km auf der D930 durch den Forêt du Perche nach L'Aigle. Einsam liegt die **Abtei de la Trappe** am Waldesrand, ein großer Klosterladen ist angegliedert. Aus Brunnen gleich am Parkplatz sprudelt ein vorzügliches Wasser (N48.63569° E0.57425°).

140 Viehmarkt, Soligny-la-Trape **(s. S. 260)**

L'AIGLE (31 km – km 93)

Information

Office du Tourisme, 61300 L'Aigle, Tel. +33 (0)2 33241240, www.paysdelaigle.com, Öffnungszeiten: Mo–Sa 9–12.30 und 14–18.30 Uhr

Parken

N48.76458° E0.62963°
Beim Château

Wer es einrichten kann, der sollte am Dienstag nach l'Aigle kommen, denn dann ist **Markttag** und es herrscht geschäftiges Treiben auf den Plätzen und Straßen der Stadt.

Im **Schloss** aus dem 17. Jh. residiert heute der Bürgermeister und in einem Nebengebäude die Touristeninformation. Etwas unterhalb, am Place St-Martin, steht die dem heiligen Martin geweihte **Stadtkirche.** Interessant sind die beiden gegensätzlichen Türme. Der reich

▼ *Der Marktflecken L'Aigle liegt am Oberlauf der Risle*

142nrm Abb.: gg

verzierte **gotische Turm** stammt aus dem 15. Jh. Seine zwei Tonnen schwere Glocke ist die älteste der Normandie. Der **romanische Uhrenturm** wurde im 12. Jh. aus Grison erbaut, einem eisenhaltigen und deshalb dunkelroten Sandstein. Um die Kirche herum kann man in den Gassen einige schöne alte Häuser entdecken.

Da L'Aigle keinen Stellplatz hat, muss man zum Übernachten entweder auf der D919 nach St-Sulpice-sur-Risle oder auf die 11 km über die D930 bzw. D830 in das nördlich gelegene Rugles fahren.

Zu einer kleinen Rundfahrt ins interessante Umland verlässt man L'Aigle in westlicher Richtung auf der D926. In kurzer Zeit ist **Aube** erreicht. Ab 1500 wurde hier an den Ufern der Risle Eisen bearbeitet. Die große Schmiede **(La Grosse Forge)** aus dem 17. Jh. ist beinahe unverändert erhalten und kann im Rahmen einer Führung besichtigt werden. Einen Stellplatz in unmittelbarer Nähe gibt es gratis dazu.

Wer es gerne ruhig hat, fährt über die schmale D252 nach **St-Évroult-Notre-Dame-du-Bois.** Romantisch liegen die Ruinenreste der gleichnamigen Abtei aus dem 11. und 12. Jh. eingebettet in Wiesen am Rande des kleinen Sees. Die imponierende Größe der Abtei von 95 m Länge und 25 m Breite lässt sich auch anhand der Ruinen erahnen. Auf dem Campingplatz am Seeufer kann man ruhige Tage verbringen.

Zurück in L'Aigle fährt man nun auf der D926 die 24 km nach Verneuil-sur-Avre.

141 Aire Camping Car Privé, St.-Sulpice-sur-Risle (s. S. 260)

142 Risle, Rugles (s. S. 260)

143 Route de Paris, Aube (s. S. 260)

Sehenswertes

La Grosse Forge, Öffnungszeiten: 15. Juni–15. Sept. Mi–Mo 14.15–17.15 Uhr stündlich, Eintritt: 4 €

144 Camping des Saint-Pères, Saint-Evroult-Notre-Dame-Du-Bois (s. S. 260)

145 Ortsrand, Chandai (s. S. 260)

VERNEUIL-SUR-AVRE (60 KM – KM 153)

Information

Office de Tourisme, 27130 Verneuil-sur-Avre, Place de la Madeleine 129, Tel. +33 (0)2 32321717, Öffnungszeiten: Juli–Sept. 9.30–13 und 14–18 Uhr, Okt.–Juni Mo–Sa 9.30–13 und 14–17.30 Uhr

Man beginnt den Stadtspaziergang bei der **Église de la Madeleine** am gleichnamigen Platz. Der viergeschossige Uhrenturm ist 56 m hoch und an den Seiten mit 35 Steinfiguren aus dem Neuen und Alten Testament und nach oben hin filigran mit spätgotischem Maßwerk geschmückt. Ein hölzernes Tonnengewölbe trägt im Hauptschiff das Dach, die Wände sind mit Ornamenten bemalt. Erwähnenswert sind besonders die Glasfenster aus dem 15. und 16. Jh. und die Orgel aus dem 18. Jh.

Vom Kirchenvorplatz geht links die schmale Rue des Moulettes ab. Auf ihr erreicht man nach wenigen Schritten an der Ecke zur Rue de la Madeleine das schöne, mit Ziegelsteinen ausgefachte **Holzständerhaus** Nr. 466 (heute eine Apotheke). Geradeaus über die Rue Saint-Michel kommt man in die Rue Tanneries. Auf ihr geht man nach links, denn bei Nr. 136 gibt es ein **Renaissancestadthaus** mit schön geschnitzten Holzstatuen und aufwendig gearbeiteter Eingangstür zu

Essen

Le Grand Sultan, 27130 Verneuil-sur-Avre, Rue de la Poissonnerie 30, Tel. +33 (0)2 32321341. Gute Fleisch- und Fischgerichte

Einkaufen

Am Samstag findet im Zentrum ein **Markt** statt.

146 Salle des fêtes, Verneuil-sur-Avre **(s. S. 261)**

bewundern. Nun nach rechts zurück und gleich links über die Rue du Pont aux Chèvres spaziert man zum **Stadtpalais** aus dem 16. Jh. mit Schachbrettfassade und kunstvoll verziertem Erkerturm. Hier geht man rechts auf der Rue Notre-Dame bis zur nächsten Kreuzung und dort links über die Rue Pavée bis zur **Église Notre-Dame.** Im Innern wartet die Kirche mit Heiligenstatuen aus dem 13. bis 20. Jh. und einem Taufbecken aus dem 11. Jh. auf. Weiter geht es auf der Rue du Pont Fort. An deren Ende nach links und gleich wieder rechts auf die Rue Notre-Dame gehend, kommt man zu den Resten der Stadtbefestigung. Der wuchtige runde **Tour Grise** (13. Jh.) aus rotem Grisonstein und einige Mauerreste sind noch erhalten. Man geht kurz zurück und dann rechts die Rue du Canon hinauf. An der Ecke zur Rue de la Madeleine steht noch ein interessantes Gebäude aus dem 15. Jh. mit schachbrettartiger Fassade und einem reizenden Ecktürmchen. Über die Rue du Nouveau Monde erreicht man wieder die Église de la Madeleine.

Sehenswertes

Église de la Madeleine, 27130 Verneuil-sur-Avre, Place de la Madeleine, Öffnungszeiten: 9–12.30 und 14–18 Uhr

Église Notre-Dame, 27130 Verneuil-sur-Avre, Rue Notre-Dame, Öffnungszeiten: 9–12.30 und 14–18 Uhr

147 Camping Les Berges de L'Iton, Breteuil **(s. S. 261)**

Über die D840 nach Norden kommt man nach 11 km in **Breteuil,** einem Marktflecken (mittwochs) mit freundlichem Hauptplatz, an.

Auf der D840 sind es 14 km bis zum nächsten Ziel, Conches-en-Ouche.

CONCHES-EN-OUCHE (29 km – km 182)

Parken

N48.96078° E0.94296°

Bei der Touristeninformation und dem Donjon

Information

Office de Tourisme, 27190 Conches-en-Ouche, Place A. Briand, Tel. +33 (0)2 32307642, www.conches-en-ouche.fr, Öffnungszeiten: Sept.–Juni Di–Fr 14–17.30 Uhr, Sa 9.30–12.30 und 14–17.30 Uhr, Juli, Aug. Di–Sa 9.30–12.30 und 14–17.30 Uhr

Gleich gegenüber der Touristeninformation stehen die malerischen Reste der Burganlage aus dem 12. Jh. Noch gut erhalten ist der **Donjon** mit den zwei Rundtürmen. Durch das alte Burgtor kommt man auf die Hauptgeschäftsstraße **Rue Sainte-Foy** mit der Stadtkirche gleichen Namens. Man sollte unbedingt durch die kleine Tür in die Kirche hineinschlüpfen, denn die leuchtend bunten Glasfenster sind sehenswert. Anfang des 16. Jh. wurden sie von Romain Buron, auch Meister von Gisors genannt, erschaffen. 10,50 m hoch sind die Fenster im Chor, die im oberen Bereich Szenen aus dem Leben Jesu darstellen. Entlang der Rue Sainte-Foy und am Place Carnot

▶ *Das Château Beaumesnil, ein prächtiges Schloss im tiefsten Pays d'Ouche*

findet man einige schöne Fachwerkhäuser und immer weiter geradeaus stößt man auf das am Stadtrand liegende **Musée du Terroir Normand.** In drei Fachwerkhäusern werden altes bäuerliches Handwerkszeug, Kleidung, Geräte zur Cidreherstellung und ein Backhaus präsentiert. Der das Museem umgebende Park ist täglich von 8.30 bis 18 Uhr geöffnet (kostenlos).

Über die D140 macht man sich auf den Weg nach Bernay. Unterwegs findet man aber noch zwei Stellplätze, ein entzückendes Dorf und eine schönes Barockschloss.

Wie man schon an der Silbe „Fer" (Eisen) im Namen erkennt, lebte das Dorf **La Ferrière-sur-Risle** einst von der Eisenbearbeitung in Schmieden. Wer es heute besucht, wird von den vielen, liebevoll mit Blumen geschmückten Fachwerk- und Ziegelhäusern begeistert sein, die sich um den lang gezogenen Hauptplatz gruppieren. In der Mitte befinden sich die Dorfkirche und eine alte Markthalle aus dem 14. Jh., die jeden Sonntagvormittag wieder ihrer ursprünglichen Aufgabe gerecht wird.

Auf der D140 sind es 8,2 km zum nächsten Ziel der Route. Mitten im Pays d'Ouche ließ Jacques le Conte, Marquis de Nonant, für seine Frau Marie Dauvet Desmaret von 1633 bis 1640 das prächtige **Schloss von Beaumesnil (Château de Beaumesnil)** erbauen. Seit 1939 gehört es dem Hause Fürstenberg. Umgeben ist es von einem Wassergraben, an den sich eine 60 ha große **Gartenanlage** mit Was-

Sehenswertes

Musée du Terroir Normand, 27190 Conches-en-Ouche, Rue Paul Guilbaud, N48.96782° E0.94348°, Tel. +33 (2) 32379216, Öffnungszeiten: Juni–Sept. Mi–Sa 9.30–18 Uhr, So 15–18 Uhr, Eintritt: 3 €

148 *Aire naturelle pour Camping Cars La Godiniere, Le Noyer-en-Ouche* ***(s. S. 261)***

140nrm Abb.: gg

serbecken und einem Barockgarten mit schönen Ornamenten aus Buchsbaum anschließt. Im Schloss ist neben der repräsentativen Inneneinrichtung die **Bibliothek** mit Büchern aus dem 17. und 18. Jh. sehenswert.

Sehenswertes

Château de Beaumesnil, N49.01371° E0.70874°, Öffnungszeiten: Ostern–Juni, Fr–Mo 14–18 Uhr, Juli–Aug. 10.30–12.30 und 13.30–18 Uhr, Sept. Mi–Mo 14–18 Uhr, Eintritt: Park und Schloss 7 €, nur Park 3 €

149 ***Fischteich, Gisay-la-Coudre (s. S. 262)***

Wer eine Übernachtungsmöglichkeit braucht, muss einen Umweg von 10 km nach Gisay-la-Coudre in Kauf nehmen.

Nach weiteren 13 km auf der D140 ist dann Bernay erreicht.

BERNAY (34 km – km 216)

Parken

N49.09124° E0.59502°
Zentrumsnah und gut besucht

N49.08856° E0.59026°
Place de la Tremblaye

Tipp

Wer sich die Parkplatzsuche ersparen will, kann auch 12 km weiter bis nach Broglie (s. S. 254) fahren und von dort aus mit dem Fahrrad Bernay erkunden.

Information

Office de Tourisme, 27300 Bernay, Rue Thiers 29, Tel. +33 (0)2 32433208, www.ville-bernay27.fr, Öffnungszeiten: 16. Sept.–14. Juni Mo–Sa 9.30–12.30 und 14–17.30 Uhr, 15. Juni–15. Sept. Mo–Sa 9.30–18 Uhr, So 10–13 Uhr

Besonders an den **Markttagen** (Mittwoch und Samstag) pulsiert das Leben im Zentrum der pittoresken Altstadt rund um ihre **Hauptachsen** Rue Général de Gaulle und Rue Thiers. Viele ansprechende Geschäfte und einladende Lokale finden sich in den Fachwerkhäusern, deren gewaltige Balken im Laufe der Jahrhunderte etwas schief geworden sind.

Die Entstehung der Stadt steht in engem Zusammenhang mit der Gründung der Benediktinerabtei im Jahre 1010 – einer Stiftung von Judith de Bretagne, der damaligen Herzogin der Normandie.

Die **Abteikirche Notre Dame,** das heutige Rathaus und der Haupttrakt der Abtei, heute **Musée des Beaux Arts,** sind die Reste des einst mächtigen Klosterkomplexes. In der Kirche sind die verschiedenartig gestalteten Kapitelle interessant. Das Kunstmuseum hat vor allem durch seine aus 1000 Einzelstü-

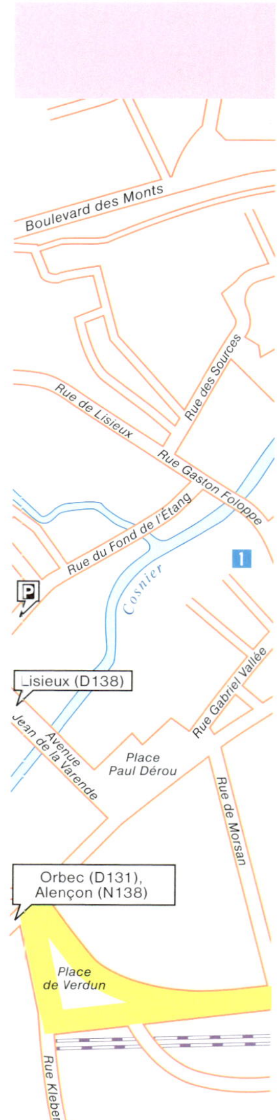

cken bestehende Fayencensammlung große Bedeutung erlangt. Ein Faltblatt für einen Stadtrundgang in deutscher Sprache gibt es in der Touristeninformation.

Sehenswertes

Église abbatiale Notre-Dame de Bernay, 27300 Bernay, Place de la République, Tel. +33 (0)2 32466323, Öffnungszeiten: Ostern–Okt. Di–So 14–17.30 Uhr, Eintritt: frei

Musée des Beaux-Arts, 27300 Bernay, Place G. de Volpiano, Tel. +33 (0)2 32466323, Öffnungszeiten: Di–So 14–17.30 Uhr, Eintritt: 4 €

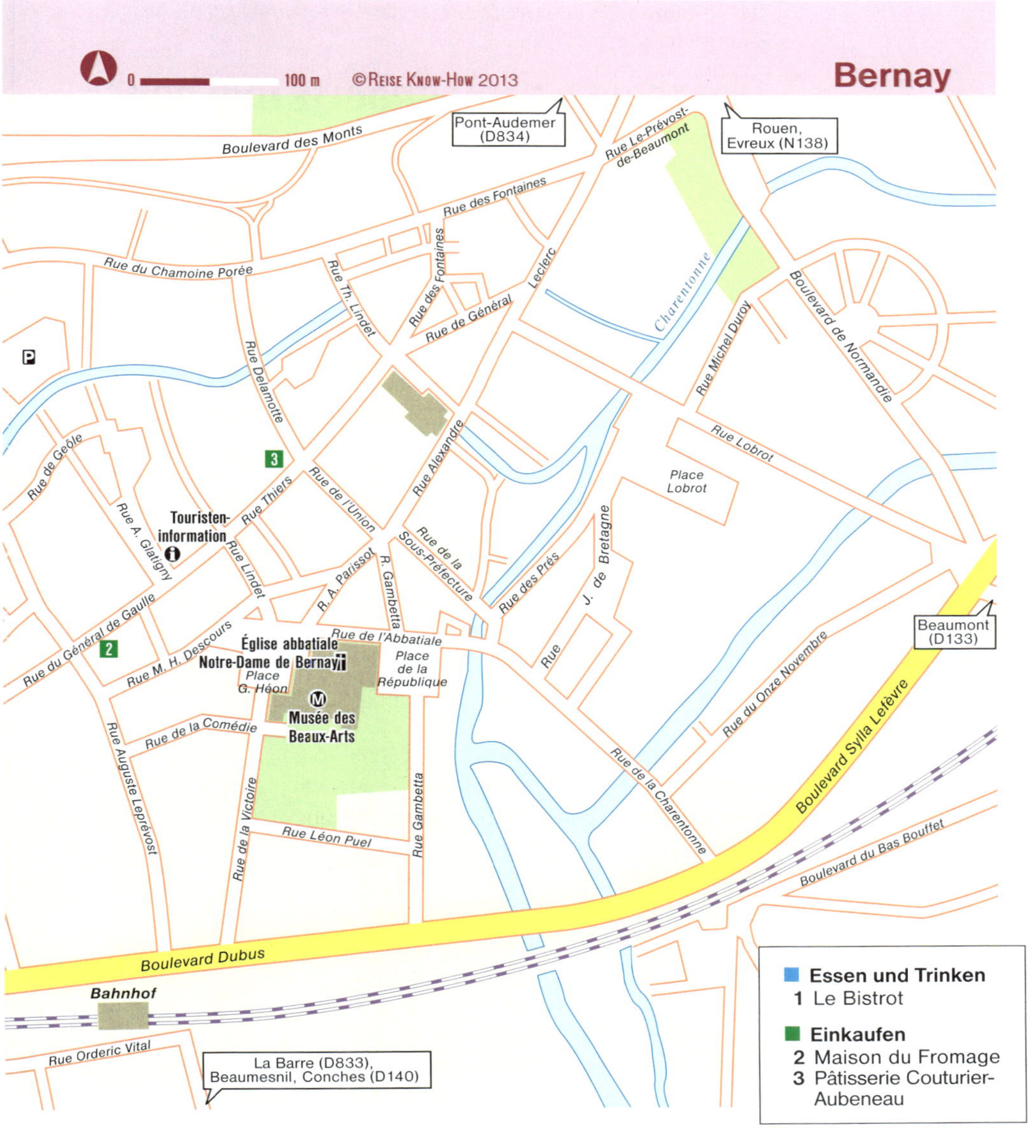

144nrm Abb.: gg

Essen

Le Bistrot, 27300 Bernay, Rue Gaston Fallope 21, Tel. +33 (0)2 32462360. Hier bekommt man entweder im kleinen Innenhof oder am offenen Kamin sehr schmackhafte traditionelle Küche serviert.

Einkaufen

Pâtisserie Couturier-Aubeneau, 27300 Bernay, Rue A. Thiers 61, Tel. +33 (0)2 32430074. Ausgewählt leckere Kuchen, Törtchen und salzige Quiches

Maison du Fromage, 27300 Bernay, Rue A. Thiers 10, Tel. +33 (0)2 32430836. Eine breite Auswahl der verschiedensten Käsevarianten, freundliche Beratung

ABSTECHER NACH BROGLIE UND ORBEC

(hin und zurück 24 km)

Von Bernay kommt man auf der landschaftlich schönen Strecke über die D33 immer an der Charentonne entlang nach **Broglie.**

Information

Office de Tourisme, 27270 Broglie, Place des Trois Maréchaux 27, Tel. +33 (0)2 32462752, Öffnungszeiten: Apr.-Juni, Sept.-Okt. Di-Fr 14.30-17.30 Uhr, Sa 10-12 und 14.30-17.30 Uhr, So 10-12 Uhr, Juli, Aug. Mi-Fr 14.30-17.30 Uhr, Sa 10-12 und 14.30-17.30 Uhr, So 10-12 und 15-18 Uhr, Nov.-März Di-Sa 14.30-17.30 Uhr

Broglie ist einem auf Anhieb sympathisch. Es verwöhnt die Wohnmobiltouristen mit einem sehr ansprechend angelegten und großzügigen Stellplatz in ruhiger Lage am ehemaligen Bahnhof. Hier ist auch der Ausgangspunkt für eine Wanderung oder Radtour ins 12 km

145nrm Abb.: gg

▲ *Da lacht das Herz des Käseliebhabers*

▶ *Vom Jardin aquatique in Broglie bietet sich eine fotogene Stadtkulisse* entfernte Bernay auf dem Voie Verte (grüner Weg), der ehemaligen Eisenbahntrasse entlang dem Fluss Charentonne.

Das beschauliche Zentrum mit ansehnlichen Häusern befindet sich zwischen dem Rathaus und der **Église Saint-Martin** aus dem 11. und 12. Jh. Die Kirche besteht aus Grison, einem in dieser Gegend vorkommenden, eisenhaltigen Sandstein. Durch Oxidation des Eisens erhält der Stein interessante rötlich-braune Farbnuancen. Eine Fußgängerbrücke, die **Pont Martelet,** spannt sich hinter der Kirche über die Charentonne. Über sie kommt man in den **Jardin aquatique,** einen kleinen hübsch angelegten Park mit einigen Wasserläufen und Seen.

Nochmals 8 km auf der D49 und dann 4 km auf der D4 und **Orbec** im Département Calvados ist erreicht.

*150 **Alter Bahnhof, Broglie** (s. S. 262)*

Information

Office de Tourisme, 14290 Orbec, Rue Grande 6, Tel. +33 (0)2 31325668, Öffnungszeiten: Mo–Fr 9.30–12.30 und 14–18 Uhr, Sa 10–12.30 und 14.30–18 Uhr

Sehenswertes

Musée Municipal, 14290 Orbec, Rue Grande 107, Tel. +33 (0)2 31325889, Öffnungszeiten: Mai–Sept. Mi–So 10–12 und 15–18 Uhr, Eintritt: 1,50 €

Ganz reizend, authentisch und liebenswürdig, so bietet sich die Stadt dem Besucher dar. Im detailreich mit Schnitzereien verzierten Vieux Manoir (16. Jh.) wurde ein kleines Heimatmuseum, das **Musée Municipal,** untergebracht. Alte Handwerksberufe, Bilder örtlicher Maler sowie Kleidung und Hauben aus verschiedenen Jahrhunderten werden hier liebevoll präsentiert. Bummeln Sie einfach die Rue Grande entlang und entdecken Sie die vielen fotogenen **Fachwerkhäuser,** teilweise mit morbidem Charme, und die **Église Notre-Dame** mit ihrem imposanten Turm mit Renaissancespitze und den wertvollen Fensterbildern.

Da der Campingplatz in Orbec (N49.02829° E0.40861°) nur noch von Juni bis August geöffnet hat, bietet sich der 4 km entfernt im idyllischen Tal der L'Orbiquet liegende Stellplatz zum Übernachten an. Entlang der L'Orbiquet gab es früher 20 Getreide-, Papier- und Leinenmühlen. An einem lieblichen Plätzchen mit Picknicktischen und einer frischen Quelle wurde der Stellplatz für Wohnmobile geschaffen.

*151 **Im Tal der L'Orbiquet, La Folletière-Abenon** (s. S. 262)*

Auf der D4 verlässt man das Calvados und kommt über die D131 wieder nach Bernay.

Durch das sanfte Tal der Charentonne fährt man auf der D133 nach Serquigny und weiter nach Beaumont-le-Roger. Hier sieht man schon von Weitem die idyllischen Ruinen der ehemaligen **Prieuré de la Sainte-Trinité** oberhalb der Stadt. 1080 wurde sie von Roger von Beaumont, einem Berater Wilhelms des Eroberers, erbaut. Ab 1141 gehörte sie zur Abtei von Le Bec und wurde während der Französischen Revolution zerstört.

Das nächste Ziel, **Le Neubourg,** erreicht man nach 13 km über die D133. Am lang gezogenen, adretten Hauptplatz gibt es viele Bars und Cafés. Wie wäre es jetzt mit einer Pause?

146nrm Abb.: gg

Ver- und Entsorgung

N49.14853° E0.91681°, in Le Neubourg an der Umgehungstraße D840 bei E. Leclerc-Auto. 2 €/10 Min. Wasser oder 55 Min. Strom. Jeton mit Visa- oder Mastercard am Automaten

▲ *Ein repräsentativer Zugang führt in den Innenhof des Schlosses Champ de Bataille*

Schon in der Stadt Le Neubourg ist das **Château du Champ de Bataille** (17 Jh.), das nächste Ziel der Route 9, an der D39 ausgeschildert. Harmonisch in die Landschaft eingebettet liegt das aus Ziegel- und Natursteinen erbaute Schloss da. Zwei separate Gebäude wurden durch Säulenreihen zu einem Ehrenhof zusammengefügt. Im Gebäude sind der Empfangsraum, die Bibliothek, das Schlafzimmer, der Marmorsaal und die Kapelle nur einige der Höhepunkte des prunkvoll ausgestatteten Château. Durch geschickte perspektivische Gestaltung gelang eine faszinierende Gartenarchitektur mit Buchsbaumornamenten, Wasserbecken, Treppen, Freiflächen und Hecken.

Sehenswertes

Château de Champ du Bataille, Öffnungszeiten: Schloss Ostern–Allerheiligen Sa, So 15.30–17.30 Uhr, Juli, Aug. täglich 15.30–17.30 Uhr, Gärten Ostern–Allerheiligen Sa, So 14–18 Uhr, Mai, Juni, Sept. täglich 14–18 Uhr, Juli, Aug. 10–18 Uhr, Eintritt: Gärten und Schloss 24 €, nur Garten 12 €

Auf schmaler Straße fährt man durch die reizvolle Landschaft immer den Hinweisschildern nach bis **Harcourt.** Durch das Dorf mit einer Markthalle aus dem 13. Jh. hindurch und dann nach rechts (D25) geht es bis zum **Château d'Harcourt.** Die Anfänge des Schlosses liegen über 1000 Jahre zurück. Sein heutiges Aussehen erhielt es vom 13. bis 15. Jh. Innerhalb der weitläufigen Festungsmauern, die heute nur noch fragmentarisch vorhanden sind, befanden sich im Mittelalter ein kleines Dorf und Soldatenunterkünfte. 1804 erwarb

Louis-Gervais de Lamarre aus Paris das Schloss und begann mit der Aufforstung des Geländes. Seine Erbin, die landwirtschaftliche Akademie, machte daraus ein Arboretum mit über 500 Baumarten, darunter Exemplare aus Osteuropa, Nordamerika und Asien.

Sehenswertes

Château d'Harcourt, Öffnungszeiten: März–15. Juni und 15. Sept.–15. Nov. Mi–Mo 14–18 Uhr, 16. Juni–14. Sept. 10.30–18.30 Uhr, Eintritt: 4 €

Die D137 und anschließend die D26 führen weiter nach **Brionne,** das von einem wuchtigen viereckigen Donjon aus dem 11. Jh. überragt wird, den man zu Fuß in 5 Min. erreicht. Touristen zieht es an heißen Tagen zum Base de Loisirs (Freizeitgelände) am See von Brionne. Von 8 bis 20 Uhr kann man hier baden und Kanu oder Tretboot fahren.

152 Camping La Vallée, Brionne ***(s. S. 262)***

Information

Office de Tourisme, Brionne, Tel. +33 (0)2 32457051, Öffnungszeiten: April–Oktober Mo–Sa 9.30–12.30 und 13.30–17 Uhr, So 10.30–12.30 Uhr

Von Brionne sind es am rechten Ufer der Risle entlang 6 km nach Pont-Authou. Noch vor dem Ort zweigt rechts die Straße zur Abbaye du Bec Hellouin ab.

153 Camping Les Marronniers, Pont-Authou ***(s. S. 263)***

LE BEC-HELLOUIN (54 km – km 270)

Sehr malerisch liegt die Abtei von Bec-Hellouin in einem weiten Tal. Zu Zeiten ihrer Gründung war sie sicherlich abgeschieden, heute zieht sie zusammen mit den reizenden Fachwerkhäusern des Dorfes an den Wochenenden Scharen von Touristen an.

1034 weihte der Ritter Herluin sein Leben Gott und gründete die Abtei. 1042 trat der italienische Gelehrte **Lanfranc** ins Klosterleben ein und wurde bald Leiter der hiesigen Klosterschule. Als Wilhelm (später der Eroberer) von 1047 bis 1050 Brionne belagerte, lernte er Lanfranc kennen, der fortan in seinem Leben eine wichtige Rolle spielte. Lanfranc erreichte die Aufhebung des Kirchenbannes, erbaute die Abbaye-aux-Hommes in Caen und wurde deren Abt und nach der Eroberung Englands durch Wilhelm sogar Erzbischof von Canterbury.

Im großen Klostergelände sieht man noch die wenigen Reste der 1809 abgerissenen alten Klosterkirche. Die Ausmaße der Kirche waren riesig: Sie übertraf sogar die Kirche Notre-Dame in Paris in der Länge um zwei Meter.

147nrm Abb.: gg

▼ *Von imponierenden Ausmaßen ist die neue Klosterkirche im ehemaligen Refektorium*

148nrm Abb.: gg

Die neue Kirche wurde im ehemaligen Refektorium untergebracht, ihre Proportionen sind deshalb für ein Gotteshaus ungewöhnlich. Sehenswert sind die Statue der Jungfrau Maria (14. Jh.) und der im Rahmen einer Führung zu besichtigende Kreuzgang und das monumentale Treppenhaus (17. Jh.).

Sehenswertes

L'Abbaye du Bec-Hellouin, Öffnungszeiten: 8–18 Uhr, Führungen: Juni–Sept. Mo–Fr 10.30, 15, 16 und 17 Uhr, So 12, 15 und 16 Uhr, Okt.–Mai Mo–Fr 10.30, 15, 16 Uhr, So 12, 15 und 16 Uhr, Eintritt: 5,50 €

154 Camping Saint-Nicolas, Bec-Hellouin ***(s. S. 263)***

Nach der Klosterbesichtigung sollte man es sich nicht nehmen lassen, durch das malerische Dorf Bec-Hellouin zu bummeln.

Wieder zurück bis zur Abzweigung bei Pont-Authou, geht es ab hier auf der D130 durch das Tal der Risle nach Montfort-sur-Risle. Nach weiteren 14 km (D130) wechselt man auf die D675 und erreicht rasch Pont-Audemer.

PONT-AUDEMER (23 km – km 293)

Parken

N49.35830° E0.50952°

Immer in Richtung „Centre Ville" und gleich nach der Risle rechts. Parkflächen entlang dem Quai Faure für kurze und weiter hinten, parallel zur Straße, für lange Womos.

Information

Office de Tourisme, 27500 Pont-Audemer, Place de Gaulle 2, Tel. +33 (0)2 32410821, Öffnungszeiten: Mo–Sa 9.30–12.30 und 14–17.30 Uhr, Juli, Aug. auch So 10–12 Uhr

Pont-Audemer mit seinen schmucken Fachwerkhäusern und der idyllischen Risle ist ein kleines Juwel und der Endpunkt dieser Route. Man beginnt den Stadtspaziergang an der **Rue de la République.** Pittoreske Fachwerkhäuser, viele Straßencafés und die **Église St-Quen** säumen die platzähnlich breite Straße. Hier und in den angrenzenden Straßen findet am Montag- und Freitagvormittag der **Markt** statt. Die Stadtkirche, eine Mischung von Romantik bis Renaissance, sollte man wegen der bunten Glasfenster (16. Jh.) in den Kapellen besuchen. Ebenfalls reizvoll ist die schmale Sackgasse **Impasse St-Quen** links neben der Kirche.

155 Place, Campigny ***(s. S. 263)***

Geradeaus spaziert man auf der **Rue Thiers** zu einem Seitenkanal der Risle. Links und rechts spiegeln sich die ehemaligen Gerberhäuser mit ihrer Schieferverkleidung malerisch im Wasser. Noch weiter geradeaus kommt man zum **Place V. Hugo** mit einem modernen Springbrunnen in der Mitte. Hier geht man nach rechts zum **Place L. Gillain,** von dessen Holzterrasse man nochmals einen fotogenen Blick auf die Häuser an der Risle hat. Weiter geradeaus sieht man schon ein mit einem Ecktürmchen und schachbrettartiger Stein-

▲ *Oldtimerausflug ins pittoreske Bec-Hellouin*

fassade geschmücktes Haus. Vom Place L. Gillain geht man nach rechts in die **Rue S. Carnot** und dann gleich wieder rechts in die schmale mit auskragenden Fachwerkhäusern bebaute Rue de la Ville. Auf ihr kommt man wieder zur Rue de la République.

149nrm Abb.: gg

Essen

Le Petit Coq aux Champs, 27500 Campigny, Pommeraie, N49.32119° E0.54613°, Tel. +33 (0)2 32410419, vom Stellplatz den Hinweisschildern folgen (1,5 km). Das Essen, das Haus, die Terrasse, das Interieur – das Restaurant ist ein Traum. Der hat allerdings seinen Preis: Menüs 29 bis 71 €.

STELL- UND CAMPINGPLÄTZE ENTLANG DER ROUTE

137 Camping Ferme de Montmirel, Ventes-De-Bourse

N48.52727° E0.29189°

Netter Platz bei einem Pferdehof mit ausreichender Sanitärausstattung. Lage sehr gut und sehr ruhig. Ausritte 15 €/Std. **Lage/Anfahrt:** Von der D42 hinter Essay nach links abbiegen, ausgeschildert; **Platzanzahl:** 20; **Untergrund:** Wiese; **Ver-/Entsorgung:** Strom, Trinkwasser, Chemie-WC; **Sicherheit:** beleuchtet; **Preise:** 2,50 €/Fahrz., 2,50 €/Pers., Strom 3,60 €, Hund 0,50 €; **Geöffnet:** April–Oktober; **Kontakt:** Tel. +33 (0)2 33280273

138 Camping Le Val, Bellême

N48.37430° E0.55389°

Platz mit befriedigender Sanitärausstattung in sehr schöner und ruhiger Lage. Geheiztes Freibad angrenzend, ca. 500 m bis ins Zentrum. **Lage/Anfahrt:** ausgeschildert; **Platzanzahl:** 50; **Untergrund:** Wiese; **Ver-/Entsorgung:** Strom, Trinkwasser, Chemie-WC; **Sicherheit:** umzäunt, beleuchtet; **Preise:** 7,15 €/Fahrz., 1,85 €/Pers., Strom 2,80 €, Tier 1,10 €; **Geöffnet:** Mai–September; **Kontakt:** Tel. +33 (0)2 33853100

139 Fischweiher, Saint-Langis-lès-Mortagne

N48.51852° E0.52959°

Offizieller Stellplatz von Saint-Langis-lès-Mortagne oberhalb eines Fischteichs und mit gutem Restaurant. Durch Hecken parzelliert, 1,5 km bis ins Zentrum, Lage gut und ruhig. **Lage/Anfahrt:** Im Ort Richtung Caen (D912) fahren, gleich nach dem Ortsausgangsschild links, ausgeschildert; **Platzanzahl:** 5; **Untergrund:** Schotter; **Ver-/Entsorgung:** Strom, Trinkwasser, Abwasser, Chemie-WC; **Sicherheit:** beleuchtet; **Preise:** kostenlos, 2 €/100 l Wasser oder 60 Min. Strom; **Geöffnet:** frei zugänglich

▲ *Die ehemaligen Gerberhäuser an einem Seitenkanal der Risle wurden liebevoll renoviert*

› Routenatlas S. XIII, XXIII

140 *Viehmarkt, Soligny-la-Trape*

N48.61692° E0.54397°

Offizieller Stellplatz bei der Viehauktionshalle, Lage gut und wenn kein Markt ist ruhig. Jetons im örtlichen Handel. **Lage/Anfahrt:** Von der D930 auf die D32 wechseln und 3,5 km zum Platz fahren; **Platzanzahl:** 5; **Untergrund:** Asphalt; **Ver-/Entsorgung:** Strom, Trinkwasser, Abwasser, Chemie-WC; **Sicherheit:** beleuchtet; **Preise:** 2 €/10 Min. Wasser oder 55 Min. Strom (Jetons); **Geöffnet:** frei zugänglich

141 *Aire Camping Car Privé, St.-Sulpice-sur-Risle*

N48.79110° E0.63363°

Privater Stellplatz auf einem Wiesengelände an der D919. Lage gut und relativ ruhig. **Lage/Anfahrt:** An der D919 im Ort, ausgeschildert; **Platzanzahl:** 10; **Untergrund:** Wiese; **Ver-/Entsorgung:** Strom,Trinkwasser, Abwasser, Chemie-WC; **Sicherheit:** umzäunt; **Preise:** 7 €; **Geöffnet:** Apr.-Oktober; **Kontakt:** Tel. +33 (0)674723686

142 *Risle, Rugles*

N48.82335° E0.71068°

Offizieller Stellplatz auf einem Parkplatz für Pkws direkt an der Risle (Place de la Liberté) und einem zweiten separaten Platz in Sichtweite. Lage gut und relativ ruhig. **Lage/Anfahrt:** 11 km nördlich von L'Aigle, im Ort ausgeschildert mit „camping borne"; **Platzanzahl:** 12; **Untergrund:** Asphalt; **Ver-/Entsorgung:** Strom, Trinkwasser, Abwasser, Chemie-WC; **Sicherheit:** beleuchtet; **Preise:** kostenlos (auch Strom); **Geöffnet:** frei zugänglich

143 *Route de Paris, Aube*

N48.74156° E0.55146°

Offizieller Stellplatz auf einem großen Parkplatz auch für Pkws und Busse. Kleiner See angrenzend. Lage gut und relativ ruhig. **Lage/Anfahrt:** An der Hauptstraße im Ort nach rechts, ausgeschildert; **Platzanzahl:** 5; **Untergrund:** Schotter; **Ver-/Entsorgung:** Trinkwasser, Abwasser, Chemie-WC; **Sicherheit:** beleuchtet; **Preise:** kostenlos; **Geöffnet:** frei zugänglich

144 *Camping des Saint-Pères, Saint-Evroult-Notre-Dame-Du-Bois*

N48.78872° E0.46608°

Platz mit befriedigender Sanitärausstattung, direkt am See. Lage schön und sehr ruhig. **Lage/Anfahrt:** Am Ortsanfang links zum See, ausgeschildert; **Platzanzahl:** 30; **Untergrund:** Wiese; **Ver-/Entsorgung:** Strom, Trinkwasser, Chemie-WC; **Sicherheit:** umzäunt, beleuchtet, bewacht; **Preise:** 6 €/Fahrz., 3 €/Pers., Strom 2,50 €, Hund 0,50 €; **Geöffnet:** April-September; **Kontakt:** Tel. +33 (0)6 83924651

145 *Ortsrand, Chandai*

N48.75400° E0.73758°

Offizieller Platz am Ortsrand mit Picknickbänken. Lage gut und ruhig. **Lage/Anfahrt:** Von der D926 in Chandai rechts abbiegen, ausgeschildert; **Platzanzahl:** 10; **Untergrund:** Schotter; **Ver-/Entsorgung:** Trinkwasser, Abwasser, Chemie-WC; **Preise:** kostenlos; **Sicherheit:** beleuchtet; **Geöffnet:** frei zugänglich

150nrm Abb.: gg

▲ *Der Camping Ferme René Leseur in Le Noyer-en-Ouche*

146 Salle des fêtes, Verneuil-sur-Avre

N48.73969° E0.93105°

Offizieller Platz beim Festsaal, zentrumsnah. Lage befriedigend und relativ ruhig. Samstag 5–15 Uhr ist hier Markt. **Lage/Anfahrt:** Im Ort Richtung Breteuil, dann ausgeschildert; **Platzanzahl:** 3; **Untergrund:** Asphalt; **Ver-/Entsorgung:** Trinkwasser, Abwasser, Chemie-WC; **Preise:** kostenlos; **Sicherheit:** beleuchtet; **Geöffnet:** frei zugänglich; **Kontakt:** 27130 Verneuil-sur-Avre, Avenue Foch

147 Camping Les Berges de L'Iton, Breteuil

N48.83187° E0.91291°

Platz an einem See mit befriedigender Sanitärausstattung, kleines Schwimmbad, 400 m bis ins Zentrum. Lage befriedigend und relativ ruhig. **Lage/Anfahrt:** Von der D840 am Ortsanfang nach links, ausgeschildert; **Platzanzahl:** 61; **Untergrund:** Wiese; **Ver-/Entsorgung:** Strom, Trinkwasser, Abwasser, Chemie-WC; **Sicherheit:** umzäunt, beleuchtet, bewacht; **Preise:** 14,95–17 €/Fahrzeug inkl. 2 Personen und Strom, Hund 1,70 €, Taxe 0,20 €/Pers.; **Geöffnet:** April–September; **Kontakt:** 27160 Breteuil, Rue du Fourneau 53, Tel. +33 (0)2 32627035, www.camping-breteuil-iton.com

148 Aire naturelle pour Camping Cars La Godinière, Le Noyer-en-Ouche

N49.01012° E0.72468°

Private Stellplätze bei einem Bauernhaus. Lage gut und sehr ruhig, Cidreverkauf. **Lage/Anfahrt:** Von der D140 5 km hinter Conches nach rechts abbiegen (Beschilderung „La Gouttières"), 400 m bis zur Farm; **Platzanzahl:** 4; **Untergrund:** fest, auf einer Betonplatte; **Ver-/Entsorgung:** Trinkwasser, Chemie-WC; **Sicherheit:** beleuchtet; **Preise:** 7,50 €/Fahrz., Strom/Wasser 3 €; **Geöffnet:** ganzjährig; **Kontakt:** Tel. +33 (0)2 32444671

151nrm Abb.: gg

▶ *Ein Paradebeispiel für einen vorbildlichen Stellplatz gibt es in Broglie*

149 Fischteich, Gisay-la-Coudre

N48.94924° E0.63326°

Offizieller Platz an einem kleinen Fischteich mit Picknicktischen. Lage sehr gut und ruhig. Jetons im Restaurant La Tortue (700 m), keine Einkaufsmöglichkeiten im Ort. **Lage/Anfahrt:** Von Beaumesnil über die D25 nach La Barre, ab hier ausgeschildert; **Platzanzahl:** 5; **Ver-/Entsorgung:** Strom, Trinkwasser, Abwasser, Chemie-WC; **Preise:** 2 €/10 Min. Wasser (läuft sehr langsam) oder 55 Min. Strom (Jetons); **Sicherheit:** umzäunt; **Geöffnet:** ganzjährig

150 Alter Bahnhof, Broglie

N49.00537° E0.52976°

Vorbildlich angelegter großzügiger Platz beim alten Bahnhof, 300 m bis ins Zentrum. Lage sehr schön und ruhig, Jetons beim Rathaus. **Lage/Anfahrt:** Auf der D49 am Ortsanfang rechts fahren, ausgeschildert; **Platzanzahl:** 10; **Untergrund:** Schotter, Wiese; **Ver-/Entsorgung:** Strom (nur an der Ver- und Entsorgungsstation), Trinkwasser, Abwasser, Chemie-WC; **Preise:** 2,50 €/10 Min. Wasser oder 60 Min. Strom (Jetons); **Sicherheit:** umzäunt, beleuchtet; **Preise:** 5 €/Fahrz.; **Geöffnet:** ganzjährig

151 Im Tal der L'Orbiquet, La Folletière-Abenon

N48.98193° E0.42431°

Offizieller Stellplatz in sehr schöner Umgebung, ruhig. Picknicktische in der Nähe. **Lage/Anfahrt:** Auf der D130 Orbec Richtung Le Sap verlassen, nach 4,5 km im Ort Richtung Kirche fahren; **Platzanzahl:** 4; **Untergrund:** Schotter; **Preise:** kostenlos; **Sicherheit:** beleuchtet; **Geöffnet:** ganzjährig

152 Camping La Vallée, Brionne

N49.20236° E0.71526°

Gepflegter Platz mit befriedigender Sanitärausstattung, 500 m bis ins Zentrum. Lage befriedigend und relativ ruhig. **Lage/Anfahrt:** Im Zentrum Richtung Bernay und nach der Risle nach rechts, ausgeschildert; **Platzanzahl:** 60; **Untergrund:** Wiese; **Ver-/Entsorgung:** Strom, Trinkwasser, Chemie-WC; **Sicherheit:** umzäunt, beleuchtet, bewacht; **Preise:** 10,20 €/Fahrz. inkl. 2 Pers., Strom 3,35 €, Kurtaxe 0,30 €; **Geöffnet:** Mai–September; **Kontakt:** 27800 Brionne, Rue M. Nogrette, Tel. +33 (0)2 32448035

⑮③ Camping Les Marronniers, Pont-Authou

N49.24103° E0.70228°

Platz mit ausreichender Sanitärausstattung an der Risle, viele Dauercamper, separater Platzteil für Wohnmobile. Lage gut und ruhig. **Lage/Anfahrt:** Von der D130 links zum Platz, ausgeschildert; **Platzanzahl:** 64; **Untergrund:** Wiese; **Ver-/Entsorgung:** Strom, Trinkwasser, Abwasser, Chemie-WC; **Sicherheit:** umzäunt, beleuchtet, bewacht; **Preise:** 4,50 €/Fahrz., 2,70 €/Pers., Strom 3,40 €, Tier 1,45 €; **Geöffnet:** ganzjährig; **Kontakt:** 27290 Pont-Authou, D130, Tel. +33 (0)2 32427506

⑮④ Camping Saint-Nicolas, Bec-Hellouin

N49.23461° E0.72501°

Platz mit befriedigender Sanitärausstattung, 2 km bis zum Kloster. Lage gut und ruhig. **Lage/Anfahrt:** Ab Ortsende ausgeschildert; **Platzanzahl:** 90; **Untergrund:** Wiese; **Ver-/Entsorgung:** Strom, Trinkwasser, Abwasser, Chemie-WC; **Sicherheit:** umzäunt, beleuchtet; **Preise:** 11,90–14 €/Fahrz. inkl. 2 Pers., Strom 3,60 €, Ver-/Entsorgung 2,45 €, Hund 1,60 €, Kurtaxe 0,20 €; **Geöffnet:** 15. März–15. Oktober; **Kontakt:** Tel. +33 (0)2 32448355

⑮⑤ Place, Campigny

N49.31142° E0.55172°

Offizieller Stellplatz bei einem kleinen Park. Lage gut und relativ ruhig. **Lage/Anfahrt:** Pont-Audemer Richtung Bernay verlassen. 400 m nach dem Ortschild von St-Germain nach links auf die D294 km nach Campigny fahren. Nach der Kirche links und nochmal links zum Platz; **Platzanzahl:** 2; **Untergrund:** Wiese; **Ver-/Entsorgung:** Trinkwasser, Abwasser, Chemie-WC; **Sicherheit:** umzäunt; **Preise:** kostenlos; **Geöffnet:** frei zugänglich

▼ *Der kostenlose Stellplatz im kleinen Campigny ist ein idealer Ausgangspunkt zur Besichtigung von Pont-Audemer*

152rm Abb.: gg

CÔTE D'ALBÂTRE, PAYS DE CAUX UND PAYS DE BRAY

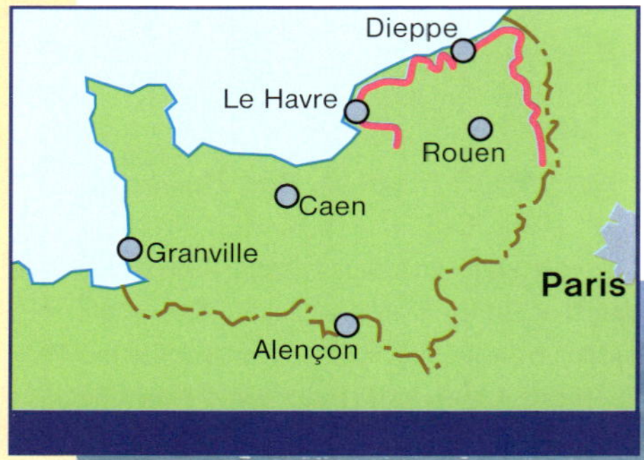

Für viele sind die weißen Kalkfelsen an der Alabasterküste der Inbegriff der Normandie. Strahlend weiße Felsbögen erheben sich aus dem türkisfarbenen Meer und bieten Fotomotive ohne Ende. Typisch für die Strände sind das durch die Wellen verursachte Klackern und die skurrilen Formen der Kieselsteine. Malerische Städte und kleine Dörfer entlang der Küste warten mit einer guten Infrastruktur auf den Besuch von Wohnmobilreisenden. Das Pays de Caux ist dagegen ruhig und beschaulich. Hier wird Flachs angebaut, der, zu Leinenstoffen verarbeitet, bei den Pariser Couturiers begehrt ist. Auf den satten Wiesen rund um Neufchâtel-en-Bray grasen Kühe, die Milch für den vorzüglichen Käse gleichen Namens liefern. Das Pays de Bray, eine breite Senke mit fruchtbaren Lehmböden, lebt von und mit der Landwirtschaft. Gisors am Ende der Route hat noch seinen mittelalterlichen Charme bewahrt.

153nrm Abb.: gg

ROUTE 10

› Routenübersicht Seite XXIV

STRECKENVERLAUF

Strecke: Pont-Audemer - Montivilliers (43 km) - Étretat (24 km) - Yport (12 km) - Fécamp (6 km) - St-Valery-en-Caux (55 km) - Abstecher ins Landesinnere (Rundfahrt 44 km) - Veules-les-Roses (8 km) - Dieppe (30 km) - Abstecher Château und Jardin Potager de Miromesnil (hin und zurück 21 km) - Le Tréport (30 km) - Eu (4 km) - Neufchâtel-en-Bray (58 km) - Forges-les-Eaux (18 km) - Gisors (46 km)

Streckenlänge: ohne Abstecher 334 km
mit Abstecher 399 km

Von Pont-Audemer rollt man über die Pont de Tancarville (3,10 € Gebühr) und dann auf der Schnellstraße A131 Richtung Le Havre. In Gonfreville-l'Orcher verlässt man sie und fährt zunächst auf der D6015 und dann auf der D489 nach Montivilliers. Das gut ausgeschilderte **Château d'Orcher** hat zwar eine schöne Porzellan-Sammlung und prunkvolle Rokokovertäfelungen, die Salons sind aber nur von 1. Juli bis 15. Aug. zwischen 14 und 18 Uhr geöffnet (Eintritt: 6 €).

MONTIVILLIERS (43 km – km 43)

Montivilliers wird von der **Abbaye de Montivilliers** beherrscht, die mitten im Zentrum liegt. Ihre Geschichte geht zurück bis ins 7. Jh., als der heilige Philibert (Gründer von Jumièges) hier ein Nonnenkloster errichtete. Nach dessen Zerstörung durch die Wikinger wurde im 11. Jh. an derselben Stelle ein Männerkloster erbaut. Nach wechselvoller Geschichte erfolgte 1792 die Säkularisierung. Fortan diente es als Bürogebäude, als Gefängnis, als Garnison und als Einkaufszentrum. Von 1989 bis 2000 wurde der gesamte Klosterkomplex vollständig restauriert. Die im Wesentlichen romanische Abteikirche weist im Kirchenschiff auch gotische Elemente auf. Mittels Audioguide und moderner audiovisueller Technik wird der Besucher in das Klosterleben des 16. Jh. zurückversetzt. Für Kinder gibt es spezielle Audioguides.

Sehenswertes

Abbaye de Montivilliers, 76290 Montivilliers, Jardin de l'Abbaye, Tel. +33 (0)2 35309666, Öffnungszeiten: Okt.–März Di–Fr 10–17 Uhr, Sa, So 14–18 Uhr, Apr.–Sept. Mo–Fr 10–18 Uhr, Sa, So 14–18, Eintritt (inkl. Audioguide): 5 €, Familientarif 14 €

◀ *Vorseite: Die fantastischen Kreideklippen der Alabasterküste bei Étretat*

Auf der D111 kommt man auf schmaler Straße nach 13 km die Küste bei **St-Jouin-Bruneval.** Breiter, aber auch 6 km länger, ist die Strecke über Criquetot-l'Esneval (D32 und D79) und dann über die D139.

Die Kiesstrände der Alabasterküste

Durch abfließendes Niederschlagswasser, Frost und Tauwetter bilden sich Risse im Kreidegestein der Alabasterküste. Von unten werden vom Meer Steine gegen die Felsen geschleudert, dadurch entsteht eine starke Erosion, die hin und wieder zum Einstürzen der Steilwände führt. Durchschnittlich weicht die Steilküste dadurch jährlich um einige Zentimeter zurück. Die in den Felsen enthaltene Kreide löst sich relativ rasch auf, der Feuerstein wird im Laufe der Zeit vom Meer zu Kieselsteinen geformt.

Bis in die Mitte der 1970er-Jahre wurde der Kies gesammelt und industriell verarbeitet. Die Steine, die aus Siliziumdioxid bestehen, fanden in der Bauindustrie Verwendung und zerkleinert und gemahlen auch bei der Herstellung von Porzellan und Kosmetika. Die intensive Ausbeutung der Kiesstrände wurde 1974 verboten.

Auffallend sind die vielen Häuser und Kirchen in der Region, die aus Feuer-, Sand- und Ziegelsteinen erbaut sind. Der Feuerstein wurde so behauen, dass er eine rechteckige Fläche bildete. Durch die verschiedenfarbigen Steine entstanden an den hier typischen Gebäuden interessante Muster, Fensterumrandungen und Streifen.

Picknickplatz

Durch St-Jouin-Bruneval hindurch und immer den Hinweisschildern „St-Jouin-Plage“ nach. Nach den letzten Häusern dem Hinweis „Belvédère“ nach links folgen. Auf dem Parkplatz des Restaurants Belvédère hoch über der Steilküste kann man gut eine Pause einlegen. Hier, genau über dem Ölhafen, wird sehr deutlich der menschliche Eingriff in die ansonsten traumhafte Natur sichtbar (N49.64960 E0.15778°).

Über die D940 erreicht man rasch eines der beeindruckendsten Ziele an der Küste: Étretat. Unterwegs kann man im kleinen La-Poterie Cap-d’Antifer beim Leuchtturm mit dem Wohnmobil übernachten.

ÉTRETAT (43 km – km 67)

Schon Claude Monet liebte die bleichen Steilklippen mit ihren von Wind und Meer ausgewaschenen majestätischen Bögen und verewigte sie in seinem Bild „Bateaux de pêche, Étretat“ von 1885. Seitdem scheinen die Besucherströme nicht abzureißen. Ob aus Japan, Russland oder Amerika – von überall her kommen die Touristen nach Étretat, um die **Falaise d’Aval** und die **Falaise d’Amont** zu bestau-

Badeplatz

N49.65071 E0.15497°

Unten am Kiesstrand kann man tagsüber kostenlos parken

156 An der Straße zum Kiesstrand, St-Jouin-Plage (s. S. 287)

157 Phare, La-Poterie Cap-d’Antifer (s. S. 287)

Parken

N49.70153° E0.19961°

An der D940 noch vor dem Zentrum nach links abbiegen, ausgeschildert

Information

Office du Tourisme d'Étretat, 76790 Étretat, Place Maurice Guillard, Tel. +33 (0)2 35270521, www.etretat.net, Öffnungszeiten: 10–12 und 14–18 Uhr, 15. Juni–15. Sept. 9.30–18.30 Uhr

158 Aire stationement Maupassant, Étretat (s. S. 287)

159 Bahnhof, Étretat (s. S. 287)

▼ *Eingezwängt zwischen weißen Klippen liegt Étretat*

nen. Das grandiose Felsentor **Porte d'Aval,** das auch als „trinkender Elefant" bezeichnet wird, die 40 m hohe Felsnadel der **Aiguille** und dahinter **la Manneport,** ebenfalls ein Felsbogen, können bei der beschriebenen Wanderung entlang der Küste von beinahe allen Seiten fotografiert werden. Auf der anderen Seite der herrlichen Kiesbucht von Étretat thront die kleine Kirche **Notre-Dame de la Garde** über den Falaises d'Amont. Hinauf kommt man über 180 Treppenstufen und die Aussicht ist atemberaubend.

Trotz der beeindruckenden Küste sollte man das kleine Städtchen Étretat jedoch nicht vergessen. In der Rue Réne-Coty lassen einige bezaubernde Fachwerkhäuser und die wuchtige Holzständerkonstruktion der Markthalle vergangene Tage wieder aufleben. Heute sind in der Markthalle Läden und in den Fachwerkhäusern Restaurants und Hotels beheimatet. Ein besonders schönes Restaurant ist das Le Galion mit seiner sehenswerten geschnitzten Balkendecke. Da man in ein Lokal natürlich des Essens wegen kommt, hier noch der Hinweis: Die Küche ist hervorragend.

An der Straße nach Benourville liegt der alte Bahnhof der Stadt. Von hier kann man mit dem **Train touristique** (einem historischen Zug) die 5,2 km nach Les Loges fahren und die Rückfahrt entweder mit dem Zug oder mit einem Vélorail (Fahrrad ähnlich einer Draisine) auf Eisenbahnschienen zurücklegen. Für das Velorail ist eine telefonische Anmeldung erforderlich, dabei erfährt man dann auch die genauen Abfahrtszeiten.

155nm Abb.: gg

Wanderung zu den Falaises d'Aval von Étretat

Von der Uferpromenade nimmt man links die Treppen, die hinauf zur Plattform über der Porte d'Aval führen. Von oben ist der Blick auf die Küste und auf Étretat einfach grandios. Man folgt dem Weg entlang der Steilküste und findet immer wieder lohnende Fotomotive von den bizarr geformten Kreidefelsen, den ausgehöhlten Klippen und der hohen Felsnadel. Man geht bis zum Ende des Golfplatzes und hier kann man entweder weiter entlang der Küstenlinie bis zum schon sichtbaren Leuchtturm vom Cap Antifer wandern (1 Std., Markierung: gelber Strich) oder nach links abbiegen (Markierung rot-weiß) und auf der Hochfläche immer entlang des Golfplatzzaunes bis in den Wald hinein, dann hinunter zur D940 und zum Parkplatz gehen (45 Min.). Wer bis zum Leuchtturm geht, sollte trittsicher und schwindelfrei sein, da der Weg teilweise nahe an den Klippen entlangführt. Wenn der Weg vom Meer wegführt, lohnt der Abstieg über steile Treppen hinunter zu einer traumhaften Bucht. Zurück muss man auf demselben Weg gehen, biegt dann vor dem Golfplatz nach rechts ab und geht wie oben beschrieben. Die Wanderung belohnt einen mit grandioser Aussicht. Für die kurze Variante sollte man 1:30 Std., für die lange bis zum Leuchtturm 2½ Std. einplanen.

Essen

Le Galion, 76790 Étretat, Rue Réne-Coty, Tel. +33 (0)2 35294874. Menü von 25 bis 45 €

Einkaufen

Le Valaine, vom Parkplatz an der D940 den Hinweisschildern den Berg hoch folgen, Tel. +33 (0)2 35271402, www.levalaine.com, Öffnungszeiten: März-Nov. 9-12.30 und 14.30-19 Uhr, Führungen Ostern-Allerheiligen So 11 Uhr, Juli-Aug. Sa-Mi 11 Uhr, Preis 6,50 €. Ziegenfarm bei einem Herrenhaus mit besonderen Kreationen wie Schokolade und Eis aus Ziegenmilch. Natürlich gibt es auch „normalen" Ziegenkäse.

Erlebenswertes

Train touristique, 76790 Étretat, Gare (Bahnhof), Tel. +33 (0)2 35294961, telefonische Reservierung obligatorisch, Abfahrt links neben dem Bahnhof, Apr.-Okt. Mi, Sa, So, Juli-Aug. Di-So, Kombination Vélorail und Zug, zwei Personen 22,50 €

Zunächst auf der D11 und später auf der D211 fährt man auf schöner Strecke vorbei an üppig und in vielen Farben blühenden Hortensienbüschen, Häusern aus verschiedenfarbigen Natur- und Backsteinen sowie Villen im Zuckerbäckerstil nach Yport. Schon vor dem Ort gibt es einen Campingplatz in herrlicher Aussichtslage auf die Kreidefelsen bei Yport. Auf seiner Aussichtsterrasse mit Bar lässt es sich wunderbar relaxen.

160 Camping Le Rivage, Yport (s. S. 288)

YPORT (12 km - km 79)

Information

Office de Tourisme, 76111 Yport, Rue Alfred Nunès, Tel. +33 (0)2 35297731, Öffnungszeiten: Sept.-März Mo-Fr 9-12.30 und 14-17.30 Uhr, Sa 10-13 und 15-17 Uhr, Apr.-Juni 9.30-12.30 und 14-18 Uhr, Juli, Aug. 9.30-13 und 14-18.30 Uhr

161 Place des Ancien Combatants, Yport (s. S. 288)

162 Camping La Chênaie, Yport (s. S. 288)

Yport liegt ganz idyllisch in einem *valleuse* (Taleinschnitt) an der schönen Steilküste. Mit einem intakten Ortsbild, gepflegtem Kiesstrand, ei-

Wanderung bei Yport

Vom Stellplatz in Yport geht man die Rue de Gaulle stadtauswärts und dann nach rechts auf dem „Sente des Houx" bergan. Bei dessen Einmündung geht man nach links (gelber Pfeil) und dann auf dem „Chemin des Sapins" am Campingplatz vorbei. Der Weg wird schmaler und führt zunächst an einem Zaun und dann am Talgrund entlang. Wenn er in einen breiteren Weg einmündet, geht man rechts und immer dem Hohlweg folgend stetig bergan. Oben tritt man auf die Hochfläche hinaus. An einigen Bauernhöfen von Les Hogues wandert man geradeaus vorbei, bis die Straße eine 90°-Rechtskurve macht (Hinweisschilder „Clos de Ferrières"). Hier folgt man geradeaus dem Wiesenweg bergab (gelber Strich) bis zur Gabelung und dann nach rechts bis zum Naturfreundehaus (Amis de la Nature). Hier links geht es hinauf zur Hochfläche und kurz vor den Stromleitungen nach rechts (gelber Strich) über einen Wiesenweg. Die erste Teerstraße überqueren und bei der zweiten nach rechts bis zur Kirche von Vattetot-sur-Mer spazieren. Immer weiter der gelben Markierung folgend, geht es nun rechts um die Kirche herum und in den „Chemin d'Etigue". Zunächst nach rechts über die freie Hochfläche und dann geradeaus hinunter erreicht man die Straße. Ihr folgt man ein kurzes Stück nach links und schon bald kann man auf einen Waldweg wechseln. Wenn dieser wieder auf eine Straße stößt, folgt man der Markierung mit einem gelben und rot-weißen Strich in den Wald hinein. Man stößt bald wieder auf die Straße, geht kurz nach links und überquert sie, um in Richtung „Les Marettes" zu wandern. Es geht immer geradeaus, bis man rechts den Campingplatz „La Rivage" und links zwei Bunker ausmachen kann. Von hier sollte man die atemberaubende Aussicht auf Yport und die Küste bis Fécamp genießen.

Nachdem sicherlich einige Fotos geschossen wurden, geht man auf schmalem Weg und dann über Treppen hinunter zum Strand von Yport. Dauer: 3 Std.

Information

Office de Tourisme, 76400 Fécamp, Quai Sadi Carnot, Tel. +33 (0)2 35285101, www.fécamptourisme.com, Öffnungszeiten: Okt.-März Mo-Fr 9-12.30 und 14-17.30 Uhr, Sa 10-13 und 15-17 Uhr, Apr.-Juni, Sept. Mo-Fr 9-18 Uhr, Sa 10-18.30 Uhr, Juli, Aug. 9-18.30 Uhr. Stadtführungen in deutscher Sprache am Montag um 15 Uhr. Bei der Touristeninformation gibt es kostenlose Wanderkarten für die Region Étretat, Fécamp und das Hinterland. Wanderungen unterschiedlicher Länge und Schwierigkeit sind auf der Karte und im Wandergebiet farbig gekennzeichnet.

ner schönen Wanderung und drei Übernachtungsmöglichkeiten zeigt sich der kleine Ort für Wohnmobilfreunde von seiner besten Seite. Entlang einer weiten Hochfläche fährt man auf der D940 nach Fécamp.

FÉCAMP (6 km – km 85)

Der Name Fécamp soll folgendermaßen entstanden sein: Der Legende nach spülte das Meer einen Feigenbaumstamm an die Küste, wo er auch gleich Wurzeln schlug. In ihm wurde ein Gefäß mit einigen Tropfen des Blutes Jesu Christi gefunden. Diese Reliquie wird bis heute in der Abbatiale de la Trinité in Fécamp aufbewahrt. Und so entstand der Name Fécamp aus *Ficicampus* („Feld des Feigenbaumes").

Die 21.000 Einwohner zählende Stadt am höchsten Felsen der Alabasterküste lebt mit, von und rund um ihren Hafen. Bis in die 1970er-Jahre war hier der Haupthafen der Neufundlandfischer. Monatelang waren die großen Schoner in den eisigen Gewässern vor Neufundlands Küste unterwegs, um mit 20.000 t Kabeljau pro Schiff wieder in den heimatlichen Hafen zurückzukehren. Heute erzählt das **Musée des Pêcheries** von der glorreichen maritimen Vergangenheit der Stadt. Das Museum hat zusammen mit dem Kunstmuseum ab November 2013 ein neues, wunderschönes Gebäude direkt am Hafen.

Am Quai de Bassin Freycinet sieht man noch das eine oder andere schön erhaltene hölzerne Fischerboot.

Nicht nur mit dem Fischfang hat sich Fécamp einen Namen gemacht, sondern auch mit dem **Likör Bénédictine.** Der Überlieferung nach hatte im Jahr 1510 ein Mönch namens Dom Bernardo Vincelli ein Lebenselixier aus 27 verschiedenen Kräutern kreiert. Der Kaufmann Alexandre le Grand nahm 1863 die Rezeptur als Grundlage für seine Likörproduktion. Mit dem **Palais Bénédictine** schuf er dem edlen Getränk eine würdige Produktionsstätte. Der riesige Palast weist Stilelemente der Neogotik und Neorenaissance auf. Heute beherbergt der prunkvolle Gebäudekomplex neben der Likörbrennerei ein Museum mit einer bedeutenden Sammlung von Kunstschmiedearbeiten, Elfenbein, Alabaster und Handschriften aus der Abtei Fécamp. Außerdem gibt es eine Pinakothek mit Gemälden aus dem 14. bis 18. Jh. Im zweiten Teil des Rundganges erfährt man anhand eines Videos und allerlei Kräutern und Heilpflanzen, die zu der wohlbehüteten Rezeptur des Likörs gehören, beinahe alles über den Bénédictine. Die Likördestillerie und die Keller, in denen das edle Getränk in Eichenfässern reift, können ebenfalls besucht werden. Selbstverständlich rundet eine Likörverkostung den Besuch des Palais Bénédictine geschmackvoll ab.

Im ältesten Viertel der Stadt steht die **Abbatiale de la Trinité** (Dreifaltigkeitskirche). In den ehemaligen Klostergebäuden an der Nordseite der Kirche hat heute die Stadtverwaltung ihren Sitz. Das Gotteshaus hat eine beeindruckende Länge von 127 m, der quadratische Vierungsturm bringt es auf eine Höhe von 60 m. Die romanisch-gotische Kirche hat im Laufe der Jahrhunderte zahlreiche Veränderungen erfahren. Das Hauptschiff mit seinen grandiosen Dimensionen endet in der Vierung, über der sich der Turm 37 m über dem Kirchendach er-

Sehenswertes

Palais Bénédictine, 76400 Fécamp, Rue le Grand, Tel. +33 (0)2 35102610, Öffnungszeiten: Mitte Feb.-März, Mitte Okt.-Dez. 10.30-11.45 und 14-17 Uhr, Apr.-Juni, Sept.-Mitte Okt. 10-12 und 14-17.30 Uhr, Juli, Aug. 10-18 Uhr, Eintritt: 7,20 €, Familien 16,50 €, geführte Touren 10,20 €/Erw.

Musée des Pêcheries, 76400 Fécamp, ab Nov. 2013 Quai Capitaine J. Recher, Tel. +33 (0)2 35283199, Öffnungszeiten: bis Nov. 2013 geschlossen, dann Sept.-Juni 10-17.30 Uhr, Juli-Aug. 10-19 Uhr

Das „hochprozentige" Palais Bénédictine

163 De la Mâture, Fécamp (s. S. 288)

164 Quai Sardi Carnot, Fécamp (s. S. 288)

Bénédictine-Café

4 cl Bénédictine-Likör mit heißem Kaffee ohne Zucker aufgießen und mit einer Sahnehaube bedecken, etwas geriebene Schokolade darauf. Ein großartiger Genuss!

hebt. Im rechten Seitenschiff steht die eindrucksvolle Figurengruppe „Marientod“ aus dem 15. Jh. Daneben findet man, von Figuren flankiert, den Fussabdruck eines Engels, der 943 hier erschienen sein soll und befohlen hatte, man möge die Kirche der heiligen Dreifaltigkeit weihen. Erschaffen wurde dieses Kleinod von Alexandre Berneval im Jahre 1420. Wer den Fussabdruck berührt, hat einen Wunsch frei! Die größte Kostbarkeit der Kirche ist allerdings die Heilig-Blut-Reliquie, die in einem weißen Marmorschrein aufbewahrt wird.

Gegenüber dem Haupteingang der Kirche sieht man die spärlichen Ruinen des ehemaligen herzoglichen Schlosses. Vom Quai de Maupassant führt der Sente aux Matelots hinauf zur Kapelle Notre-Dame-de-Salut und zum Cap Fagnet. Ein herrlicher Ausblick auf die Küste bis Étretat belohnt den Aufstieg. In der Kirche Notre-Dame-de-Salut wird Seemännern, die von ihrer Reise nicht mehr zurückgekehrt sind, gedacht.

Essen

Chez Nounoute, 76400 Fécamp, Place N. Selle 3, Tel. +33 (0)2 35293808. Ehemann Fischer, Ehefrau Köchin: die beste Kombination für ein besonders gutes Fischlokal.

Les Terre-Neuvas, 76400 Fécamp, Boulevard Albert 1er 63, Tel. +33 (0)2 35292292. Wer sich etwas ganz besonders Gutes gönnen will und nicht auf den Preis schaut, geht hierher.

Sehenswertes

Abbaye Notre-Dame-du-Pré, Parkplatz: N49.74433° E0.51320°, Öffnungszeiten: 8–18 Uhr

Man verlässt Fécamp zunächst auf der D925 in Richtung A29, dann geht es auf der D150 durch ein reizvolles Tal nach **Valmont.** Das schnuckelige kleine Städtchen liegt im Herzen des Pays de Caux und wird von einem bewehrten Schloss mit mächtigem **Donjon** gekrönt (keine Besichtigung). Äußerst interessant ist die von den Schlossherren gestiftete **Benediktiner-Abtei (Abbaye Notre-Dame-du-Pré).** Ihre Entstehung geht auf das 12. Jh. zurück. Im Laufe der Jahrhunderte musste das Kloster einige Zerstörungen hinnehmen. Im 14. Jh. fiel es einem Brand zum Opfer, im 19. Jh. zerstörte ein Tornado das Dach der Kirche und im Zweiten Weltkrieg kam es nochmals zu Schaden. Die Renovierungsarbeiten aus den 1980er-Jahren bilden eine harmonische Verbindung der romanischen und gotischen Bauteile mit einer modernen Dachkonstruktion. Heute leben hier noch 30 Nonnen.

Picknickplatz

Gegenüber des Châteaus von Sassetot kann man auf einer großen Wiese oder auf Bänken unter schattigen Bäumen picknicken (N49.80494° E0.53118°).

165 Camping Les Mouettes, Saint-Martin-aux-Buneaux (s. S. 289)

Auf der D17 fährt man durch das grüne Pays de Caux nach **Sassetot-le-Mauconduit,** einem kleinen Marktflecken.

Im **Château de Sassetot** (18. Jh.) quartierte sich 1875 Königin Elisabeth von Österreich, besser bekannt als Sissi, mit ihrer an einer schweren Bronchitis erkrankten Tochter ein. Die gute Luft und das Bad im Meer bei den Petites Dalles soll der Kleinen Linderung verschafft haben. Heute ist das Schloss ein Hotel und man kann nur vom Picknickplatz aus auf die historischen Mauern blicken.

Auf der D68 und D79 fährt man auf der Küstenstraße weiter über St-Martin-aux-Buneaux nach Veulettes-sur-Mer. Auf dem Weg pas-

157nrm Abb.: gg

siert man Windkrafträder, ein Beweis dafür, dass Frankreich nicht nur auf Kernernergie setzt.

▲ *Im lieblichen Tal der Durdent*

Information

Office de Tourisme, 76450 Veulettes-sur-Mer, Tel. +33 (0)2 35975133, Öffnungszeiten: Ostern–Ende Sept. Sa, So, Juli, Aug. 9.30–12.30 und 14–18 Uhr

166 **Plage, Veulettes-sur-Mer (s. S. 289)**

In idyllischer Lage an einem breiten Kiesstrand, eingerahmt von Felsklippen, liegt das kleine **Veulettes-sur-Mer.** Da es keinen Hafen gibt, müssen die Fischer ihre Boote *(dories)* mit Traktoren bis ins Wasser schleppen. Die *dories* sind spezielle Fischerboote mit flachem Rumpf, mit denen das ganze Jahr über Fischfang betrieben wird.

Einige Restaurants, ein Kasino mit Spielautomaten und der längste Deich mit Strandpromenade an der Alabasterküste (1,5 km) sind die Stichworte, die einem zum Dorf einfallen. Nicht zu vergessen sind natürlich die beiden Stellplätze, die für Wohnmobile eingerichtet wurden. Alles in allem ein lohnendes Ziel für Wohnmobiltouristen.

Zur Weiterfahrt gibt es zwei Möglichkeiten: Die erste Variante führt auf der D79 die Küste entlang in 9 km nach St-Valery-en-Caux. Dabei kommt man allerdings an einem Kernkraftwerk vorbei. Die zweite Variante (21 km) schwenkt ins Landesinnere. Die D10 bringt einen nach 9 km durch das grüne Tal der Durdent nach **Cany-Barville,** einem lebhaften Einkaufsort mit vielen Geschäften und einem schönen Platz, an dem montags ein großer Markt stattfindet. Von hier kommt man schließlich nach 12 km auf der D925 ebenfalls nach St-Valery-en-Caux.

167 **Camping Municipal, Cany-Barville (s. S. 289)**

220nrm Abb.: gg

Information

Office de Tourisme, 76460 St-Valery-en-Caux, Quai d'Amont 1, Tel. +33 (0)2 35970063, Öffnungszeiten: Okt.-März Mo-Sa 9.30-12.30 und 14-18 Uhr, Apr.-Sept. 9.30-12.30 und 14-18.30 Uhr, WLAN gratis

Sehenswertes

Maison Henri IV, Öffnungszeiten: Okt.-März Sa, So 10-12.30 und 14-17 Uhr, Apr.-Sept. Mi-So 10-12.30 und 14-18.30 Uhr, Eintritt: 2 €

168 Plage, Saint-Valery-en-Caux (s. S. 289)

ST-VALERY-EN-CAUX (55 km – km 140)

Das betriebsame Hafenstädtchen wirkt auf Wohnmobilisten das ganze Jahr über wie ein Magnet. Kein Wunder, denn es bietet einen außerordentlich schön gelegenen Stellplatz direkt am Meer. Sehenswert ist das **Maison Henri IV.** Eigentlich war es zwar Heinrich II., der hier nächtigte, aber der falsche Name hat sich inzwischen festgesetzt. Das Fachwerkhaus aus dem Jahr 1540 mit reich verziertem Gebälk beherbergt heute ein Museum über die Geschichte der Stadt, die Fischerei und den Zweiten Weltkrieg.

Viel ist nach dem Zweiten Weltkrieg vom alten St-Valery nicht übrig geblieben. Einen Rundgang wert ist allerdings das alte Fischerviertel mit malerischen Straßen und Gassen rund um die Rue Saint-Léger (hinter dem Maison Henri IV.). Beherrscht wird das Stadtbild vom großen Hafenbecken, das weit in den Ort hineinragt. Über 600 Boote schaukeln auf dem für St-Valery typischen grünen Wasser.

Essen

La Boussole, 76460 St-Valery-en-Caux, Rue Max Léclerc 1, Tel. +33 (0)2 35571628, Öffnungszeiten: Mi-So. Leckere Gerichte in freundlichem Ambiente

ABSTECHER INS LANDESINNERE

(Rundfahrt 44 km)

Für Pflanzenliebhaber, an Flachs- und Leinenprodukten Interessierte oder jene, die das ruhigere, jedoch interessante Hinterland zu schätzen wissen, ist dieser Abstecher zu empfehlen. Die D20 führt zunächst über eine schöne Pappelallee und dann an Feldern vorbei, auf denen überwiegend Flachs angebaut wird, ins 17 km entfernte **Doudeville.**

169 Altes Schulhaus, Gonzeville (s. S. 289)

An der grandiosen Alabasterküste mit ihren Falaise

Doudeville gilt als Stadt des Flachsanbaus. Im **Carrefour du Lin** werden zwei Filme gezeigt (auch auf Deutsch): „Vom Anbau bis zur Haute Couture“, der den Weg von der Pflanze über die Verarbeitung bis hin zum fertigen Kleidungsstück beschreibt, und der sehr interessante „Verbundwerkstoffe aus Leinen“. In beiden wird sehr deutlich, welch ein vielfältig einsetzbares Material Leinen ist. In Schaukästen präsentieren örtliche Produzenten eine Auswahl ihrer Leinenprodukte (Kleidung, Schmuck, Taschen u.v.m.), die man größtenteils auch hier kaufen kann.

Sehenswertes/Information

Carrefour du Lin, 76560 Doudeville, Kreuzung D20 und D149, Öffnungszeiten: Okt.-März Mi, Fr, Sa 9.30-12.30 und 14-18 Uhr, Mai-Juni, Sept. Di-Sa 9.30-12.30 und 14-18 Uhr, Juli, Aug. auch Mo

Man fährt nun zunächst auf der D20 zurück bis nach Ste-Colombe und biegt hier nach rechts auf die D75 nach Le Mesnil-Durdent (2 km) ab, dann folgt man den Hinweisschildern zum **Jardin des Amouhoques** (Parkplatz N49.81750° E0.77133°). Der gepflegte Schaugarten beim Fachwerkrathaus des Dorfes **Le Mesnil-Durdent** zeigt die Wildkräuter des Pays de Caux. Kleine Tafeln mit ihren französischen, englischen und lateinischen Namen bringen sie dem Besucher näher.

Auffallend sind die traditionellen Bauernhöfe, die **Clos-masures,** von Le Mesnil-Durdent. Inzwischen sind die meisten private Wohnhäuser, aber man sieht doch noch gut die Erdwälle mit den obenauf gepflanzten hohen Bäumen. Diese umgeben das Bauerngehöft, um es vor dem Wind zu schützen. Innerhalb dieses Rechtecks stehen das Wohnhaus, die Scheune und die Stallungen. Im dazugehörenden Garten werden Gemüse und Obst angebaut. Die Hausdächer sind

Essen

Le P'tit Gourmet, Doudeville, Rue Carnot 4. Traditionelle, gute Küche von 19,50 bis 35 €.

170 Parking du Mont Criquet, Doudeville (s. S. 290)

Einkaufen

Boulangerie Perrier, 76560 Doudeville, Rue Felix Faure. Hier wird viel mit Leinsamen gebacken, eine Spezialität ist Baguette mit Leinsamen.

Charcuterie Bolinguer, 76560 Doudeville, Rue de l'Hôtel de Ville 8. Spezialität des Hauses: Pâté au Lin (Pastete mit Leinsamen)

C.Du.Lin Création, 76560 Doudeville, Rue Pierre Lamotte 21, Öffnungszeiten: Di-Sa 10-12.30 und 15-19 Uhr. Hier findet man allerlei Mitbringsel rund um Flachs und Leinen.

Flachs und Leinen

Das Pays de Caux ist das französische Hauptanbaugebiet für Flachs, einer anspruchsvollen und mannigfaltig verwertbaren Pflanze. Mitte März bis Mitte April wird ausgesät, im Juni blüht der Flachs nur wenige Tage in leuchtendem Blau. Die Blüte verkapselt sich. Der darin enthaltende Samen, die Leinsaat, enthält Omega-3-Fettsäuren und schützt den menschlichen Organismus vor Herz- und Gefäßkrankheiten. Die 80 bis 100 cm hohen Pflanzen werden im Juli gerupft, nicht geschnitten, und auf dem Ackerboden in Schwaden abgelegt. Nun dauert die „Tauchrotte", d.h. die Einwirkung von Pilzen und Bakterien mithilfe der Sonne, bis Anfang September. Die Langfasern werden für die Leinenweberei verwendet, die sogenannten Kurzfasern für Seile und grobe Stoffe. Der holzige Teil wird zu Formplatten gepresst, aus dem Samen erhält man Leinöl, das u. a. für Kosmetika verwendet wird. Neue Forschungen sehen die Leinfaser auch als Ersatz von Fiberglas.

teilweise auch heute noch mit Stroh gedeckt und am First entlang wachsen Schwertlilien auf einer Lehmschicht, die dem Dachfirst Halt und konstante Feuchtigkeit geben.

Sehenswertes

Château de Mesnil-Geoffroy, Öffnungszeiten: Mai–Sept. Park Mi–So, Schloss Fr–So 14.30–18 Uhr, Eintritt: Park 5 €, Schloss und Park 6 €, keine Hunde

Das nächste Ziel der Reise ist das **Château de Mesnil-Geoffroy,** das man nach 2,5 km in südlicher Richtung über die D75 und die D70 erreicht. Es stammt aus dem 17. und 18. Jh. Das eigentlich Sehenswerte ist der 9 ha große Park mit seinem herrlichen Rosengarten. 2500 verschiedene Sorten blühen hier und verströmen ihren süßen Duft.

171 Château d'Iclon, Iclon (s. S. 290)

Weiter fährt man auf der sehr schmalen D75 bis Iclon. Hier ist beim Schloss ein privater Stellplatz eingerichtet. Von Iclon sind es auf der D142 5 km nach Veules-les-Roses wo der Abstecher ins Landesinnere endet. Wer den Abstecher nicht macht, fährt von St-Valery-en-Caux 8 km auf der D925 nach Veules-les-Roses.

VEULES-LES-ROSES (8 km – km 148)

Information

Office de Tourisme, 76980 Veules-les-Roses, Rue Victor Hugo 27, Tel. +33 (0)2 35976305, www.veules-les-roses.fr, Öffnungszeiten: Okt.–März Mi 9.30–12.30 Uhr, Fr 14–18 Uhr, Sa 9.30–12.30 und 14–18 Uhr, Apr.–Juni, Sept. Di–Sa 9.30–12.30 und 14–18 Uhr, Juli, Aug. tgl. 9.30–12.30 und 14–18.30 Uhr. Hier gibt es eine Plan für den Stadtrundgang.

172 Beim Campingplatz, Veules-les-Roses (s. S. 290)

173 Parking de la Falaise, Veules-les-Roses (s. S. 290)

Veules-les-Roses ist das Dorf mit dem kürzesten Fluss Frankreichs. Die Veules, die dem Ort neben den zahlreichen Rosen seinen Namen gibt, misst von der Quelle bis zur Mündung in den Ärmelkanal gerade mal 1194 m. Der reizvolle Badeort lässt sich am besten auf einem Rundgang entlang der Veules erkunden. Traumhaft schöne, mit Stroh gedeckte Fachwerkhäuser und romantische Mühlen säumen den Weg. An der Quelle (Source) sind von alters her Wasserbecken angelegt, in denen auch heute noch Brunnenkresse gezogen wird. Man sollte den Spaziergang im romantischen Garten des Hotels Douce France unterbrechen und eine feine Tasse Tee oder einen Eisbecher genießen. Wer weiß, vielleicht saß gerade hier Victor Hugo, der in Veules-les-Roses einige Sommerurlaube verbrachte.

159nrm Abb.: gg

▲ *Veules-les-Roses, das Dorf mit dem kürzesten Fluss Frankreichs*

Essen

La Douce France, 76980 Veules-les-Roses, Rue du Dr Pierre Girard 13, Tel. +33 (0)2 35578530. Im Salon de thé oder auf der Terrasse wird ein Frühstück oder der Nachmittagstee serviert.

La Marine, 76980 Veules-les-Roses, Rue Victor Hugo 13, Tel. +33 (0)2 35976475, Sa und Mo geschlossen. Verschiedene Fleisch- und Fischgerichte, Menü 20–27 €

Auf der weiteren Route 10 geht es immer am Meer entlang. So kommt man auf der D68 über Sotteville-sur-Mer nach Saint-Aubin-sur-Mer. An diesem Küstenabschnitt findet man einige Stell- und Campingplätze. Auf der Küstenstraße D75 fährt man über Quiberville und Ste-Marguerite-sur-Mer nach **Varengeville-sur-Mer.**

Picknickplatz

Von der D75 nach links 800 m zum Phare d'Ailly fahren. Am Wegesrand stehen Picknicktische, die Straße mündet in zwei Parkplätze (N49.91573° E0.95947°) im Wald.

Am Ortsrand folgt man dann den Hinweisschildern zum **Le Parc des Moutiers** nach. Ein 12 ha großes Gelände um ein Herrenhaus wurde im Stil der englischen Landschaftsgärten angelegt und gilt mit dem Buchsgarten, den vorwiegend weißen Pflanzen, den riesigen Rhododendren mit einer Höhe von bis zu 10 m und den prallen Rosen- und Hortensienbüschen als einer der schönsten der Normandie.

Sehenswertes

Le Parc des Moutiers, N49.91125° E0.98286°, Öffnungszeiten: Mitte März–Mitte Nov. 10–12 und 14–18 Uhr, Eintritt: 10 €

Noch bevor man nach 11 km auf der D75 nach Dieppe fährt, sollte man, auch wenn man sich nicht für Elfenbeinkunst interessiert, den Hinweisschildern zum Château folgen. Vom Parkplatz (N49.92503° E1.06825°) bietet sich ein umfassender Blick auf Dieppe.

174 Bauernhof, La Chapelle-sur-Dun (s. S. 290)

175 Camping le Mesnil, St-Aubin-sur-Mer (s. S. 291)

176 Parkplatz am Strand, St-Aubin-sur-Mer (s. S. 291)

177 Stellplatz beim Camping de la Plage, Quiberville (s. S. 291)

Ver- und Entsorgung in Hautot-sur-Mer

N49.89659° E1.05436°

Kostenlos, an der D153

DIEPPE (30 km – km 178)

Information

Office de Tourisme, 76204 Dieppe, Pont Jehan Ango, Tel. +33 (0)2 32144060, Öffnungszeiten: Okt.–Feb. Mo–Sa 9–12.30 und 13.30–17 Uhr, März–Juni, Sept. Mo–Sa 9–13 und 14–18 Uhr, Juli, Aug. 9–19 Uhr, Mai–Sept. auch So 9.30–13 und 14–17.30 Uhr

Bei der Touristeninformation beginnt der Stadtspaziergang durch die Hafenstadt Dieppe. Geradeaus kommt man zum Place Nationale, an dessen Ende ab 1250 die **Église St-Jacques** errichtet wurde. Sie wird sukzessive renoviert und man sieht deutlich die Teile, die bereits fertig sind. Besonders schön ist der üppige Flamboyant-Gotikschmuck der Außenfassade und des Chorraumes. Das Kirchenschiff aus dem 13. und 14. Jh. ist dagegen eher schlicht gehalten. Nicht sattsehen kann man sich an den vielen Details des Frieses („Mur des sauvages") im linken Chor. Er stammt ursprünglich aus dem 1694 abgebrannten Haus des Reeders Ango und zeigt seine Abenteuer in fernen Ländern.

Der Reeder **Jehan Ango** (1480–1551) kam durch den Handel mit Elfenbein, exotischen Gewürzen und Hölzern zu einem enormen Reichtum. Er war ein großer Kunstmäzen, rüstete eine Forschungsexpedition von Giovanni da Verrazano aus und finanzierte eine Reise von Paulmier de Gonneville, der behauptete, Australien entdeckt zu haben.

▼ *Früher legten im Hafenbecken von Dieppe die Fähren nach England ab*

Weiter geht der Stadtspaziergang durch die Grande Rue, die Hauptgeschäftsstraße der Stadt. Gemütlich kann man hier durch die Fußgängerzone bummeln und einen Blick auf die teilweise wunderbar gestalteten schmiedeeisernen Balkone werfen. Der **Place du Puits-Salé** wird vom **Café des Tribunaux** mit seiner Uhr von 1709 dominiert. Hier trifft man sich am belebten Mittelpunkt der Stadt, um zu sehen und gesehen zu werden. Man spaziert auf der Rue de la Barre mit ihren schönen alten Häusern weiter, um dann nach rechts in die Rue des Bains einzuschwenken. Geradeaus geht man durch **Les Tourelles,** das einzige erhaltene der ehemals fünf Stadttore, zur Uferpromenade. Wer will, steigt hier zum aus abwechselnden Lagen von Sand-, Back- und Feuerstein erbauten **Château** hinauf. Zu sehen gibt es dort u. a. eine große Sammlung von Elfenbeinschnitzereien.

Nun geht es auf der Strandpromenade geradeaus bis man vor dem Hôtel l'Europe nach rechts zum Museum **Estran Cité de la Mer** abbiegt. Es gliedert sich in die vier Themenbereiche Schiffsbau, Fischfang, Küstenlandschaft und Seeaquarien. Noch gut erhalten ist der alte Straßenzug gegenüber dem Museum. Nach rechts haltend, kommt man an den bunten Reederhäusern am Quai Henri IV vorbei. Hier befand sich bis 1994 die Anlegestelle der Fähren aus England.

178 *Hafen, Dieppe (s. S. 291)*

Durch das malerische Fischerviertel **Le Pollet** zwischen Stellplatz und Drehbrücke kann man hinauf zur 1876 errichteten Kapelle **Notre-Dame-de-Bon-Secours** steigen. In ihrem Innern erinnern Steinplatten an die verschollenen Seeleute von Dieppe.

Sehenswertes

Château, 76200 Dieppe, Rue de Chastes, Öffnungszeiten: Juni–Sept. 10–12 und 14–18 Uhr, Okt.–Mai Mi–Mo 10–12 und 14–17 Uhr, Eintritt: 4 €
Estran Cité de la Mer, 76200 Dieppe, Rue de l'Aisle Thomas, Öffnungszeiten: 10–12 und 14–18 Uhr, Eintritt: 7 €

Essen

Café des Tribunaux, 76200 Dieppe, Place du Puits Salé, Tel. +33 (0)2 32144465. Hier sollte man unbedingt – wie auch schon Oscar Wilde – einkehren.
Le New-Haven, 76200 Dieppe, Quai Henri IV 53, Tel. +33 (0)2 35848972, Di, Mi geschlossen. Im rustikalen Ambiente und mit Blick auf den Jachthafen bekommt man gute traditionelle Küche.

ABSTECHER CHÂTEAU UND JARDIN POTAGER DE MIROMESNIL (hin und zurück 21 km)

Gartenliebhaber sollten über die D915/D54/D254 einen Abstecher zum Château de Miromesnil machen. 1590 begonnen, zeigt das Schloss zwei sehr unterschiedliche architektonische Gesichter: die schlichte Südseite im Stil Heinrichs IV. und die üppig dekorierte Nordfassade im Stil Ludwigs XIII. In diesen Mauern erblickte Guy de Maupassant, einer der großen Erzähler der französischen Literatur, am 5. August 1850 das Licht der Welt. Der Schlossgarten ist berühmt für seine Kombination von Blumen- und Gemüseanbau. Obstbäume, Magnolien, Clematis und Rosen harmonieren mit Gemüsebeeten und vielerlei bunt blühenden Stauden, ein gutes Beispiel für einen traditionellen *potager,* einem typisch französischen Gemüsegarten, in dem auch viele Blumen blühen. Eine 200 Jahre alte Libanon-Zeder ist das älteste Exemplar unter den mehr als 3000 Bäumen des 16 ha großen Geländes. Außen schlicht und im Innern reich dekoriert, überrascht eine kleine, im Wald versteckte Kapelle den Besucher.

179 *Camping le Val Boise, Berneval-Le-Grand (s. S. 291)*

180 *Strand, Criel-sur-Mer (s. S. 292)*

Sehenswertes

Château und Jardin Potager de Miromesnil, N49.86259° E1.08269°, Öffnungszeiten Garten: Apr.–Okt. 14–18 Uhr, Juli, Aug. 10–13 und 14–18 Uhr, Eintritt: 5 €, geführte Touren: im Schloss Beginn 10, 14, 16 Uhr, Eintritt: 6 €, Küchengarten, Kapelle: Beginn 11, 15, 17 Uhr, Eintritt: 6 €

Von Dieppe bis Le Tréport gibt es keine durchgängige Küstenstraße. Zwar zweigen immer wieder Stichstraßen von der D925 Richtung

Küste ab, sie führen aber nicht immer an einen Strand. Die erste Möglichkeit, um an einen Strand zu kommen, bietet sich bei Berneval-le-Grand. Für Wohnmobile gibt es hier außer auf dem Campingplatz le Val Boise aber keine Stellmöglichkeiten, ja nicht einmal eine Parkmöglichkeit.

Immer an der Küste entlang erreicht man über **Mesnil-Val** (D126 E) die beiden Stellplätze oberhalb von **Le Tréport.** Hier kann man gut parken und mit der Standseilbahn gratis hinunter ins Zentrum schweben.

181 ***Funiculaire, Le Tréport (s. S. 292)***

Zu der Steilküste (Falaise) von Criel-sur-Mer

Vom Stellplatz am Strand (s. S. 292) nimmt man den Feldweg, der rechts (Strand im Rücken) landeinwärts führt. Vor der neuen Ferienhaussiedlung wandert man rechts über Treppen (Markierung: weiß-roter Strich) hinauf bis zur D222 beim Campingplatz La Mont Jolie Bois. Man überquert die Straße und steigt dann entlang des Campingplatzes (Markierung: weiß-roter Strich) auf einem Feldweg an Brombeer- und Schlehenhecken vorbei hinauf zum Aussichtspunkt. Das Auge schweift weit über die Bucht von Criel mit den strahlend weißen Felsen und dem türkisfarbenen Meer. Nach links wandernd, bietet sich immer wieder ein grandioser Ausblick auf die Steilküste, bis man auf einer steilen Eisentreppe hinunter ins schmale Val Pollet steigt. Eine Treppe und Stufen führen anschließend wieder hinauf zur Hochfläche. Der schmale Pfad verlässt nach einiger Zeit die Küste und führt zwischen Zäunen aus Stacheldraht im Rechteck um eine Weide. Wenn er wieder meerwärts abzweigt, geht man nach links auf einem Wiesenweg weiter, bis links die Grasfläche eines Modellflugplatzes sichtbar wird. Nun wandert man links auf dem zunächst geteerten und dann geschotterten Feldweg. Wenn dieser nach links abbiegt, wendet man sich nach rechts und geht auf dem Wiesenweg weiter. Immer rechts haltend kommt man in ein kleines Wäldchen, das man, der gelben Markierung folgend, abwärts durchquert. Immer weiter bergab kommt man nach Criel-sur-Mer. Hier wandert man nach links in die Rue des Érables (gelber Strich) und weiter, bis man auf die D222 stößt. Ihr folgt man für 100 m nach links und geht dann rechts weiter (gelbe Markierung) durch ein Neubaugebiet. Immer den kleinen Hinweisschildern „Plage" nach, biegt man schließlich in den schon bekannten Wiesenweg ein, der einen zum Stellplatz zurückbringt.

Die beschriebene Wanderung (Dauer ca. 2 Std.) ist als mittelschwere einzustufen. Man sollte auf jeden Fall trittsicher und schwindelfrei sein. Für Hunde ist die Strecke nur bedingt geeignet (steile Eisentreppe).

162rnm Abb.: gg

LE TRÉPORT (30 km - km 208)

Essen

La Pile D'Assiettes, 76470 Le Tréport, Rue Gambetta 1-3, Tel. +33 (0)2 35846561, Mi Ruhetag. Hier kommt nur Marktfrisches in den Kochtopf - man schmeckt es!

182 ***Aire des Camping-Cars, Le Tréport (s. S. 292)***

Information

Office de Tourisme, 76470 Le Tréport, Quai Sadi Carnot, Tel. +33 (0)2 35860569, Öffnungszeiten: Mo-Sa 9.30-12.30 und 14-18 Uhr, So 10-12.30 und 14.30-17 Uhr, Okt.-März So geschlossen

Vom Platz bei der Bergstation der Standseilbahn liegt dem Besucher ganz Le Tréport mit seiner Altstadt und dem weitläufigen Hafen zu Füßen. Links und rechts wird die Stadt von hohen, weiß leuchtenden Klippen flankiert. Mit der gläsernen Seilbahn unten angekommen, spaziert man auf der Rue Gambetta durch das idyllische alte Seiler- und Fischerviertel. Besonders die vielen kleinen Balkone zu den kerzengerade verlaufenden Gassen hin fallen ins Auge. Über Treppen steigt man hinauf zur **Église Saint-Jacques** mit ihrer für die Region typischen Fassade aus Feuer- und Sandstein. Kunstvolle Abhänglinge und die Pieta im linken Seitenschiff, beide aus dem 16. Jh., sind im Inneren der Kirche von Interesse.

Herrlich flanieren lässt es sich entlang des Quai François 1er mit seinen vielen Restaurants und Cafés.

Auf der D1915 sind es nur 4 km bis nach Eu.

EU (4 km - km 212)

Information

Office de Tourisme, 76260 Eu, Place Guillaume Le Conquérant, Tel. +33 (0)2 35860468, Okt.-Apr. Mo-Sa 10-12 und 14-17 Uhr, Mai-Mitte Juni 9.30-12.30 und 14-18 Uhr, Mitte Juni-Sept. Mo-Sa 9.30-18 Uhr, Mai-15. Sept. auch So 10-12.30 Uhr

Sehenswertes

Château d'Eu, 76260 Eu, Tel. +33 (0)2 3586440, Öffnungszeiten: Mitte März-Mitte Nov. Mi-Mo 10-12 (außer freitags) und 14-18 Uhr, Eintritt: 4 €

183 ***Camping Municipal, Eu (s. S. 292)***

1050 fand im **Château** die geheime Hochzeit von Wilhelm dem Eroberer mit Mathilde von Flandern statt. Allerdings hatte es damals ein anderes Aussehen, als das Schloss, das man heute zu Gesicht bekommt. Die alte Burg wurde auf Befehl Ludwigs des XI. geschleift und an ihrer Stelle ab 1578 von Catherine de Clèves und ihrem Gemahl Heinrich von Lothringen der heutige Prachtbau aus Ziegel- und Naturstein erbaut. 1843 und 1845 empfing hier Louis Philippe die englische Königin Victoria und besiegelte die **Entente cordiale** (Bündnis zwischen Frankreich und England). Das Musée Louis-Philippe zeigt die prächtigen Salons, Schlaf- und Badezimmer, den Speisesaal und anhand eines Videofilmes die Geschichte des Hauses. Im Barockgarten hinter dem Schloss kann man, ohne Eintritt zu bezahlen, lustwandeln.

Gleich gegenüber dem Schloss beherrscht die **Collégiale Notre-Dame-et-Saint-Laurent** den Place Guillaume Le Conquérant, an dem sich auch die Touristeninformation befindet. Das wohlproportionierte Kirchenschiff wurde im 12. Jh., der Chor im 15. Jh. erbaut. Besonders sehenswert ist die Grablege der Grafen von Eu und das Grab des **heiligen Laurentius O'Toole** (1180) in der Krypta unter dem Chor. Die Figur des heiligen Laurentius, dem diese Kirche neben der Jungfrau Maria geweiht ist, ist eine der ältesten Grabfiguren der Region.

Vom **Place Saint-Laurent O'Toole** hinter der Kirche hat man eine schöne Aussicht über die Dächer von Eu. Über die Rue du Collège

163nrm Abb.: gg

spaziert man zur **Jesuitenkapelle** (Chapelle du Collège) aus dem 17. Jh. mit ihrer prachtvollen Louis-treize-Fassade. Kunstvoll gestaltet sind die beiden Grabmäler von Heinrich von Lothringen und seiner Gemahlin Catherine de Clèves im Chor.

Auf der Rue de L'Abbaye hinunter, findet man rechter Hand das **Hôtel-Dieu** (Hospiz) von 1675. Von 1658 bis Februar 1967 waren hier die Barmherzigen Schwestern in der Krankenpflege tätig.

Auf der D49 durch das weite Tal der Bresle und vorbei an vielen Seen kommt man über Incheville und Longroy zur Abzweigung der D115 nach **Bazinval,** einem Dorf ohne Einkaufsmöglichkeiten, aber dafür mit einem unschlagbar günstigen, kleinen Campingplatz.

Wieder zurück auf der D49 wechselt man kurz darauf auf die D149, die durch den kleinen Forêt d'Eu über Grandcourt nach Fresnoy-Folny führt. Hier geht es nach links auf die D1314. Nach 22 km ist über Londinieres Neufchâtel-en-Bray erreicht.

NEUFCHÂTEL-EN-BRAY (58 km – km 270)

Das freundliche Neufchâtel-en-Bray mit seinem hübschen Hauptplatz ist weit über die Grenzen Frankreichs hinaus für seinen gleichnamigen Käse bekannt, der durch das AOC-Label (Appellation d'Orgine) geschützt ist. Die Herstellung ist auf das Gebiet um Neufchâtel begrenzt.

Einkaufen

La Fromagerie, 76260 Eu, Rue Paul Bignon 4. Hier gibt es eine breite Auswahl an Käse aus der Normandie.

184 Camping La Forêt, Bazinval (s. S. 292)

Picknickplatz an der D1314

N49.84502° E1.40476°
Schöne Fernsicht

Parken

N49.73220° E1.44007°
P3 commerce, ausgeschildert

▲ *Das Château d'Eu – prachtvoll verbauter Ziegelstein*

Information

Office du Tourisme, 76270 Neufchâtel-en-Bray, Place Notre-Dame 6, Tel. +33 (0)2 35932296, www.ot-pays-neufchatelois.fr, Öffnungszeiten: Apr.-Sept. Di-Sa 10-12.30 und 14-18 Uhr, Juli-Aug. täglich, Okt.-März 14-17 Uhr

In einem Bürgerhaus aus dem 16. Jahrhundert ist das **Musée Mathon-Durand** mit Ausstellungen zu traditioneller Landwirtschaft, unter anderem einer Molkerei und einer Käserei, untergebracht. Außerdem werden Töpferwaren und Fayencen aus der Region gezeigt.

Sehenswertes

Musée Mathon-Durand, 76270 Neufchâtel-en-Bray, Grande Rue Saint-Pierre (Kreuzung D1 und D928), Tel. +33 (0)2 35930655, Öffnungszeiten: Apr.-Okt. So 15-18 Uhr, 15. Juni-15. Sept. Di-So 15-18 Uhr, Eintritt: 3 €

Essen

Les Airelles, 76270 Neufchâtel-en-Bray, Passage Michu 2, Tel. +33 (0)2 35931460. Abwechslungsreiche, gute Küche, nette Terrasse

Auf der D1314 geht es auf 18 km durch das schöne Pays de Bray nach Forges-les-Eaux. Nach 5 km lohnt sich der Besuch der **Ferme des Fontaines Alex Brianchon,** der ältesten Käserei der Region, in **Nesle-Hodeng.** Man biegt beim Straßenschild Nesle-Hodeng (D135) nach links ab. Nach 450 m weist links ein Schild auf die Käserei hin.

185 Camping de Sainte-Claire, Neufchâtel-en-Bray (s. S. 292)

186 Aire de Camping-Cars Rue Gare, Nesle Saint-Saire (s. S. 293)

Sehenswertes

Ferme des Fontaines Alex Brianchon, N49.70472° E1.50076°, Tel. +33 (0)2 32970646, Öffnungszeiten: März-Okt. Mo-Fr. 8-19 Uhr, Sa, So 8-10 und 16.30-18.30 Uhr, Führung: 4 €

Dem interessierten Besucher erklärt Madam Brianchon gerne die verschiedenen Arbeitsgänge und Reifeprozesse bei der Herstellung des berühmten Kuhmilchkäses Neufchâtel. Natürlich kann man hier auch Käse einkaufen – vom 10 Tage alten Frischkäse bis zu einem zwei Monate trocken gereiften Stück in der traditionellen Herzform.

164nrm Abb.: gg

Hier entsteht in Handarbeit der köstliche Neufchâtel

FORGES-LES-EAUX (18 km - km 288)

Information

Office de Tourisme, 76440 Forges-les-Eaux, Rue Albert Bochet, Tel. +33 (0)2 35905210, Öffnungszeiten: Okt.-März Mo-Sa 9.30-12.30 und 14-17 Uhr, April-Sept. Mo-Sa 9.30-12.30 und 14-18 Uhr, Mai-Sept. auch So 9-13 Uhr

Früher wurde in Forges-les-Eaux Metall in Schmieden *(forges)* verarbeitet, heute badet hier der Kurgast im eisenhaltigen, leicht radioaktiven Wasser. Schöne Spazierwege führen durch den Bois de L'Epinay und rund um den **Lac de l'Andelle** und den **Lac de L'Epinay.** Wie wäre es anschließend mit einem Besuch des Kasinos?

Auf der Fahrt ins Zentrum kommt man an der Fassade des ehemaligen Karmeliterinnenklosters aus dem 17. Jh. vorbei. Das freundliche Städtchen selbst wartet mit einigen alten Fachwerkhäusern, netten Plätzen, einem hübschen Rathaus mit einem kleinen Park sowie einem schönen, allerdings auch gut besuchten Stellplatz auf.

187 Aire de Camping-Cars, Forges-les-Eaux ***(s. S. 293)***

Hinter Forges-les-Eaux kann man entweder auf der D915 schnell Gournay-en-Bray (20 km) erreichen oder man fährt auf teilweise schmalen Straßen durch das grüne Pays de Bray und durch kleine Dörfer hindurch. Im Folgenden wird die landschaftlich schönere Strecke durch das **Pays de Bray** beschrieben.

Auf der D921 verlässt man Forges-les-Eaux, um nach 4,5 km nach rechts auf die D61 in Richtung **La Ferté-St-Samson** abzubiegen. Noch vor dem Dorf führen Hinweisschilder hinauf zum Aussichtspunkt nahe der Kirche. Die Zufahrtsstraße ist allerdings sehr schmal, bei Gegenverkehr muss man zurücksetzen. Wer dies nicht möchte, fährt in das Dorf La Ferté hinein und parkt auf dem großen Place de la Mairie mit dem **Maison Heinrichs IV.** Das schmucke Fachwerkhaus stammt aus dem 16. Jh., ist heute in Privatbesitz und nicht zu besichtigen. Vom Dorfplatz aus kann man zu Fuß hinauf zur Kirche und weiter zum Aussichtspunkt steigen.

Ob nun mit Womo oder zu Fuß, die Aussicht von oben ist wirklich allumfassend: Man hat eine Rundumsicht auf das Kalksteinplateau, das als *boutonnière* (Knopfloch) bezeichnet wird.

Kurz hinter La Ferté-St-Samson biegt die sehr schmale D9 südlich nach Sigy-en-Bray ab. Fahren Sie die 5 km langsam, damit Sie bei Gegenverkehr anhalten können. Im winzigen **Sigy-en-Bray** ist die schöne Abteikirche des ehemaligen Klosters interessant. Der Chor stammt aus dem 12. und das Portal aus dem 13. Jh.

Zur Weiterfahrt fährt man kurz zurück bis zum ehemaligen Bahnhof von Sigy-en-Bray und biegt dann links auf die D41 Richtung Argueil ab. In Argueil fährt man ein kurzes Stück auf der D921 bis nach Fry und dort kurz vor der Kirche auf die D1 nach Beauvoir-en-Lyons. Hinter der Kirche von **Beauvoir-en-Lyons** hat man wieder eine wunderschöne Aussicht auf das grüne Pays de Bray. Immer weiter auf der D1 erreicht man nach 6 km die N31, die nach 7,5 km in die

D915 mündet. Auf ihr fährt man in wenigen Minuten nach **Gournay-en-Bray,** einem lebhaften Städtchen mit zwei Markttagen: Dienstag und Freitag. Regionale Produkte wie Käse, Butter, Fleisch und Geflügel werden dann den Marktbesuchern feilgeboten. In der **Stiftskirche Saint-Hildevert** aus dem 11. und 12. Jahrhundert werden die Reliquien des heiligen Hildevert aufbewahrt. Einen farbigen Akzent setzt das prächtige Glasfenster hinter dem Altar im schlichten, hellen Innenraum.

188 Avenue Sadi Carnot, Gournay-en-Bray ***(s. S. 293)***

Information

Office de Tourisme, 76220 Gournay-en-Bray, Place d'Armes 9, Tel. +33 (0)2 35902834, Öffnungszeiten: Mai–Sept. Di–Sa 10–12 und 14–17.30 Uhr, Okt.–April Di–Fr 10–12 und 14–17.30 Uhr, Sa 10–12 Uhr, Internetanschluss 1 €/15 Min.

Essen

O Délices, 76220 Gournay-en-Bray, Rue de Barbacane 6, Tel. +33 (0)2 32895998. Gute Küche und freundlicher Service

189 Aire Campingcar Bois Marie, Sérifontaine ***(s. S. 293)***

Auf der D915 kommt man ins ansprechende Gisors. Unterwegs findet man in Sérifontaine noch einen netten, privaten Stellplatz.

GISORS (46 km – km 334)

Parken

Gisors macht es dem Wohnmobilfahrer nicht leicht, denn beinahe alle Parkplätze sind mit Schranken bis 1,90 m Höhe versehen. Zur zentrumsnahen Parkmöglichkeit muss man von der D915 unterhalb der Burg links in die Rue des Argillières fahren, dort gibt es auf der rechten Seite Parkplätze (N49.28114° E1.77705°).

Information

Office de Tourisme, 27140 Gisors, Rue de Général de Gaulle 4, Tel. +33 (0)2 32276063, www.tourisme-gisors.fr, Öffnungszeiten: Mo–Sa 9–12 und 14–18 Uhr, Apr.–Sept. auch So 10–12 und 14–16 Uhr

Vom Parkplatz geht man am Bach entlang bis zum großen Markplatz bei der Touristeninformation. Rechts sieht man schon den Turm der **Église St-Gervais-et-St-Protais** über den Hausdächern. Trotz der verschiedenen Baustile von Gotik bis Renaissance wirkt das Gotteshaus sehr harmonisch. Im Innern sind die Wendeltreppe (1570) von Jean Grappin und das Flachrelief „Wurzel Jesse" von Pierre Fresnoy in der Kapelle des Südturms sehenswert. Die „Wurzel Jesse" zeigt den Stammbaum Jesu.

Ohne Eintritt zu bezahlen kann man den Park, der das **Château** umgibt, betreten. Von der Burgmauer hat man einen wunderschönen Blick über die Dächer von Gisors. Gebaut wurde die Festung 1097 von Wilhelm II. von England, einem Sohn Wilhelms des Eroberers, und 1160 von Heinrich II. Plantagenêt verstärkt. Der Donjon erhebt sich auf einem künstlich aufgeschütteten Erdhügel und bei einer Führung kann man den Wachturm erklimmen und die Aussicht genießen.

Sehenswertes

Château, Öffnungszeiten Park: Apr.–Sept. 8–19.30 Uhr, Okt.–März 8–17 Uhr, Führungen: Apr.–Sept. Mi–Mo 10, 11, 14, 15.30, 17 Uhr, Okt., Nov., Feb., März Sa–So 10.30, 14.30 und 16 Uhr, Eintritt: 5 €

Einkaufen

Montags findet auf dem Platz bei der Touristeninformation ein **Markt** statt.

221nrm Abb.: gg

STELL- UND CAMPINGPLÄTZE ENTLANG DER ROUTE

156 *An der Straße zum Kiesstrand, St-Jouin-Plage*

N49.65085° E0.16328°

Offizieller Stellplatz an der Straße hinunter zum Kiesstrand, Lage gut und relativ ruhig. **Lage/Anfahrt:** Durch St-Jouin-Bruneval hindurch und immer den Hinweisschildern „St-Jouin-Plage“ folgen; **Platzanzahl:** 20; **Untergrund:** Schotter; **Ver-/Entsorgung:** Strom, Trinkwasser, Abwasser, Chemie-WC; **Preise:** 2 €/Wasser oder 55 Min. Strom mit Jetons (im örtlichen Handel); **Geöffnet:** frei zugänglich

157 *Phare, La-Poterie Cap-d'Antifer*

N49.68300° E0.16488°

Ruhiger, offizieller Stellplatz beim Leuchtturm, der allerdings nachts blinkt. **Lage/Anfahrt:** Von der D940 in das Dorf abbiegen und hier dem Womopiktogramm 1,7 km folgen; **Platzanzahl:** 2–3; **Untergrund:** Schotterrasen; **Preise:** kostenlos; **Geöffnet:** frei zugänglich

158 *Aire stationement Maupassant, Étretat*

N49.70018° E0.21591°

Offizieller Stellplatz neben dem Campingplatz, ca. 1 km bis ins Zentrum, Lage befriedigend und laut (Straßenlärm). **Lage/Anfahrt:** In Étretat nach rechts Richtung A29 und „Camping Municipal“ fahren. Hinter dem Campingplatz nach links zum Platz; **Platzanzahl:** 30; **Untergrund:** Schotter; **Ver-/Entsorgung:** Trinkwasser, Abwasser, Chemie-WC; **Sicherheit:** umzäunt; **Preise:** 8 €/Fahrz., 2 €/10 Min. Wasser (Campingplatz Apr.–15. Okt.: 4,70 €/Fahrz., 2,50–3,65 €/Pers., Strom 5–6 €, Kurtaxe 0,55 €); **Geöffnet:** ganzjährig

159 *Bahnhof, Étretat*

N49.70837° E0.21511°

Offizielle Stellplätze entlang der Straße (Sackgasse) beim alten Bahnhof und der Gendarmerie. **Lage/Anfahrt:** Durch Étretat Richtung Fécamp und dann nach links auf die D11 (Benourville), nach 500 m rechts zum Stellplatz abbiegen; **Platzanzahl:** 10; **Untergrund:** Asphalt; **Sicherheit:** beleuchtet; **Preise:** kostenlos; **Geöffnet:** frei zugänglich

▲ *Einen weiten Ausblick direkt vom Wohnmobilfenster genießt man auf dem Campingplatz Le Rivage 160 in Yport*

(160) *Camping Le Rivage, Yport*

N49.73660° E0.30735°

Großzügiges Wiesengelände mit herrlicher Aussicht aufs Meer. Laden, Snackbar. Lage sehr gut und ruhig. **Lage/Anfahrt:** Von der D211 vor dem Ort nach links zum Platz, ausgeschildert; **Platzanzahl:** 100; **Untergrund:** Wiese; **Ver-/Entsorgung:** Strom, Trinkwasser, Abwasser, Chemie-WC; **Sicherheit:** umzäunt, beleuchtet; **Preise:** 15–17,50 €/Fahrz. inkl. 2 Pers. mit Strom und Dusche; **Geöffnet:** März–Mitte November, **Kontakt:** Tel. +33 (0)2 35273378, www.camping-lerivage.com

(161) *Place des Ancien Combatants, Yport*

N49.73743° E0.31472°

Offizieller Stellplatz mit Toiletten, leider auch von Pkws stark frequentiert. Lage befriedigend und relativ ruhig. **Lage/Anfahrt:** Auf der D211 bis zur Kirche fahren, dann rechts in die Rue Général de Gaulle und rechts zum Platz hinter der Kirche, ausgeschildert mit „P"; **Platzanzahl:** 10; **Untergrund:** Asphalt; **Sicherheit:** beleuchtet; **Preise:** kostenlos; **Geöffnet:** frei zugänglich

(162) *Camping La Chênaie, Yport*

N49.73268° E0.32055°

Platz mit befriedigender Sanitärausstattung am Ortsrand, teils im Wald, teils sonnige Wiese. Beheiztes Schwimmbad. **Lage/Anfahrt:** Durch den Ort, ausgeschildert; **Platzanzahl:** 50; **Untergrund:** Wiese; **Ver-/Entsorgung:** Strom, Trinkwasser, Chemie-WC; **Sicherheit:** umzäunt, beleuchtet, bewacht; **Preise:** Pauschale 12–17,50 €/Fahrz. inkl. 2 Pers. und Strom bei Ankunft nach 18 Uhr und Abfahrt vor 10 Uhr; **Geöffnet:** Apr.–Mitte Okt.; **Kontakt:** 76111 Yport, D 211, Tel. +33 (0)2 35273356, www.flowercampings.com

(163) *De la Mâture, Fécamp*

N49.76012° E0.37350°

Offizielle Stellplätze mit Toilette auf einem großen Parkplatz auch für Pkws, zentrumsnah. Lage befriedigend und relativ ruhig. Jetons bei der Touristeninformation. 6 Ausweichplätze beim Bahnhof (N49.70837° E0.21511°). **Lage/Anfahrt:** Auf der D211 bis zum Hafen, dann rechts und beim Kreisverkehr links in die D925 fahren. Nach wenigen Metern vor der Touristeninformation rechts abbiegen; **Platzanzahl:** 30; **Untergrund:** Schotter; **Ver-/Entsorgung:** Trinkwasser, Abwasser, Chemie-WC; **Sicherheit:** beleuchtet; **Preise:** 3 €/10 Min. Wasser (Jetons); **Geöffnet:** frei zugänglich; **Kontakt:** 76400 Fécamp, Chaussée R. Gayant

(164) *Quai Sardi Carnot, Fécamp*

N49.76064° E0.37268°

Offizielle Stellplätze entlang einer Halle am Quai, Sicht zum Hafen. Lage befriedigend und relativ ruhig. **Lage/Anfahrt:** Auf der D211 bis zum Hafen, dann rechts und beim Kreisverkehr links in die D925 fahren. Nach wenigen Metern vor der Touristeninformation links abbiegen. Die Stellplätze befinden sich an der rechten Straßenseite; **Platzanzahl:** 25; **Untergrund:** Asphalt; **Sicherheit:** beleuchtet; **Preise:** kostenlos; **Geöffnet:** frei zugänglich; **Kontakt:** 76400 Fécamp, Quai Sardi Carnot

165 *Camping Les Mouettes, Saint-Martin-aux-Buneaux*

N49.82813° E0.54997°

Platz mit befriedigender Sanitärausstattung. Durch Hecken unterteiltes, ansprechendes Gelände, viele Dauercamper. Lage gut und ruhig. **Lage/Anfahrt:** Den Ort in Richtung Veulettes-sur-Mer verlassen, dann links fahren, ausgeschildert; **Platzanzahl:** 60; **Ver-/Entsorgung:** Strom, Trinkwasser, Chemie-WC; **Sicherheit:** umzäunt, beleuchtet; **Preise:** 12,50–13,45 €/Fahrz. inkl. 2 Pers., Strom und Dusche; **Geöffnet:** April–September; **Kontakt:** 76450 St-Martin-aux-Buneaux, Grand Rue 47, Tel. +33 (0)2 35979616 , www.saint-martin-aux-buneaux.fr

166 *Plage, Veulettes-sur-Mer*

N49.85415° E0.60569°

Stellplätze direkt hinter dem Deich, WC. Lage gut und ruhig. Um 19 Uhr kommt jemand und kassiert. Jetons gibt es beim Tourismusbüro, im Rathaus und im Tabakladen. Ein Bäckerauto kommt um 9 Uhr. 10 Alternativplätze auf Asphalt bei der Touristeninformation (N49.85249° E0.60186°). Gleiche Konditionen wie dieser Platz. **Lage/Anfahrt:** Im Ort zum Strand fahren und dann nach rechts am Deich entlang zum Platz; **Platzanzahl:** 40; **Untergrund:** Schotter, Schotterrasen; **Ver-/Entsorgung:** Strom, Trinkwasser, Abwasser, Chemie-WC; **Preise:** 4,50 €/Fahrz., gebührenpflichtig März–15. Nov., 3,50 €/100 l Wasser oder 1 Std. Strom (Jetons); **Max. Stand:** 2 Nächte; **Geöffnet:** frei zugänglich

167 *Camping Municipal, Cany-Barville*

N49.78332° E0.64226°

Von Hecken unterteilter, freundlicher Platz, befriedigende Sanitärausstattung. **Lage/Anfahrt:** Die Stadt auf der D268 verlassen, ausgeschildert; **Platzanzahl:** 100; **Untergrund:** Wiese; **Ver-/Entsorgung:** Strom, Trink- und Abwasser, Chemie-WC; **Preise:** 15,55 € inkl. 2 Pers und Strom, Tier 1,35 €; **Geöffnet:** Apr.–Sept.; **Kontakt:** 76450 Cany-Barville, D268, Tel. +33 (0)2 35977037, www.cany-barville.fr

168 *Plage, Saint-Valery-en-Caux*

N49.87220° E0.70920°

Offizieller, zweigeteilter Stellplatz, ein Teil am Kiesstrand mit Blick auf die Küste, der andere unterhalb der Klippen, an eine Wiese angrenzend. Abends wird kassiert, der Bäcker kommt um 9 Uhr. Jetons gibt es beim Tourismusbüro. Lage sehr gut und relativ ruhig. In der Ferienzeit überfüllt. **Lage/Anfahrt:** Beim türkisgrünen großen Pavillon nach links abbiegen und immer am Jachthafen entlang bis zum Strand fahren, ausgeschildert; **Platzanzahl:** 50; **Untergrund:** Asphalt; **Ver-/Entsorgung:** Trinkwasser, Abwasser, Chemie-WC; **Preise:** 4,50 €/Fahrz., Kurtaxe 0,20 € (wird März–15. Mai und 16. Sept.–Okt. an den Wochenenden und vom 16. Mai bis 15. Sept. täglich erhoben), 3 €/100l Wasser (Jetons); **Geöffnet:** frei zugänglich

169 *Altes Schulhaus, Gonzeville*

N49.76601° E0.80711°

Offizieller Stellplatz in einem zauberhaften kleinen Dorf beim alten Schulgebäude. Lage gut und ruhig. Führungen durch das 1950er-Jahre-Klassenzimmer unter Tel. (0)2 35567495 buchbar. Wanderwege gehen vom Platz ab. **Lage/Anfahrt:** An der

Kreuzung D20 auf der D50 über Fultot nach Gonzeville. Dort links (D25) weiter bis zur École; **Platzanzahl:** 4; **Untergrund:** Asphalt; **Sicherheit:** beleuchtet; **Preise:** kostenlos; **Geöffnet:** frei zugänglich

170 *Parking du Mont Criquet, Doudeville*

N49.72002° E0.78773°

Offizieller Stellplatz, zentrumsnah, Lage gut und ruhig. Jetons beim Museum Carrefour du Lin und im Handel. **Lage/Anfahrt:** An der Kreuzung D20 mit der D149 geradeaus weiterfahren, dann zweite Zufahrt nach links zur „Mairie" nehmen, auf dem Place Général de Gaulle (Hauptplatz) nach rechts zum „Parking du Mont Criquet" abbiegen, dann ausgeschildert; **Platzanzahl:** 15; **Untergrund:** Asphalt; **Ver-/Entsorgung:** Trinkwasser, Abwasser, Chemie-WC; **Sicherheit:** beleuchtet; **Preise:** 3,50 €/10 Min. Wasser (Jetons); **Geöffnet:** frei zugänglich

171 *Château d'Iclon, Iclon*

N49.84391° E0.81989°

Schön angelegter, privater Stellplatz neben dem Schloss, gute und sehr ruhige Lage. **Lage/Anfahrt:** Am Ortsrand von Iclon ausgeschildert; **Platzanzahl:** 10; **Untergrund:** Wiese; **Ver-/Entsorgung:** Strom, Trinkwasser, Abwasser, Chemie-WC; **Sicherheit:** umzäunt; **Preise:** 5 €/Fahrz., 1 €/Pers., Strom 3 €, je 2,50 für Wasser und für die Entsorgung; **Geöffnet:** ganzjährig, Tel. +33 (0)6 76608448

172 *Beim Campingplatz, Veules-les-Roses*

N49.87585° E0.80231°

Offizieller Stellplatz beim Campingplatz, mit Hecken unterteiltes Gelände. Lage gut und ruhig. **Lage/Anfahrt:** Den Ort auf der D68 verlassen, ausgeschildert; **Platzanzahl:** 20; **Untergrund:** Schotterrasen; **Ver-/Entsorgung:** Trinkwasser, Abwasser, Chemie-WC; **Preise:** 10 €/Fahrz.; **Geöffnet:** ganzjährig

173 *Parking de la Falaise, Veules-les-Roses*

N49.87541° E0.79267°

Offizieller Stellplatz auf einem großen Parkplatz am Rand der Steilküste. Sicht aufs Meer, 10 Min. ins Zentrum. Lage sehr gut und nachts ruhig. **Lage/Anfahrt:** Den Ort auf der D925 verlassen, nach 2 km rechts auf die Zufahrt zum Parkplatz abbiegen, weitere 2 km zum Platz; **Platzanzahl:** 50; **Untergrund:** Wiese; **Preise:** kostenlos; **Geöffnet:** frei zugänglich

174 *Bauernhof, La Chapelle-sur-Dun*

N49.85857° E0.84419°

Einfache Wiese bei einem Bauernhof, Eier- und Cidreverkauf, gute und sehr ruhige Lage. **Lage/Anfahrt:** Von der D68 in Sotteville-sur-Mer auf die D89 Richtung La Chapelle-sur-Dun. Kurz nach links auf die D925 und dann nach rechts nach La Chapelle-sur-Dun abfahren (ausgeschildert), dann rechts in die D69, nach der Einmündung der D69 in die D75 nächste Möglichkeit links, schmale Zufahrt zum Platz; **Platzanzahl:** 10; **Untergrund:** Wiese; **Ver-/Entsorgung:** Strom, Trinkwasser, Abwasser, Chemie-WC; **Sicherheit:** umzäunt; **Preise:** 5 €/Fahrz., 1 €/Pers., Strom 3 €, für Gäste Ver- und Entsorgung inklusive, für Externe je 2,50 €; **Geöffnet:** ganzjährig

175 *Camping Le Mesnil, St-Aubin-sur-Mer*

N49.88382° E0.85161°

Schön angelegter, terrassierter Platz mit guter Sanitärausstattung, kleiner Laden, in der Saison auch Restaurant. **Lage/Anfahrt:** Von der D68 zwischen Sotteville-sur-Mer und St-Aubin-sur-Mer nach links zum Platz, ausgeschildert; **Platzanzahl:** 70; **Untergrund:** Wiese; **Ver-/Entsorgung:** Strom, Trinkwasser, Abwasser, Chemie-WC; **Sicherheit:** umzäunt, beleuchtet, bewacht; **Preise:** 20,20 €/Fahrz. inkl. 2. Pers. und Taxe, mit Strom 24,65 €, Hund 1,65 €; **Geöffnet:** April–Oktober; **Kontakt:** 76740 Saint-Aubin-sur-Mer, Route de Sotteville, Tel. +33 (0)2 35830283, www.campinglemesnil.com

176 *Parkplatz am Strand, St-Aubin-sur-Mer*

N49.89326° E0.87204°

Offizielle Stellplätze auf einem riesigen Parkplatz am Strand. **Lage/Anfahrt:** Im Ort Richtung Strand, ausgeschildert mit P; **Platzanzahl:** 40; **Untergrund:** Schotter; **Preise:** 5 €/Fahrz.; **Max. Stand:** 1 Nacht; **Geöffnet:** frei zugänglich

177 *Stellplatz vor dem Camping de la Plage, Quiberville*

N49.90462° E0.92649°

Platz direkt vor dem Campingplatz, zum Strand muss man über die Straße. Lage gut und relativ ruhig. **Lage/Anfahrt:** Campingplatz ist ausgeschildert; **Platzanzahl:** 8; **Untergrund:** Wiese; **Ver-/Entsorgung:** Trinkwasser, Abwasser, Chemie-WC; **Sicherheit:** beleuchtet; **Preise:** 6 €/Fahrz., 3,75 € Wasser; **Max. Stand:** 48 Std.; **Geöffnet:** April–Oktober; **Kontakt:** Tel. +33 (0)2 35830104, www.campingplagequiberville.fr

178 *Hafen, Dieppe*

N49.93020° E1.08685°

Offizieller Stellplatz am Ende des Quais in guter und ruhiger Lage. Vom Platz sind es etwa 600 m bis ins Zentrum. Ausweichplatz am Strand Boulevard Verdun (N49.93194° E1.08410°), ohne Ver- und Entsorgung, ebenfalls 7 €. **Lage/Anfahrt:** In Dieppe fährt man Richtung „car ferries", dann am Bahnhof links, an der Touristeninformation vorbei, über die blaue Hebebrücke und die Eisendrehbrücke hinüber und dann sofort links am Ufer entlang, bis man den Platz erreicht; **Platzanzahl:** 100; **Untergrund:** Schotter; **Ver-/Entsorgung:** Trinkwasser, Abwasser, Chemie-WC; **Sicherheit:** beleuchtet; **Preise:** 7 €/Fahrz inkl. Wasser; **Max. Stand:** 2 Nächte; **Geöffnet:** frei zugänglich; **Kontakt:** 76200 Dieppe, Quartier du Pollet, Quai de la Marne

179 *Camping le Val Boise, Berneval-Le-Grand*

N49.96117° E1.19333°

Nett angelegter Platz mit befriedigender Sanitärausstattung, 800 m bis zum Meer. Lage gut und ruhig. **Lage/Anfahrt:** Durch den Ort in Richtung Strand *(plage)*, ausgeschildert; **Platzanzahl:** 36; **Untergrund:** Wiese; **Ver-/Entsorgung:** Strom, Trinkwasser, Abwasser, Chemie-WC; **Sicherheit:** umzäunt, beleuchtet, bewacht; **Preise:** 3,75–4,65 €/Fahrz., 1,85–2,35 €/Pers., Strom 3,25–4 €, Tier 0,80-0,85 €; **Geöffnet:** April–November, Tel. +33 (0)2 35852918

180 *Strand, Criel-sur-Mer*

N50.03195° E1.30946°

Freier Stellplatz, nur durch Strandstraße vom Kiesstrand getrennt. Lage sehr gut und ruhig. **Lage/Anfahrt:** Von der D925 Richtung Strand auf die D222 abbiegen und nach 2 km rechts zum Platz; **Platzanzahl:** 50; **Untergrund:** Schotter, Schotterrasen; **Preise:** kostenlos; **Geöffnet:** frei zugänglich

181 *Funiculaire, Le Tréport*

N50.05773° E1.36228°

Zwei offizielle Stellplätze oberhalb der Steilküste bei der Standseilbahn. Lage gut und ruhig. Jetons bei der Touristeninformation. **Lage/Anfahrt:** Direkt an der D126 E, ausgeschildert; **Platzanzahl:** 30; **Untergrund:** Rasengitter bzw. Schotter; **Ver-/Entsorgung:** Trinkwasser, Abwasser, Chemie-WC; **Sicherheit:** beleuchtet; **Preise:** 5,80 €/Fahrz., 2,10 €/10 Min. Wasser (Jetons); **Geöffnet:** frei zugänglich

182 *Aire des Camping-Cars, Le Tréport*

N50.05926° E1.38990°

Offizieller Stellplatz beim Campingplatz, stark frequentiert. 1 km bis ins Zentrum, Bäume verdecken das angrenzende Industriegebiet. Lage ausreichend und ruhig. **Lage/Anfahrt:** Ausgeschildert; **Platzanzahl:** 60; **Untergrund:** Asphalt, Wiese; **Ver-/Entsorgung:** Strom, Trinkwasser, Abwasser, Chemie-WC; **Sicherheit:** beleuchtet; **Preise:** 9,45 €/Fahrz. inkl. Wasser und Strom, Bezahlung nur mit Kreditkarte; **Geöffnet:** ganzjährig; **Kontakt:** Rue P. M. France

183 *Camping Municipal, Eu*

N50.05036° E1.40900°

Platz im Schlosspark mit befriedigender Ausstattung, 300 m zum Schloss. Lage sehr schön und ruhig. WLAN. **Lage/Anfahrt:** Gut ausgeschildert; **Platzanzahl:** 80; **Untergrund:** Wiese; **Ver-/Entsorgung:** Strom, Trinkwasser, Abwasser, Chemie-WC; **Sicherheit:** umzäunt, beleuchtet; **Preise:** 3,50 €/Fahrz., 2,30 €/Pers., Strom 5 €; **Geöffnet:** April–Oktober; **Kontakt:** Tel. +33 (0)2 35862004, www.ville-eu.fr

184 *Camping La Forêt, Bazinval*

N49.9544° E1.55128°

Der sympathische Campingplatz mit befriedigender Sanitärausstattung befindet sich bei einer Mehrzweckhalle. Die Lage ist gut und ruhig (wenn nicht gerade ein Fest in der Halle stattfindet). **Lage/Anfahrt:** Von der D49 Richtung Bazinval abbiegen, dann ist der Platz ausgeschildert; **Platzanzahl:** 19; **Untergrund:** Wiese; **Ver-/Entsorgung:** Strom, Trinkwasser, Abwasser, Chemie-WC; **Sicherheit:** umzäunt, beleuchtet; **Preise:** 3–4 €/Fahrz., 1,50–2 €/Pers., Strom 4–4,50 €; **Geöffnet:** April–Oktober; **Kontakt:** Tel. +33 (0)2 32970401

185 *Camping de Sainte-Claire, Neufchâtel-en-Bray*

N49.73769° E1.42810°

Freundlicher Platz mit befriedigender Sanitärausstattung, 1 km ins Zentrum. Lage gut und ruhig. **Lage/Anfahrt:** Im Ort D1 Richtung Dieppe, ausgeschildert; **Platz-**

anzahl: 100; **Untergrund:** Wiese; **Ver-/Entsorgung:** Strom, Trinkwasser, Abwasser, Chemie-WC; **Sicherheit:** umzäunt, beleuchtet, bewacht; **Preise:** 3,60 €/Fahrz., 4 €/Pers., Strom 4–6 €, Taxe 0,20 €; **Geöffnet:** April–Oktober; **Kontakt:** Tel. +33 (0)2 35930393, www.camping-sainte-claire.com

167nrm Abb.: gg

Auf dem kleinen Campingplatz in Bazinval

186 Aire de Camping-Cars Rue Gare, Nesle Saint-Saire

N49.69689° E1.49486°

Offizieller Platz an der Avenue verte (Fahrradweg auf dem ehemaligen Bahndamm), Restaurant am Platz. Lage befriedigend und relativ ruhig. **Lage/Anfahrt:** Von der D1314 nach Saint-Saire abbiegen, Platz am alten Bahnhof; **Untergrund:** Wiese; **Ver-/Entsorgung:** Strom, Trinkwasser, Abwasser, Chemie-WC; **Sicherheit:** beleuchtet; **Preise:** kostenlos, 3 € Wasser, Jetons im Restaurant; **Geöffnet:** ganzjährig

187 Aire de Camping-Cars, Forges-les-Eaux

N49.60577° E1.54276°

Offizieller, großzügiger Platz mit Picknicktischen beim Campingplatz, 800 m bis ins Zentrum. **Lage/Anfahrt:** Im Zentrum beim Rathaus geradaus auf die D921 Richtung Lyons-la-Forêt, am Ortsende links, ausgeschildert mit „Camping"; **Untergrund:** Asphalt, Wiese; **Ver-/Entsorgung:** Strom, Trinkwasser, Abwasser, Chemie-WC; **Sicherheit:** beleuchtet; **Preise:** 7,30 €/Fahrz., 16. Okt.–15. März kostenlos, dann allerdings ohne Wasser/Strom; **Geöffnet:** ganzjährig; **Kontakt:** 76440 Forges-les-Eaux, Boulevard Nicolas Thiessé. Wer lieber auf einem Campingplatz steht und die Sanitäreinrichtungen benutzen will, bezahlt auf dem Camping la Miniere 13,95 €/Fahrz. inkl. 2 Pers. und Strom, geöffnet 15. März–15. Oktober

188 Avenue Sadi Carnot, Gournay-en-Bray

N49.48020° E1.72579°

Offizieller, zentrumsnaher Platz, an einen kleinen Park angrenzend. Im Sommer parken hier auch Schausteller. Lage ausreichend und relativ ruhig. **Lage/Anfahrt:** Richtung Zentrum fahren und der Beschilderung „Aire de Camping-Cars" folgen; **Platzanzahl:** 10; **Untergrund:** Asphalt; **Ver-/Entsorgung:** Trinkwasser, Abwasser, Chemie-WC, Toilette; **Sicherheit:** beleuchtet; **Preise:** kostenlos; **Geöffnet:** frei zugänglich

189 Aire Campingcar Bois Marie, Sérifontaine

N49.35560° E1.78092°

Schöner privater Stellplatz, an Wald angrenzend. Lage gut und sehr ruhig. **Lage/Anfahrt:** In Sérifontaine nach der Ampel in die erste Straße (Rue Cocaene) links abbiegen. Der Beschilderung Richtung Le Coudray nach links folgen und nach ca. 300 m ist man am Stellplatz; **Platzanzahl:** 30; **Untergrund:** Schotterrasen; **Ver-/Entsorgung:** Strom, Trinkwasser, Abwasser, Chemie-WC; **Sicherheit:** umzäunt, beleuchtet, bewacht; **Preise:** 8–10 €/Fahrz.; **Geöffnet:** ganzjährig; **Kontakt:** Tel. +33 (0)6 79409285

169nrm Abb.: gg

168nrm Abb.: gg

ANHANG

ÜBERSICHT STELL- UND CAMPINGPLÄTZE

GPS-Koordinaten der Stell- und Campingplätze im Buch (Kartendatum WGS84)
Die aufgeführten Stell- und Campingplätze können als Waypoint-Liste auf der Produktseite dieses Buches unter www.reise-know-how.de heruntergeladen werden.

ROUTE 1

Nr.	Name, Ort	Koordinaten	Seite
1	Quai Saint-Sever, Rouen	N49.43603° E1.09245°	56
2	Camping Le Bel Air, Louviers	N49.21498° E1.13281°	57
3	Camping Les Sapins, Bonneville-sur-Iton	N49.00335° E1.03685°	57
4	Camping Les Fosses Rouges, Saint-Marcel	N49.09659° E1.43854°	57
5	Parkplatz La Prairie, Giverny	N49.07375° E1.52944°	58
6	Camping L'Île des Trois Rois, Les Andelys	N49.23554° E1.40019°	58
7	Camping Saint-Paul, Lyons-la-Forêt	N49.40347° E1.47991°	58
8	Aire D'Accueil de Camping Cars Les Grandes Molaises, Les Hogues	N49.41293° E1.42650°	59

ROUTE 2

Nr.	Name, Ort	Koordinaten	Seite
9	Busparkplatz, Jumièges	N49.43097° E0.81486°	77
10	Camping de la Forêt, Jumièges	N49.43482° E0.82901°	77
11	Camping Barre-y-va, Villequier	N49.52234° E0.70369°	78
12	Quai Paul Girardeau, La Mailleraye-sur-Seine	N49.48442° E0.77342°	78
13	Seine-Ufer, Saint-Nicolas-de-Bliquetuit	N49.52092° E0.72729°	78
14	Mairie, St-Nicolas-de-la-Taille	N49.51306° E0.47389°	79
15	Hafen, Le Havre	N49.48484° E0.10732°	79

ROUTE 3

Nr.	Name, Ort	Koordinaten	Seite
16	Wohnmobilhafen, Honfleur	N49.41880° E0.24391°	110
17	Boulevard des sports, Deauville	N49.35739° E0.08431°	110
18	Camping Municipal, Houlgate	N49.29258° W0.07443°	110
19	Aire de Camping Cars, Cabourg	N49.28235° W0.11943°	111
20	Dünenstrand, Merville-Franceville	N49.28519° W0.20997°	111
21	Orne-Mündung, Sallenelles	N49.26479° W0.22716°	111

22	Rue des Dentellières, Bréville-les-Monts	N49.24167° W0.22822°	111
23	Zentrum, Hérouvillette	N49.21992° W0.24498°	112
24	Alter Bahnhof, Beuvron-en-Auge	N49.18618° W0.04949°	112
25	Place L'Europe, Cambremer	N49.14955° E0.04642°	112
26	Bowling, Lisieux	N49.14652° E0.23824°	113
27	Camping de la Vallée, Lisieux	N49.16435° E0.22041°	113
28	Le Lieu Chéri, Quilly Le Vicomte	N49.18451° E0.20955°	113
29	Camping du Stade, Pont-l'Évêque	N49.28436° E0.17732°	113
30	Aire Camping Cars, Notre-Dame-de-Courson	N48.99060° E0.25909°	113
31	Aire Camping Cars, Préaux-Saint-Sébastien	N48.98685° E0.30751°	113
32	Étape Camping Car, St.-Germain-de-Montgommery	N48.93927° E0.16176°	114
33	D916, Vimoutiers	N48.93190° E0.19567°	114
34	Les Terriers, Le Sap	N48.89525° E0.33031°	114
35	Schloss, Gacé	N48.79521° E0.29595°	114
36	Camping car au haras, Villebadin	N48.79085° E0.18571°	114
37	Camping de la Noë, Argentan	N48.74004° W0.01673°	115
38	Camping Val de Baize, Argentan	N48.71848° W0.01200°	115

ROUTE 4

Nr.	Name, Ort	Koordinaten	Seite
39	Château, Falaise	N48.89265° W0.20327°	141
40	Le Bout de la Ville, Clinchamps-sur-Orne	N49.08290° W0.40027°	141
41	Strand, Ouistreham	N49.28775° W0.24964°	142
42	St-Aubin d'Arquenay, Colleville-Montgomery	N49.27103° W0.29891°	142
43	Oasis Camping, Lion-sur-Mer	N49.30385° W0.32092°	142
44	Beim Campingplatz, Courseulles-sur-Mer	N49.33482° W0.44519°	142
45	Camping Canadian Scottish, Graye-sur-Mer	N49.33836° W0.47800°	142
46	Place Despallières, Bayeux	N49.28035° W0.70760°	143
47	Camping Municipal, Bayeux	N49.28401° W0.69786°	143
48	Abtei Saint-Vigor, Cerisy-la-Fôret	N49.19847° W0.93245°	143
49	Beim Camping, Arromanches-les-Bains	N49.33909° W0.62580°	143
50	Cinéma Circulaire Arromanches 360°, Arromanches-les-Bains	N49.33930° W0.61390°	144
51	Steilküste, Longues-sur-Mer	N49.34572° W0.69023°	144
52	Tennisplätze, Port-en-Bessin-Huppain	N49.34558° W0.75845°	144
53	Aire de Repos, Ste-Honorine-des-Pertes	N49.34845° W0.81652°	144
54	La Ferme du Lavoir, Formigny	N49.34085° W0.89650°	145
55	Camping Omaha Beach, Vierville-sur-Mer	N49.37970° W0.90850°	145
56	La Ferme Rouge Fosse, Englesqueville-la-Percee	N49.38750° W0.94845°	145

57	Stadtrand, Grandcamp-Maisy	N49.38623° W1.03858°	145
58	Fluss Aure, Isigny-sur-Mer	N49.32135° W1.10425°	145

ROUTE 5

Nr.	Name, Ort	Koordinaten	Seite
59	Camping le Haut Dick, Carentan	N49.30984° W1.23890°	181
60	Parkplatz, Utah Beach	N49.41402° W1.17866°	181
61	Camping Le Cormoran, Ravenoville	N49.46651° W1.23744°	181
62	Église, Sainte-Mère-Église	N49.40908° W1.31543°	182
63	Sportplatz, Montebourg	N49.48499° W1.37477°	182
64	Strand, Quinéville	N49.51589° W1.28672°	182
65	Camping Le Rivage, Quettehou	N49.57943° W1.30756°	183
66	Aire Camping Cars, St-Vaast-la-Hougue	N49.58402° W1.26720°	183
67	Camping La Gallouette, Saint-Vaast-la-Hougue	N49.58465° W1.26872°	183
68	Camping de Jonville, Réville	N49.60699° W1.23148°	183
69	Camping-Cars à la Ferme, Réville	N49.62573° W1.25320°	184
70	Rue des Pailles, Montfarville	N49.65307° W1.26817°	184
71	Aire Camping Cars, Barfleur	N49.66954° W1.26350°	184
72	Camping la Blanche Nef, Barfleur	N49.67571° W1.26758°	184
73	Camping La Ferme du Bord de Mer, Gatteville-Phare	N49.68021° W1.27350°	184
74	Felsenküste, Gatteville	N49.69342° W1.28520°	185
75	Bauernhof am Cap Lévi	N49.68991° W1.46735°	185
76	Camping Collignon, Tourlaville	N49.65424° W1.56604°	185
77	Cité de la Mer, Cherbourg	N49.64814° W1.61774°	186
78	Camping à la Ferme, Sideville	N49.58803° W1.69147°	186
79	Camping des Dunes, Urville-Nacqueville	N49.67801° W1.72307°	186
80	Salle communale, Gréville-Hague	N49.67513° W1.80111°	187
81	Camping du Hâble, Omonville-la-Rogue	N49.70446° W1.84070°	187
82	Parkplatz Goury, Auderville	N49.71402° W1.93458°	187
83	D64, Siouville-Hague	N49.56330° W1.84468°	187
84	Camping à la Ferme, Tréauville	N49.54437° W1.83512°	188
85	Strand, Sciotot	N49.50724° W1.84744°	188
86	Aire Privée de la Calad'JO, Grosville	N49.50660° W1.74257°	188
87	D900, Rauville-la-Bigot	N49.51628° W1.68345°	188
88	Etang de Pêche, Bricquebec	N49.47353° W1.64645°	188
89	Boulevard Félix-Buhot, Valognes	N49.51073° W1.47767°	189
90	Eléphant Blue, Valognes	N49.51435° W1.500552°	189
91	Hôtel de Ville, St-Sauveur-le-Vicomte	N49.38674° W1.52902°	189
92	Dünenstrand, Surtainville	N49.46403° W1.82771°	189

93	Dünenstrand, Hatainville	N49.39967° W1.82102°	189
94	Hafen, Carteret	N49.37175° W1.79042°	189
95	Bahnhof, Portbail	N49.33770° W1.69285°	190
96	Place Saint-Cloud, Lessay	N49.21861° W1.53537°	190
97	Ferme de l'Ane, Créances	N49.19047° W1.57333°	190
98	Camping Le Clos Marin, Pirou	N49.15921° W1.59599°	190
99	Aire Naturelle La Morinière, Pirou	N49.14370° W1.58228°	190
100	Dünenstrand, Gouville-sur-Mer	N49.10128° W1.60882°	191
101	Aire Naturelle le Casrouge, Agon-Coutainville	N49.05282° W1.56715°	191
102	Manoir de la Vallée, Tourville-sur-Sienne	N49.05376° W1.52085°	191
103	Parc de la Commanderie, Villedieu-les-Poêles	N48.83701° W1.22444°	191

ROUTE 6

Nr.	Name, Ort	Koordinaten	Seite
104	Haute-Ville, Granville	N48.83514° W1.60945°	212
105	Tennisplatz, St-Pair-sur-Mer	N48.81718° W1.56969°	212
106	Rue Docteur Lemonnier, Jullouville	N48.77780° W1.56684°	212
107	Strandparkplatz, Carolles-Plage	N48.75924° W1.57045°	212
108	Camping Municipal La Guériniére, Carolles	N48.74981° W1.55691°	212
109	Aire Camping-Car, St-Jean-le-Thomas	N48.72475° W1.52369°	213
110	Plage, Dragey	N48.71006° W1.51110°	213
111	Camping-Car, Avranches	N48.68654° W1.36805°	213
112	La Bidonnière, Ardevon	N48.60392° W1.47784°	214
113	Parkplatz, Mont-Saint-Michel	N48.60826° W1.50771°	214
114	Aire de Beauvoir, Beauvoir	N48.59409° W1.51272°	214
115	Camping de la Sélune, Ducey	N48.61661° W1.29414°	214
116	Place du Château, Mortain	N48.64886° W0.94519°	214
117	Stadtpark, Sourdeval	N48.72597° W0.92312°	214
118	Place du Champ de Foire, Vire	N48.84078° W0.88858°	215

ROUTE 7

Nr.	Name, Ort	Koordinaten	Seite
119	Stellplatz Camping du Traspy, Thury-Harcourt	N48.98885° W0.46906°	225
120	B&B Pension, Caumont-sur-Orne	N48.95637° W0.48392°	226
121	Camping les Rochers des Parcs, Clécy	N48.91373° W0.47439°	226
122	Aire Camping Cars, Clécy	N48.91885° W0.48106°	226
123	Camping Municipal, Condé-sur-Noireau	N48.85005° W0.55549°	226

124	Camping Les Lilas de Morieux, Saint-Denis-de-Méré	N48.86507° W0.48189°	226
125	Camping Municipal, Pont-d'Ouilly	N48.87132° W0.41132°	227
126	Flot Bleu Park, Pont-d'Ouilly	N48.87792° W0.41254°	227
127	Le Domaine de la Rouvre, Menil-Hubert-sur-Orne	N48.84324° W0.39824°	227
128	Camping du Val d'Orne, Putanges-Pont-Ecrepin	N48.76072° W0.24549°	227

ROUTE 8

Nr.	Name, Ort	Koordinaten	Seite
129	Camping Municipal, Domfront	N48.58853° W0.65119°	241
130	Camping Municipal, Juvigny-sous-Andaine	N48.55279° W0.50341°	242
131	Parkplatz, Bagnoles-de-L'Orne	N48.55822° W0.41306°	242
132	Camping de la Vée, Bganoles-de-l'Orne	N48.54777° W0.41982°	242
133	D121, Saint-Pierre-des-Nids	N48.40235° W0.08837°	243
134	Parkplatz, St-Céneri-le-Gérei	N48.37970° W0.05443°	243
135	Camping de Guéramé, Alençon	N48.42531° E0.07377°	243
136	Camping Le Clos Normand, Sées	N48.59876° E0.17048°	243

ROUTE 9

Nr.	Name, Ort	Koordinaten	Seite
137	Camping Ferme de Montmirel, Ventes-De-Bourse	N48.52727° E0.29189°	259
138	Camping Le Val, Bellême	N48.37430° E0.55389°	259
139	Fischweiher, Saint-Langis-lès-Mortagne	N48.51852° E0.52959°	259
140	Viehmarkt, Soligny-la-Trape	N48.61692° E0.54397°	260
141	Aire Camping Car Privé, St.-Sulpice-sur-Risle	N48.79110° E0.63363°	260
142	Risle, Rugles	N48.82335° E0.71068°	260
143	Route de Paris, Aube	N48.74156° E0.55146°	260
144	Camping des Saint-Pères, Saint-Evroult-Notre-Dame-Du-Bois	N48.78872° E0.46608°	260
145	Ortsrand, Chandai	N48.75400° E0.73758°	260
146	Salle des fêtes, Verneuil-sur-Avre	N48.73969° E0.93105°	261
147	Camping Les Berges de L'Iton, Breteuil	N48.83187° E0.91291°	261
148	Aire naturelle pour Camping Cars La Godinière, Le Noyer-en-Ouche	N49.01012° E0.72468°	261
149	Fischteich, Gisay-la-Coudre	N48.94924° E0.63326°	262
150	Alter Bahnhof, Broglie	N49.00537° E0.52976°	262
151	Im Tal der L'Orbiquet, La Folletière-Abenon	N48.98193° E0.42431°	262
152	Camping La Vallée, Brionne	N49.20236° E0.71526°	262
153	Camping Les Marronniers, Pont-Authou	N49.24103° E0.70228°	263

154	Camping Saint-Nicolas, Bec-Hellouin	N49.23461° E0.72501°	263
155	Place, Campigny	N49.31142° E0.55172°	263

ROUTE 10

Nr.	Name, Ort	Koordinaten	Seite
156	An der Straße zum Kiesstrand, St-Jouin-Plage	N49.65085° E0.16328°	287
157	Phare, La-Poterie Cap-d'Antifer	N49.68300° E0.16488°	287
158	Aire stationement Maupassant, Étretat	N49.70018° E0.21591°	287
159	Bahnhof, Étretat	N49.70837° E0.21511°	287
160	Camping Le Rivage, Yport	N49.73660° E0.30735°	288
161	Place des Ancien Combatants, Yport	N49.73743° E0.31472°	288
162	Camping La Chênaie, Yport	N49.73268° E0.32055°	288
163	De la Mâture, Fécamp	N49.76012° E0.37350°	288
164	Quai Sardi Carnot, Fécamp	N49.76064° E0.37268°	288
165	Camping Les Mouettes, Saint-Martin-aux-Buneaux	N49.82813° E0.54997°	289
166	Plage, Veulettes-sur-Mer	N49.85415° E0.60569°	289
167	Camping Municipal, Cany-Barville	N49.78332° E0.64226°	289
168	Plage, Saint-Valery-en-Caux	N49.87220° E0.70920°	289
169	Altes Schulhaus, Gonzeville	N49.76601° E0.80711°	289
170	Parking du Mont Criquet, Doudeville	N49.72002° E0.78773°	290
171	Château d'Iclon, Iclon	N49.84391° E0.81989°	290
172	Beim Campingplatz, Veules-les-Roses	N49.87585° E0.80231°	290
173	Parking de la Falaise, Veules-les-Roses	N49.87541° E0.79267°	290
174	Bauernhof, La Chapelle-sur-Dun	N49.85857° E0.84419°	290
175	Camping Le Mesnil, St-Aubin-sur-Mer	N49.88382° E0.85161°	291
176	Parkplatz am Strand, St-Aubin-sur-Mer	N49.89326° E0.87204°	291
177	Stellplatz vor dem Camping de la Plage, Quiberville	N49.90462° E0.92649°	291
178	Hafen, Dieppe	N49.93020° E1.08685°	291
179	Camping le Val Boise, Berneval-Le-Grand	N49.96117° E1.19333°	291
180	Strand, Criel-sur-Mer	N50.03195° E1.30946°	292
181	Funiculaire, Le Tréport	N50.05773° E1.36228°	292
182	Aire des Camping-Cars, Le Tréport	N50.05926° E1.38990°	292
183	Camping Municipal, Eu	N50.05036° E1.40900°	292
184	Camping La Forêt, Bazinval	N49.9544° E1.55128°	292
185	Camping de Sainte-Claire, Neufchâtel-en-Bray	N49.73769° E1.42810°	292
186	Aire de Camping-Cars Rue Gare, Nesle Saint-Saire	N49.69689° E1.49486°	293
187	Aire de Camping-Cars, Forges-les-Eaux	N49.60577° E1.54276°	293
188	Avenue Sadi Carnot, Gournay-en-Bray	N49.48020° E1.72579°	293
189	Aire Campingcar Bois Marie, Sérifontaine	N49.35560° E1.78092°	293

WOMO-WÖRTERLISTE DEUTSCH – FRANZÖSISCH

A

Abblendlicht	*feux de croisement*
abdichten	*étanchéifier*
Ablassschraube	*écrou de vidange*
Abschleppen	*tracter, dépanner*
Abschleppseil	*câble de remorquage*
Anlasser	*démarreur*
Antenne	*antenne*
Antriebswelle	*arbre de transmission*
Antriebsräder	*roues motrices*
Armaturenbrett	*tableau de bord*
Auspuff	*tuyau d'échappement*
Außenspiegel	*rétroviseur extérieur*
austauschen	*changer*
Autoschlüssel	*clé de voiture*

B

Batterie	*batterie*
Batterie laden	*charger la batterie*
befahrbar	*praticable*
Benzin	*essence*
Benzinpumpe	*pompe à essence*
beschädigt	*en panne*
Blech	*tôle*
Blinker	*clignotant*
Bremsbelag	*plaque de frein*
Bremse	*frein*
Bremsflüssigkeit	*liquide de frein*

C, D

Chemietoilette	*WC chimique*
defekt	*en panne*
dicht	*étanche*
Dichtung	*joint*
Diesel	*diesel, gasoil*
Differenzial	*différentiel*
Druck	*pression*

E

Einspritzanlage	*système à injection*
Einspritzpumpe	*pompe d'injection*
Einstellschraube	*vice de réglage*
Einstellung	*réglage*
entleeren	*vider, vidanger*
Ersatzrad	*roue de secours*
Ersatzteil	*pièce de rechange*

F

Felge	*jante*
Feder	*ressort*
Fernlicht	*feux de route*
Feuerlöscher	*extincteur*
Frostschutz	*antigel*
Flüssigkeit	*liquide*
Führerschein	*permis de conduire*
Fühler	*senseur*

G

Gang	*vitesse*
Garantie	*garantie*
Gaspedal	*accélérateur*
Gebläse	*ventilateur*
gebrochen	*cassé*
Gelenk	*joint, charnière*
Geschwindigkeit	*vitesse*
gesperrt	*fermé, barré*
Getriebe	*boîte de vitesses*
Gewinde	*filetage*
Gewicht	*poids*
Glühbirne	*ampoule*
Glühkerze	*bougie de préchauffage*
Gurt	*ceinture*
Grauwasser	*eaux usées*

H

Handbremse	*frein à main*
Hauptbremszylinder	*cylindre principal de frein*
Hebebühne	*plate-forme élévatrice*
Hebel	*Levier*
Heizung	*chauffage*
Hinterachse	*essieux arrière*
Hupe	*klaxon*

K

Kabel	*câble*
(Benzin-)Kanister	*bidon (d'essence)*
Kardanwelle	*cardan*
Karosserie	*carrosserie*
Keilriemen	*courroie*
Klimaanlage	*climatisation*
Kfz-Kennzeichen	*plaque d'immatriculation*
Kolben	*piston*
Kugellager	*roulement à billes*
Kühler	*radiateur*
Kühlwasser	*eau de refroidissement*
Kühlschrank	*frigidaire, frigo*
Kupplung	*embrayage*
Kurzschluss	*court circuit*

L

Ladedruck	*pression de l'alimentation*
Ladung	*chargement*
Lager	*coussinet*
Leck	*fuite*
Leerlauf	*point mort*
Lenkung	*direction*
Lenkrad	*volant*
Lichtmaschine	*générateur*
Luftfilter	*filtre à air*
Lüftung	*ventilation*

M

Massekabel	*câble de masse*
Messstab	*jauge*
Motor	*moteur*
Motoröl	*huile de moteur*
Mutter	*boulon*

N

Nabe	*pivot*
niedrig	*bas, basse*
Nockenwelle	*arbre à cames*
Notrufsäule	*borne de détresse*

O

Oktanzahl	*indice d'octane*
Öl	*huile*
Ölfilter	*filtre à huile*
Ölverlust	*perte d'huile*
Ölwanne	*cuvette à huile*
Ölwechsel	*vidange*

P

Panne	*panne*
Plattfuß	*pneu dégonflé*
Profil	*profil du pneu*
Propangas	*GPL (gaz propane liquide)*
Prüflampe	*lampe de contrôle*
Pumpe	*pompe*

R

Rad	*roue*
Radkappe	*enjoliveur*
Radkreuz	*clé en croix*
Radmutter	*boulon*
Radwechsel	*changement de roue*
Rahmen	*châssis*
Rastplatz	*aire*
Reduzierung	*réduction*
Reflektor	*réflecteur*
Regelung	*réglage*
Reifen	*pneu*
Reifendruck	*pression*
Relais	*relais*
reparieren	*réparer*
Reserverad	*roue de secours*
Rohr	*tuyau*
Rücklicht	*feux arrière*
Rückspiegel	*rétroviseur*
Rückwärtsgang	*marche arrière*

S

Schalter	*interrupteur*
Scheibenbremse	*disque de frein*
Scheibenwischer	*essuie-glace*
Scheinwerfer	*phares*
Schlauch	*chambre à air*
Schlüssel	*clé*
Schneeketten	*chaînes*
Schraube	*vis, boulon*
Schraubenschlüssel	*clé*
Schraubenzieher	*tournevis*
Sicherung	*fusible*

Starthilfekabel	*câble*
Stecker	*prise mâle*
Steckdose	*prise femelle*
Stoßstange	*par choc*
Stoßdämpfer	*amortisseur*
Strom	*courrant électrique*

T

Tank	*réservoir*
Tankstelle	*station d'essence*
Tempolimit	*vitesse limitée*
Trommelbremse	*frein tambour*
Turbolader	*chargeur turbo*

U

Überbrückungskabel	*câble*
undicht	*perméable*
Umwälzpumpe	*pompe de circulation*
Unfall	*accident*
Unterdruck	*dépressurisation*
Unterlegscheibe	*rondelle*

V

Ventil	*valve*
Ventilspiel	*jeu de valve*
Ventilator	*ventilateur*
Ver-/Entsorgung	*eau/vidange*
Vergaser	*carburateur*
Versicherung	*assurance*
Verschleiß	*usage*
Verstellbar	*réglable*
Verteiler	*distributeur*
volltanken	*faire le plein*
Vorderachse	*essieu avant*

W

Wagenheber	*cric*
Warnblinker	*Feu de détresse*
Wartung	*entretien*
Wassertank	*réservoir d'eau*
Werkstatt	*garage*
Werkzeug	*outil*
Windschutzscheibe	*pare-brise*
Wohnmobil	*camping-car*
Wohnmobilist	*camping cariste (CC)*
Wohnmobilstellplatz	*aire (de camping-car), aire naturelle*

Z

Zahnrad	*pignon*
Zahnriemen	*courroie*
Zündfunke	*étincelle d'allumage*
Zündkabel	*câble d'allumage*
Zündkerze	*bougie*
Zündschlüssel	*clé de contact*
Zündspule	*bobine d'allumage*
Zündung	*allumage*
Zündverteiler	*distributeur d'allumage*
Zylinder	*cylindre*
Zylinderkopf	*tête de cylindre*

DIE WICHTIGSTEN SÄTZE FÜR WOHNMOBILISTEN

AUF DEM CAMPINGPLATZ

Haben Sie noch einen Stellplatz frei?	*Est-ce que vous avez un emplacement libre?*
Kann ich hier parken	*Est-ce que je peux me garer ici?*
Wir brauchen einen ...	*Il nous faut ...*
... Stromanschluss.	*... un branchement électrique.*
... Wasseranschluss.	*... un branchement d'eau.*
... Anschluss an die Kanalisation.	*... un branchement d'égout.*
Was kostet ein Stellplatz pro Tag?	*Combien coûte l'emplacement par jour?*
Wo sind bitte die Toiletten?	*Où sont les toilettes?*
Wann wird nachts das Tor geschlossen?	*Quand est-ce que l'entrée sera fermée pour la nuit?*
Gibt es auf dem Campingplatz ...	*Est-ce qu'il y a sur le camping ...*
... einen Supermarkt?	*... un supermarché?*
... ein Restaurant?	*... un restaurant?*
Machen Sie bitte die Rechnung fertig?	*Pourriez-vous préparer la facture s'il vous plaît?*
Wir reisen morgen früh ab.	*On partira demain matin.*

IN DER WERKSTATT

Gibt es hier eine Werkstatt?	*Est-ce qu'il y a un garage ici?*
Können Sie mich abschleppen?	*Est-ce que vous pouvez me remorquer?*
Ich habe ein Problem mit ...	*J'ai un problème de ...*
Können Sie sofort reparieren?	*Pouvez-vous réparer tout de suite?*
Wie lange dauert die Reparatur?	*La réparation durera combien de temps?*
Was kostet die Reparatur?	*Combien coûte la réparation?*

IM NOTFALL

Rufen Sie bitte schnell ...	*S'il vous plaît appelez vite ...*
... die Polizei.	*... la police/les gendarmes.*
... einen Krankenwagen.	*... une ambulance.*
... die Feuerwehr.	*... les pompiers.*

Reise Know-How

das komplette Programm fürs Reisen und Entdecken

Weit über 1000 Reiseführer, Landkarten, Sprachführer und Audio-CDs liefern unverzichtbare Reiseinformationen und faszinierende Urlaubsideen für die ganze Welt – *professionell, aktuell und unabhängig*

Reiseführer: komplette praktische Reisehandbücher für fast alle touristisch interessanten Länder und Gebiete **CityGuides:** umfassende, informative Führer durch die schönsten Metropolen **CityTrip:** kompakte Stadtführer für den individuellen Kurztrip **world mapping project:** moderne, aktuelle Landkarten für die ganze Welt **Edition Reise Know-How:** außergewöhnliche Geschichten, Reportagen und Abenteuerberichte **Kauderwelsch:** die umfangreichste Sprachführerreihe der Welt zum stressfreien Lernen selbst exotischster Sprachen **Kauderwelsch digital:** die Sprachführer als eBook mit Sprachausgabe **KulturSchock:** fundierte Kulturführer geben Orientierungshilfen im fremden Alltag **PANORAMA:** erstklassige Bildbände über spannende Regionen und fremde Kulturen **PRAXIS:** kompakte Ratgeber zu Sachfragen rund ums Thema Reisen **Rad & Bike:** praktische Infos für Radurlauber und packende Berichte außergewöhnlicher Touren **sound)))trip:** Musik-CDs mit aktueller Musik eines Landes oder einer Region **Wanderführer:** umfassende Begleiter durch die schönsten europäischen Wanderregionen **Wohnmobil-TourGuides:** die speziellen Bordbücher für Wohnmobilisten mit allen wichtigen Infos für unterwegs

Erhältlich in jeder Buchhandlung und unter www.reise-know-how.de

Weitere Titel für die Region von Reise Know-How

Bretagne
. Homann, W. Krusekopf
978-3-8317-2289-1
696 Seiten

23,90 Euro [D]

Normandie
H. Otzen
978-3-8317-1964-8
624 Seiten

24,90 Euro [D]

Reisepraktische Informationen von A bis Z | Sorgfältige Beschreibung aller sehenswerten Orte und Landschaften | Tipps für Aktivitäten | Ortspläne und Karten | Unterkunftsempfehlungen für jeden Geldbeutel | Hinweise zu allen Transportmöglichkeiten | Kulinarische Tipps | Ausführliche Kapitel zu Geschichte, Gesellschaft, Kultur & Natur | Viele ansprechende Fotos

www.reise-know-how.de

Weitere Titel für die Region von REISE KNOW-HOW

Der Kauderwelsch-Jubiläumsband Französisch 3 in 1

Der Kauderwelsch-Band **Französisch 3 in 1** umfasst gleich 3 Sprachführer – damit ist man in Frankreich für jede Situation gewappnet!

978-3-89416-582-6 | **12,00 Euro [D]**

- **Französisch Wort-für-Wort**
  Auf Reisen gleich mit Sprechen loslegen
- **Französisch kulinarisch**
  Für all jene, die unterwegs nicht verhungern wollen
- **Französisch Slang**
  Die echte Umgangssprache der Franzosen: die wichtigsten Ausdrücke und Gesten der „Szene"

www.reise-know-how.de

Die

DVD VIDEO

zum Buch

Erleben Sie Ihre Wohnmobilreise durch die zauberhafte Normandie bereits bequem zu Hause am heimischen Bildschirm oder planen Sie per Buch und Video Ihre nächsten Ziele während der Reise im Wohnmobil. Auf der Doppel-DVD mit einer Gesamtspielzeit von ca. 100 Minuten sind die im Buch beschriebenen Routen in aussagekräftigen Aufnahmen dargestellt. Sie sehen bereits vorab, was Sie erwartet, seien es die zahlreichen Stadtbesichtigungen, Wanderungen oder die vielen im Buch beschriebenen Stell- und Campingplätze. Dabei ist die Menüführung der DVDs exakt dem Buch angeglichen. Stimmen Sie sich ein auf Ihre nächste Wohnmobilreise mit herrlichen Aufnahmen, fundierten Erklärungen und stimmungsvoller Musik. Produziert wurde das Video von der Autorin des Buches, der erfahrenen Videojournalistin Gaby Gölz, die in Begleitung ihres Ehemannes die Normandie im Wohnmobil mehrfach und ausführlich erkundet hat.

Die Doppel-DVD erhalten Sie zum Preis von 19,90 € zuzüglich einer Versandkostenpauschale von 4,90 € direkt bei der Produktionsfirma der Autorin, die gh-kellerfilm Videoproduktion.

Bestellungen:

+ telefonisch: 0049 (0)7044 9498639 oder 0049 (0)177 8603230

+ im Internet: www.gh-kellerfilm.de

REGISTER

170nrm Abb.: gg

DIE AUTORIN

Nach Berufsausbildung, Heirat und der Begleitung ihrer vier Kinder in die Selbstständigkeit, erfüllte sich Gaby Gölz einen lang gehegten Wunsch und gründete ihre eigene Videoproduktionsfirma, die gh-kellerfilm Videoproduktion.

Schon bald verband sie ihr technisches und künstlerisches Knowhow mit ihrer Leidenschaft, dem Reisen. Dabei entstanden unter anderem Filme über Nepal, Südamerika, Südafrika, aber auch über so unbekannte Flecken dieser Erde wie den westafrikanischen Inselstaat Sao Tomé e Príncipe. An Wohnmobil-Videos erschienen unter ihrer Regie „Norwegen – eine Winterreise“ und „Abenteuer Marokko“.

Seit einigen Jahren ist Gaby Gölz auch als Autorin im Reise Know-How Verlag tätig. Bisher sind von ihr „Die schönsten Routen durch Sizilien“, „Die schönsten Routen durch Umbrien und die Marken“, „Die schönsten Routen durch die Toscana“, „Die schönsten Routen durch die Normandie“ und „Die schönsten Routen an der deutschen Nordseeküste“ erschienen. Zu jedem Buch gibt es ein eigens produziertes Begleitvideo, das inhaltlich auf das jeweilige Buch abgestimmt ist und auf einer DVD alle beschriebenen Routen zeigt.

Begleitet von ihrem Ehemann Hans und ihrer Hündin Resi reist Gaby Gölz viele Monate im Jahr mit dem Wohnmobil durch ganz Europa. Mit ihren Büchern und Filmen will sie nicht nur auf landschaftliche Reize und städtebauliche Highlights hinweisen. Ihre Intention ist es vielmehr, den Reisenden die Menschen anderer Länder, ihre Kultur, ihren Glauben und ihr Alltagsleben nahezubringen. Das Kennenlernen eines Landes bedeutet für sie mehr als nur das „Abhaken“ von Sehenswürdigkeiten.

© Reise Know-How 2013

Pointe de Barfleur
74
73
156
Gatteville-le-Phare
Fermanville
St-Pierre-Église
Tocqueville
D 901
72
71
Barfleur
Montfarville
70
Val de Saire
Brillevast
Manoir de Crasvillerie
le Vast
69
Réville
Saire
D 26
154
68
Pointe de Saire
Quettehou
67
St-Vaast-la-Hougue
D 902
65
66
D 14
152
Quinéville
Monte-bourg
D 42
64
151
Crisbecq
61
63
Azeville
St-Marcouf
Ravenoville-Plage
Iles St.-Marcouf
Merderet
Utah Beach
D 15
Monument Leclerc
150
D 14
CHE
62
Ste-Mère-Église
60
la Madeleine
Pointe du Hoc
Grandcamp-Maisy
St. Pierre-du-Mont
56
55
Picauville
Chef-du-Pont
Ste-Marie-du-Mont
57
Sébeville
Englesqueville-la-Percée
Vierville-sur-Mer
Etienville
Bruchevillle
Cricqueville-en-Bessin
NATUREL REGIONAL
DES MARAIS DU COTENTIN ET DU BESSIN
D 514
Asnières-en-Bessin
Louvrières
St. Laurent-sur-Mer
St-Côme-du-Mont
Deux-Jumaux
140
La Cambe
Formigny
148
Brévands
Appeville
Isigny-sur-Mer
58
St-Jorès
Madeleine
Carentan
Château de Colombières
Trévières
Caen
59
Auvers
N 13
E 46
D 5
Vire
Prairies marécageuses de Gorges
Canal de Vire et Taute
N 174
E 3
Bricqueville
X
Gorges
D 971
D 11
D 5
Coutances
St-Lô
St-Lô
St-Marcouf
IX
X
Dieppe
Le Havre
Rouen
Caen
Granville
Alençon

Dieppe
Le Havre
Rouen
Caen
Granville
Paris
Alençon
Portsmouth
270
Fécamp
Criquebeuf-en-Caux
164
163
269
Pointe du Chicard
267
Yport
160
161
Vattetot
162
D 925
D 940
Falaise d'Amont
Bénouville
159
Etretat
Falaise d'Aval
157
158
les Loges
Cap d'Antifer
156
Bruneval
Cuverville
Goderville
Criquetot-l'Esneval
D 910
St-Martin-du-Bec
D 925
D 940
Angerville-l'Orcher
Virville
266
Château de Filières
Manéglise
Octeville-sur-Mer
Montivilliers
Gommerville
Flughafen le Havre-Octeville
72
N 15
Ste. Adresse
Harfleur
Gonfreville-l'Orcher
St-Jean-d'Abbetot
Cap de la Hève
Le Havre
15
Côte de Grace
A 29
E 44
83
Pont de Normandie
Honfleur
D 513
16
Friquefleur
Pennedepie
Cricqueboeuf
Villerville
Gonneville-sur-Honfleur
tourist. Bahn
Trouville-sur-Mer
87
Barneville-la-Bertran
D 180
D 74
Côte Fleurie
88
Deauville
17
Flughafen Deauville-St-Gatien
Caen
St-Maclou-Toutainville
Beuzeville
XI
XII
©Reise Know-How 2013
0
6 km

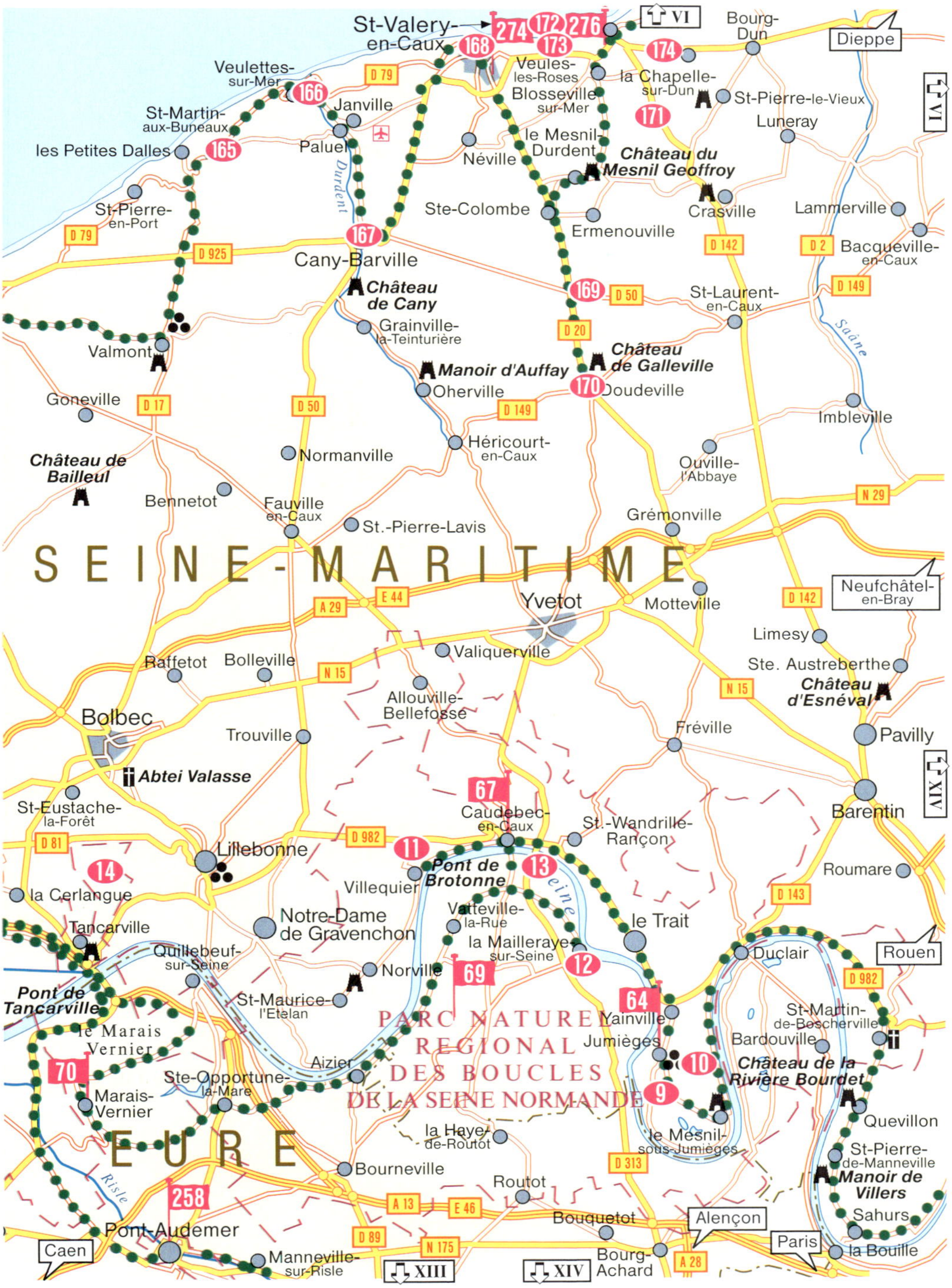
St-Valery-en-Caux
274
172
276
168
173
VI
Bourg-Dun
Dieppe
174
Veulettes-sur-Mer
D 79
Veules-les-Roses
la Chapelle-sur-Dun
166
Janville
Blosseville-sur-Mer
St-Pierre-le-Vieux
St-Martin-aux-Buneaux
171
VI
Paluel
Luneray
les Petites Dalles
165
Néville
le Mesnil-Durdent
Durdent
Château du Mesnil Geoffroy
St-Pierre-en-Port
Ste-Colombe
Crasville
Lammerville
D 79
Ermenouville
167
D 925
D 142
D 2
Bacqueville-en-Caux
Cany-Barville
Château de Cany
169
D 50
St-Laurent-en-Caux
D 149
Grainville-la-Teinturière
D 20
Saâne
Valmont
Château de Galleville
Manoir d'Auffay
170
Doudeville
Oherville
Goneville
D 17
D 50
D 149
Imbleville
Héricourt-en-Caux
Normanville
Château de Bailleul
Ouville-l'Abbaye
Bennetot
Fauville-en-Caux
N 29
St.-Pierre-Lavis
Grémonville
SEINE-MARITIME
Yvetot
Motteville
Neufchâtel-en-Bray
D 142
A 29
E 44
Limesy
Valiquerville
Raffetot
Bolleville
N 15
Ste. Austreberthe
Château d'Esnéval
N 15
Allouville-Bellefosse
Bolbec
Trouville
Fréville
Pavilly
Abtei Valasse
XIV
67
St-Eustache-la-Forêt
Caudebec-en-Caux
Barentin
St.-Wandrille-Rançon
D 81
D 982
Lillebonne
11
14
Pont de Brotonne
13
Roumare
la Cerlangue
Villequier
D 143
Seine
Notre-Dame de Gravenchon
Vatteville-la-Rue
le Trait
Tancarville
Rouen
la Mailleraye-sur-Seine
Duclair
Quillebeuf-sur-Seine
12
Norville
69
D 982
Pont de Tancarville
St-Maurice-l'Etelan
64
St-Martin-de-Boscherville
PARC NATUREL REGIONAL DES BOUCLES DE LA SEINE NORMANDE
Yainville
le Marais Vernier
Jumièges
Bardouville
70
Aizier
10
Château de la Rivière Bourdet
Ste-Opportune-la-Mare
9
Marais-Vernier
Quevillon
la Haye-de-Routot
le Mesnil-sous-Jumièges
St-Pierre-de-Manneville
EURE
Risle
D 313
Bourneville
Manoir de Villers
258
Routot
A 13
E 46
Sahurs
Pont-Audemer
Bouquetot
Alençon
Caen
D 89
N 175
Bourg-Achard
Paris
la Bouille
Manneville-sur-Risle
XIII
XIV
A 28

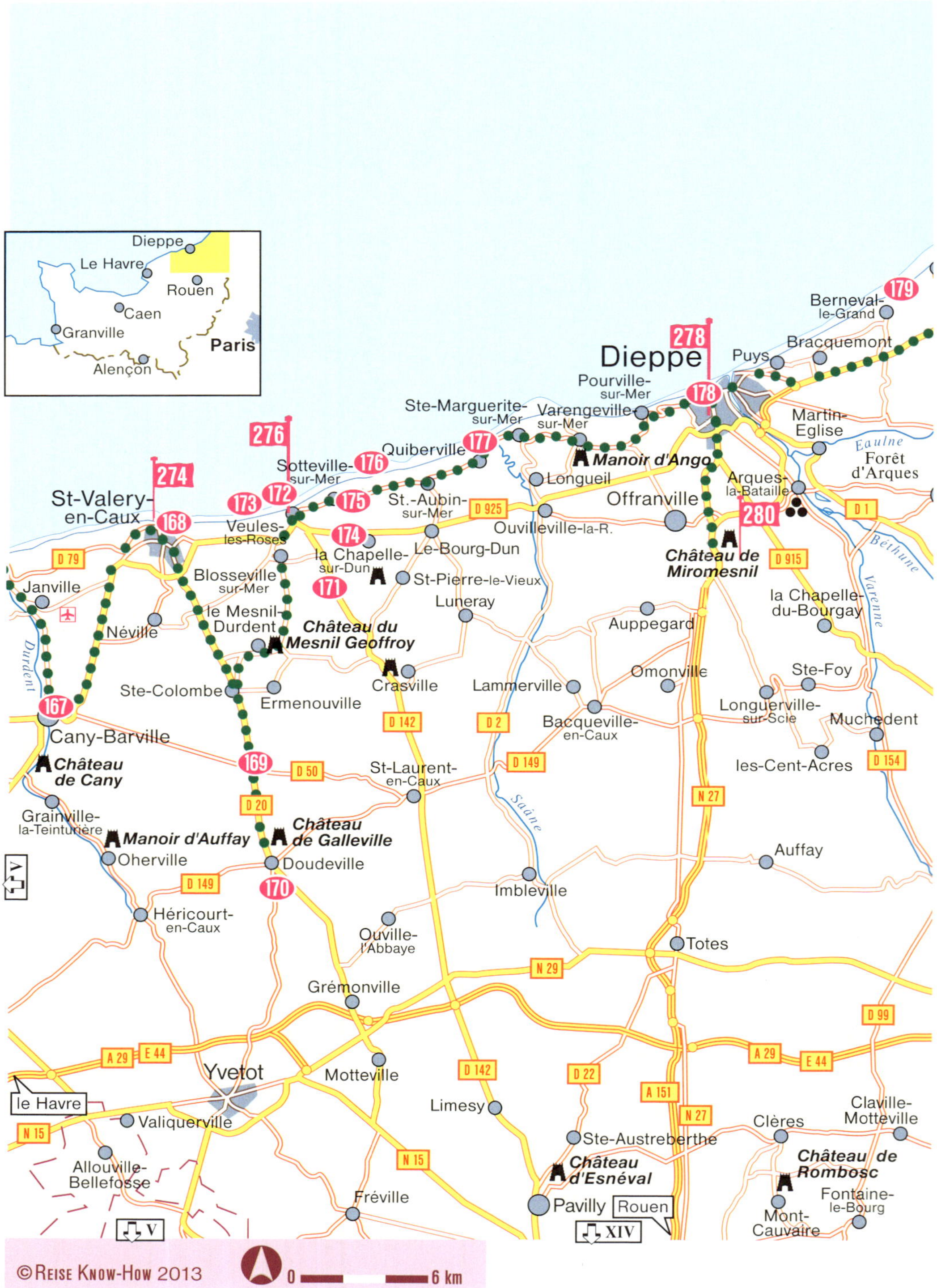

Dieppe
Le Havre
Rouen
Caen
Granville
Paris
Alençon
179
Berneval-le-Grand
278
Dieppe
Puys
Bracquemont
Pourville-sur-Mer
178
Ste-Marguerite-sur-Mer
Varengeville-sur-Mer
Martin-Eglise
276
177
Quiberville
Manoir d'Ango
Eaulne
Forêt d'Arques
274
176
Sotteville-sur-Mer
Longueil
Arques-la-Bataille
St-Valery-en-Caux
173
172
175
St.-Aubin-sur-Mer
Offranville
280
168
Veules-les-Roses
D 925
Ouvilleville-la-R.
D 1
174
Le-Bourg-Dun
Château de Miromesnil
Béthune
D 79
la Chapelle-sur-Dun
D 915
Blosseville-sur-Mer
St-Pierre-le-Vieux
Janville
171
Varenne
la Chapelle-du-Bourgay
Luneray
le Mesnil-Durdent
Château du Mesnil Geoffroy
Auppegard
Néville
Durdent
Ste-Colombe
Crasville
Lammerville
Omonville
Ste-Foy
167
Ermenouville
Longuerville-sur-Scie
Muchedent
D 142
D 2
Bacqueville-en-Caux
Cany-Barville
Château de Cany
169
D 50
St-Laurent-en-Caux
D 149
les-Cent-Acres
D 154
D 20
N 27
Grainville-la-Teinturière
Saâne
Manoir d'Auffay
Château de Galleville
Auffay
V
Oherville
Doudeville
D 149
170
Imbleville
Héricourt-en-Caux
Ouville-l'Abbaye
Totes
N 29
Grémonville
D 99
A 29
E 44
A 29
E 44
Yvetot
Motteville
D 142
D 22
le Havre
A 151
Limesy
N 15
Valiquerville
N 27
Clères
Claville-Motteville
Ste-Austreberthe
Allouville-Bellefosse
Château de Rombosc
Château d'Esnéval
N 15
Fontaine-le-Bourg
Fréville
Pavilly
Rouen
Mont-Cauvaire
V
XIV
©Reise Know-How 2013
0
6 km

le Tréport
Mer-les-Bains
Eu
282
181
182
282
183
180
Mesnil Val
Criel-Plage
Manoir de Briancon
Criel-sur-Mer
D 925
Penly
St-Martin-le-Gaillard
Triage d'Eu
D 49
D 1015
Bresle
Feuquières-en-Vimeu
Abbeville
SOMME (PICARDIE)
St-Maxent
Gamaches
D 936
Disemont
D 14
184
Haute Forêt d'Eu
Brouttencourt
Blangy-sur-Bresle
Manoir de Fontaine
D 149
Yères
Bailly-en-Rivière
D 149
D 1314
Grandcourt
Fresnoy-Folny
Envermeu
D 920
St-Nicolas-d'Aliermont
SEINE-MARITIME
E 402
E 44
N 28
Nesle-Normandeuse
Senarport
Foucarmont
Vieux-Rouen-sur-Bresle
D 1015
Londinières
Callengeville
Clais
Osmoy-St-Valéry
D 920
Amiens
Basse Forêt d'Eu
Bures-en-Bray
D 1
Mesnières-en-Bray
Béthune
Aumale
Auvilliers
N 29
185
283
Fresles
Neufchâtel-en-Bray
A 29
E 44
Bully
Bellencombre
D 915
E 402
Rosay
186
Varenne
Beaussault
Conteville
Abancourt
Bresle
E 44
St-Saëns
A 28
D 135
N 29
Abbaye de Beaubec
D 1314
D 919
Gaillefontaine
Formerie
St-Martin-Osmonville
Sommery
285
A 28
D 41
OISE (PICARDIE)
Forges-les-Eaux
Grumesnil
E 402
D 919
187
Bosc-Bordel
la Ferté-St-Samson
Fontenay-Torcy
Buchy
St-Samson
Ménerval
Boudeauville
Rouen
Bois-Héroult
XV

©Reise Know-How 2013

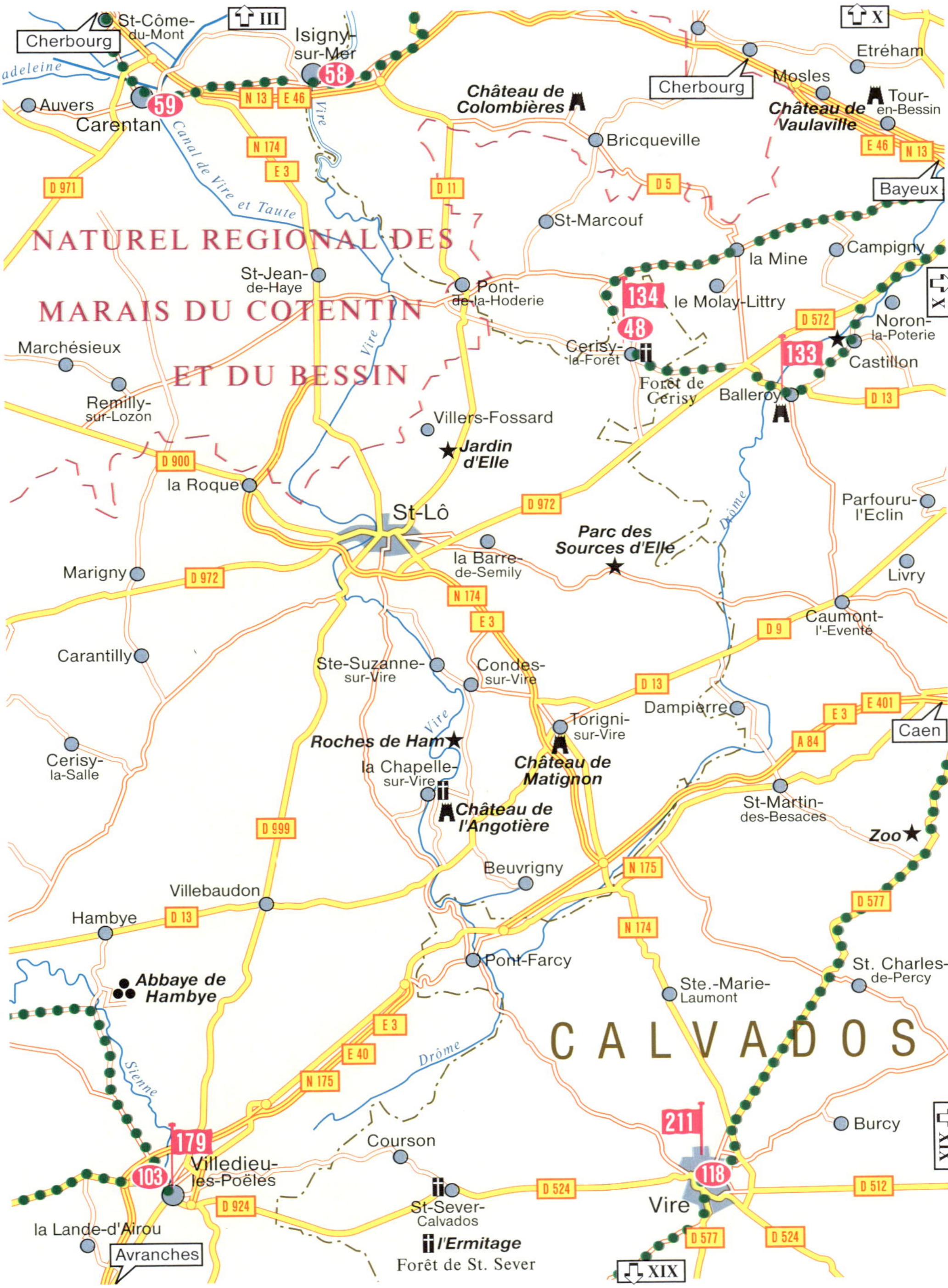
III
X
XIX
Cherbourg
St-Côme-du-Mont
Isigny-sur-Mer
58
59
Auvers
Carentan
Madeleine
N 13
E 46
N 174
E 3
D 971
Canal de Vire et Taute
Vire
Château de Colombières
Cherbourg
Mosles
Etréham
Tour-en-Bessin
Château de Vaulaville
E 46
N 13
Bayeux
Bricqueville
D 11
D 5
St-Marcouf
NATUREL REGIONAL DES
MARAIS DU COTENTIN
ET DU BESSIN
St-Jean-de-Haye
Pont-de-la-Hoderie
134
48
la Mine
Campigny
le Molay-Littry
D 572
Noron-la-Poterie
Castillon
133
Marchésieux
Remilly-sur-Lozon
Cerisy-la-Forêt
Forêt de Cerisy
Balleroy
D 13
Villers-Fossard
Jardin d'Elle
D 900
la Roque
St-Lô
D 972
Parfouru-l'Eclin
Parc des Sources d'Elle
Drôme
la Barre-de-Semily
Marigny
D 972
Livry
N 174
E 3
Caumont-l'Eventé
D 9
Carantilly
Ste-Suzanne-sur-Vire
Condes-sur-Vire
D 13
Dampierre
E 401
E 3
Caen
A 84
Torigni-sur-Vire
Cerisy-la-Salle
Roches de Ham
Château de Matignon
la Chapelle-sur-Vire
St-Martin-des-Besaces
Château de l'Angotière
D 999
Zoo
Beuvrigny
N 175
Villebaudon
D 577
Hambye
D 13
N 174
Pont-Farcy
St. Charles-de-Percy
Abbaye de Hambye
Ste.-Marie-Laumont
CALVADOS
E 3
E 40
Drôme
Sienne
N 175
Burcy
179
211
Courson
103
Villedieu-les-Poëles
118
D 524
D 512
St-Sever-Calvados
D 924
Vire
la Lande-d'Airou
D 577
D 524
l'Ermitage
Avranches
Forêt de St. Sever

PLAGES DU DÉBARQUEMENT
Omaha Beach
Gold Beach
Pointe du Hoc
Grandcamp-Maisy
St. Pierre-du Mont
Englesqueville-la-Percée
Vierville-s.-Mer
St. Laurent-sur-Mer
Cricqueville-en-Bessin
Asnières-en-Bessin
Louvrières
Deux-Jumaux
La Combe
Colleville-sur-Mer
Huppain
Port-en-Bessin Huppain
Longues-sur-Mer
Arromanches-les-Bains
Asnelles
Meuvaines
Ver-sur-Mer
Crépon
Bazenville
Ryes
Commes
Etréham
Surrain
Formigny
PARC NATUREL REGIONAL DES MARAIS DU COTENTIN ET DU BESSIN
Cherbourg
Château de Colombières
Trévières
Mosles
Aure
Mandeville-en-Bessin
Château de Vaulaville
Tour-en-Bessin
Château d'Argouges
Villiers-le-Sec
Vienne-en-Bessin
Creully
Lantheuil
Brécy
Cainet
Bricqueville
Bayeux
Ruqueville
Seulles
St-Marcouf
la Mine
Campigny
Gueron
Ducy-Ste-Marguerite
Secqueville-en-Bessin
Pont-de-la-Hoderie
le Molay-Littry
Noron-la-Poterie
Ellon
Cerisy-la-Forêt
Forêt de Cerisy
Drôme
Castillon
Abbaye de Mondaye
Audrieu
Norrey-en-Bessin
Balleroy
Tilly-sur-Seulles
St-Manvieu-Norrey
Cheux
Jardin d'Elle
Hottot-les-Bagues
Tessel
St-Lô
Parfouru-l'Eclin
Grainville-sur-Odon
Parc des Sources d'Elle
la Barre-de-Semilly
Livry
Bougy
Parfouru-sur-Odon
Evrecy
MANCHE
Ste-Suzanne-sur-Vire
Caumont-l'-Eventé
Villers-Bocages
Odon
Condes-sur-Vire
Torigny-sur-Vire
Dampierre
Banneville-sur-Ajon
Vire
Roches de Ham
Château de Matignon
la Chapelle-sur-Vire
Château de l'Angotière
Aunay-sur-Odon
St-Martin-des-Besaces
Zoo
CALVADOS
Beuvrigny
le Plessis-Grimoult
Pont-Farcy
St-Charles-de-Percy
Avranches
Ste.-Marie-Laumont
St. Rémy
Estry
D 514
D 11
D 5
N 13
E 46
D 572
D 6
D 13
D 972
D 9
E 401
N 175
E 3
A 84
D 8
D 54
N 174
D 577
D 26
XIX
IX
II
0 6 km
©Reise Know-How 2013

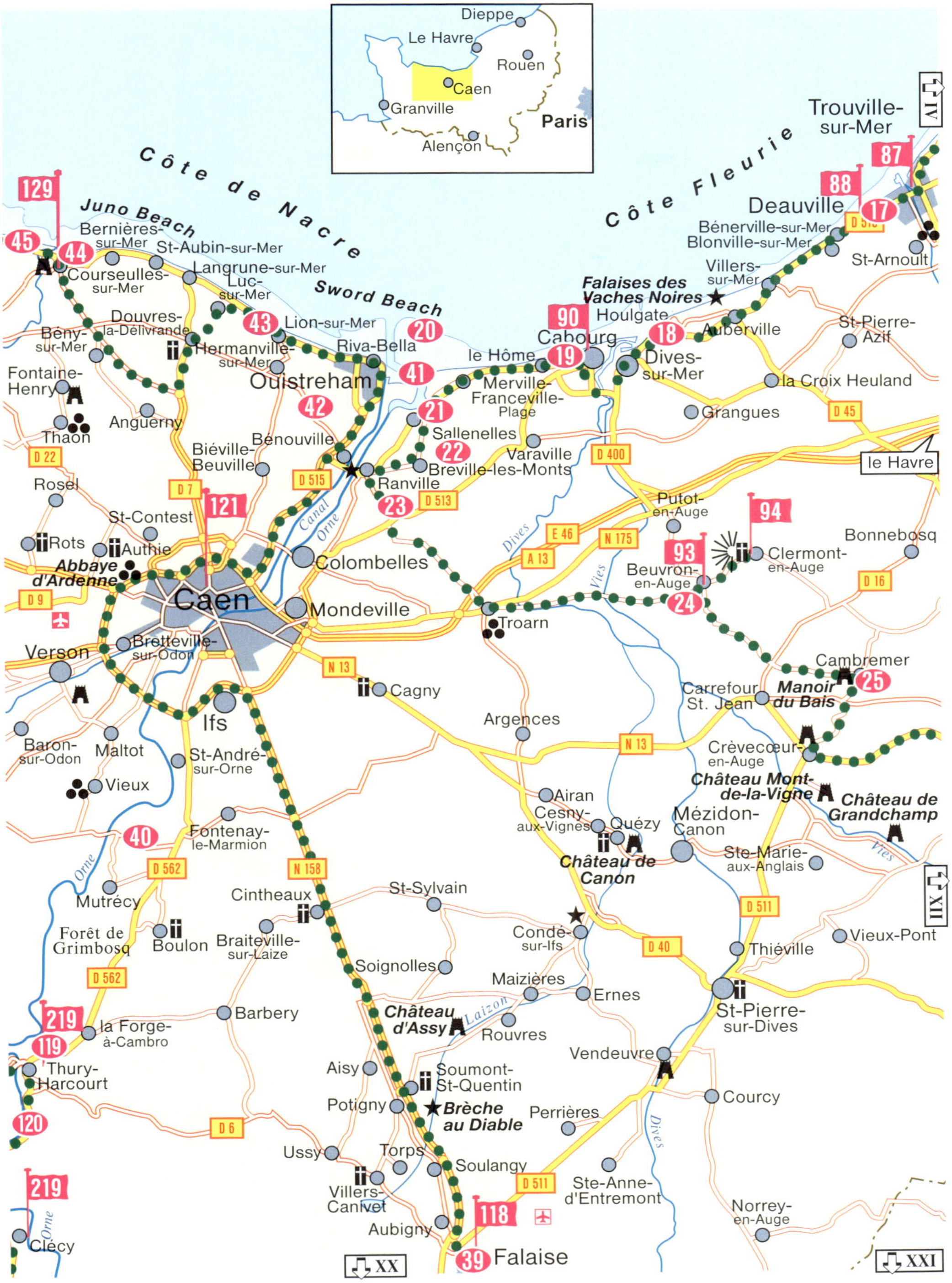
Dieppe
Le Havre
Rouen
Caen
Granville
Paris
Alençon
Côte de Nacre
Côte Fleurie
Juno Beach
Sword Beach
Trouville-sur-Mer
Deauville
Bénerville-sur-Mer
Blonville-sur-Mer
St-Arnoult
Villers-sur-Mer
Falaises des Vaches Noires
Houlgate
Cabourg
Dives-sur-Mer
Auberville
St-Pierre-Azif
la Croix Heuland
Grangues
le Hôme
Merville-Franceville-Plage
Sallenelles
Varaville
Breville-les-Monts
Ranville
Bernières-sur-Mer
St-Aubin-sur-Mer
Langrune-sur-Mer
Luc-sur-Mer
Lion-sur-Mer
Riva-Bella
Courseulles-sur-Mer
Douvres-la-Délivrande
Bény-sur-Mer
Hermanville-sur-Mer
Ouistreham
Fontaine-Henry
Thaon
Anguerny
Biéville-Beuville
Bénouville
Rosel
St-Contest
Rots
Authie
Abbaye d'Ardenne
Colombelles
Canal
Orne
Caen
Mondeville
Verson
Bretteville-sur-Odon
Ifs
Cagny
Troarn
Putot-en-Auge
Beuvron-en-Auge
Clermont-en-Auge
Bonnebosq
le Havre
Dives
Vies
Cambremer
Carrefour St. Jean
Manoir du Bais
Argences
Crèvecœur-en-Auge
Château Mont-de-la-Vigne
Château de Grandchamp
Baron-sur-Odon
Maltot
St-André-sur-Orne
Vieux
Airan
Cesny-aux-Vignes
Quézy
Mézidon-Canon
Château de Canon
Ste-Marie-aux-Anglais
Fontenay-le-Marmion
Mutrécy
Cintheaux
St-Sylvain
Forêt de Grimbosq
Boulon
Braiteville-sur-Laize
Conde-sur-Ifs
Thiéville
Vieux-Pont
Soignolles
Maizières
Ernes
St-Pierre-sur-Dives
Barbery
Château d'Assy
Laizon
Rouvres
la Forge-à-Cambro
Thury-Harcourt
Aisy
Soumont-St-Quentin
Vendeuvre
Potigny
Brèche au Diable
Perrières
Courcy
Ussy
Torps
Soulangy
Villers-Canivet
Aubigny
Ste-Anne-d'Entremont
Norrey-en-Auge
Falaise
Clécy
D 22
D 7
D 9
D 515
D 513
D 400
D 45
D 16
E 46
A 13
N 175
N 13
D 562
N 158
D 511
D 40
D 6
IV
XII
XX
XXI
129
45
44
43
42
41
20
21
22
23
121
90
19
18
88
87
17
94
93
24
25
40
219
119
120
118
39

Dieppe
Le Havre
Rouen
Caen
Granville
Paris
Alençon
IV
XI
XX
XII
le Havre
Caen
Alençon
Côte Fleurie
Cricqueboeuf
Villerville
Trouville-sur-Mer
Deauville
Bénerville-sur-Mer
Blonville-sur-Mer
Villers-sur-Mer
Falaises des Vaches Noires
Houlgate
Auberville
Cabourg
le Hôme
Riva-Bella
Ouistreham
Merville-Franceville-Plage
Sallenelles
Bénouville
Ranville
Bréville-les-Monts
Varaville
Dives-sur-Mer
Grangues
la Croix Heuland
St-Pierre-Azif
St-Arnoult
Touques
Barneville-la-Bertran
Gonneville-sur-Onfleur
tourist. Bahn
Flughafen Deauville-St-Gatien
Château de Guillaume le Conquérant
Manoir des Évêques
Canapville
St-André-d'Hébertot
Pont-l'Évêque
St. Julien
Beaumont-en-Auge
Château de Betteville
Pierrefitte-en-Auge
St-Hymer
Château du Breuil
le Breuil-en-Auge
Putot-en-Auge
Clermont-en-Auge
Bonnebosq
Coquainvilliers
Forment.
Troam
Beuvron-en-Auge
Château du Roque-Baignard
Manerbe
Zoo
Ouilly-le-Vicomte
Rocques
Lisieux
CALVADOS
Cambremer
Manoir du Bais
Château du Val de Richer
Cagny
Carrefour St. Jean
Argences
la Boissière
Crèvecœur-en-Auge
Château Mont-de-la-Vigne
Château de Grandchamps
Château de St. Germain-de-Livet
le Mesnil-Guillaume
St-Martin-de-Mailloc
Airan
Cesny-aux-Vignes
Quézy
Mézidon-Canon
Château de Canon
Ste-Marie-aux-Anglais
Manoir de Caudemone
Auquainville
St-Sylvain
Condé-sur-Ifs
Manoir de Coupesarte
Vieux-Pont
Fervaques
Soignolles
Thiéville
Maizières
Ernes
St-Michel-de-Livet
Château d'Assy
Rouvres
St-Pierre-sur-Dives
Livarot
Préaux-St-Sébastien
Aisy
Vendeuvre
Soumont-St-Quentin
Bellou
Brèche au Diable
Courcy
les Moutiers-Hubert
Potigny
Perrières
Manoir de Chiffretot
Torps
Soulangy
Lisores
Villers-Canivet
Ste-Anne-d'Entremont
Norrey-en-Auge
St-Michel-de-Crouttes
Vimoutiers
Aubigny
Noron-l'Abbaye
Falaise
Beaumais
Camembert
Prieuré
ORNE
Orne
Dives
Vie
Touques
Laizon
D 513
D 74
A 29
E 44
D 579
N 177
D 534
N 175
D 45
D 400
E 46
A 13
D 16
N 13
D 519
D 511
D 40
D 916
17
18
19
20
21
22
23
24
25
26
27
28
29
30
31
32
33
39
87
88
90
93
94
96
99
102
103
118
© Reise Know-How 2013
0
6 km

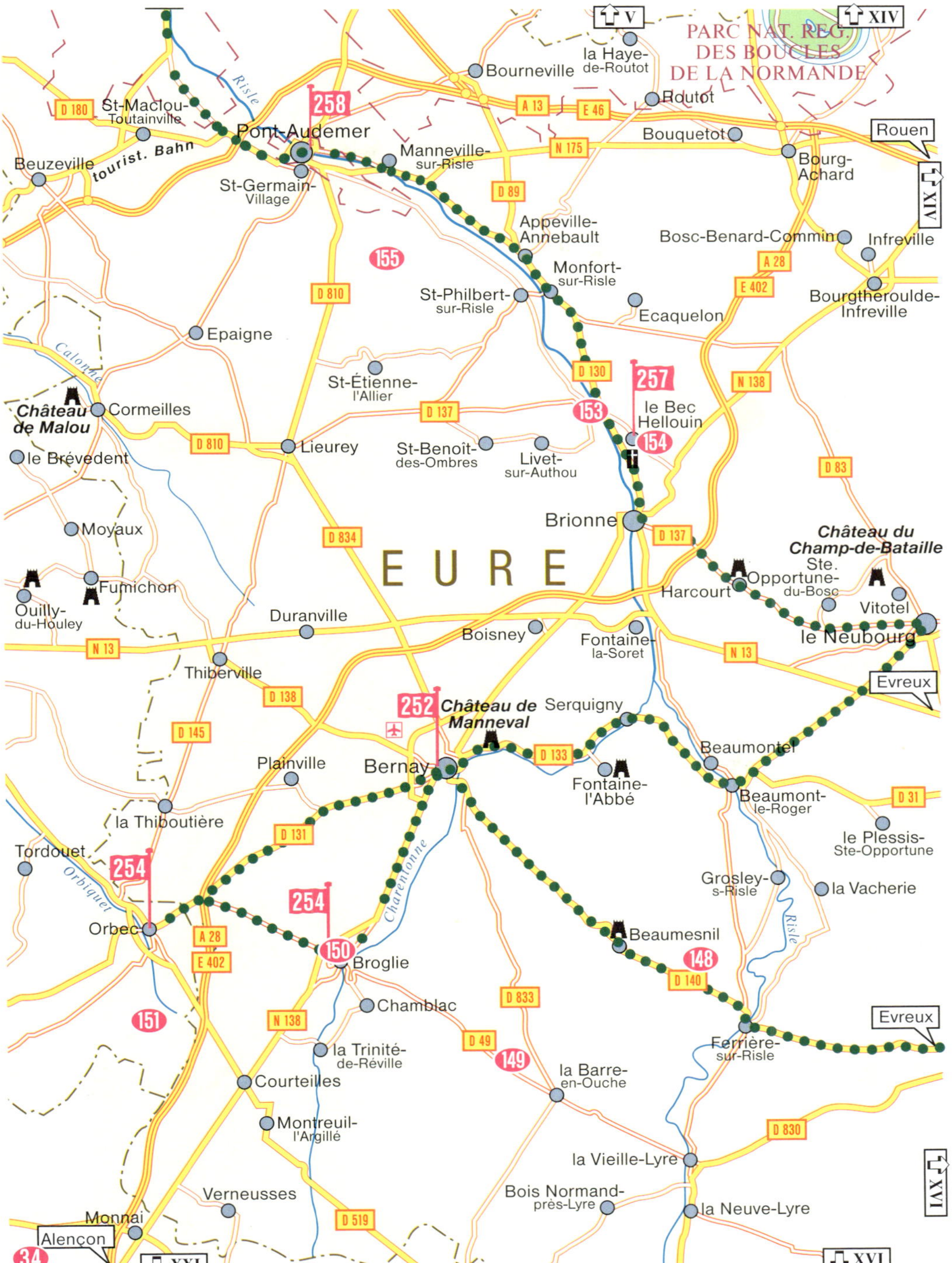
V
XIV
PARC NAT. REG. DES BOUCLES DE LA NORMANDE
la Haye-de-Routot
Bourneville
Routot
A 13
E 46
Risle
D 180
St-Maclou-Toutainville
258
Pont-Audemer
Bouquetot
Rouen
N 175
Manneville-sur-Risle
Bourg-Achard
Beuzeville
tourist. Bahn
St-Germain-Village
D 89
Appeville-Annebault
Bosc-Benard-Commin
Infreville
155
Monfort-sur-Risle
A 28
D 810
St-Philbert-sur-Risle
E 402
Bourgtheroulde-Infreville
Ecaquelon
Epaigne
Calonne
St-Étienne-l'Allier
D 130
257
N 138
le Bec Hellouin
153
Château de Malou
Cormeilles
D 137
154
D 810
Lieurey
St-Benoît-des-Ombres
Livet-sur-Authou
le Brévedent
D 83
Moyaux
Brionne
D 137
Château du Champ-de-Bataille
D 834
EURE
Ste. Opportune-du-Bosc
Fumichon
Harcourt
Vitotel
Ouilly-du-Houley
Duranville
Boisney
Fontaine-la-Soret
le Neubourg
N 13
N 13
Thiberville
Evreux
D 138
252
Château de Manneval
Serquigny
D 145
D 133
Beaumontel
Plainville
Bernay
Fontaine-l'Abbé
Beaumont-le-Roger
D 31
la Thiboutière
le Plessis-Ste-Opportune
Tordouet
D 131
254
Charentonne
Grosley-s-Risle
la Vacherie
Orbiquet
254
Orbec
A 28
Beaumesnil
Risle
150
148
E 402
Broglie
D 140
D 833
Chamblac
Evreux
151
N 138
D 49
Ferrière-sur-Risle
la Trinité-de-Réville
149
la Barre-en-Ouche
Courteilles
Montreuil-l'Argillé
D 830
la Vieille-Lyre
XVI
Verneusses
Bois Normand-près-Lyre
D 519
la Neuve-Lyre
Monnai
Alençon
34
XXI
XVI

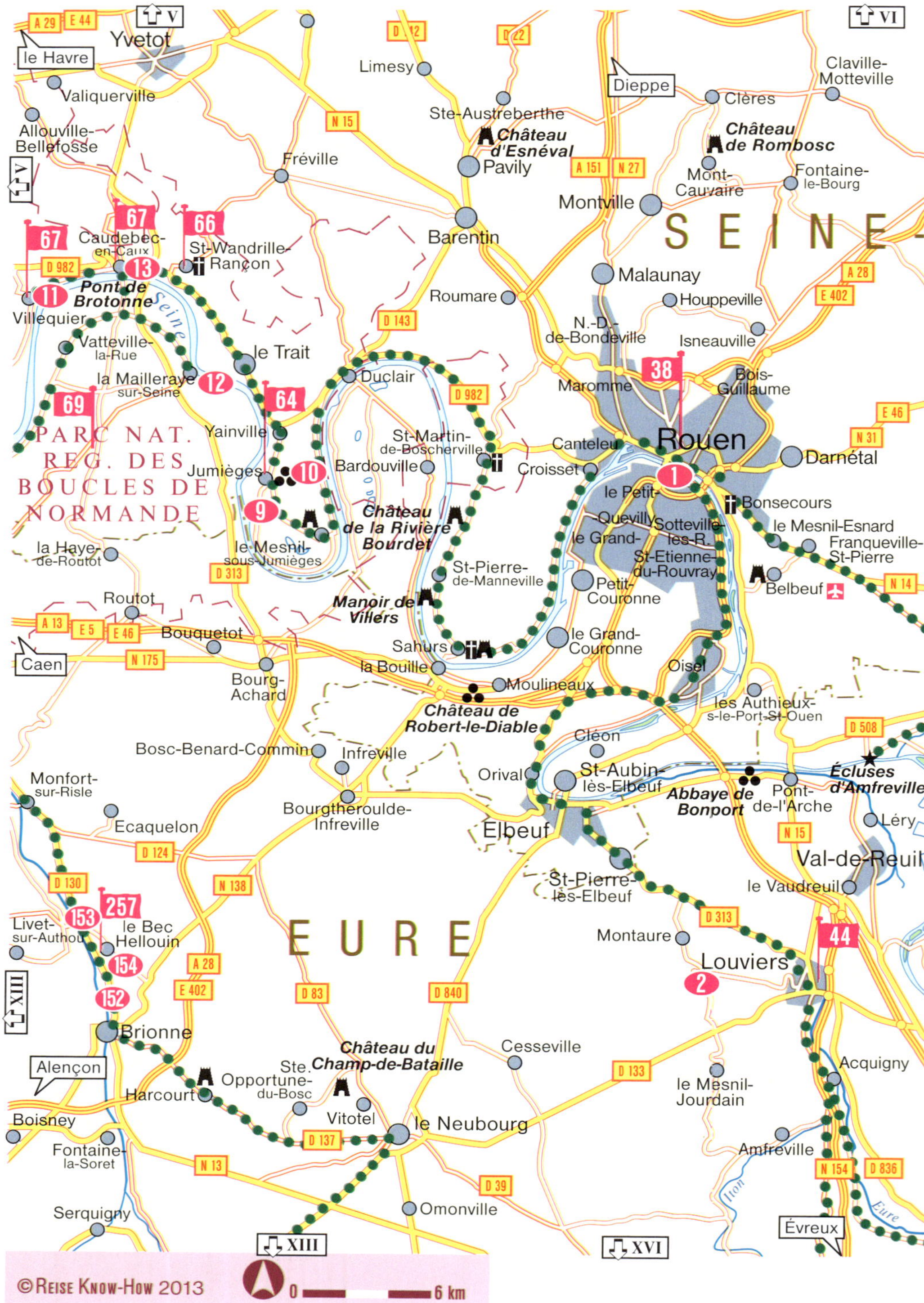

A 29
E 44
V
Yvetot
le Havre
Valiquerville
Allouville-Bellefosse
Limesy
D 142
D 22
VI
Claville-Motteville
Dieppe
Clères
Ste-Austreberthe
Château d'Esnéval
Pavily
N 15
Fréville
Château de Rombosc
Mont-Cauvaire
Fontaine-le-Bourg
A 151
N 27
Montville
Barentin
SEINE-
67
66
Caudebec-en-Caux
St-Wandrille-Rançon
13
D 982
Pont de Brotonne
11
Villequier
Seine
Roumare
Malaunay
Houppeville
A 28
E 402
D 143
N.-D.-de-Bondeville
Isneauville
Vatteville-la-Rue
le Trait
Duclair
38
la Mailleraye-sur-Seine
12
64
69
D 982
Maromme
Bois-Guillaume
E 46
PARC NAT. REG. DES BOUCLES DE NORMANDE
Yainville
St-Martin-de-Boscherville
Canteleu
Rouen
N 31
Darnétal
Jumièges
10
Bardouville
Croisset
1
le Petit-Quevilly
Bonsecours
9
Château de la Rivière Bourdet
Sotteville-lès-R.
le Mesnil-Esnard
le Grand-
Franqueville-St-Pierre
St-Etienne-du-Rouvray
la Haye-de-Routot
le-Mesnil-sous-Jumièges
St-Pierre-de-Manneville
Petit-Couronne
D 313
Belbeuf
N 14
Routot
Manoir de Villers
A 13
E 5
E 46
Bouquetot
Sahurs
le Grand-Couronne
Caen
N 175
la Bouille
Oisel
Bourg-Achard
Moulineaux
les Authieux-s-le-Port-St-Ouen
Château de Robert-le-Diable
D 508
Cléon
Bosc-Benard-Commin
Infreville
St-Aubin-lès-Elbeuf
Orival
Écluses d'Amfreville
Monfort-sur-Risle
Abbaye de Bonport
Pont-de-l'Arche
Bourgtheroulde-Infreville
Léry
Ecaquelon
Elbeuf
N 15
D 124
Val-de-Reuil
D 130
N 138
St-Pierre-lès-Elbeuf
le Vaudreuil
257
153
Livet-sur-Authou
le Bec Hellouin
D 313
EURE
Montaure
44
154
A 28
Louviers
XIII
E 402
2
152
D 83
D 840
Brionne
Château du Champ-de-Bataille
Cesseville
Alençon
D 133
Acquigny
Ste. Opportune-du-Bosc
le Mesnil-Jourdain
Harcourt
Vitotel
Boisney
D 137
le Neubourg
Fontaine-la-Soret
N 13
Amfreville
N 154
D 836
D 39
Iton
Serquigny
Omonville
Eure
Évreux
XIII
XVI
©Reise Know-How 2013
0
6 km

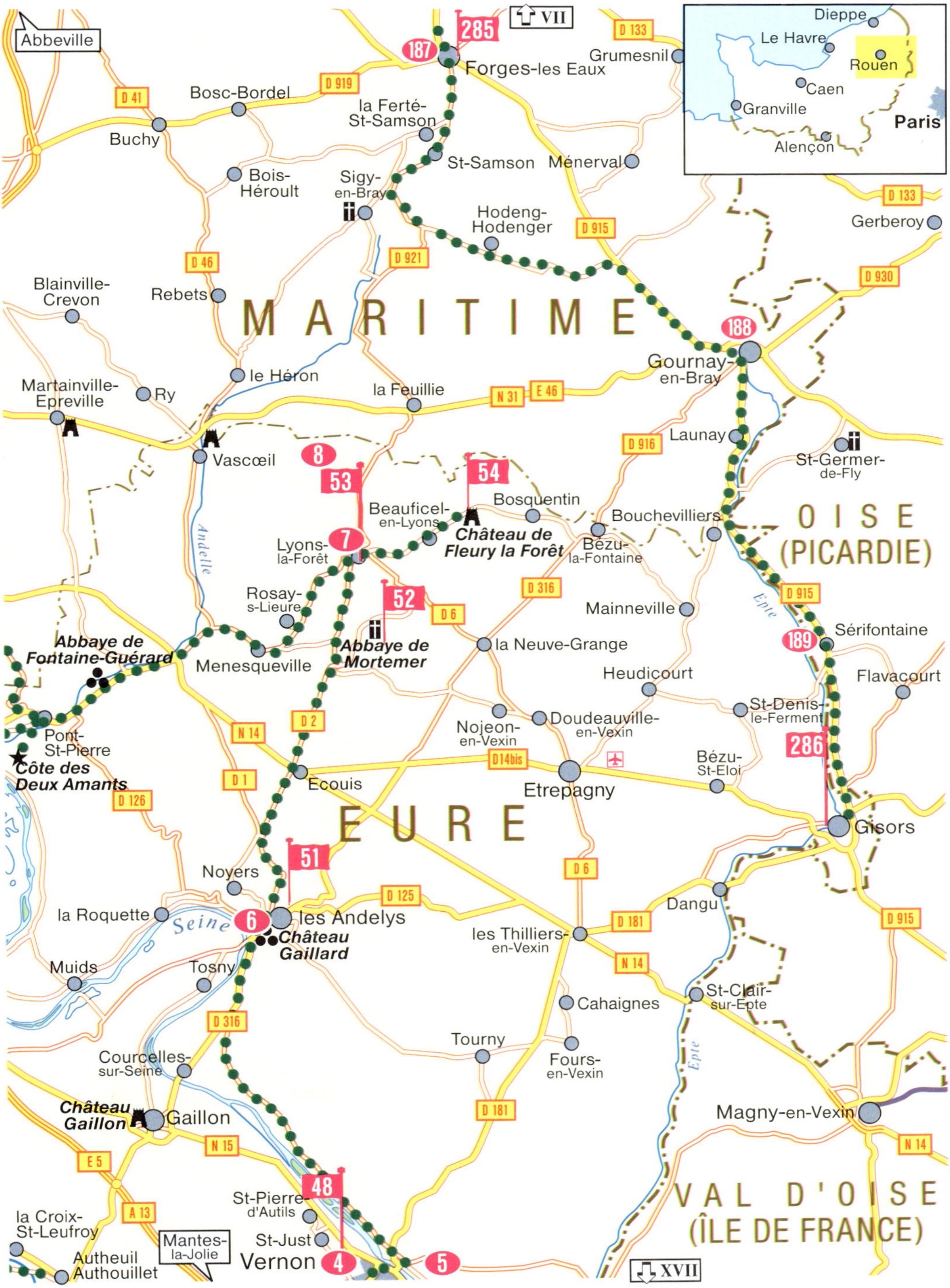

Abbeville
VII
285
187
Forges-les Eaux
Grumesnil
D 133
D 41
Bosc-Bordel
D 919
la Ferté-St-Samson
Buchy
St-Samson
Méneval
Bois-Héroult
Sigy-en-Bray
Hodeng-Hodenger
D 915
D 46
D 921
Blainville-Crevon
Rebets
MARITIME
188
Gournay-en-Bray
le Héron
la Feuillie
Martainville-Epreville
Ry
N 31
E 46
Vascœil
8
53
54
Launay
D 916
St-Germer-de-Fly
Beauficel-en-Lyons
Bosquentin
Bouchevilliers
Château de Fleury la Forêt
Bézu-la-Fontaine
OISE (PICARDIE)
Lyons-la-Forêt
7
Andelle
Rosay-s-Lieure
52
D 6
D 316
Mainneville
D 915
Epte
Abbaye de Fontaine-Guérard
Menesqueville
Abbaye de Mortemer
la Neuve-Grange
189
Sérifontaine
Heudicourt
Flavacourt
Pont-St-Pierre
N 14
D 2
Nojeon-en-Vexin
Doudeauville-en-Vexin
St-Denis-le-Ferment
286
Côte des Deux Amants
D 1
Ecouis
D14bis
Etrepagny
Bézu-St-Eloi
Gisors
D 126
EURE
51
D 6
Noyers
la Roquette
Seine
6
les Andelys
D 125
Château Gaillard
Dangu
D 181
D 915
Muids
Tosny
les Thilliers-en-Vexin
N 14
St-Clair-sur-Epte
Cahaignes
D 316
Tourny
Courcelles-sur-Seine
Fours-en-Vexin
Epte
Château Gaillon
Gaillon
D 181
Magny-en-Vexin
N 15
E 5
N 14
48
St-Pierre-d'Autils
VAL D'OISE (ÎLE DE FRANCE)
la Croix-St-Leufroy
A 13
Mantes-la-Jolie
St-Just
Autheuil Authouillet
Vernon
4
5
XVII
Dieppe
Le Havre
Rouen
Caen
Granville
Paris
Alençon

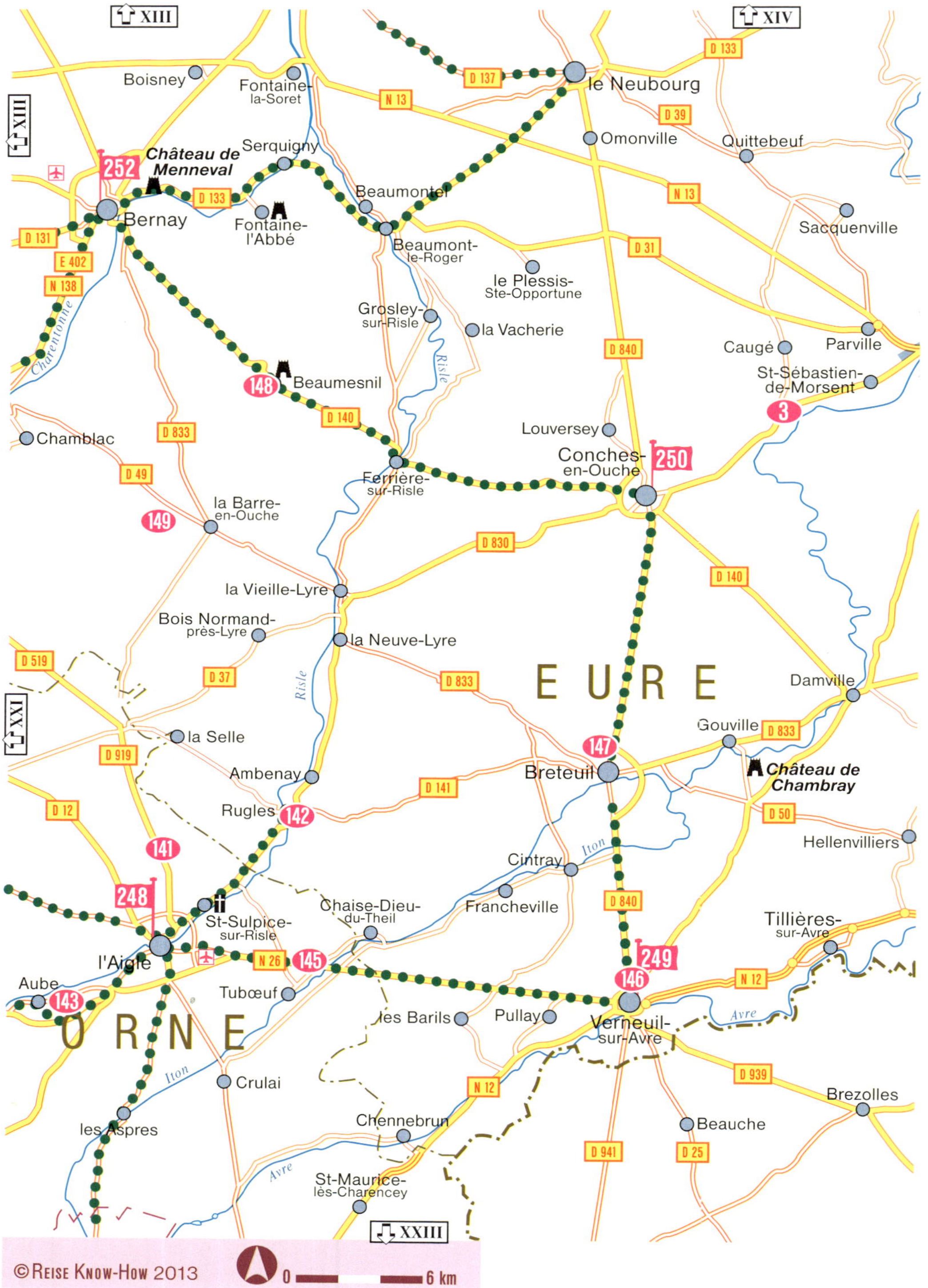

©Reise Know-How 2013

XV
Rouen
Rouen
Acquigny
Amfreville
Gaillon
N 15
D 313
D 181
Bus-
St-Rémy
N 154
D 836
St-Pierre-
d'Autils
la Croix-
St-Leufroy
48
St-Just
4
Vernon
VAL D'OISE
(ÎLE DE FRANCE)
Chérence
E 5
A 13
49
Giverny
Epte
Autheuil
Authouillet
la Roche-
Guyon
Haute-
Isle
Chambray
Château
de Bizy
5
Caër
Cocherel
Freneuse
Iton
Eure
Seine
45
Jouy-
sur-Eure
D 836
Douains
Bennecourt
Bonqières-
sur-Seine
Évreux
Menilles
E 5
A 13
N 13
Caillouet-
Orgeville
Pacy-
sur-Eure
tourist.
Bahn
Rosny-
sur-Eure
Mantes-
la-Jolie
Boisset-
les-Prévranches
le Cormier
Paris
D 51
Prey
Breuilpont
YVELINES
(ÎLE DE FRANCE)
Château de
la Folletière
Neuilly
D 52
N 154
Rosay
la Couture-
Boussey
D 833
D 928
D 836
le Mesnil-
Simon
St-André-
de-Eure
Montchauvet
Ivry-
la-Bataille
Tilly
D 14
Ezy-
sur-Eure
Anet
D 933
Croth
Rouvres
Marcilly-
la-Campagne
Richebourg
Marcilly-
sur-Eure
St-Lubin-
de-la-Haye
N 154
D 928
Abbaye du
Breuil-Benoît
Louye
Bû
Houdan
Paris
Nonancourt
St.Georges-
Motel
Avre
St-Lubin-
des-Joncherets
N 12
St-Rémy-
sur-Avre
Dreux
Bourdonné
D 21
Dieppe
Le Havre
Rouen
Caen
Granville
Paris
Alençon
D 4
Laons
D 929
D 928
Eure
EURE-ET-LOIR
(CENTRE)
Villemeux-
sur-Eure
Nogent-
le-Roi
N 154

© Reise Know-How 2013

IX
X
XX
Mont Robin
Caen
Pont-Farcy
E 3
E 40
N 175
Drôme
Ste.-Marie-Laumont
N 174
St-Charles-de-Percy
Estry
D 54
221
CALVADOS
Pontécoulant
Burcy
211
Courson
St-Sever-Calvados
D 524
118
Vire
D 512
Vassy
123
Condé-sur-Noireau
D 911
Forêt de St.-Sever
l'Ermitage
la Dathée
Champ-du-Boult
D 577
D 524
St. Pierre-d'Entremont
Noireau
les Vaux
Mont de Cerisy
D 962
Abbaye de Belle-Étoile
St-Michel-de-Montjoie
D 39
D 82
les Maures
D 911
Tinchebray
D 924
Flers
D 33
117
Chaulieu
Brouains
Sourdeval
ORNE
Sée
D 911
D 22
D 25
Bellefontaine
D 977
D 5
Ger
D 157
207
209
116
Mortain
Lonlay-l'Abbaye
D 133
D 962
D 999
le Mesnillard
PARC NATUREL RÉGIONAL NORMANDIE-MAINE
Dompierre
D 21
la Haute-Chapelle
230
Parigny
Sélune
Barenton
D 907
Champ-secret
129
St-Hilaire-du-Harcouët
Notre-Dame-du-Touchet
Manoir de la Saucerie
Domfront
Perrou
les Loges-Marchis
St. Symphorien-des-Monts
N 176
D 22
le Teuilleul
D 21
D 962
Buais
la Brière
Savigny-le-Vieux
Passais
D 177
St.-Fraimbault
Louvigné-du-Désert
Landivy
Fougerolles-du-Plessis
Désertines
Lesbois
MAYENNE
D 23
D 33
(PAYS-DE-LA-LOIRE)
Ambrières-les-Vallées
Mayenne

©Reise Know-How 2013

XII
XIII
XVI
XXIII
XXII
Monnai
Verneusses
Bernay
Manoir de Villers
Trun
Mont-Ormel
Mardilly
la Ferté-Frênel
Dives
Vie
Touques
Charentonne
Chambois
Aubry-en-Exmes
St. Evroult-le-Monfort
St. Evroult-N.-D.-du-Bois
Gacé
Courménil
le Bourg-St-Léonard
Exmes
Haras du Pin
Lignières
Echauffour
Aube
l'Aigle, Dreux
Risle
Orne
St-Germain-de-Clairefeuille
Nonant-le-Pin
le Merlérault
Almenêches
Médavy
St-Christophe-le-Jajolet
Château d'O
Château de Sassy
Mortrée
ORNE
Moulins-la-Marche
Abbaye de la Grande Trappe
Iton
Courtomer
Soligny-la-Trappe
Sées
Champs
Sarthe
Ste-Scolaisse
Ste-Céronne-les-Montagnes
Evreux, Dreux
Forêt d'Écouves
St-Gervais-du-Perron
Essay
NORMANDIE-MAINE
le Mêle-sur-Sarthe
Mortagne-au-Perche
Parfondeval
Lonrai
Huisne
Alençon
SARTHE (PAYS-DE-LA-LOIRE)
Basse Gravelle
le Pin-la-Garenne
Römischer Brunnen
St-Germain-du-Corbéis
le Mans
Neufchâtel-en-Sausmois
la Perrière
St-Martin-du-Vx-Bellême
D 916
D 979
D 13
D 14
N 26
A 28
E 402
N 138
D 12
D 819
D 932
D 3
D 158
D 26
D 908
D 31
D 8
D 6
N 12
D 7
D 4
D 938
D 311
34
35
36
104
107
109
135
136
137
138
140
143
144
236
239
246
247
249

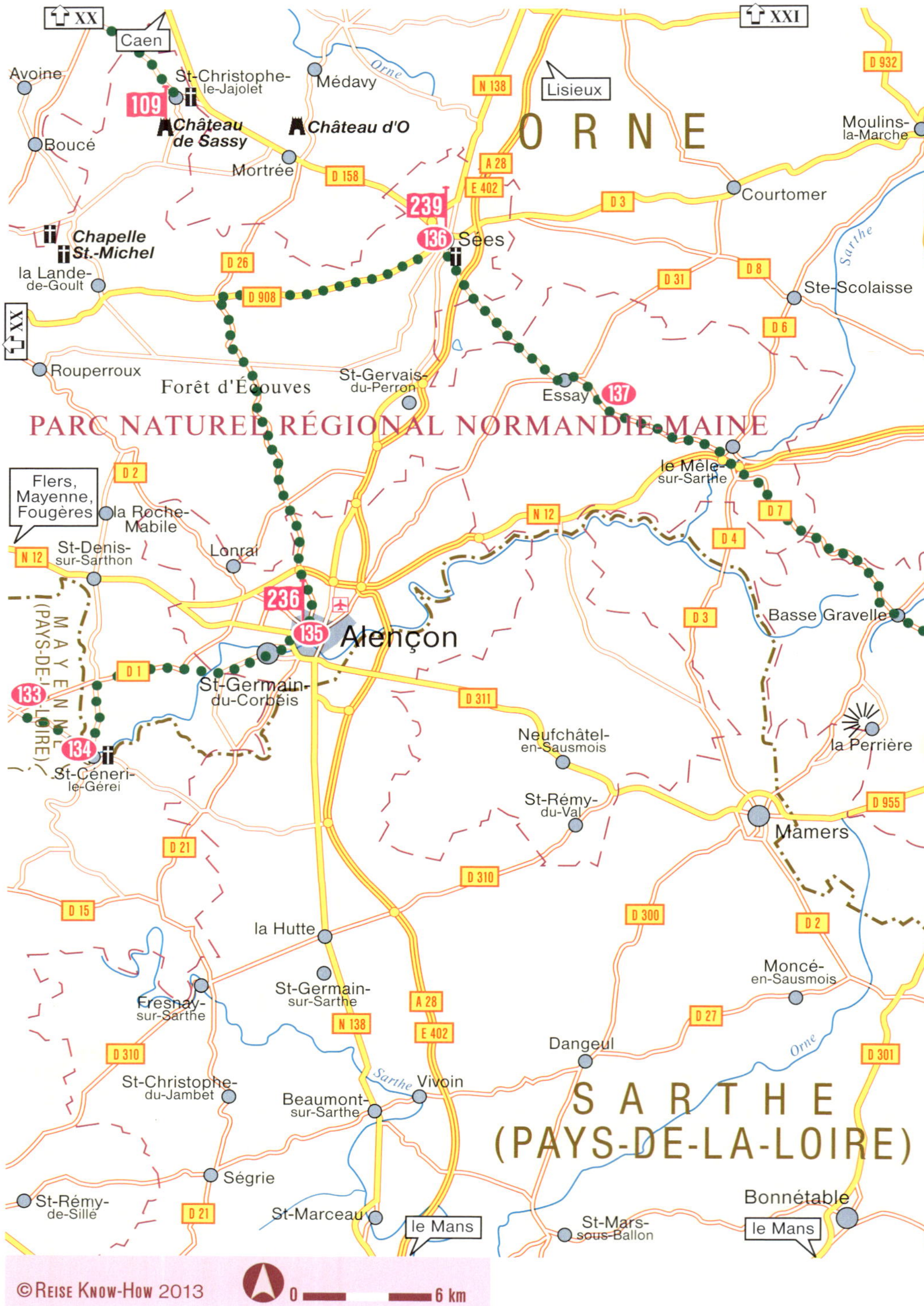

XX
XXI
Caen
Lisieux
Avoine
St-Christophe-le-Jajolet
109
Château de Sassy
Château d'O
Médavy
Orne
N 138
D 932
ORNE
Moulins-la-Marche
Boucé
Mortrée
D 158
A 28
E 402
239
D 3
Courtomer
Chapelle St.-Michel
136
Sées
la Lande-de-Goult
D 26
D 908
D 31
D 8
Sarthe
Ste-Scolaisse
D 6
Rouperroux
Forêt d'Écouves
St-Gervais-du-Perron
Essay
137
PARC NATUREL RÉGIONAL NORMANDIE-MAINE
le Mêle-sur-Sarthe
D 2
Flers, Mayenne, Fougères
la Roche-Mabile
N 12
D 7
D 4
St-Denis-sur-Sarthon
Lonrai
236
D 3
Basse Gravelle
MAYENNE (PAYS-DE-LA-LOIRE)
135
Alençon
D 1
St-Germain-du-Corbéis
133
D 311
la Perrière
134
St-Céneri-le-Gérei
Neufchâtel-en-Saosnois
St-Rémy-du-Val
D 955
Mamers
D 21
D 310
D 15
D 300
D 2
la Hutte
Moncé-en-Saosnois
St-Germain-sur-Sarthe
Fresnay-sur-Sarthe
A 28
N 138
E 402
D 27
D 310
Dangeul
D 301
St-Christophe-du-Jambet
Sarthe
Vivoin
Beaumont-sur-Sarthe
SARTHE (PAYS-DE-LA-LOIRE)
Ségrie
St-Rémy-de-Sillé
D 21
St-Marceau
le Mans
St-Mars-sous-Ballon
Bonnétable
le Mans
© Reise Know-How 2013
0
6 km

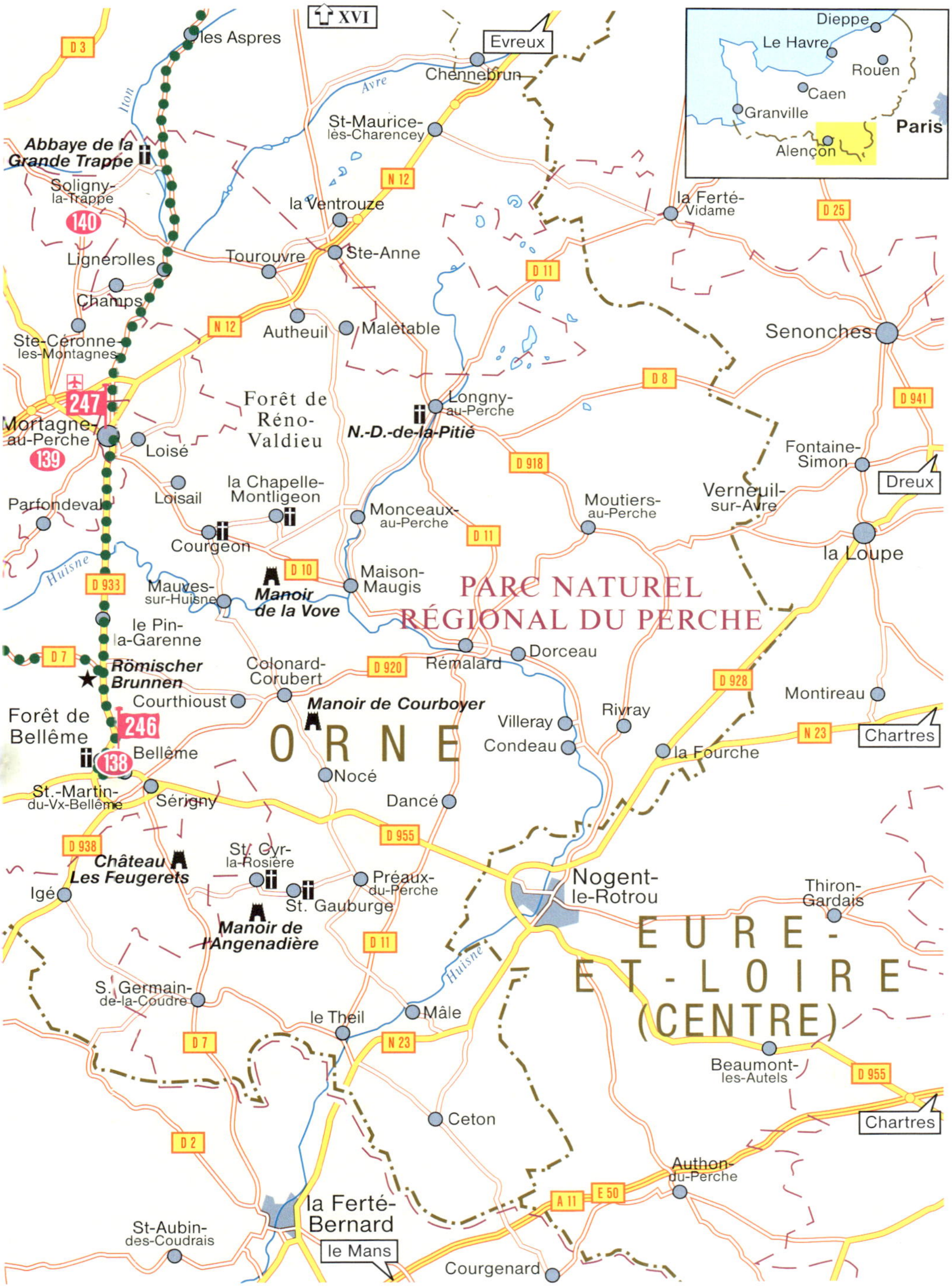
XVI
Evreux
Dieppe
Le Havre
Rouen
Caen
Granville
Paris
Alençon
D 3
les Aspres
Chennebrun
Avre
Iton
St-Maurice-les-Charencey
Abbaye de la Grande Trappe
Soligny-la-Trappe
140
N 12
la Ventrouze
la Ferté-Vidame
D 25
Ste-Anne
Tourouvre
Lignerolles
Champs
D 11
Autheuil
Malétable
Senonches
Ste-Céronne-les-Montagnes
N 12
D 8
247
Forêt de Réno-Valdieu
Longny-au-Perche
D 941
Mortagne-au-Perche
Loisé
N.-D.-de-la-Pitié
139
D 918
Fontaine-Simon
Dreux
la Chapelle-Montligeon
Loisail
Moutiers-au-Perche
Verneuil-sur-Avre
Parfondeval
Monceaux-au-Perche
Courgeon
D 11
la Loupe
Huisne
D 10
Maison-Maugis
D 933
Mauves-sur-Huisne
Manoir de la Vove
PARC NATUREL RÉGIONAL DU PERCHE
le Pin-la-Garenne
D 7
Colonard-Corubert
D 920
Rémalard
Dorceau
D 928
Römischer Brunnen
Montireau
Courthioust
Manoir de Courboyer
Forêt de Bellême
246
Villeray
Rivray
Condeau
Chartres
N 23
138
Bellême
ORNE
la Fourche
Noçé
St.-Martin-du-Vx-Bellême
Sérigny
Dancé
D 938
D 955
Château Les Feugerets
St. Cyr-la-Rosière
Préaux-du-Perche
Nogent-le-Rotrou
Thiron-Gardais
Igé
St. Gauburge
Manoir de l'Angenadière
D 11
EURE-ET-LOIRE (CENTRE)
Huisne
S. Germain-de-la-Coudre
Mâle
le Theil
D 7
N 23
Beaumont-les-Autels
D 955
Chartres
Ceton
D 2
Authon-du-Perche
A 11
E 50
la Ferté-Bernard
St-Aubin-des-Coudrais
le Mans
Courgenard

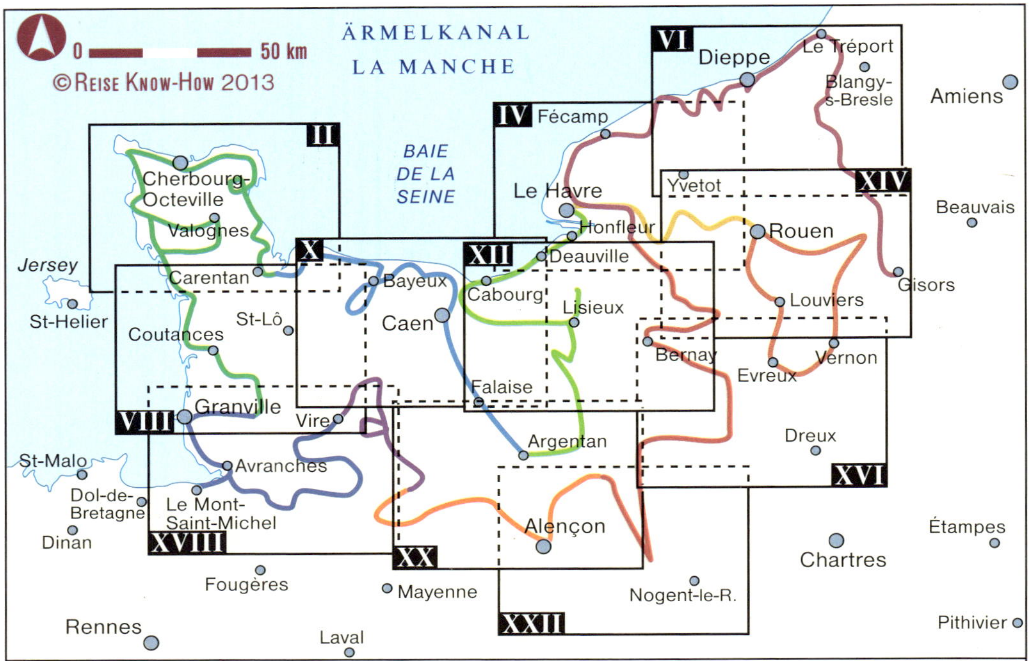

Zeichenerklärung

★ Sehenswürdigkeit

Château, Manoir

Kirche, Kloster

Soldatenfriedhof

Ausgrabungsstätte, Ruine

Panorama

Autobahn

Hauptstraße

Nebenstraße

Grenze

Parkgrenze

Route

86 Stell-/Campingplatz, der im Routenatlas eingezeichnet ist

167 Seitenzahl der Ortsbeschreibung im Buch

Route 1
Route 2
Route 3
Route 4
Route 5
Route 6
Route 7
Route 8
Route 9
Route 10

X Seitenzahl des Blattes im Routenatlas